Kompendium der Regulationspathologie und -therapie

Dem Andenken meines väterlichen Freundes und Lehrers Prof. Dr. A. Pischinger gewidmet

Kompendium der Regulationspathologie und -therapie

Dr. med. Felix Perger

1990

JOHANNES SONNTAG
Verlagsbuchhandlung GmbH, München

CIP-Titelaufnahme der Deutschen Bibliothek

Perger, Felix:
Kompendium der Regulationspathologie und -therapie / Felix
Perger. – München : Sonntag, 1990
ISBN 3–87758–071–8

ISBN 3–87758–071–8

Gesamtherstellung: Friedrich Pustet, Graphischer Großbetrieb, Regensburg.

Inhaltsverzeichnis

VORWORT

Die heutige Medizin steht oft im Kreuzfeuer massiver Kritik. Ihr wird überspitzte Technisierung, leichtsinnig in Kauf genommene toxische Schädigung durch Chemotherapien, Inhumanität und vor allem Geschäftemacherei vorgeworfen. Danach sei der Patient zum Ausbeutungsobjekt und Versuchskaninchen degradiert worden. Es wird das Bild einer ärztlichen Mafia entworfen, die mit der ebenfalls als verbrecherisch eingestuften Pharmaindustrie intensiv Hand in Hand arbeitet, wobei sich beide gegenseitig gigantische materielle Gewinne zuschanzen. Zwischen korrupter Ärzteschaft und rücksichtsloser Pharmaindustrie werde der Patient so zu einem ausgebeuteten und schwerst geschädigten Opfer. Als praktizierendem Arzt, der eben noch die letzten Tage der Vor-Antibiotikaära aktiv miterlebt hat, fällt es mir schwer, gegenüber solch massiven Angriffen emotionslos zu bleiben. Man weiß noch zu gut aus eigener Erfahrung, wie die therapeutischen Möglichkeiten damals aussahen und welch großer Unterschied im Vergleich zu heute bestand, wobei dies nicht nur auf die Antibiotika allein bezogen ist.

Trotzdem ist es notwendig, die möglichen Ursachen für diese massiven Angriffe zu analysieren. Denn so übertrieben und sensationell aufgemacht die uns Ärzten gemachten Vorwürfe auch sein mögen und so sehr sie verallgemeinert werden, irgendwo müssen ja doch objektive Gründe dafür bestehen, die den uns anvertrauten Menschen Sorgen machen. Sonst wäre auch das doch relativ große Echo auf diese Kritik und das Mißtrauen vieler Patienten unverständlich.

Die entsprechenden Ursachen herauszufinden bedeutet aber zugleich, jene Entwicklungen, die zu dieser Situation geführt haben, zu erkennen und revidieren zu können. Dabei – und dies ist von ausschlaggebender Bedeutung – ist genau darauf zu achten, daß nicht aus blindem Fanatismus, wie er bei den angreifenden Kreisen vorherrscht, auch die vielen positiven Fortschritte der Medizin „mitzerstört" werden.

Allem Anschein nach sind bereits viele Errungenschaften der modernen Medizin, z. B. die Antibiotika, die extrem verbesserte Schockbekämpfung, die hervorragenden Fortschritte der Anaesthesiologie, die Seuchenprophylaxe durch Impfungen usw., schon sosehr zur Selbstverständlichkeit geworden, daß man ohne Erinnerung an die Situation vor 40–50 Jahren alles kritiklos glaubt, angreifen zu können. Zugleich ist man leichtsinnig geworden: die letzte Poliomyelitis-Epidemie hat 1952 noch vielen Menschen unsägliches Leid gebracht – heute aber muß man bereits nahezu betteln, damit die jungen Leute zur Schluckimpfung gehen. Und noch weniger denkt man an die verheerenden Pockenepidemien der vergangenen Jahrhunderte und daß es medizinisch-hygienische Maßnahmen waren, die diese Seuche praktisch ausgerottet haben. Als Folge davon konnte die allgemeine Impfpflicht vor wenigen Jahren aufgehoben werden. Umgekehrt aber werden manche Patienten bitterböse, wenn man ihnen bei einem banalen Erkältungsinfekt nicht sofort ein Breitbandantibiotikum verordnet, als ob sie damit rettungslos dem Tode ausgeliefert würden.

Wie konnte es zu diesen Widersprüchlichkeiten kommen? Einerseits wird der Ärzteschaft die bedenkenlose Vergiftung der ihr anvertrauten Menschen vorgeworfen, andererseits werden hochwirksame Medikamente mit möglicherweise gravierenden Nebenwirkungen kategorisch verlangt. Diesem Widerspruch liegt das Wissen um die Gefahren kritikloser Anwendung unserer potentesten Medikamente zugrunde, aber auch noch die Ängste vergangener Zeiten, als Fieber das Zeichen einer unter Umständen tödlichen Erkrankung war, gegen die es damals keine wirksame Hilfe gab. Da Angst und Panik aber die körpereigene Abwehrleistung beträchtlich herabsetzen können – man erinnere sich an die einschlägigen Arbeiten von Hoff und Heilig und vor allem an diejenigen von Frankl –, ist man in der gegebenen Situation nur zu leicht bereit, dem fiebernden Patienten seinen Wunsch zu erfüllen und dies manchmal gegen das bessere Wissen.

So muß man bei dieser Gewissenserforschung wohl zuerst im eigenen Bereich beginnen und erst in zweiter Linie andere dafür verantwortlich machen. Der vielleicht größte Fehler der modernen Medizin ist, daß entgegen den unveränderten alten ärztlichen Idealen nicht mehr der Mensch, sondern nur mehr seine Krankheit behandelt wird. Man heilt nicht mehr jemanden, man heilt etwas aus. Warum es zu dieser Entwicklung gekommen ist, ist einiger Überlegungen wert. Wahrscheinlich ist einer der wichtigsten Gründe hierfür der immense Wissensstand der heutigen Medizin, den ein einzelner Mensch allein gar nicht mehr bewältigen kann. Dies machte die Aufsplitterung in mehrere Fachrichtungen und viele Spezialgebiete notwendig, um damit die Möglichkeiten der Medizin so optimal als möglich zu nutzen. Dabei werden die Spezialgebiete immer enger umgrenzt. So gibt es kaum mehr Allround-Internisten, sondern schon überwiegend Spezialisierungen wie Kardiologie, Rheumatologie, Hämatologie, Endokrinologie und andere enger umgrenzte Spezialgebiete. Ähnlich ist die Entwicklung im zweiten umfassenden Fachgebiet, der Chirurgie, die auch schon lange in mehrere Spezialgebiete aufgesplittert ist, z. B. Thorax-, Unfall-, Neuro- und Gefäßchirurgie, um nur die prägnantesten Spezialgebiete anzuführen. Diese Entwicklung ist nicht abzulehnen und der zynische Ausspruch „ein Spezialist ist jemand, der von immer weniger immer mehr versteht" ist mit aller Deutlichkeit zurückzuweisen. Denn es kann durch diese Spezialisierung vielen Menschen eben viel besser geholfen werden als früher. Man denke nur an die spektakulären Erfolge der Unfallchirurgie, wie z. B. die Reimplantation und Rehabilitation abgetrennter Gliedmaßen, welche Glanzleistungen der Medizin darstellen. Oder man erinnere sich an die Möglichkeit, mit Herzschrittmachern wertvolles Leben auch wirklich lebenswert zu erhalten – was zugleich ein gutes Argument gegen den Vorwurf der Übertechnisierung der heutigen Medizin ist.

Allerdings muß sich der Spezialist oft mit der Ausheilung der ihm bestens bekannten Erkrankungen begnügen, denn schon dabei wird ihm ein Höchstmaß an Wissen und Können abverlangt. Dabei übersieht er aber allzu leicht den Menschen als Ganzes: denn neben der aktuellen Haupterkrankung treten ja meist andere gesundheitliche Störungen so in den Hintergrund, daß sie zum Zeitpunkt der spezifischen Behandlung oft gar nicht erkennbar sind und vom Patienten zu diesem Zeitpunkt auch meist nicht verspürt und daher gar nicht erwähnt werden. Aber der betroffene Patient will natürlich ganz gesund werden und nicht nur seine aktuelle Krankheit auskuriert haben. Diese Behandlung, die über die Ausheilung der aktuellen Erkrankung hinausgeht, kann er unter den gegebenen Bedingungen größtenteils nicht erhalten. Es fehlen dazu viele Voraussetzungen, nicht zuletzt die Tatsache, daß unter der akuten bzw. aktuellen Erkrankung auch für den Patienten selbst zusätzliche Leiden und Schmerzen in den Hintergrund treten.

Dazu kommt eine zweite Schwierigkeit: die moderne Medizin ist weitgehend, ja fast ausschließlich auf spezifische Krankheiten mit ihren spezifischen Symptomen fixiert. Die historische Entwicklung der Medizin im 19. und 20. Jahrhundert mit der Erfassung monokausaler Erkrankungen und deren spezifischen Ursachen – ein immenser

Fortschritt gegenüber früheren Jahrhunderten – hat in Ausbildung und Praxis unser Denken geprägt und zum Teil auch zu einer Art Ausschließlichkeitsanschauung Anlaß gegeben: die monokausale Betrachtungsweise – hie Ursache, hie Symptom – beherrscht wegen der damit erreichten Erfolge in der Vergangenheit und auch noch in der Gegenwart (z. B. bei AIDS) weitgehend das ärztliche Denken.

So erzielt die moderne Medizin auf der einen Seite großartige Erfolge in der Bekämpfung monokausaler spezifischer Krankheiten, versagt aber andererseits immer wieder darin, multikausale Erkrankungen in den Griff zu bekommen und die ihr anvertrauten Menschen auch wirklich grundlegend gesund zu machen – worin ihr aber die Patientenschaft mit ihrer Unvernunft in Lebens- und Ernährungsgewohnheiten nur zu oft ein kongenialer Partner ist.

Es ist dabei auffallend, daß es eigentlich keine gültige Definition des Begriffes „Gesundheit" gibt. Die Definition der WHO ist – so gut sie auch gemeint sein mag – eine Illusion: sie statuiert Gesundheit als Grundrecht des Menschen und definiert sie als Zustand des völligen körperlichen, seelischen und sozialen Wohlbefindens. Dieser sicher wünschenwerten Utopie stehen aber die realen Tatsachen des Lebens entgegen. Jeder Organismus muß sich, solange er lebt, mit seiner Umwelt und deren Risiken auseinandersetzen. Dabei sind Krankheiten, psychische Belastungen und soziale Spannungen nicht zu vermeiden. Der menschliche Organismus ist nun – das kann man aus langjähriger ärztlicher Erfahrung wohl eindeutig feststellen – so sehr auf eine Auseinandersetzung mit der Umwelt programmiert, daß sogar diejenigen, die an sich theoretisch bezüglich sozialer Herkunft und körperlichem Status der WHO-Definition entsprechen könnten, fast zwangsweise und triebhaft seelische und körperliche Risiken und Auseinandersetzungen suchen. So ist der Schluß berechtigt, daß die Auseinandersetzung mit der Umwelt untrennbar zur menschlichen Natur gehört, ob dies nun körperlicher, geistiger oder sozialer Art ist. Und wenn es nicht anders geht, wird der an sich sorgenfreie Mensch durch Fehlverhalten in Ernährung und Genußmittelabusus und/oder durch besondere Risikobereitschaft z. B. im Sport diese Auseinandersetzung instinktiv suchen.

Noch ein dritter Faktor, der die Medizin derzeit angreifbar macht, ist zu erwähnen. Neben der Entwicklung zum unvermeidbaren Spezialistentum und der trotz aller Notwendigkeit doch zu starken Fixierung auf die Monokausalität von Erkrankungen in der heutigen Medizin zeigt sich eine Entwicklung im gesellschaftlichen und zivilisatorischen Bereich ab, der wir Ärzte – ohne ausreichende Kenntnisse ihrer Folgen – größtenteils noch ziemlich unerfahren gegenüberstehen. Es zeigt sich immer deutlicher, daß sich in einer weitgehend industrialisierten Umwelt die Verhaltensweisen der Menschen beträchtlich verändern und vor allem, daß die Umweltverschmutzung zu einem Problem ersten Ranges wird. Letztere wird aber dadurch besonders problematisch, daß ihre Einflüsse zunächst kaum erkennbar sind und erst nach Langzeitbelastungen zur Geltung kommen. Das experimentell nachzuvollziehen und auf diese Weise geeignete Gegenstrategien zu entwickeln, ist nur äußerst schwer möglich, da in einen Langzeitversuch zu viele Zusatzeinflüsse hineinspielen, um zu unbestreitbaren Ergebnissen zu kommen. Außerdem drängen die Probleme und es ist z. T. schon fraglich, ob solche Ergebnisse überhaupt rechtzeitig vorliegen können. Daher ist dem Begriff „Zeitfaktor", d. h. die Dauer von Störeinflüssen toxischer, bakterieller und/ oder biophysikalischer Natur bzw. von Mangelzuständen, z. B. an Spurenelementen, Vitaminen o. ä., in Zukunft mehr Aufmerksamkeit zu schenken als bisher.

Dazu kommt, daß es der modernen Hygiene gelungen ist, ein doch ziemlich dichtes Netz extrakorporaler Schutzmaßnahmen aufzubauen, etwa im Bereich der Wasserdesinfektion, der Schädlingsbekämpfung, der Konservierung etc., das die Bedrohung durch Seuchen und Infektionen schon weitgehend ausschließt. Kommt es dennoch zu einer Infektion, stehen eine große Anzahl bakterizider und bakteriostatischer Medikamente zur Verfügung, die eine intensive und potentiell gefährliche Auseinandersetzung des menschlichen Organismus mit den Krankheitserregern fast schon im Keim ersticken. Diese Möglichkeiten sind – und das muß immer wieder betont werden – das größte Verdienst der medizinischen Forschung der letzten Jahrzehnte. Aber diese glänzende Seite der Medaille hat leider auch eine trübe Kehrseite: die Regelsysteme der körpereigenen Abwehr – allen voran das Immunsystem – bleiben untrainiert. Zwar sind diese Systeme angeboren, entwickeln sich aber erst postnatal in der Auseinandersetzung mit der bakteriellen und viralen Umwelt. Und dieses Training der Abwehrfunktionen fehlt bereits den meisten jungen Menschen von heute, wo doch aufgrund unseres großzügigen Sozialsystems fast jeder Anteil an den Errungenschaften der heutigen Medizin hat.

Die Folge dieser Entwicklung ist ein Überhandnehmen chronischer Krankheitsprozesse, insbesondere auch von entzündlichen Systemerkrankungen und ähnlicher Krankheiten, die auf einer Schwäche und Dysfunktion der Abwehr beruhen. Darüber wird im theoretischen Abschnitt dieses Kompendiums noch ausführlich zu berichten sein. Daneben erhebt sich auch die Frage, ob die Zunahme der malignen Krankheiten ebenfalls dadurch bedingt wird. Dies wird da und dort noch bestritten und die Zunahme der entsprechenden Diagnosestellungen auf die heute wesentlich verbesserte Diagnostik bezogen, was aber bei der Zunahme etwa der Leukämien bei Kindern und Jugendlichen doch bezweifelt werden muß. Es sei hier nebenbei angeführt, daß sich ganz langsam die Meinung durchzusetzen scheint, daß bei der Malignomentwicklung eine tiefgreifende Störung in den Regelsystemen der Abwehr besteht, so daß dann das eigentliche maligne Geschehen nur der Endpunkt einer schon lange vorher bestehenden Fehlentwicklung ist, ausgelöst dann wohl durch exogene kanzerogene Noxen, von denen ja zahlreiche schon bekannt sind.

Das Gesundheitswesen wird durch diese Entwicklung zunehmend überfordert und es wird bereits ernsthaft die baldige Unfinanzierbarkeit dieses Systems diskutiert. Nun gibt es aber seit Jahrzehnten Bestrebungen, dieser Entwicklung entgegenzusteuern und zwar nicht auf politischer, sondern auf medizinischer Ebene. Diese Bestrebungen wurden oft als Außenseitermethoden und als unseriös disqualifiziert, denn sie entsprachen vielfach nicht der offiziellen Lehrmeinung und – auch das muß gesagt werden – waren des öfteren nicht ausreichend fundiert, manchmal sogar konkret gegen das heutige System gerichtet und unqualifiziert. Dadurch wurden aber auch und gerade diejenigen Bestrebungen massiv behindert, die ihre Zielsetzung darin hatten, die positiven Seiten des bisherigen Fortschrittes zu erhalten, ihre negativen Nebenerscheinungen aber so weit wie möglich zu minimieren.

Bevor aber die bereits vorliegenden Forschungsergebnisse in dieser Richtung angeführt werden, scheint es zweckmäßig, die Schwachstellen der heutigen Medizin nochmals anzuführen und einige in diesem Zusammenhang wichtigen Fragen zu stellen. Es steht außer Frage, daß es tatsächlich Entwicklungen in der Medizin gibt, die angreifbar sind, wenn man auch die Übertreibungen und Unsachlichkeiten dieser Angriffe schmerzlich empfindet und entschieden zurückweisen muß.

Die Technisierung der Medizin, der massive Einsatz apparativer Methoden überwältigt viele Patienten, ängstigt sie und läßt sie sich verlassen fühlen. Dieses Problem läßt sich aber wohl mit einer besseren psychischen Vorbereitung oder durch ein paar freundliche Worte des medizinischen Personals bei der Untersuchung selbst am leichtesten lösen. Es wäre ja so einfach, dem Patienten zu erklären, daß solche Untersuchungen für ihn selbst am nützlichsten sind. Daß dies so häufig vernachlässigt wird, ist eigentlich unverständlich. Es drängt sich die ernsthafte Frage auf, ob dies mit der allgemein zu beobachtenden Kommunikationsschwäche der heutigen Zeit in engem Zusammenhang steht – denn wir leiden ja allgemein darunter, daß die zwischenmenschlichen Beziehungen immer armseliger werden und daß nur mehr wenige Mitmenschen in der Lage sind, erkennbare Zeichen menschlicher Zuneigung zu vermitteln.

Die notwendige Spezialisierung in der heutigen Medizin, ohne die die Realisierung von Forschungsergebnissen an unseren Patienten meist gar nicht mehr möglich ist, bringt das Problem mit sich, daß der Mensch als Ganzheit zu wenig beachtet wird. Und die Notwendigkeit, primär bei jeder Untersuchung spezifische Symptome zu erfassen, läßt uns vielfach zu sehr an diesen haften bleiben, und die meist sehr unscheinbaren Zeichen dahinterliegender Allgemeinstörungen werden nicht wahrgenommen. Und dann stehen noch die größtenteils ungelösten Probleme der Umweltverschmutzung und ihrer meist schleichenden Folgen an – neue und wegen ihrer Langzeitwirkung nur schwer zu erfassende Belastungen, an der die Ärzteschaft nun wahrlich nicht schuldtragend ist. Aber es wird gefordert, daß diese Belastungen sozusagen aus dem Handgelenk heraus optimal behandelt werden müssen. Aber gerade hier – wo die Allgemeinheit bzw. die Behörde für die Verhinderung dieser Einflüsse primär zuständig ist – wird die Behebung der gesundheitlichen Folgen einer unvorbereiteten Ärzteschaft aufgebürdet, ohne ihr dazu in ausreichender Weise die nötigen Forschungsmittel zur Verfügung zu stellen. Und die größte Angriffsfläche sind dann bedauerlicherweise einzelne Vertreter namhafter wissenschaftlicher Institute, die bereit sind, die anstehenden Probleme zu verniedlichen und damit der Nachlässigkeit und Engstirnigkeit der Verursacher und der Behörden Deckung zu geben.

Nun sind die Nachteile des unvermeidlichen Spezialistentums wesentlich schwieriger zu beseitigen als die Angst der Patienten vor technischen Geräten. Radikale Lösungen würden unseren Patienten wesentlich mehr Nachteile als Vorteile bringen, dies vor allem bei der Behandlung schwieriger Erkrankungen. Das gleiche gilt für eine

Radikalität gegenüber der Überbetonung der spezifischen Symptomatik: ein radikales Umdenken nur mehr in Richtung unspezifischer Erscheinungen würde zahlreiche Erkrankungen einfach nicht mehr erkennen lassen. Die Folgen wären katastrophal und gerade eine solche Entwicklung wäre das letzte, was man sich als Arzt wünschen würde.

Ein echtes Anliegen ist aber das Bewußtmachen jener prämorbider Störungen, die dazu geführt haben, daß sich die jeweils vorliegende Letzterkrankung gerade so und nicht anders entwickelte. Am praktischen Beispiel illustriert: Warum wird ein Mensch allergisch (etwa gegen Blütenpollen, Tierhaare, Nahrungsmittel etc.), warum reagiert dieser Patient mit einer Urtikaria und jener Patient mit einem Asthma? Uns sind die ätiologischen Faktoren näherliegender und geläufiger als die pathogenetische Entwicklung. Und in diesem weitverbreiteten Mangel an pathogenetischem Denken liegt meiner Meinung nach das Zentrum unserer Angreifbarkeit.

Von diesem Punkt aus kann die Problematik der modernen Medizin am ehesten gelöst werden. Und dazu gibt es seit eh und je ausreichende Grundlagen für eine sachliche Ergänzung der heutigen Behandlungsmethoden – die unspezifischen Therapien, die den Menschen als Ganzheit erfassen und die die verschiedenen Körperfunktionen rehabilitieren können.

Für die Wirksamkeit unspezifischer Therapien gibt es drei klassische Beispiele: die Fastenkuren, die Balneotherapie und die chinesische Akupunktur, alle drei Methoden werden in der ärztlichen Behandlung seit Jahrtausenden eingesetzt. Dem Fasten wurde sogar so große Bedeutung beigemessen, daß entsprechende Vorschriften in alle großen Religionen eingebunden wurden, wobei offensichtlich neben ökonomischen Aspekten vor allem die Tatsache maßgebend gewesen sein dürfte, daß der Urmensch als Sammler und Jäger neben Zeiten des Überflusses auch Zeiten bitterster Not erdulden mußte – und daß deshalb seine und damit auch unsere Natur zeitweise auf Nahrungskarenz eingestellt ist. Die Balneologie war schon in der Antike in höchster Blüte und die chinesische Akupunktur blickt ebenfalls auf eine mehr als 2000jährige Geschichte zurück. Bedenkt man dagegen, wie viele hoffnungsvoll aufgenommene Therapiemöglichkeiten allein in den letzten 40 Jahren nach kurzer Zeit wieder verschwunden sind – sei es wegen ihrer ungenügenden Wirkung, sei es wegen zu großer Nebenwirkungen – so erkennt man deutlich, daß sich Methoden und Medikamente nur dann in der Medizin halten können, wenn sie sich bewähren. Man muß nur den AUSTRIA-KODEX, die Liste der in Österreich zugelassenen Medikamente, ansehen, um dies bestätigt zu finden: jedes neu zugelassene Medikament erhält hier eine eigene Registriernummer, einmal vergebene Nummern werden kein zweites Mal vergeben – von rund 18 000 registrierten Medikamenten sind nur mehr rund 7000 im Handel. Die wenigsten der verschwundenen Heilmittel wurden von der Gesundheitsbehörde verboten, der weit überwiegende Teil von den Herstellern freiwillig zurückgezogen, da sie von den Ärzten oft nach kürzester Zeit nicht mehr eingesetzt wurden. Diese „Abstimmung mit dem Rezeptblock" ist ein Korrektiv, das die Autoren verschiedener Schmähbücher sichtlich nicht erkannt haben.

Demgegenüber stehen die Jahrtausende alten Heilmethoden, die ihre Wirksamkeit millionenfach bewiesen haben, sonst wären sie schon längst nicht mehr existent. Die genannten, aber auch andere bewährte unspezifische Heilmethoden basieren auf dem Gedanken der Wiederherstellung von gestörten Funktionen. Ihr Nachteil aber war, daß mit wenigen Ausnahmen ihre Wirkungen nicht objektivierbar waren, was einer zunehmend naturwissenschaftlich orientierten Medizin untragbar erschien. So glaubt man – speziell hinsichtlich der Akupunktur – es handle sich dabei um rein psychogene Wirkungen. Nebenbei bemerkt, wenn das tatsächlich der Fall wäre, wäre dies auch kein Grund zur Ablehnung, denn der Mensch ist nun einmal eine Kombination von Körper und Geist, wobei sich beide gegenseitig positiv und negativ beeinflussen können – man kennt schließlich die psychischen Veränderungen bei verschiedenen körperlichen Leiden, z. B. den grantigen Leberkranken, den ängstlichen Stenokardiker, den aufbrausenden Hypertoniker etc., und andererseits die fast unerschütterliche Gesundheit, etwa kinderreicher Mütter, deren Fürsorgepflicht für den Nachwuchs kaum schwere Krankheiten aufkommen läßt.

Aber die Wirkung der verschiedenen unspezifischen Therapiemethoden beschränkt sich nicht allein auf den psychischen Bereich, sondern läßt sich auch organisch eindeutig nachweisen, und zwar in der Erfassung von Funktionen der verschiedenen Regelsysteme des menschlichen Organismus.

Die allzu enge Fixierung auf spezifische Symptome, deren Auftreten und Schwinden, bedingt ein ziemlich statisches Denken. Die Funktionsanalytik, dabei vor allem die Kurzzeitreaktionen vornehmlich im Abwehrgeschehen, führt noch ein Schattendasein in der medizinischen Praxis. Man begnügt sich mit gelegentlichen Einzelbestimmungen verschiedener Parameter, wo die Erfassung von Reizreaktionen notwendig und erfolgversprechend wäre. Aber es gibt bereits bedeutende Ansätze zur Funktionsdiagnostik, z. B. in der Kardiologie, wo die Ergometrie bereits ihren festen Platz hat. Was hier schon selbstverständlich ist, sollte bei der Erfassung der Abwehrleistungen auch zur Selbstverständlichkeit werden – vor allem dort, wo spezifische Noxen als letztlich auslösende Faktoren verschiedener Krankheiten noch nicht bekannt sind und daher auch nicht spezifisch angegangen werden können. Wesentlich ist dies vor allem bei den entzündlichen Systemerkrankungen, vor allem bei den entzündlichen Formen des Gelenkrheumatismus und bei der Multiplen Sklerose. Die gelegentlichen Bestimmungen des Blutbildes, der Serum-Eiweißfraktionen, der Immunglobuline und der Antikörpertiter etc. ergeben kein klares Bild der Abwehrfunktionen, wenn auch dieses Wissen eine Basis für die Funktionstestungen geschaffen hat. Ohne die bisherigen Fortschritte und Analysemethoden der Immunologie wäre eine exakte Funktionsdiagnostik kaum möglich, da gerade die spezifisch analysierende Immunologie die Brücke zwischen den unspezifischen Basisvorgängen und deren Auswirkungen im spezifischen Krankheitsbild erfassen läßt.

Die wesentlichsten Voraussetzungen für die Funktionsanalyse der Abwehrvorgänge hat aber der Histologe Alfred PISCHINGER geschaffen, als er die Funktionen der Zwischenzellsubstanz und ihre Bedeutung für die Aufrechterhaltung des Lebens und der vorgegebenen genetischen Ordnung aufklärte. Erst damit wurde die überaus enge Verflechtung zwischen den verschiedenen Regelsystemen klar, ihre Kohärenz in allen Funktionen – und dies weit über die Koordinierung der Lebensvorgänge im Zentralnervensystem hinaus. Wer dachte früher an eine erstaunlich weitgehende Autonomie peripherer Abwehrvorgänge, an die Möglichkeit der Summierung verschiedenartigster Reize in einem System, an den Beitrag der Lebensgrundfunktionen zur Aufrechterhaltung des Lebens an sich und an die entscheidende Transmitterfunktion (HAUSS und JUNGE-HÜLSING) gerade dieser „Füllsubstanz" zwischen den Organzellen?

Die Bedeutung dieser Erkenntnisse für Forschung und Praxis und die Möglichkeit, sie ohne Verzicht auf die bisherigen Maßnahmen der spezifischen Krankheitsbekämpfung zu nutzen, soll im Folgenden in kurzer Form dargelegt werden. Grundsätzlich muß aber auch festgehalten werden, daß hier kein Aufstand gegen die heutige

Medizin beabsichtigt ist, sondern eine evolutionäre Ergänzung unseres wertvollen bisherigen Wissens.

Dr. med. Felix Perger

ABSCHNITT 1

Wissenschaftliche Grundlagen der Regulationsmedizin

1.1 Einleitung

Am Beginn der Darlegungen muß die Frage beantwortet werden, warum die Beachtung der individuellen Abwehrlage in den letzten Jahrzehnten immer aktueller geworden ist. Wir verfügen ja über eine breite Palette verschiedenartigster Medikamente, die ein Überleben unserer Patienten weitgehend unabhängig von der Abwehrleistung garantiert. Das ist unbestreitbar. Aber die Probleme einer schweren Erkrankung enden nicht mit ihrer klinischen Ausheilung – offen bleiben die Fragen nach Dauerschädigungen sowie nach einer fortdauernden Schwächung der Abwehrlage, wodurch die Rekonvaleszenz verzögert, die Anfälligkeit für neue Infekte und die Neigung zur Chronifizierung solcher Infekte beträchtlich gesteigert wird. Hier hat sich die Situation in den letzten 3 Dezennien so stark verändert, daß immer öfter die Notwendigkeit zu einer Rehabilitationstherapie der Abwehrleistungen besteht. Mit der Beherrschung der akuten Infektionskrankheiten steigt aber auch die Zahl jener Erkrankungen an, von denen wir weder die Pathogenese noch die letztlich auslösenden Noxen wirklich kennen. Hier ermöglicht die genaue Kenntnis der Abwehrlage bedeutsame Chancen, diese Erkrankungen – die entzündlichen Systemerkrankungen – erfolgreicher behandeln zu können. Und darüber hinaus schafft die Erfassung der unspezifischen Abwehrvorgänge die Möglichkeit, viele Faktoren des pathogenetischen Geschehens zu erkennen. Dadurch wird die Abklärung multifaktorieller Kausalfaktoren vielfach erst ermöglicht, wie sie bisher – vor allem aus Unkenntnis der Funktionen der Zwischenzellsubstanz und deren hervorstechendsten Eigenschaft, der Summierung verschiedenartigster Reize und Belastungen – nicht möglich war. Die Grundlagen hierfür wurden von dem Histologen Alfred PISCHINGER geschaffen, der Histologie und Histochemie endgültig etablierte, indem er die Lebensgrundfunktionen als zentrales Problem der Koordination des Abwehrgeschehens erkannte *(186)*. Kongenial dazu stehen die Arbeiten von Hauss und Junge-Hülsing über die Transmitterfunktion der Zwischenzellsubstanz *(46)*. Diese Substanz schafft und bestimmt das Milieu, in dem die spezifizierten Organzellen leben und arbeiten, Überleben und Qualität der von ihnen zu leistenden Aufgaben hängen vom Funktionszustand der extrazellulären Gewebsflüssigkeit, der Grundsubstanz nach Pischinger, ab.

1956 erschien die Studie „Das Serumeiweißbild bei der Multiplen Sklerose" *(127)*, in der der γ-Globulin-Gehalt des Blutserums von 100 Normalpersonen (gesunde Probanden) mit 19,5 rel. % (± 3%) und der von 280 MS-Patienten mit 24,2 rel. % (± 5,3%) angegeben wird (Untersuchungszeitraum 1952–1955). Knapp 3 Dezennien später (1982–1984) lag der durchschnittliche γ-Globulin-Gehalt i. S. von 25 Normalpersonen bei 12,7 rel. % (± 2%) und der von 46 MS-Patienten bei 14,4 rel. % (± 3%). Die Abnahme betrug bei den klinisch gesunden Probanden nahezu 35 rel. %, bei den MS-Patienten sogar etwa 42%. Das gleiche Phänomen fand sich auch bei Vergleichen von Befunderhebungen bei Patienten mit entzündlichen Gelenkerkrankungen: 252 Patienten dieser Gruppe (43 seropositiv: PCP, 209 seronegativ: Oligo- und Polyarthritiden) wiesen einen durchschnittlichen γ-Globulin-Gehalt i. S. von 25,63 rel. % auf (1952–1954), die 1980–1982 untersuchten Rheuma-Patienten (38 seropositiv: PCP, 216 seronegativ: Oligo- und Polyarthritiden) hatten im Durchschnitt nur mehr 14,52 rel. % γ-Globulin i. S. – die Abnahme liegt in dieser Gruppe sogar bei etwas über 43%.

Auch bei Berücksichtigung der absoluten Mengen sieht diese Abnahme nicht günstiger aus, denn der Gesamteiweißgehalt des Serums stieg in dieser Zeit bei gesunden Probanden nur von 6,67 auf 7,05 g %, bei den MS-Patienten von 6,56 auf 6,76 g % und bei den Rheuma-Patienten von 6,92 auf 7,12 g % – die Abnahme an γ-Globulinen ist daher hauptsächlich absolut und nur zu einem Bruchteil als relativ zu bewerten. Parallel dazu war eine Abnahme der Gesamt-Leukozytenzahlen zu beobachten: bei der seropositiven PCP liegt diese mit durchschnittlich 1,5% noch im Bereich der Fehlerquelle der Methoden, bei der seronegativen Polyarthritis beträgt sie etwa 18,4%, bei der MS ca. 15,1%. Der Anteil der Lymphozyten sank bei den seropositiven PCP-Fällen um rund 5%, bei den seronegativen Polyarthritis-Fällen um 4%, bei den MS-Patienten sogar um 12,2%, wobei aber wegen der geringen Zahl der in dieser Untersuchung erfaßten MS-Fälle (je 46 Pat. 1952–54 und 1980–82) eine größere Fehlerquelle angenommen werden muß *(159)*.

Diese beträchtlichen Verminderungen dieser Parameter der Abwehrlage – vor allem bei Normalpersonen, jene bei Patienten können auch medikamentös bedingt sein – zeigen, daß sich die Abwehrlage der Menschen unserer Breiten beträchtlich verschlechtert hat. Über die bisher erfaßten Ursachen wird in den einzelnen Kapiteln noch ausführlich berichtet.

Aber diese Entwicklung fordert in Praxis und Forschung eine intensivere Beschäftigung mit der Abwehrbereitschaft im Einzelfalle heraus. Denn der Verlauf einer Krankheit wird mindestens ebensosehr von der aktuellen Abwehrsituation bestimmt wie von den auslösenden spezifischen Noxen. Dieses Wechselspiel zwischen exogenen Noxen und der vorhandenen Abwehrkapazität (Intensität und Schnelligkeit der Reizbeantwortung) zu erfassen, erfordert sowohl eine exakte Kenntnis der spezifischen Noxen und deren spezifischer Auswirkungen als auch die Fähigkeit zur Erfassung der allgemeinen Abwehrlage.

Während die Kenntnis der spezifischen Ursachen in den letzten 150 Jahren durch die medizinische Forschung hervorragend vorangetrieben wurde und z. B. derzeit durch die Entdeckung der Erreger der Legionärskrankheit und von AIDS einen neuen Höhepunkt erreicht hat, ist die Erfassung der individuellen Abwehrlage trotz beeindrukkender Forschungsergebnisse der Immunologie in der Praxis noch immer ein Stiefkind geblieben. Immunologie und Biochemie haben aber bereits so wesentliche Grundlagen geschaffen, daß der nächste Schritt der testmäßigen Erfassung der Immunreaktionen ohne große Schwierigkeiten möglich geworden ist. Das fehlende Glied zum Verständnis dieser Vorgänge war die Entdeckung der zentralen Bedeutung der extrazellulären Gewebsflüssigkeit und die Erfassung ihrer Regulationen *(186)*. Auf dieser Basis war es möglich, die anstehenden Probleme weitgehend aufzuklären.

Es ist das Ziel der nun folgenden Ausführungen, die Zusammenhänge zwischen unspezifischen und spezifischen Abwehrfunktionen darzustellen und zugleich die therapeutischen Nutzungsmöglichkeiten durch ihre Beeinflussung und deren Grenzen zu schildern. Aber auch die noch offenen Fragen werden dargelegt – ihre Anzahl ist nicht gerade gering und sie ergaben sich z. T. aus den neuen Erkenntnissen.

Es muß aber auch – und das vielleicht bis zum Überdruß – immer wieder darauf hingewiesen werden, daß Erfassung und Therapie der Abwehrleistungen kein Ersatz für die spezifische Diagnostik sein kann und sein darf. Denn wenn auch der Verlaufscharakter einer Erkrankung (akut, subakut, allergisch, schubweise, chronisch-progredient) von der Abwehrlage des Organismus abhängt, so bestimmen doch die letztlich auslösenden spezifischen Noxen und der Ort ihres Angriffes die spezifische Diagnostik und zwingen zur Bedachtnahme auf das betroffene anatomische Substrat: Entzündungen, z. B. der Gallenblase oder der Appendix, zwingen klarerweise zu einem anderen spezifisch-therapeutischen Vorgehen als solche z. B. an den Herzklappen oder im Bereiche des Zentralnervensystems – daran ändert sich auch selbstverständlich bei Einbeziehung der Erfassung der Abwehrfunktionen nichts. Aber bei vielen pathergischen Krankheiten, deren letztlich auslösende Noxen man noch gar nicht kennt, ermöglicht die Kombination von spezifischer Therapie und Rehabilitation der Abwehrleistungen ein rationelleres und erfolgreicheres Vorgehen.

Im vorliegenden Kompendium wird daher der Versuch unternommen, die Möglichkeiten der Erfassung und Beeinflussung der Abwehrfunktionen darzustellen, und zwar zunächst die hauptsächlich von Pischinger *(186)* geschaffenen theoretisch-wissenschaftlichen Grundlagen, die Erfassung der Abwehrfunktionen durch Verfolgung der Auswirkung gesetzter Reize, die bisher bekannten Ursachen von Abwehraberrationen und zuletzt die bisherigen Möglichkeiten zur Rehabilitation der Abwehr. Damit wird die Einflußnahme auf den Verlauf und z. T. auch auf die Heilung (Defektheilung), vor allem vieler Fälle entzündlicher Systemerkrankungen, deutlich verbessert. Doch sind manche Probleme erst durch diese Untersuchungen neu ins Blickfeld gerückt und bedürfen noch intensiver Bearbeitung bis zu ihrer erfolgreichen Lösung im Rahmen der Therapie.

1.2 Das System der Grundregulation nach Pischinger

Eine Erklärung, warum unspezifische Therapiemethoden überhaupt wirksam sein können, war bis vor 30 Jahren nicht möglich. „Die theoretischen Grundlagen fehlten nicht nur den Lehrern der (verschiedenen) medizinischen Kleingruppen (wie Akupunktur, Elektroakupunktur, Neuraltherapie, Herdforschung etc.), sondern sie fehlten in der Medizin überhaupt, weil man die Erfolge, die immerhin in jeder dieser Sparten zu verzeichnen waren, weder mit der Humoralpathologie, der Lehre von den Säften, der Zellularpathologie, der Lehre von den kranken Zellen, noch mit der Organpathologie, der Lehre von den kranken Organen, erklären konnte" (KELLNER) *(90)*.

Der Weg PISCHINGER's zu seiner Theorie einer ganzheitsbiologischen Medizin wurde durch einen eminent unspezifisch wirkenden körpereigenen Stoff, den sein Freund LUTZ entdeckt hatte, eingeleitet. Den später Elpimed genannten Stoff beschrieb er zusammen mit LUTZ erstmals 1949 *(108)*. Schon damals bezog PISCHINGER – noch mit aller gebotenen Vorsicht – die völlig unspezifischen Wirkungen dieses eiweiß- und triglyzeridfreien Serumrestes auf mesenchymale Reaktionen, da nur so die überaus breite Anwendungsmöglichkeit erklärlich schien. Schon die damals angegebenen Indikationsgruppen (1. Neuritis; Neuralgie, einschließlich der Zoster-Neuralgien; 2. Ekzeme, einschließlich des Pruritus ani, der Kraurosis vulvae und des Eczema infantum; 3. zentralnervöse Störungen nach Enzephalitis, Meningitis, Schädeltrauma und Apoplexie sowie Migräne; 4. Asthma bronchiale und chronisch-spastische Bronchitis) zeigen in ihrer von seiten der spezifischen Ätiologie widersprüchlichen Breite, daß hier ein körpereigener Stoff auf ein Regelsystem des Warmblüterorganismus einwirkte, das bis dahin unbekannt war.

„Unbekannt" ist nun nicht ganz der richtige Ausdruck, denn sein Vorhandensein im materiellen Sinne war natürlich bekannt – es handelte sich um die extrazelluläre Gewebsflüssigkeit, die Zwischenzellsubstanz, von deren lebenswichtigen Funktionen man allerdings kaum eine Ahnung hatte.

Die Zwischenzellsubstanz wurde bereits 1767 erstmals von BORDEU *(19)* beschrieben. Aber in der Folge haben sich nur wenige Theoretiker mit ihr beschäftigt. So wurde erst 1845 von REICHERT *(189)* festgestellt, daß weder Kapillare noch vegetative Nervenendfaser mit den Organzellen direkt in Kontakt stehen, was dann über 100 Jahre später von EPPINGER auf Grund elektronenmikroskopischer Untersuchungen eindeutig bestätigt wurde *(30)*. 1869 schreibt v. RINDFLEISCH *(193)* in einer Kritik an der VIRCHOW'schen Zellularpathologie, ob dieser mit seiner Theorie nicht zu weit gegangen sei: „. . . man kann sehr wohl die Individualität der Zellen anerkennen und doch zugleich der Einrichtungen gedenken, welche ihre Autonomie in funktioneller und nutritiver Beziehung beschränken . . . Das Bindegewebe schiebt sich überall zwischen Blutbahn und die prinzipalen Strukturteile ein . . . (dadurch) kommt die Stellung in Betracht, welche das Bindegewebe als vermittelndes Glied zwischen dem Parenchym einerseits und dessen Blut- und Nervenversorgung andererseits einnimmt". Hier ist bereits die Transmitterfunktion der Zwischenzellsubstanz, die HAUSS und JUNGE-HÜLSING *(46)* 1961 abgeklärt haben, in ihren Grundzügen erkannt worden.

Der Begriff „Grundgewebe" wurde dann 1912 von BUTTERSACK *(24)* eingeführt, um damit zwischen dem bereits spezifizierten Stützgewebe und dem weichen Bindegewebe zu unterscheiden. 1943 hat dann v. MÖLLENDORFF *(124)* endgültig die Unterscheidung dieser mesenchymalen Gewebe definiert. Zuletzt konnte noch FEYRTER *(32)* die in der Grundsubstanz enthaltenen Zellen, die Fibroblasten, differenzieren, und zwar in die große und kleine Retikulumzelle, die auch innerhalb der Grundfunktionen verschiedene Aufgaben zu erfüllen haben.

So waren nur wenige Arbeiten über die Zwischenzellsubstanz publiziert worden und diese hatten etwa 200 Jahre lang nicht den geringsten Einfluß auf die klinische Praxis gewinnen können. Diese nicht gerade ermutigende Entwicklung der Grundgewebeforschung, die der Autor schon in früheren Publikationen *(157)* ähnlich beschrieben hat, fand PISCHINGER vor, als er 1948 begann, sich näher damit zu beschäftigen. Über eine Studie zu Redoxsystemen im Blut *(180)* gelangte er überraschend schnell zur Erkenntnis der Funktionen des Unspezifischen, und zwar über Untersuchungen, die sich mit der Belastung durch stumme chronische Entzündungen beschäftigten *(179)*. So konnte er bereits 1955 über die wesentlichsten Merkmale der Lebensgrundfunktionen im Zwischenzellbereich berichten *(181)*. In den folgenden Jahren brachten die Arbeiten des »Wiener Kreises«, wie PISCHINGER und seine Mitarbeiter bald genannt wurden, ständige Ergänzungen der von PISCHINGER geschaffenen Grundlagen, aber in keinem einzigen Punkt seiner Aussagen von 1955 mußte eine Revision vorgenommen werden.

Das entscheidende Merkmal für alle späteren Untersuchungen wurde dabei die Funktionstestung, die Erfassung von Form und Intensität einer Reaktion des Organismus auf einen Reiz, verfolgt an hand von mindestens zwei, aber auch mehr Parametern des unspezifischen Systems, wobei schließlich das Prinzip des genormten milden Reizes mit Kontrolle der Reaktionen in genormten Zeitabständen zum tragenden Element wurde – allerdings ohne Ausschließlichkeitsanspruch dieser Form der Funktionstestung.

1.2.1 Histologie und Topographie des Grundsystems

Die extrazelluläre Substanz ist unscheinbar und unauffällig. Als Student im histologischen Praktikum bekommt man sie nie zu sehen, man sieht lediglich leere Zwischenräume zwischen den Organzellen – bei der Präparation und Färbung der Schnitte schwindet es vollkommen. Diesem Substrat, das man nie gesehen und von dem man nie gehört hat, soll man dann eine lebensentscheidende Rolle zubilligen – hier tauchen psychologische Schwierigkeiten auf, die durch den primären Ausbildungsgang bedingt sind.

Die Grundsubstanz besteht aus der extrazellulären Flüssigkeit und den eingelagerten undifferenzierten Zellen (Fibroblasten oder Retikulumzellen genannt). Die Fibroblasten zeigen 2 Grundformen, die große und die kleine Retikulumzelle (Feyrter 1951) *(32)*. Eine enge Verbindung mit dem Gesamtorganismus ist im afferenten Teil durch Kapillaren und das vegetative Nervenendfasergeflecht gegeben, wozu im efferenten Anteil noch die zahlreichen Lymphspalten hinzukommen (Abb. 1).

Diese engen Verbindungen zum Gesamtorganismus betreffen nicht nur das lokale Grundgewebe, sondern auch das betreffende Organ. Denn nirgends im Organismus gibt es einen direkten Kontakt zwischen spezifizierten Organzellen und Kapillaren, vegetativen Nervenendfasern oder auch Lymphspalten. Diese Tatsache ist – wie bereits erwähnt – seit Reichert 1845 *(189)* bekannt. Ihre pathophysiologische Bedeutung wurde aber erst durch Pischinger 100 Jahre später erkannt. Denn es bedeutet, daß alle biochemischen Vorgänge (Zellatmung, Zellernährung, hormonelle und immunologische Einflüsse etc.) und jeder nervale Reiz zu und von den Organzellen über die extrazelluläre Gewebsflüssigkeit vermittelt werden müssen. Diese Transmitterfunktion haben Hauss und Junge-Hüsling *(46)* 1961 ausführlich beschrieben. Diese Funktion ist aber kein passiver Vorgang, sondern wird beeinflußt. Das geschieht z. T. sichtlich über bioelektronische Vorgänge. Diese Vorgänge sind im einzelnen noch nicht näher erforscht, weil bisher direkte bioelektrische Messungen im lebenden Organismus nicht möglich sind, doch deutet die unterschiedliche elektrische Ladung der beiden Fibroblastenformen (große und kleine Retikulumzelle) eindeutig in diese Richtung. Pischinger hat dies mit histochemischen Methoden nachgewiesen *(179)* – er war schon in jungen Jahren einer der Begründer der Histochemie *(177, 178)*. Die Kerne der kleinen Retikulumzellen besitzen beträchtlich mehr saure Valenzen als die der großen. Dies läßt fast zwingend annehmen, daß im Grundgewebe durch die beiden Fibroblastenarten ein elektrisches Potential aufgebaut oder zumindest aufrechterhalten wird.

Aber nicht nur diese histologischen Tatsachen zeigen die Bedeutung des Grundsystems, noch mehr unterstrichen wird diese durch seine Topographie. Es ist innerhalb eines Organismus ubiquitär, d. h. es durchzieht mit Ausnahme der obersten Hornhautschichten der Epithelien den gesamten Organismus von der Kopfhaut bis zu den Zehenspitzen *(149)*. Es ist damit das einzige ubiquitäre Gewebe und das einzige Regelsystem, das mit allen Organzellen in direktem Kontakt steht. Diese Tatsache unterscheidet das Grundgewebe auch vom Gefäß- und vegetativen Nervensystem, die beide zwar ebenfalls weitgehend ubiquitär sind, aber keinen direkten Kontakt zu den Organzellen haben. So steht zwar das Grundgewebe in engster Verbindung und unter dem Einfluß der (phylogenetisch jüngeren) übergeordneten Zentren – aber es ist wesentlich, daß diese nicht direkt miteinander kommunizieren können, sondern ihrerseits völlig auf die Transmitterfunktion der Grundsubstanz angewiesen sind.

1.2.2 Extrazelluläre Gewebsflüssigkeit

Für die Erfüllung ihrer Regulations- und Transmitterfunktion ist die Zusammensetzung der extrazellulären Gewebsflüssigkeit entscheidend. Zwar sind ihre biophysikalischen und biochemischen Eigenschaften noch nicht restlos geklärt, doch genügt bereits das bisherige Wissen, um die Bedeutung einer ausgewogenen Zusammensetzung zu erkennen, insbesonders seit den Untersuchungen von Heine *(55)* über die Rolle der Proteoglykane (Mukopolysaccharide) in der Informationssteuerung der Peripherie (1979). Die Menge der extrazellulären Gewebsflüssigkeit beträgt nach Molenaar und Roller *(123)* etwa 16–18 l, nach neueren Angaben sollen es nur etwa 10 l sein. Sie befindet sich in einer ständigen Fließbewegung, so daß Eppinger *(30)* von einem inneren Kreislauf spricht. Die Stromrichtung der Gewebsflüssigkeit ist – wie inzwischen festgestellt wurde (Bergsmann) – abhängig vom elektrischen Gleichfeld der Natur mit Ionenverschiebungen entsprechend dem Polaritätsprinzip *(12)*. Das ist deshalb von Wichtigkeit, weil es den Menschen im kybernetischen Sinne als offenes energetisches System ausweist und seine Abhängigkeit von einer natürlichen Umwelt belegt. Verstöße dagegen, z. B. im Bauwesen mit Effekten, ähnlich denen des FARADAY'schen Käfigs, können deshalb gravierende gesundheitliche Folgen haben, vor allem dann, wenn bereits andere Störungen und Belastungen vorliegen.

Die Grundsubstanz ist eiweißarm bis eiweißfrei – so ganz genau ist dies noch nicht geklärt – und befindet sich normalerweise in einem Gel-Zustand. Sie enthält reichlich Proteoglykane (Mukopolysaccharide) und fluoreszierende Stoffe, die von PISCHINGER als ungesättigte Lipide definiert werden konnten *(186)*. Sie enthält außerdem eine ausgewogene Mischung an Elektrolyten. Dies entspricht mit Ausnahme des Calciums auch heute noch der Zusammensetzung des „Urmeeres". Nur der Calcium-Gehalt wird hormonell durch die Glandula parathyreoidea mitgeregelt, was vor allem für die Funktion der willkürlichen Muskulatur notwendig ist: er muß für diese spätere phylogenetische Entwicklung höher sein, als er im Urmeer bei der Entstehung des ersten Lebens war. Diese Elektrolytverhältnisse führen zwangsläufig zu dem Schluß, daß das, was heute die extrazelluläre Gewebsflüssigkeit darstellt, das erste und älteste Kommunikationssystem zwischen lebenden Zellen war und daß sich der Primat mit dieser Funktion in jeder auch noch so hoch entwickelten Zellsozietät erhalten hat. Es war für manchen auch aus unserem Kreis um PISCHINGER schwierig, die Tatsache zu akzeptieren, daß die minimale, geradezu lächerlich geringe Distanz zwischen Kapillare und vegetativer Nervenendfaser einerseits und den Organzellen andererseits so entscheidend für das Leben an sich, für Krankheit und Tod ist und daß dem „bißchen" Substanz dazwischen eine solch überragende Bedeutung zukommt. Aber an der histologisch eindeutig gesicherten Tatsache der Distanz der zu- und abführenden Gefäße und Nerven zu den Organzellen ist nicht zu rütteln. Und die laufenden Untersuchungen über die Grundregulationen und ihre Störungen brachten immer mehr Beweise, daß an der fundamentalen Bedeutung der Grundsubstanz für das Leben und die Gesundheit nicht zu zweifeln ist. Unterstrichen wird diese Tatsache noch durch den Gehalt der Grundsubstanz an Fibroblasten, die in ihrer Funktion eine unübersehbare Rolle spielen.

1.2.3 Funktionen des Grundsystems

Dem Grundsystem werden folgende Funktionen zuerkannt:

1. die Transmitterfunktion
2. die Lebensgrundfunktionen – Wasserhaushalt, Säure-Basen-Haushalt, Sauerstoffhaushalt und Elektrolythaushalt
3. im Rahmen der Abwehrleistungen die ersten unspezifischen Reaktionen
4. die Funktion als Ordnungsprinzip zur Aufrechterhaltung der genetisch vorgegebenen Strukturen, wenn auch die Beweise für diese Hypothese noch gering sind

Dabei ist die schon mehrfach genannte Transmitterfunktion als erstes zu nennen. Wie schon aus den histologischen und topographischen Gegebenheiten hervorgeht, ist die extrazelluläre Gewebsflüssigkeit im Zellstoffwechsel und der nervalen Versorgung nicht zu umgehen. Die Frage, ob diese Übertragung passiv erfolgt oder aktiv beeinflußt wird, bleibt bei Hauss und Junge-Hülsing *(46)* offen. Spätere Arbeiten (Heine und Schaeg 1979) zeigen aber, daß die Proteoglykane auf Grund ihrer Fähigkeit zur Wasserbindung und zum Ionenaustausch (Na^+, K^+ gegen Ca^{2+}, Mg^{2+}) ein biophysikalisch gesehen variables Filter bzw. Molekularsieb bilden und damit die Transmission von Molekülen zwischen Kapillare und Organzelle beeinflussen können. Die Porengröße ist jeweils von der Konzentration der gelösten Proteoglykane, deren Molekulargewicht, dem pH-Wert der Lösung und den anwesenden Elektrolyten im betreffenden Gewebsbereich abhängig *(55)*. Das heißt aber, daß die Transmitterfunktion aktiv vom jeweiligen Zustand der Gewebsflüssigkeit beeinflußt wird, weil die Porengröße des Molekularsiebes die Durchgängigkeit der Grundsubstanz bestimmt (Abb. 2).

Man erkennt also schon an der Transmitterfunktion die enge Verflechtung mit den Lebensgrundfunktionen: nicht ein bestimmter Stoff bestimmt ihr Verhalten, sondern das Zusammenwirken der verschiedenen Stoffe und Funktionen, wobei die Normalfunktion von einer ausgewogenen Mischung der bestimmenden Stoffe (Proteoglykane, Elektrolyte etc.) und dem Elektropotential (pH-Wert) abhängt.

Die Lebensgrundfunktionen dienen der Aufrechterhaltung des Lebens an sich, d. h. des rein vegetativen Daseins ohne Spezialisierung. Auch diese Funktionen werden in der Grundsubstanz geleistet und gesteuert.

Die Steuerung des Wasserhaushaltes wurde schon 1912 von SCHADE *(200)* postuliert und mit kolloid-chemischen Vorgängen erklärt. Die Wasserbindungsfähigkeit der Proteoglykane in der Gewebsflüssigkeit und auch in der Glykokalyx ist inzwischen mehrfach bestätigt worden – siehe HEINE und SCHAEG *(55)*. Diese hängt wieder z. T. innig mit ihrem Elektrolytgehalt zusammen, denn ein Übergewicht von Na^{+} führt zur Wasserretention, jenes von K^{+} zur Wasserausschwemmung. Ein K^{+}-Mangel führt zu einer Störung der nervalen Reizübertragung – das bekannteste Beispiel dafür ist die Störung im Reizleitungssystem des Herzens mit dem Auftreten einer Extrasystolie. Die Aufrechterhaltung des Säure-Basen-Gleichgewichts und damit des pH-Wertes und des Gewebepotentials im Organismus wird durch die Fibroblasten gesteuert. Dies hat KELLNER 1963 *(77)* durch einen genial einfachen Versuch nachgewiesen. Er setzte Fibroblastenkulturen gleicher Zellmengen (600 000 Zellen) in Nährlösungen verschiedenen pH-Wertes an: innerhalb von 48 Stunden war in allen angesetzten Kulturen der pH-Wert in Richtung Neutralisation verändert. In der Kultur mit einem neutralen pH zeigte sich keine Veränderung, bei alkalischem Ausgangsmilieu (pH 8,5) fand sich ein pH-Wert von 7,5, im sauren Milieu von pH 6,5 eine Verschiebung auf 7,1 und bei einem pH-Wert von 6,0 eine Verschiebung zu pH 6,9. Das bemerkenswerte an diesen Vorgängen war, daß dieser Ausgleich im alkalischen Milieu durch Zellvermehrung und im sauren Milieu durch Zellzerfall entstanden war (Abb. 3).

Potentialmessungen im Rahmen dieser Versuchsreihe ergaben, daß in einem Nährmedium mit einem Eh [= meßbares Gewebspotential] von + 280 mV die Fibroblasten sich weder vermehren noch absterben – das Potential bleibt konstant. Bei einem Anfangswert von + 240 mV setzt sogleich eine Zellvermehrung ein, bis das Eh wieder + 280 mV beträgt. Beim Anfangswert von + 200 mV tritt anfänglich ein Zellzerfall ein, bis wieder ein Eh von + 280 mV erreicht ist, dann folgt eine Zellproliferation. Bei einem Ausgangspotential von + 160 mV gehen alle Fibroblasten zugrunde, doch bleiben dann kompensatorische Faktoren so reichlich im Nährmedium, daß anschließend neu eingebrachte Fibroblasten am Leben bleiben und sich schließlich auch wieder vermehren können *(77, 186)*. Die Versuche KELLNER's belegen wieder eine grundlegende Tatsache, die zwar allgemein bekannt ist, aber bisher in der Praxis kaum in therapeutische Überlegungen einbezogen wird: das Leben an sich ist primär von biophysikalischen Reaktionen bestimmt und die biochemischen Vorgänge werden durch das Gewebspotential direkt energetisch gesteuert.

Dies gilt auch für den Sauerstoffhaushalt. Bei diesem ist allem Anschein nach die Transmitterfunktion überwiegend oder sogar völlig passiv, hingegen sind beträchtliche Einflüsse übergeordneter Zentren (Gefäßnervensystem mit seiner zentralnervösen Steuerung) nachweisbar. Trotzdem ist der eigentliche Austausch von O_2 und CO_2 kein chemischer, sondern physikalischer Vorgang. Er hängt davon ab, daß eine Zelle Wärme abgeben kann, nur dann ist auch die Abgabe von CO_2 und die Aufnahme von O_2 möglich, wobei die Temperaturdifferenz nur 1 Millionstel Grad betragen muß (TRINCHER 1981) *(221)*. Ist die Gewebsflüssigkeit und das Kapillarblut bzw. das Hämoglobin-Molekül wärmer als die Organzelle, so ist der Sauerstoffaustausch gestört bis verhindert. Das gilt für die über das Gefäßsystem zu versorgende Organzelle genauso wie für das Alveolarepithel, da die Alveolarzelle auch nur dann O_2 aufnehmen kann, wenn Wärme abgegeben wird. Es sei dazu nur nebenbei erwähnt, daß zur Aufrechterhaltung der Wärmedifferenz zwischen Alveolarepithelien und Atemluft ein eigenständiger Fettverbrennungsvorgang in diesen Zellen abläuft (ROGER) *(195)*. Wesentlich mitbestimmt wird aber die Sauerstoffversorgung der verschiedenen Körperbereiche durch die peripheren arterio-venösen Anastomosen, deren Öffnung und Schließung zwar durch pH-Wert-Veränderungen lokaler Natur in Gang gesetzt werden, die aber doch von den vegetativen Zentren im ZNS mitgesteuert werden (BERGSMANN 1970) *(6)*.

Der Elektrolythaushalt spielt wiederum im Grundgewebe eine wesentlich aktivere Rolle. Ein ausgewogener Elektrolytgehalt ist für die Übertragung von Reizen wesentlich, wie man schon am erwähnten Beispiel der Extrasystolie bei Kalium- und Magnesiummangel ersehen kann. Er dient auch zusammen mit den Fibroblasten der Aufrechterhaltung des pH-Wertes. Reize über einer bestimmten Intensität führen zu Reaktionen bezüglich des Elektrolytgehaltes – dies wurde von uns als Reizschwelle für Ganzheitsreaktionen bezeichnet; sie liegt beim gesunden Probanden bei einer Vakzinemenge von ca. 500 000 Keimen (Abb. 4). Solche Reize werden in einer etwa 4stündigen Reaktion ausreguliert. Das dabei erfaßte Reaktionsbild entspricht der Alarmreaktion nach SELYE *(209)*, wobei Schock-, Gegenschock- und Anpassungsphase klar erkennbar sind.

Nun hat SELYE bei seinen Tierversuchen (Ratten) mit relativ starken Reizen gearbeitet und damit eine Mitreaktion der Nebennierenrinde ausgelöst. Deshalb bezog er auch die Alarmreaktion ausschließlich auf die Aktivität der Hypophysen-Nebennierenrinden-Achse. Aus eigenen Untersuchungen, die hauptsächlich der Bestimmung der Reizschwellen für Ganzheitsreaktionen bei Gesunden und chronisch Kranken dienten, ist aber zwingend zu schließen, daß primär das Grundsystem der Träger der Alarmreaktion ist und den NNR-Hormonen eher eine nur dämpfende und verzögernde Wirkung zur Verhütung überstarker Reizreaktionen zukommt (PERGER 1984) *(157)*. Diese Feststellung soll die grundlegende Bedeutung der Arbeiten SELYE's nicht herabsetzen. Zu seiner Zeit war weder die Feinstruktur und Funktion der Grundsubstanz bekannt – PISCHINGER trug seine Forschungen erst 1956 *(181)* erstmals geschlossen vor, die Transmitterfunktion (HAUSS und JUNGE-HÜLSING) wurde erst 1961 *(46)* und die Veränderungen des Molekularsiebs durch die Proteoglykane (HEINE und SCHAEG) erst 1979 näher beschrieben *(55)* – noch wußte man etwas über die Möglichkeiten extranervaler Steuerungsmechanismen die z. B. durch die Photonenemissionen lebender Zellen (POPP 1976) *(187)* und durch die Quasiflüssigkeitskristallisation des Gewebswassers (TRINCHER 1981) *(221)* ermöglicht werden. Lediglich über die Informatik durch UV-Strahlung – der GURVICH-Strahlung der russischen Literatur – war publiziert worden (GURVICH et al. 1923) *(37)*, doch wurde diese Arbeit bis dahin von niemandem beachtet und erst 1959 (GURVICH A. G. und L. D.) *(38)* wieder in Erinnerung gerufen. SELYE's Deutung richtiger Beobachtungen erfolgte so aus dem Wissensstand jener Zeit, so daß er der Hormonreaktion die Priorität zusprach. Ähnliches geschah schon früher bei der falschen Deutung des Herdgeschehens, worüber in einem späteren Abschnitt noch ausführlich gesprochen werden muß.

Tatsächlich – dies sei nach der Abweichung vom Hauptthema wiederholt – ergaben die Untersuchungen zur Erfassung der Reizschwellen (PERGER 1972, 1981) *(142, 151)*, daß die Alarmreaktion primär als Abwehrleistung des Grundsystems anzusprechen ist.

Während beim Reaktionsbild des akuten Infekts mit Sicherheit auch hormonelle Einflüsse zum Tragen kommen, ist dies beim Schwellenreiz nicht oder in nur sehr eingeschränktem Maße möglich. Das Erscheinungsbild ist – zeitverkürzt – aber das gleiche und unterscheidet sich sonst nicht von der Reaktion beim akuten Infekt. Die Ionenverschiebungen erweisen sich als wesentlicher Teil der unspezifischen Abwehrreaktionen und spiegeln den jeweils bestehenden pH-Wert wider, d. h. sie zeigen auch indirekt die energetischen Vorgänge im Abwehrgeschehen an (Abb. 5). Sie haben auf das Wasserbindungsvermögen der Proteoglykane Einfluß und spielen beim Verhalten der Fibroblasten unter Reizeinfluß eine wichtige Rolle.

Natürlich ist der Elektrolythaushalt nicht isoliert vom übrigen Abwehrgeschehen zu sehen, wie man überhaupt stets nach Zusammenhängen und Interaktionen der verschiedenen Regelsysteme suchen muß. So ist auch der Mineralstoffhaushalt u. a. abhängig vom Angebot in der Nahrung und von den Resorptionsverhältnissen im Darmtrakt (PERGER 1985) *(162)* sowie von der Nierenfunktion.

Die Bestimmung der Elektrolytspiegel muß aus dem Blutserum oder Vollblut erfolgen, da eine direkte Gewinnung aus dem Gewebe nur bei starker Reizeinwirkung möglich wäre, z. B. bei Blasenbildung durch Kantharidenpflaster, und damit nicht mehr in bezug auf die Fragestellung nach der vorliegenden Abwehrlage beurteilbar wäre. Bei der überaus dichten Kommunikation zwischen Gewebsflüssigkeit und Blut über die Kapillaren und die zahllosen Lymphspalten und der Schnelligkeit, mit der die Verschiebungen der Mineralstoffe in das Gefäßsystem vor sich gehen, ist dies ein zu vernachlässigender Faktor.

Die Fibroblasten erfüllen neben der schon beschriebenen Aufrechterhaltung des Säure-Basen-Gleichgewichtes noch weitere Aufgaben. Eine davon ist die Aufrechterhaltung des Gewebspotentials, die durch die gegensätzliche elektrische Ladung der beiden Formen, der großen und kleinen Retikulumzelle, gewährleistet erscheint (PISCHINGER 1954) *(179)*. Die endgültige Abklärung dieser für das Leben so wichtigen Frage des Gewebspotentials müßte unserer Meinung nach eine reizvolle Aufgabe für jeden Biophysiker sein.

Die zweite Funktion der Fibroblasten greift unerwartet tief in die zellulären Abwehrvorgänge ein. Man ist gewohnt, zelluläre Funktionen nur im Zusammenhang mit dem Blut, dem Knochenmark und den lymphatischen Geweben zu sehen. Aber die Fibroblasten erfüllen in der zellulären Abwehr wichtigste Aufgaben (PISCHINGER) *(186)*. Nach MAXIMOW *(117)* sind die Zellen des weichen Bindegewebes noch „omnipotent", d. h. sie können sich noch in verschiedene spezifizierte Zellen umwandeln und deren Aufgaben übernehmen. Das stimmt nun nicht ganz, wie FEYRTER (1951) *(32)* mit der Differenzierung der Fibroblasten in die große und kleine Retikulumzelle bewiesen hat. Denn jede dieser Formen kann sich nur in bestimmte freie Zellformen umwandeln. Die Fibroblasten sind in der extrazellulären Gewebsflüssigkeit miteinander verbunden. PISCHINGER hat dies noch als Synzytium aufgefaßt und beschrieben. Nach neueren elektronenoptischen Untersuchungen besteht aber kein Synzytium (LEONHART 1981) [zit. nach H. HEINE], sondern ein offener Kontakt (Nexus bzw. gap junctions) zwischen den benachbarten Zellen (Abb. 6). „Die gap junction besteht aus einer plattenförmigen, unterschiedlich weit ausgebreiteten Apposition der benachbarten Plasmalemmata, in deren Bereich sich der Interzellularspalt bis auf ca. 2 nm verschmälert. Die benachbarten Plasmalemmata tragen im Bereich der gap junction auf ihren äußeren, einander zugekehrten Oberflächen zahlreiche stempelartige Vorwölbungen – spezifische, den Intrazellularspalt punktuell verschließende und beide Zelloberflächen verbindende rundlich-ovale Kontakte. Diese enthalten im Inneren ein etwa 1,5 nm weites Kanälchen, das das Zytosol der benachbarten Zellen verbindet und für einen Stofftransport (Moleküle bis etwa MG 1000) durchlässig ist. Die gap junctions dienen dem Stofftransport und der Übertragung elektrischer Signale von Zelle zu Zelle (elektrische Koppelung). Dadurch werden Aktivitäten benachbarter Zellen koordiniert, Zellen zu größeren Funktionseinheiten zusammengeschlossen. Sie sind auch von spezifizierten Organzellen (glatte Muskulatur, Herzmuskelzellen, Osteozyten, embryonale Gewebe) her bekannt. Diese Kontakte können in Millisekunden gebildet werden" (gleichfalls wörtlich zitiert aus einem Brief von Prof. HEINE 1987).

Unter Reizeinflüssen (Veränderung des pH-Wertes und Depolarisierung) können sich die Fibroblasten auch ebenso schnell aus ihrem Verbund lösen: die große Retikulumzelle als Histio- und Monozyt, die kleine Retikulumzelle als Lymphozyt der T- oder B-Form. Sie erfüllen dann die bekannten Funktionen dieser Zellformen. Und ein weiterer Vorgang ist bemerkenswert: bereits differenzierte Plasmazellen aus früheren Erkrankungen können sich in den Verbund einfügen und bilden so ein Depot spezifischer Antikörper, das bei Bedarf freigesetzt werden kann. Fibroblasten haben aber noch zwei weitere Funktionen, die ihre Bedeutung im Abwehrgeschehen noch unterstreichen. Sie produzieren 3fach-konjugiert-ungesättigte Fettsäuren, den Faktor M nach PISCHINGER, die in der Umschaltung in die Gegenschockphase der Abwehr eine zentrale Rolle spielen und außerdem für die O_2-Utilisation in der Peripherie wesentlich sind. Sogar beim gesunden Probanden sinkt nach Injektion von 1 ml des Faktors M der oxy-Hämoglobingehalt des Venenblutes auf die Dauer von 1–2 Stunden um ca. 15% (Ruhewert eines Gesunden ca. 40%, Absinken auf 25%), d. h. daß unter der Zufuhr dieser Fettsäurederivate mehr O_2 ins Gewebe abgegeben wird.

Und selbst für jene, denen die Grundsystemfunktionen noch völlig fremd wären, wird die Bedeutung der Fibroblasten im Abwehrgeschehen schon dadurch dokumentiert, daß diese eine Interferon-Form, das Fibroblasten- oder β-Interferon, synthetisieren und damit eine wichtige Immunfunktion leisten.

Diese Funktionen (Gewebspotential, Säure-Basen-Haushalt, zelluläre Reaktionen, Synthese des Faktors M und des β-Interferons) lassen erkennen, welche zentrale Bedeutung das Grundgewebe und seine Zellen im Abwehrgeschehen und in der Aufrechterhaltung des Lebens haben.

Die Freisetzung dieser Zellen aus dem Nexus (gap junctions) erfolgt offenbar bei abrupter Veränderung des pH-Wertes ins saure Milieu, wie dies bei einem akuten Infekt oder bei einer Verwundung, aber auch z. B. bei Strahleneinflüssen der Fall ist. Nimmt man als Beispiel eine Infektion durch einen Insektenstich an, so ist der Ablauf der Vorgänge bis zum Einsetzen der lymphozytären Reaktion vielleicht am besten vorstellbar.

Am Invasionsort der Noxe tritt sofort eine massive Veränderung des pH-Wertes ein. Dadurch werden folgende Reaktionen ausgelöst:

1. Die Grundsubstanz geht vom Gel- auf einen Sol-Zustand über.
2. Große Retikulumzellen lösen sich aus der Grundsubstanz und bilden den Histiozytenwall um die Einbruchstelle der Noxen.
3. Zugleich lösen sich eventuell lokal deponierte Plasmazellen aus der Grundsubstanz und setzen durch Zerfall die enthaltenen Antikörper frei.
4. Nach einer kurz dauernden Kontraktion erweitern sich Arteriolen und die arteriellen Schenkel der Kapillaren extrem, wobei sich die Permeabilität der Kapillarwände verändert. Dadurch kann Serumeiweiß in das infizierte Gebiet austreten, wodurch freie zirkulierende Immunglobuline an die Noxen gelangen und deren Konzentration beträchtlich verdünnt wird. Diese Noxenverdünnung hat den Zweck, das Auftreten einer „high-zone"-Paralyse der Immunantwort zu verhindern (HUMPHREY und WITHE 1972, S. 73) *(69)*.
5. Gleichzeitig mit dem Durchtritt von Serum setzen sich Granulozyten an den Kapillarwänden an und wandern durch die Gefäßwand in das infizierte Gebiet aus, wo sie infektiöse Parti-

kel aufnehmen, dabei vielfach absterben und zerfallen – Mikrophagenphase nach METSCHNIKOFF (HUMPHREY und WITHE 1972, S. 35) *(69)*,

6. Im weiteren Verlauf werden große Retikulumzellen als Monozyten und kleine Retikulumzellen als Lymphozyten freigesetzt, die die bekannten Funktionen der freien Blutzellen erfüllen.
7. Antigene Bruchstücke der Erreger und vereinzelt wohl auch lebende Erreger gelangen schließlich über die Lymphbahnen in die regionären Lymphknoten, womit die Phase der spezifischen Immunantwort beginnt.

Bis dahin, also bis zum Anlaufen der spezifischen Immunantwort in den Lymphknoten, wird die lokale Abwehr vom Grundsystem gesteuert. Es handelt sich daher um einen peripher gesteuerten Vorgang, der – wie eigene Untersuchungen ergaben *(147, 168)* – nur bei Überschreitung der individuellen Reizschwelle Ganzheitsreaktionen auslöst. Sie liegt beim gesunden Probanden bei einer Dosis von 500 000 Keimen einer Vakzine, alle darunterliegenden Reizgrößen werden autonom peripher ausreguliert. Man findet lediglich in der gleichseitigen Körperhälfte geringe zelluläre Veränderungen im Blutbild, vor allem bei den Eosinophilen und im γ-Globulin-Gehalt. Allgemeinerscheinungen oder auch nur Reaktionen bei den unspezifischen Parametern, z. B. den Elektrolyten, können nicht festgestellt werden.

Diese Beobachtungen, die auch von PISCHINGER und KELLNER überprüft und bestätigt wurden (persönl. Mitteilungen), zeigen eine ganz andere Reaktionsstruktur der Abwehrvorgänge, als gemeinhin angenommen wird. Primär besteht nicht eine Diktatur übergeordneter Regelsysteme, sondern eine beachtliche Autonomie peripherer Reaktionen, die bei gesunden Personen eine bemerkenswerte Größe aufweist. Unser Maß waren die Keimzahlen von Vakzinen aus verschiedenen Kokkenarten und wir fanden die Reizschwelle für Ganzheitsreaktionen (Ablauf einer kurzfristigen, etwa 4stündigen Alarmreaktion) bei gesunden Probanden bei einer Dosis von rd. ½ Mill. Vakzinekeimen. Erst bei einer Reizbelastung dieser Intensität werden die übergeordneten Regelsysteme zur Ausregulierung solcher Reize herangezogen, wobei diese Reaktionen sowohl in den Immunreaktionen als auch im Hormon- und Gefäßnervensystem verfolgt werden können. Das Problem chronischer Erkrankungen beginnt mit dem fortschreitenden Verlust peripherer Abwehrleistungen, der zu einer immer früheren und intensiveren Inanspruchnahme der übergeordneten Regelsysteme zwingt. Dies führt zu einem unökonomischen Energieverbrauch (BERGSMANN 1977) *(10)* und damit zu einem fortschreitenden Energiedefizit im Organismus. Dieses Problem wird im Abschnitt über die Funktionsstörungen des Grundsystems noch ausführlicher behandelt.

Zu den normalen Funktionen des Grundsystems gehört aber allem Anschein nach auch jene als Ordnungsprinzip zur Aufrechterhaltung der genetisch vorgegebenen Ordnung. Die Beweise hierfür sind zwar noch dürftig und keineswegs unangreifbar, doch immerhin weiterer Untersuchungen wert.

Zunächst ist die Funktion als Ordnungsprinzip aus den Störungen der unspezifischen Regulationen bei chronischen Erkrankungen ableitbar, vor allem bei den entzündlichen Systemerkrankungen und bei Malignomen. Keine Manifestation solcher Krankheiten läuft unter dem Bild normaler unspezifischer Abwehrreaktionen ab. Insbesondere zwei Gruppen, die seropositive primär-chronische Polyarthritis und alle Tumormanifestationen, zeigen eine Lähmung der Grundregulationen, bei der PCP im gesamten Körperbereich, bei malignen Tumoren aber gelegentlich nur auf der Seite der Tumorlokalisation. Bei der PCP kommt es spätestens Wochen bzw. wenige Monate nach den ersten – oft noch geringen – Entzündungserscheinungen zu einer Dissoziation zwischen Grundregulationen und Immunsystem: das Grundsystem ist weitgehend gelähmt und die Immunreaktionen treten ungebremst und oft überschießend in Erscheinung (PERGER 1984) *(158)*, bei malignen Tumoren versagt die humorale und zelluläre Immunreaktion auch dann allgemein, wenn nur eine einseitige Funktionslähmung des Grundsystems besteht (PERGER 1981) *(151)*.

Die daraus abgeleitete Annahme, daß das Grundsystem auch als Ordnungsprinzip fungiert, daß also zu einer erfolgreichen Abwehr auch eine harmonische Zusammenarbeit der daran beteiligten Regelsysteme notwendig ist, wird durch ein Experiment von MCLAUGHLIN (1963) *(103)* in den Bereich hoher Wahrscheinlichkeit gehoben. Danach wachsen embryonale Epithelzellen allein in einer Gewebskultur völlig ungeregelt. Erst wenn man dieser Kultur Mesenchymzellen zusetzt, bildet sich eine Basalmembran und es stellt sich ein geregeltes geschichtetes Wachstum ein *(103)*.

So sind die Leistungen der Grundsubstanz (Transmitterfunktion, Lebensgrundfunktionen und primäre Abwehrleistungen mit einem erstaunlichen Grad an peripherer Autonomie) weitgehend geklärt, ihre Funktion als Ordnungsprinzip der genetisch vorgegebenen Strukturen einigermaßen wahrscheinlich. Nur ihre Funktion bei der Aufrechterhaltung des Gewebspotentials, die durch die gegensätzliche elektrische Ladung der großen und kleinen Retikulumzelle mit einiger Berechtigung vermutet werden darf, ist noch zu klären.

In diesem Bereich, in der Zwischenzellsubstanz, beginnt nun – wie schon Eppinger feststellte *(30)* – die Auseinandersetzung zwischen Krankheitserregern und dem betroffenen Organismus, lange bevor es zu Schädigungen von Organzellen kommt. Da hier aber vorwiegend unspezifische Vorgänge ablaufen, ist dieses primär betroffene System auch unspezifischen Therapiemethoden zugänglich.

1.2.4 Summierung verschiedenartigster Reize im Grundsystem

Eine in ihrer Bedeutung grundlegende Feststellung war, daß Reize verschiedenster Qualitäten (lebende Erreger wie Bakterien, Viren und Protozoen), toxische und pharmakologische Stoffe und physikalische Reize (Kälte, Hitze, Traumen, aber auch ionisierende Strahlen) völlig gleichartig im Sinne einer Alarmreaktion beantwortet werden und sich daher in ihrer Wirkung im Grundsystem summieren können, bis eine dauernde Reizüberlastung zum Auftreten einer Funktionsstörung führt.

Dies wurde schon in den ersten Jahren durch die Reizreaktionstestungen beobachtet (Perger 1963, 1972) *(141, 142)*. Zwischen 1949 und 1963 wurden 2244 Testungen mit Vakzinen (917), Schwermetallaufbereitungen (873), Alt-Tuberkulin (134), Reizkörpern (82), Kältereizen (10), Überdosen von Nahrungseiweiß (10), Röntgenstrahlen (55) und mit dem Radioisotop ^{131}J (40) durchgeführt. Abgesehen von einer andersartigen Reaktion des Gesamt-Cholesterins bei Röntgen- und Radiojod-Belastung zeigte sich in allen Testabläufen das gleiche unspezifische Reaktionsmuster: immer wurde eine Schockreaktion ausgelöst, die nach der individuellen Reaktionslage der Probanden in einem Zeitraum von 3–24 Stunden in eine Gegenschockreaktion umschlug. Zur Kontrolle erfolgten damals 601 weitere Testungen, und zwar ohne Applikation von Stoffen, sog. Leertestungen (69), mit Plazebostoffen (28), mit ELPIMED (435) und mit ELPIMED in Kombination mit anderen Pharmaka wie Antibiotika, Phenylbutazonen etc. (69). Die jeweiligen Dosierungen wurden, so weit abschätzbar, in der Höhe der vermuteten Reizschwelle gewählt, um Schädigungen zu vermeiden. Diese Testungen vermittelten eindeutig das Bild der monotonen Reaktion des Grundsystems auf jede Art von Reiz. Es war daher eine willkommene Bestätigung, als HAUSS und JUNGE-HÜLSING (1961) *(46)* bei der Beschreibung der Transmitterfunktion der Zwischenzellsubstanz ebenso gleichartige Reaktionen auf verschiedenste Reize im Chondroitinschwefelsäure-Stoffwechsel beschrieben, somit bei völlig differenter Untersuchung zu gleichen Ergebnissen kamen. Diese Vorgänge wurden bei 3 gesunden Probanden testmäßig auf einfache Weise überprüft. Die 3 Versuchspersonen erhielten nach der 1. Blutabnahme eine s.c.-Injektion von je ½ Mill. Vakzinekeimen (Streptococcus viridans-Vakzine, gewonnen aus einem Zahngranulom eines Polyarthritis-Patienten). Nach der 2. Blutabnahme 1 Stunde nach der Injektion wurde eine Unterkühlung beider Unterarme in Eiswasser 1 Minute lang durchgeführt. Die 3. Blutabnahme erfolgte dann wieder eine Stunde später und eine 4. Blutabnahme dann weitere 2 Stunden später, also 4 Stunden nach der Vakzine-Injektion – dem damals (1949–1957) üblichen Zeitpunkt. Eine 5. Blutabnahme wurde nach 24 Stunden durchgeführt. Während nun bei einmaligem Schwellenreiz nach 4 Stunden bereits die Gegenregulation (Gegenschockphase nach SELYE) zu beobachten war, verlief die Reaktion auf den zweifachen Reiz anders: bei allen 3 Probanden zeigte sich regelrecht eine Stunde nach Vakzine-Injektion eine Schockreaktion. Nach dem zusätzlichen Kältereiz verstärkte sich diese noch beträchtlich und fand sich auch noch in der vierten Blutprobe in deutlicher Ausprägung. Die Gegenregulation (Gegenschockphase) konnte zwar nicht erfaßt werden, doch zeigte die 5. Blutprobe nach 24 Stunden, daß gesunde Personen die beiden kurzen Reize wieder ausreguliert hatten.

Wenn nun zwei kurz einwirkende Reize verschiedener Reizqualitäten (Vakzine und Kältereiz) sich im unspezifischen Reaktionsablauf deutlich summieren und zwar in den gleichen Parametern des Grundsystems, beim Gesunden bei kurzdauernder Doppelbelastung zwar eine längere Reaktionsablaufzeit bedingen, aber dennoch ohne Dauerschädigung ausgeglichen werden können, so sieht dies bei Dauerreizen der verschiedensten Reizqualitäten ganz anders aus. In diesem Fall wird durch die Dauerreizungen das System à la longue überfordert und kommt mit der Zeit in einen Zustand einer mehr oder weniger großen Erschöpfung und damit zu einer Veränderung der Reizreaktionen. Daher nimmt die Beobachtung von Reizsummierungen in der Pathologie der Regelsysteme einen breiten Platz ein.

Ein Beispiel für solche Reizsummierungen sei vorweggenommen. Menschen mit Unfall- oder Operationsnarben haben bei Wetterstürzen vielfach Beschwerden oder auch ausgeprägte Schmerzen in ihren Narben – dabei handelt es sich gewöhnlich um Narben mit gestörter Wundheilung (KELLNER 1969, 1971, 1973) *(80, 81, 83)*. Der Dauerreiz des Narbengewebes kann normalerweise ausreguliert werden und verursacht keine Beschwerden, kommt aber der Reiz der Wetterfront (Veränderung der elektrischen Ladung der Atmosphäre) hinzu, summieren sich beide Reizqualitäten und die Störung wird für den Betroffenen fühlbar.

1.3 Funktionsstörungen des Grundsystems

Die ersten Untersuchungen ab 1949, die schließlich zur Erfassung der unspezifischen Regulationsstörungen führten, – damals in völliger Unkenntnis des Systems der Grundregulation – waren zunächst auf ein ganz anderes Ziel ausgerichtet. So wurden zunächst erst die zwei häufigsten Regulationsstörungen des Grundsystems erfaßt, und zwar bei den schubweisen und chronisch-progredienten Verlaufsformen der Multiplen Sklerose. Erst rund 5 Jahre später wurden die normale und weitere abnormale Reaktion gesucht und auch gefunden, wobei dann das System der Grundregulationen nach PISCHINGER *(186)* und die Lehre vom Adaptationssyndrom von SELYE *(209)* als theoretische Basis benutzt wurden.

1949 erhielt der Autor, der schon vorher intensiv labordiagnostisch gearbeitet hatte, den Auftrag, eine Methode zu erarbeiten, mit der die augenblickliche Reaktionslage von Multiple-Sklerose-Kranken abschätzbar sein sollte. AIGINGER, ein Schüler WAGNER-JAUREGG's, stand hinsichtlich der MS auf dem Standpunkt, daß in der Therapie dieser Erkrankungen die Gesetze der Allergielehre zu beachten seien und daß in diesem Zusammenhang bakterielle Herde im Allergisierungsprozeß des ZNS eine wesentliche Rolle spielen. Er versuchte daher, durch Herdsanierungen und anschließende Desensibilisierung mit Autovakzinen aus diesen Herden wieder eine normale Abwehrlage herbeizuführen und damit eine Stabilisierung des Krankheitsgeschehens der MS zu erreichen. Obwohl, wie sich später herausstellte, die von ihm vermuteten spezifischen Antigen-Antikörper-Reaktionen zwischen bakteriellen Herden und ZNS nicht zutrafen, waren diese operativen Eingriffe und die umstimmende Nachbehandlung dennoch erfolgreich, wenn die Eingriffe ausschließlich in einem entzündungsfreien Intervall durchgeführt wurden. Die Gründe dafür sind aus dem Summationseffekt von Belastungen im Grundsystem zu finden, wobei den bakteriellen Prozessen, den stummen chronischen Entzündungen, die Rolle einer ständigen Belastung der Abwehrleistungen zukommt (s. Kap. „Die sogenannten Herde").

Die Erstveröffentlichung (AIGINER und NEUMAYER 1950) *(1)*, ein Vortrag vor der Gesellschaft der Ärzte in Wien, stieß auf vehemente Ablehnung durch andere Neurologen, die vor allem auf den Bedenken gegen operative Eingriffe bei MS-Patienten basierten, da die Auslösung von Schüben durch Operationen damals noch mehr als heute gefürchtet war.

Daher waren vor Sanierungseingriffen bei MS-Kranken zunächst drei Probleme zu lösen:

1. Es mußten verläßliche Parameter zur Bestimmung der aktiven und inaktiven Stadien dieser Erkrankung gefunden werden, da operative Maßnahmen nur in letzteren risikoarm durchgeführt werden können.
2. Um Überlastungen der allergieähnlich deformierten Abwehr zu vermeiden, sollte die Reizschwelle für allgemeine und spezifisch-neurologische Reaktionen von MS-Kranken und ihre Unterschiede zu der von gesunden Probanden erfaßt werden.
3. Schließlich mußte auch noch eine geeignete antiallergische Schutztherapie, unter der diese Eingriffe verantwortet werden konnten, entwickelt werden.

„Wären irgendwelche spezifischen Reaktionen bei der MS gewesen, hätte ich damals diese als Parameter vorgezogen. So aber war ich gezwungen, die wenigen unspezifischen Kriterien heranzuziehen, die mit den begrenzten Mitteln eines Abteilungslabors der ersten Nachkriegszeit durchführbar waren" (PERGER 1976) *(143)*. Der einzige Parameter, der damals schon einigermaßen bearbeitet war, war die Bestimmung des Magnesium-Spiegels im Serum nach der Methode von DENIS, wobei in den aktiven Stadien der MS stets ein deutlicher Anstieg des Mg^{2+} i. S. bis zu 4,0 mg % beschrieben war (AIGINGER und NEUMAYER 1953) *(2)*.

Als zweiter Parameter wurde damals die Bestimmung des Serum-

Calciums nach der Methode von KRAMMER-TISDALL herangezogen, da Zusammenhänge zwischen Allergien und dem Serumgehalt an Calcium schon allgemein bekannt waren.

Ein dritter Parameter war die Bestimmung der absoluten Zahlen der eosinophilen Leukozyten nach der Methode von DUNGERN, ebenfalls im Hinblick auf allergische Mechanismen, wie sie AIGINGER, aber auch andere Autoren z. B. PETTE, FERRARO, KABAT und WOLF, sowie RIVERS und Mitarb. *(31, 76, 175, 194)* postuliert hatten.

Später wurden noch die Bestimmungen des Kaliums i. S., des Gesamt-Cholesterins, der Serumeiweißfraktionen mit der Serumelektrophorese nach WUHRMANN und WUNDERLY zusätzlich in die Bestimmungen aufgenommen. Einige Jahre später kam noch die Oxymetrie des Venenblutes mit dem HELLIGE-Oxymeter und die Jodometrie nach PISCHINGER dazu.

Dabei zeigte das Gesamt-Cholesterin bis zum Einsetzen der sogenannten „Freßwelle" nach Überwindung der schlimmsten Kriegsfolgen ein außerordentliches Reaktionsvermögen unter Reizbelastungen, doch ging diese Reagibilität unter den ernährungsbedingten Anstiegen deutlich zurück, so daß diese Bestimmungen ab 1957 aus dem Testverfahren ausgeschlossen werden mußten. Das ist bemerkenswert, denn auch die anderen Parameter sind natürlich durch die Ernährung mitbeeinflußt, aber weder die Elektrolyte, noch die Oxymetrie oder die Jodometrie verlieren trotz unterschiedlichen Ausgangswerten ihre Reaktionsvermögen in der Reizbeantwortung, es sei denn bei extremen Mangelerscheinungen bei massiven Resorptionsstörungen (siehe Kapitel über Darmstörungen).

Diese Parameter, also zunächst Ca^{2+}, Mg^{2+} und die absoluten Eosinophilenzahlen, wurden bei 250 MS-Kranken 2–3 × wöchentlich bestimmt und so meist über mehrere Monate Längsschnitthämogramme gewonnen.

Auf Grund dieser Längsschnitthämogramme, die vorwiegend bei Patienten einer neurologischen Pflegestation bei stabilen äußeren Lebensbedingungen gewonnen wurden, zeigte sich ein signifikanter Unterschied der Parameter in stabilen Stadien und im aktiven Schub. Aber es zeigte sich noch ein Phänomen: auch ohne Zunahme neurologischer Ausfallserscheinungen, wohl aber verbunden mit vegetativen und psychischen Alterationen liefen bei einer Anzahl dieser MS-Patienten zwischendurch schubartige Schwankungen der erfaßten Parameter ab. Diese Feststellung scheint von besonderer Bedeutung, da auch in dieser – neurologisch-klinisch nicht manifesten – Phase jede aktive Belastung, z. B. auch Rehabilitationsmaßnahmen, vermieden werden müssen. Nicht nur im voll ausgeprägten neurologischen Schub, sondern auch in diesen labilen Phasen ist die Reizschwelle so erniedrigt, daß auch geringste Reize zu einer massiven Zunahme von zentralen Ausfallserscheinungen führen können. Die Feststellung labiler Phasen ohne Auftreten neuer Lähmungen erklärt aber, warum manche Rehabilitationsmaßnahmen, die sonst im Intervall absolut indiziert sind, bei manchen MS-Patienten zu erheblichen Verschlechterungen führen können, wenn man den aktuellen Stand der Abwehrlage nicht erfaßt hat.

In den Schüben einer MS und in deren labilen Phasen zeigte sich ein deutliches Absinken des Ca^{2+} unter die Grenze der Norm (die damals bei der Bestimmung nach KRAMER-TISDALL bei ca. 9 mg % angenommen wurde). Sie lag meist zwischen 8,5–9,0 mg %, während der Durchschnittswert im normergischen Intervall immer um 10 mg % gefunden wurde. Der Magnesium-Spiegel i. S. stieg gleichzeitig stark an und erreichte Spitzenwerte bis 4,0 mg % (Normwert der Methode nach DENIS: 1,9–2,4 mg %) (PERGER 1956) *(132)* (Abb. 7 a und b).

Zu Beginn eines Schubes beobachtete man einen starken Abfall der eosinophilen Leukozyten, und zwar auf Werte zwischen 40–60/mm^3. Im Verlauf des Schubes stiegen die absoluten Eosinophilenzahlen aber wieder an und zwar weit über den normergischen Bereich von 100–200 Eo/mm^3, wobei absolute Spitzenwerte bis zu 300 Eo/mm^3 gefunden wurden. Diese Erhöhungen findet man besonders innerhalb der ersten 4–5 Schübe deutlich ausgeprägt, später sind diese Schwankungen bei weiteren Schüben viel geringer (Abb. 8).

In den Serumeiweißfraktionen fand sich jeweils am Beginn der Schübe eine deutliche Erhöhung der α_2-Globuline über 10 rel. %, die im weiteren Ablauf wieder sank und einer langsamen, aber oft beträchtlichen Erhöhung der γ-Globuline Platz machte. Bei zunehmender Zahl der erfaßten Schübe – insgesamt bei 250 MS-Patienten – erwies sich, daß der höchste γ-Globulin-Wert auch das Ende des aktiven Schubes anzeigte (Abb. 9).

Diese Vorgänge beim Schub einer MS bei den Elektrolyten, den eosinophilen Leukozyten und den Serumeiweißfraktionen zeigen eine deutliche Dynamik. Wenn auch verzögert und nicht unter Vermeidung von Dauerschäden ist es dem kranken Organismus doch noch möglich, das angreifende Agens in seiner Aktivität wieder einzudämmen: die Werte der erfaßten Parameter gehen mit Ende des

Schubes wieder in eine normergische Höhe im Rahmen der Norm zurück und die Reizschwelle für neurologische Reaktionen erhöht sich wieder etwas (s. a. Kap. „Reizschwellen für Ganzheitsreaktionen ...").

Gänzlich anders verhielten sich die gleichen Parameter bei den chronisch-progredienten Formen der Multiplen Sklerose (Abb. 10 und 11). Der Calcium-Spiegel bleibt bei diesen Patienten stets an bzw. knapp unter der Grenze der Norm, der Magnesium-Spiegel war ständig mäßig bis mittelgradig erhöht. Die eosinophilen Leukozyten blieben allgemein an bzw. unter der Grenze der Norm, dies allerdings mit einigen passageren „Ausreißern", deren Ursachen aber nicht eindeutig geklärt werden konnten *(132)*.

Die Serumeiweißfraktionen zeigten bei diesen Patienten kein konstantes Bild, doch fand sich bei 700 elektrophoretischen Untersuchungen bei 180 chronisch-progredienten Verlaufsformen stets ein deutlich vermindertes Serum-Albumin, fast immer ein zumindest grenzwertig erhöhtes α_2-Globulin und eine ständige Erhöhung der γ-Globuline, die beim einzelnen Patienten zwar immer Schwankungen zeigte, aber im Durchschnitt stets etwas höher ausfiel als bei den schubweisen Verlaufsformen *(127)*.

So waren – zunächst ohne Wissen, wie und wo diese Vorgänge gesteuert wurden, aber sehr wohl in dem Bewußtsein, daß es sich um humoral-vegetative und nicht um MS-spezifische Vorgänge handelt – die auch heute noch zwei wichtigsten Regulationsformen gefunden worden: die Reaktionsweise der exsudativen Entzündung vom Typ der verzögerten Allergie und jene der unspezifischen Regulationsstarre der chronisch-progredienten Entzündung. Da in diesen Jahren (1949–1954) auch schon vereinzelt Patienten mit anderen entzündlichen Systemerkrankungen erfaßt werden konnten, war es bald klar, daß gleiche Untersuchungen auch bei anderen Krankheiten durchgeführt werden müßten. Sie ermöglichten ja einen Einblick in die – gestörten – Abwehrvorgänge. Setzte man diese in Beziehung zum spezifischen Krankheitsgeschehen, so konnte man auf diese Weise die Therapie vieler Krankheiten rationeller und erfolgreicher gestalten. Dies war und ist noch heute bei jenen Erkrankungen von großer Bedeutung, deren spezifische Ursache man nicht kennt und die eine multikausale Pathogenese aufweisen. Ein wesentliches Hemmnis war allerdings die Tatsache, daß die Steuerungsmechanismen dieser Vorgänge nicht bekannt waren und man sich deshalb manchmal in unpräzise oder auch falsche Spekulationen verirrte, wenn man sich diese Vorgänge erklären wollte. Man darf sich nicht vorstellen, daß die Deutung der Reaktionsformen in geradliniger Form erfolgte, wie es bei der nunmehrigen Darstellung den Anschein hat. Alle möglichen Theorien wurden erwogen, in erster Linie natürlich unter dem Eindruck des damals bekanntwerdenden Cortisons und der darauf bezogenen Adaptationslehre von SELYE *(209)* die rein hormonelle Steuerung, aber auch die nervale über die vegetativen Zentren im ZNS – der „Stoß ins Vegetativum" war ja fast ein Schlagwort der neubelebten Herdforschung des ersten Nachkriegsjahrzehnts.

Es war damals nicht abzusehen, daß die Erkenntnis sozusagen schon vor der Türe stand, nämlich daß die Abwehrleistungen von einer harmonischen Zusammenarbeit verschiedener Regelsysteme abhängen bzw. deren Funktionsstörungen Ursache der Problemkrankheiten unserer Zeit sind und daß dabei das histologisch so unscheinbare Grundsystem PISCHINGER's die zentrale Rolle spielt.

Auch das erste Kennenlernen der Konzeption PISCHINGER's 1953 *(179)* führte nicht sofort zur vollen Überzeugung, damit des Rätsel's Lösung gefunden zu haben. Das Umdenken fiel anfangs nicht leicht, erst eine mehrjährige Tätigkeit in Forschung und Praxis führte zur Überzeugung, daß PISCHINGER den Schlüssel zur Klärung der Entstehung chronischer Erkrankungen gefunden hatte.

Zunächst mußten die Erkenntnisse PISCHINGER's in Beziehung zum jeweiligen spezifischen Krankheitsgeschehen gesetzt werden, um die Tragweite und Möglichkeiten seiner Konzeption erkennen und therapeutisch ausnützen zu können. Dieser Prozeß der Umsetzung in klinische Konsequenzen ist dabei bis heute nicht abgeschlossen, da vor allem die Fragen bezüglich des Gewebspotentials und der Energiereserven und deren Freisetzung nach Bedarf erst nur bruchstückhaft beantwortet werden können.

Wenn auch die Steuerung des Elektrolythaushaltes mit Ausnahme des Calcium-Stoffwechsels, der von der Parathyreoidea mitgesteuert wird, in der Grundsubstanz nun geklärt war, war die Systemisierung der Abweichungen von der Norm eine andere Frage. So wurden die Untersuchungen darauf ausgerichtet, die gefundenen Reaktionsweisen als krankhafte Abweichungen von der normalen vegetativen Gesamtumschaltung nach F. HOFF *(60)* und dem Adaptationssyndrom nach SELYE *(209)* zu erklären. Dazu war es aber notwendig, die Regulationsvorgänge des humoral-vegetativen Systems auch bei akuten Infekten sonst gesunder Personen zu erfassen. Nur so war es möglich, die bereits gefundenen Reaktionsformen in das System der

Alarmreaktion einzuordnen. Die Erfassung dieser Normreaktion erwies sich umständlicher und schwieriger als zunächst angenommen.

Sonst gesunde Personen melden sich ja erst krank, wenn der akute Infekt mit Fieber und entsprechenden Symptomen in Erscheinung tritt. Die unspezifischen Parameter waren dann aber bereits in einer Phase, die nach der Diktion SELYE's als Gegenschockphase zu bezeichnen war. Sowohl nach F. HOFF als auch nach SELYE mußte aber eine Vorphase, nach SELYE eine Schockphase, vorangegangen sein. Das Problem war, auch die Prodromalstadien solcher Infekte zu erfassen. Deshalb wurde erstmals 1952 und dann besonders während der Grippewelle 1954 bei einer Anzahl freiwilliger Personen, die wegen berufsbedingten zahlreichen Kontakten besonders infektprädestiniert waren, täglich die Bestimmung der Parameter durchgeführt. Kam es dann zum erwarteten Auftreten einer akutfieberhaften Erkrankung, wurden die Blutabnahmen am Krankenbett in der Wohnung der Versuchspersonen bis zum Abfiebern fortgesetzt.

Auf diese einigermaßen aufwendige und umständliche Art konnten bis Ende 1954 dann 14 akute fieberhafte Infekte (12 grippale Erkältungen und 2 akute Tonsillitiden) einschließlich der Prodromalstadien erfaßt werden. Insgesamt wurden so bis 1970 25 akute Infekte erfaßt.

Alle Probanden zeigten die gleichen Verhaltensweisen in den Parametern: erst ein Abfall des Calciums und Cholesterins i. S. sowie der absoluten Eosinophilenzahlen im Blutbild und ein Anstieg des Magnesiums i. S. Nach dem 3. bzw. 4. Tag erfolgte dann ein jäher Umschlag, der zugleich mit dem Ausbruch der fieberhaften Erkrankung einherging: Anstieg des Calciums, des Cholesterins und der absoluten Eosinophilenzahl sowie Abfall des Magnesiums i. S. (Abb. 12a).

In der Serumelektrophorese zeigte sich in den ersten beiden Tagen des Prodromalstadiums eine geringfügige Erhöhung der α_2-Globuline, gefolgt von einer ebenso geringen Erhöhung der β-Globuline. Aber schon am 3.–4. Tag – beim Umschlag ins spezifische Krankheitsbild – folgt eine deutliche Erhöhung der γ-Globuline. Diese erreicht meist am 7.–8. Tag von Beginn der Infektion ihren Höhepunkt, damit beginnt auch die Abfieberung. Zwischen dem 11.–14. Tag erreichen die Parameter dann wieder ihre normergische Höhe (Abb. 12a).

Dieser Ablauf der Parameterveränderungen ließ deutlich die

Schock- und Gegenschockphase der Alarmreaktion nach Selye erkennen, wobei die Schockphase eindeutig dem Prodromalstadium, das spezifischklinische Krankheitsbild ebenso eindeutig der Gegenschockphase zuzuordnen war.

Die Reaktionsweise der schubweisen Multiplen Sklerose wurde daher sinngemäß als ein Steckenbleiben bzw. Verhaftetbleiben in einer Schockphase aufgefaßt, die Regulationsstarre des chronisch-progredienten Stadiums als Zeichen einer Erschöpfung und Blockierung der Grundregulationen (Abb. 12b).

Ab 1954 war es dann durch die Einrichtung einer eigenen Ambulanz für Herdforschung an einer internen Krankenhausabteilung möglich, die Reaktionsweisen-Bestimmungen in Form der gezeigten Längsschnitthämogramme auch auf Krankheiten des intern-medizinischen Bereiches auszudehnen. Und es erwies sich sehr bald, daß die beiden bei der Multiplen Sklerose gefundenen Reaktionsweisen auch bei anderen entzündlichen Systemerkrankungen am häufigsten zu finden waren. So bestätigte sich die schon primär gehegte Vermutung, daß diese unspezifischen Reaktionen nicht MS-spezifisch waren. Aber es wurden noch zwei typische Reaktionsweisen festgestellt, der Ablauf von rheumatischen Schüben in einer verhafteten Gegenschockphase und die überaus schnelle und heftige Schockreaktion vom anaphylaktischen Typ, die in wenigen Minuten ihren Höhepunkt erreicht (Abb. 13 und 14). Daneben kamen auch einige typische Übergangsformen in den ersten Frühstadien der verschiedenen Systemerkrankungen zur Beobachtung, wobei klinisch der Wechsel von mehr vegetativen Beschwerden zu den ersten Manifestationen, z. B. des Gelenkrheumatismus, zu beobachten war (Abb. 15).

Diese Reaktionsweisen wurden mit den klinischen Symptomen in Beziehung gesetzt. Hinsichtlich der entzündlichen Systemerkrankungen konnte nachgewiesen werden, daß schubweise verlaufende Erkrankungen überwiegend exsudativen Charakters auf der Basis einer verhafteten Schockphase ablaufen (palindromischer Rheumatismus, seronegative Oligo- und Polyarthritis, aber auch das Asthma allergicum, die Urtikaria und die Rhinitis allergica). Schubweise Krankheitsverläufe überwiegend proliferativen Charakters verlaufen hingegen auf der Grundlage einer verhafteten Gegenschockphase, wobei nur vereinzelt anfänglich rudimentäre Schockphasen miterfaßt wurden (deformierende Formen der seronegativen Polyarthritis, chronisch-obstruktive asthmoide Bronchitis, Colitis ulcerosa etc.). Chronisch-progrediente Erkrankungen zeigen stets eine Regulationsstarre des Grundsystems (primäre und sekundäre chronische Polyarthritis, alle konsumierenden Spätstadien von chronischen Entzündungen einschließlich der Tuberkulose, und sämtliche malignen Erkrankungen). Vereinzelt konnten auch Übergangsformen von einer zu einer anderen Reaktionsweise erfaßt werden (Abb. 16). Aus diesen Bestimmungen konnte ein Schema der Reaktionsformen entwickelt werden, das deutlich zeigt, daß die pathologischen Reaktionsformen aus der Alarmreaktion nach SELYE abzuleiten sind (Abb. 17).

Die Erfassung und Deutung dieser Veränderungen wurde an insgesamt 7305 Längsschnitt-Hämogrammen möglich. Von 1949–1970 waren es 4591 Patienten: bei 2379 Patienten fand sich damals die pathologische Schockreaktion des schubweisen exsudativen Verlaufes, das sind 51,8% aller Fälle, bei 1542 Patienten (33,6%) fand sich die Reaktionsform der pathologischen Gegenschockreaktion des schubweise proliferativen Verlaufes und bei 670 Patienten (14,6%) die Regulationsstarre der unspezifischen Regulationen des chronisch-progredienten Krankheitsverlaufes. Aber schon gegen Ende der 60er Jahre war auffällig, daß die proliferativ schubweisen Verlaufsformen stark abnahmen, die Regulationsstarren aber deutlich zunahmen. Zwischen 1971 und 1982 wurde dann das Ausmaß dieser Verschiebungen offenkundig: unter 2714 Patienten fanden sich zwar noch 1211 Patienten (44,6%) mit der schubweisen exsudativen Reaktionsform, aber nur mehr 32 Patienten (1,2%) mit der proliferativ schubweisen Form, während 1471 Patienten (54,2%) die Regulationsstarre des chronisch-progredienten Verlaufes aufwiesen *(159)*. Die Ursachen dieser Entwicklung liegen nur zu einem geringen Teil in einer Veränderung der Patienten-Selektion, obwohl auch das nicht übersehen werden darf. Größtenteils aber lassen sich diese Verschiebungen in der Häufigkeit der einzelnen Reaktionsformen als Folge der modernen Chemotherapie erklären. Die heutigen chemotherapeutischen Möglichkeiten, allen voran die immunsuppressiven Methoden, haben den Vorteil der geringeren Schmerzbelastung unserer Patienten und – z. B. beim entzündlichen Gelenkrheumatismus – den der Erhaltung einer besseren Beweglichkeit. Die Folge der dadurch ausgelösten Blockierung bzw. Erstarrung der unspezifischen Regulationen ist demgegenüber aber auf längere Sicht gesehen ein Nachteil, denn mit Eintritt dieser Blockierung ist jede Chance einer Heilung verloren und es wird u. U. das Risiko einer Malignom-Manifestation bedeutend erhöht. (s. Kap. „Spätfolgen von Chemotherapien“).

Aber die Abweichungen von der normalen Alarmreaktion sind nicht nur durch den Verlust der einen oder anderen ihrer Phasen bestimmt. Es fallen noch zwei weitere Dinge ins Gewicht: die Reaktionsintensität und der zeitliche Ablauf. Betrachtet man die 25 erfaßten Reaktionsabläufe bei akuten grippalen Infekten, so sind diese außerordentlich stark. In der ersten Phase des vegetativen Schocks kommt es zu einem Absturz der Calcium- und Kaliumwerte i. S. um 15–20% vom Ausgangswert. Beim Umschlag in die Gegenschockphase wird in allen Fällen der ursprüngliche Ausgangswert wiederum um 15–20% überschritten. Die Reaktionsbreite liegt zwischen insgesamt 30–40%. Das sind schon beträchtliche Schwankungen, die noch dazu in der kurzen Zeit von 8–10 Tagen ablaufen. Es ist daher der Schluß berechtigt, daß hier ein beträchtlicher Energieaufwand sichtbar wird.

Nimmt man die Reaktionsformen der schubweisen Erkrankungen exsudativen Typs näher in Betrachtung, findet man – in Form der Schockphase – lediglich eine Schwankung von 10–15% vom Ausgangswert. Diese ist gegenüber akuten Entzündungen deutlich geringer. Aber der kürzeste Schub dieser Krankheiten dauert mindestens 4 Wochen, meist ist mit einer Dauer von 6–12 Wochen zu rechnen. Das sieht zunächst nach einem reduzierten Energieaufwand aus. Dies stimmt aber nicht (s. Kap. „Testungen" . . .), da eine aktive Hemmung der Reaktionen vorliegt – der Energieaufwand ist letztlich insgesamt größer, da eine aktive Hemmung bei nicht-überwindbaren Noxen vorliegt. Das gleiche gilt fast noch mehr für die Reaktionsform der proliferativen schubweisen Verlaufsformen. Auch bei diesen ist – nur in Form der verhafteten Gegenschockphase – die Schwankung der Mineralstoffe um 10–15% gelegen, der zeitliche Ablauf ist aber noch mehr verzögert. Der längste humoral erfaßte Schub hatte eine Dauer von 231 Tagen (= 33 Wochen).

Die Rückschlüsse auf Energiereserven, Gewebspotentiale etc. sind – wie noch ausführlich zu beschreiben ist – allerdings z. T. nur indizienhaft möglich. Objektive Messungen des Gewebspotentials und z. T. auch der Energiereserven sind – wie schon erwähnt – direkt nicht möglich. Solche direkten Messungen werden auch in Zukunft nur schwer realisierbar sein. Aber neben der Erfassung der verschiedenen unspezifischen Parameter in den Längsschnitt-Hämogrammen verfügen wir schon heute über eine Reihe indirekter Bestimmungsmöglichkeiten, die eine beachtenswerte Indizienkette liefern. Neben den Mineralstoffschwankungen und den Veränderungen im weißen Blutbild und der Serumelektrophorese gehören dazu die Jodometrie nach PISCHINGER, die Oxymetrie des Venenblutes, die Bestimmung der ATPasen, die der Immunglobuline und der T-Lymphozyten-Aktivität im Krankheitsverlauf und schließlich die unblutigen Methoden der Decoder-Dermographie und der Thermoregulationsdiagnostik nach SCHWAMM.

Wesentlich für die Theorie und Praxis der unspezifischen, auf das Grundsystem gerichteten Therapiemethoden ist die eindeutig erkennbare Tatsache, daß die pathologischen Reaktionsformen durchwegs aus der Normalreaktion der Alarmreaktion nach SELYE abzuleiten und daß sie praktisch kongruent mit den einzelnen Verlaufsformen spezifischer Erkrankungen zur Deckung zu bringen sind. Das heißt einerseits, daß die Alarmreaktion primär vom Grundsystem – und nicht wie SELYE, annahm, von der Hypophysen-Nebennieren-Achse, also hormonell – gesteuert wird und andererseits – was unserer Meinung nach viel wichtiger ist – daß der klinische Verlauf ebensosehr vom aktuellen Stand der Abwehrlage geprägt wird wie von den spezifischen auslösenden Noxen. Und dies berechtigt neben der spezifischen Bekämpfung dieser Noxen – soweit sie bekannt und behandelbar sind – auch zur Suche nach zusätzlichen Belastungen, die zwar nicht in direktem kausalem Zusammenhang mit der Letzterkrankung stehen, doch die Abwehrvorgänge oft schon lange vor Eintritt der Letzterkrankungen gestört haben. Ist ihre Eliminierung möglich, können diese durch weitere Maßnahmen wieder saniert werden.

In diesem Zusammenhang muß darauf hingewiesen werden, daß z. B. die Reaktionsform der schubweisen entzündlichen Systemerkrankungen, das Verhaftetbleiben in der humoralen Schockphase nicht als energetische Schwäche der unspezifischen Regulationen angesehen werden darf. Im Gegenteil – es ist anzunehmen, daß die Sperre des Umschlages in die humorale Gegenschockphase ein aktiver und energieaufwendiger Abwehrvorgang sein muß und daß damit irreversible Gewebseinschmelzungen und septische Prozesse unterbunden werden. Der Nachweis erfolgte im Rahmen der Testungen der Reaktionsweisen mit den immunstimulierenden 3fach-konjugiert-ungesättigten Fettsäurederivaten, dem Faktor „M" nach PISCHINGER. Da dieser Faktor „M" bei gesunden Probanden und bei Versuchstieren, aber auch bei Patienten mit chronischen Entzündungen immer innerhalb 1 Stunde eine Aktivierung der Abwehrvorgänge auslöst, bei den schubweisen Systemerkrankungen aber eine

Intensivierung des humoralen Schockzustandes, wurde bei einem Teil der Testungen auch schon nach 30 Minuten eine Kontrollblutabnahme durchgeführt, die bei diesen Krankheitsfällen dann eine Gegenschockreaktion deutlich erkennen läßt, die aber schon 1 Stunde nach Injektion in eine verstärkte humorale Schocksituation umschlägt. Das legt nahe, daß die Aufrechterhaltung der Schockreaktion nicht ein passiver, sondern eben ein energieaufwendiger aktiver Prozeß ist (Näheres s. Kap. „Testungen" ...).

1.4 Reizschwellen für Ganzheitsreaktionen bei Gesunden und Kranken

Obwohl die Veränderungen der Reizschwellenhöhe für Ganzheitsreaktionen eigentlich in das Kapitel der Grundsystemstörungen gehören, soll dieser Aspekt der Abwehrleistungen wegen seiner besonderen Wichtigkeit hervorgehoben werden. Die Veränderungen der Reizstärken, die nicht lokal ausreguliert werden können, sondern zu einer Mobilisierung des Gesamtorganismus führen, sind deshalb unserer Meinung nach so wichtig, weil sie am Beginn der pathologischen Reizbeantwortung und der Entgleisung der normalen Abwehrvorgänge stehen. Denn sie beweisen eine erstaunliche periphere Autonomie im normalen Abwehrgeschehen, die ein gewisses Umdenken gegenüber althergebrachten Denkschemata auslöst. Meist unausgesprochen, aber deutlich merkbar wird dem Zentralnervensystem eine diktatorische Rolle in allen Lebensbereichen zugeschrieben. Das trifft auch für die Aktivierung von Abwehrvorgängen zu. Dies führt u. a. auch zu einer Überbewertung der Häufigkeit psychosomatischer Erkrankungen. Natürlich gibt es solche Krankheiten und es würde von besonderer Ignoranz zeugen, wollte man dies ableugnen. Dagegen ist die Häufigkeit entgegengesetzter Vorgänge, nämlich die Veränderung der Psyche durch chronische Erkrankungen erheblich größer und sie steht in Zusammenhang mit den Funktionsstörungen der Grundregulationen. (s. Kap. „Somatopsychische Aspekte bei Abwehrstörungen").

Solche – vielleicht etwas ketzerisch klingende – Vermutungen liegen nahe, wenn bei Rehabilitation der Abwehrleistungen psychische Störungen (depressive Verstimmungen, Reizbarkeit, situationsneurotische Erscheinungen etc.) ohne Psychopharmaka und ohne gezielte Psychotherapie spurlos verschwinden. Denn die Austestung der Reizgrößen, bei denen Ganzkörperreaktionen ausgelöst werden, zeigt bei gesunden Personen einen erstaunlich hohen Grad peripherer Abwehrautonomie. Wie schon im Kapitel „Das System der Grundregulation ...") angeführt, werden Reize bis zu einem Ausmaß von 500 000 Keimen einer Vakzine von Gesunden lokal-peripher autonom ausreguliert. Das ist auch der bereits früher angeführte Grund, warum zwar die Tatsache der Alarmrekation nicht angezweifelt, wohl aber ihre Erklärung durch ihren Entdecker SELYE *(209)* in Frage gestellt wird. Daß die Alarmreaktion existent ist, wird nicht bezweifelt – ihre Kenntnis gab ja erst die Möglichkeit, ihre pathologischen Entgleisungen zu systematisieren. Ihre Erklärung durch SELYE ist aber unserer Meinung nach in Zweifel zu ziehen, da die Hypophysen- und Nebennierenrinden-Hormone erst bei stärkeren Reizen aktiviert werden und sichtlich überstarke Reizreaktionen verhindern, d. h. daß diese Reaktionen gemildert und verzögert werden, um akute Gewebsschäden möglichst zu unterbinden. Diese Änderung der theoretischen Anschauungen vermittelt ein besseres Verständnis von Reaktionsabläufen, die bei aufrechterhaltener Meinung von der diktatorischen Herrschaft übergeordneter Zentren wohl nur schwer begreifbar wären.

Das wichtigste Ergebnis der Reizschwellenbestimmungen war aber, daß die Fähigkeit zur peripheren Ausregulierung mäßiger Reize unter chronischen Belastungen langsam, aber zunehmend verlorengeht. Dies führt schließlich zu einem unökonomischen Energieverschleiß (BERGSMANN 1977) *(10)*, was ebenfalls schon früher erwähnt wurde. Hier sei ein Vergleich gestattet. Auch für einen Staat ist es von großem ökonomischen Gewicht, ob etwa ein Grenzzwischenfall durch die lokale Exekutive (Zoll- und Grenzschutzverbände) bereinigt werden kann oder ob eine Mobilmachung aller Streitkräfte erfolgen muß – wobei letzteres auch auf Grund innerer Schwäche nötig werden kann. Hier ist eine gewisse Parallele zum Reaktionsgeschehen der Zellsozietät eines Individuums gegeben.

Ist ein Gesamtorganismus bereits vorbelastet, sei es durch stumme chronische Entzündungen, durch Toxine oder durch physische und psychische Streßfaktoren, so ist seine Fähigkeit zur lokalen Abwehr vermindert oder gänzlich gestört. Er muß zur Abwehr eines neuen Angriffes sehr viel früher seine gesamten Energien und Resourcen mobilisieren, um seine Existenz tatsächlich oder vermeintlich zu sichern. Und die Schwelle für Reize und Einflüsse, die Ganzheitsreaktionen bedingen, ist dann erheblich niedriger als bei gesunden Personen.

Zur Erfassung dieser Reizschwellen wurden Vakzinen pathogener Keime (Streptokokken und Staphylokokken) benutzt, da sie gut dosierbar sind und sich so die Reizintensität deutlich dokumentieren ließ. Das bedeutet aber keine enge Beschränkung auf diese Reize – äquivalente Reizgrößen durch andere Reizqualitäten lösen gleiche Reaktionen aus (s. Abb. 4).

Bei gesunden Personen benötigt man mindestens ½ Mill. Keime einer Vakzine, subkutan verabreicht, um eine kurze, etwa 4stündige Alarmreaktion auszulösen. Alle unter dieser Dosis liegenden Vakzinemengen werden lokal abreagiert und führen zu keinen Reaktionen in den Parametern des Grundsystems außerhalb des Gefäßversorgungsbereiches des Ortes der Vakzine-Injektion und nur zu minimalen Schwankungen einzelner Formen der weißen Blutzellen, die meist aber noch im Bereich der Fehlergrenzen der Bestimmungsmethode liegen.

Schon bei vegetativen „Betriebsstörungen", noch ohne Zeichen einer inzipienten Systemerkrankung, ist diese Reizschwelle außerordentlich stark herabgesetzt. Bei den betroffenen Patienten läßt sich eine Reaktionsweisen-Veränderung schon mit 50 000 Vakzinekeimen auslösen. Das ist eine Reizgröße von nur mehr einem Zehntel derjenigen bei Gesunden – schon dies zeigt eine erhebliche und unerwartet starke Störung der peripheren Abwehrvorgänge an.

Ist aber eine schubweise entzündliche Systemerkrankung bereits ausgebrochen, bei der die exsudativen Vorgänge noch im Vordergrund stehen, liegt die Reizschwelle für Ganzheitsreaktionen schon bei 20 000–25 000 Vakzinekeimen. Das ist eine Reizgröße, die nur mehr bei einem Zwanzigstel derjenigen von Gesunden liegt – die Anfälligkeit für die Auslösung von Schüben und vor allem für zusätzliche Infekte ist daher wesentlich höher einzuschätzen, was in der Therapie berücksichtigt werden muß. Noch tiefer, bei rund 10 000 Vakzinekeimen liegt die Reizschwelle für degenerativ-proliferativ verlaufende entzündliche Systemprozesse, also nur mehr bei einem Fünfzigstel derjenigen bei Gesunden.

Am tiefsten liegen diese Reizschwellen jedoch bei chronisch-progredienten Erkrankungen, z. B. bei der PCP, bei der Karzinomerkrankung sowie bei allen konsumierenden Erkrankungen im Spätstadium. Sie liegt maximal bei 5000 Vakzinekeimen oder darunter, so daß sie meist mit humoralen Untersuchungsmethoden gar nicht mehr bestimmt werden kann. Der Stichreiz der Venenpunktionen und der Vakzine-Injektion liegt dann schon über der Reizschwelle solcher Patienten (Perger 1980) *(151)*.

Es sei nochmals darauf hingewiesen, daß alle Reizäquivalente, die die gleiche Intensität erreichen wie die einzelnen Vakzinedosen, die gleichen Wirkungen auslösen. Das entspricht der alten Erfahrung, daß vor allem Patienten mit entzündlichen Systemerkrankungen überaus empfindlich reagieren und daher auch u. U. zu Badekurreaktionen (Aktivierung entzündlicher Systemerkankungen durch Bäderkuren) neigen oder auf Reizkörpertherapien negativ reagieren, wenn die angewandte Reizgröße zu hoch gewählt wurde.

Wesentlich sind aber noch zwei weitere Beobachtungen. Die erste bestätigt die alten Erfahrungen der spezifischen Desensibilisierungstherapie: Unterschreitet man die Reizschwelle deutlich durch die verabreichte Dosis – z. B. mit einer Injektion von 10 000 Keimen bei einer Reizschwelle von 20 000 Keimen, so ist eine normale Alarmreaktion nachzuweisen. Darauf beruht ja der Effekt der Desensibilisierungstherapien bei Allergosen vom Soforttyp. Zugleich ist dies ein Beleg dafür, daß spezifische Therapien nicht nur spezifisch, sondern auch auf das unspezifische System der Grundregulationen wirken.

Die zweite Beobachtung beweist die Anhebung der Reizschwellen und damit eine Verbesserung der Abwehrlage durch Entlastung eines Organismus von seinen entzündlichen Belastungen und ist damit ein Beweis für die Nützlichkeit von Herdeliminierungen (Abb. 18). Die Testung zeigt vor der Tonsillektomie auf 10 000 Vakzinekeime eine deutliche Schockreaktion, 10 Tage post Tonsillektomie findet sich hingegen eine normale Alarmreaktion auf die gleiche Dosis der gleichen Vakzine. Dieses Beispiel wurde deshalb vorweggenommen, um die praktische Bedeutung der Reizschwellen-Beachtung zu belegen (weiteres s. Abschnitte II und III).

Insgesamt wurden von 1949 bis 1957 917 solcher Testungen durchgeführt. Dabei wurden verschiedene Dosen von Auto- und Fremdvakzinen injiziert. Die Testuntersuchungen bewiesen, daß man sehr wohl die Belastbarkeit von Patienten mit allergischen und entzündlichen Systemerkrankungen bereits klinisch einschätzen kann: nur bei drei Patienten traten stärkere Reaktionen im klinischen Bild auf, die aber schnell durch antiallergische Medikation (Calcium + Antihistaminikum i. v.) abgefangen werden konnten.

Alle Testungen wurden aber bei schubweisem Krankheitsverlauf ausschließlich im Intervallstadium und die bei chronisch-progredienten Prozessen nur in einem eher ruhigerem Krankheitszustand durchgeführt, um das Risiko für die Untersuchten so gering wie möglich zu halten.

Dieses ständige Absinken der Reizschwellen, d. h. die Inanspruchnahme der Resourcen des Gesamtorganismus zur Ausregulierung immer geringerer Reize, steht am Beginn aller chronischen Erkrankungen. Auch auf die Gefahr hin, ständiger Wiederholungen wegen *gescholten* zu werden, wird dieses Phänomen noch mehrfach betont werden, da hier ein Schlüssel zum Verständnis der Störung von Abwehrvorgängen zu finden ist. Das Absinken der Reizschwellen, der Verlust der peripheren Abwehrfähigkeit, ist der primäre Vorgang bei Abwehrstörungen.

1.5 Funktionsteilung zwischen Grund- und Immunsystem

Bisher wurden die Funktionsstörungen des Grundregulationssystems besprochen. Wesentlich ist aber auch das Zusammenwirken der verschiedenen an der Abwehr beteiligten Regelsysteme, insbesondere die gemeinsamen Aktivitäten von Grund- und Immunsystem. Grob gesprochen fallen alle unspezifischen Leistungen im Abwehrgeschehen dem Grundsystem, alle spezifischen Leistungen dem Immunsystem zu. Aber ganz so einfach sind die Zusammenhänge doch nicht, da die Reaktionen beider Systeme teils beträchtlich ineinander verwoben und verbunden sind. Hinzu kommt, daß manche heute allgemein anerkannte Lehrmeinung unter den neuen Gesichtspunkten der unspezifischen Abwehrvorgänge ins Wanken gerät.

Nun sind die einzelnen Vorgänge bei einer Noxeninvasion (= Infektion) weitgehend bekannt, ihre Zuordnung zu den einzelnen Systemen und ihre Steuerungsvorgänge hingegen nur sehr lückenhaft. PISCHINGER konnte viel zum besseren Kennenlernen dieser Steuerungen beitragen. Alle offenen Fragen konnte aber auch er noch nicht beantworten – aber er gab deutlich die Richtung an, in der man erfolgversprechend weiterarbeiten kann. Die lokalen Reaktionen sind der Histiozytenwall, das lokale Gewebsödem und die Mikrophageninvasion. Letztere ist bereits eine Allgemeinreaktion, die zunächst nur afferent am Invasionsort zur Wirkung kommt, jedoch die Involvierung der ganzheitlichen Abwehrsysteme beweist. Die Makrophagenphase setzt dann efferent die Ganzheitsreaktion endgültig in Gang. Diese wird dann durch die Lymphozytenphase fortgesetzt und mit der terminalen Eosinophilie – von den alten Ärzten poetisch als „Morgenröte der Genesung" bezeichnet – schließlich beendet.

Die Frage ist nun, wie dieser komplizierte Ablauf gesteuert wird und woher die dazu notwendige Energie stammt.

Um sich diese Vorgänge plastisch vorstellen zu können, sei auf das schon erwähnte Beispiel eines infizierten Insektenstiches zurückgegriffen: Irgendwo an einer Extremität erfolgt ein Insektenstich, durch den neben Toxinen (z. B. Bienengift) auch lebende Erreger unter die Haut eingebracht werden. An dieser Stelle ändert sich der pH-Wert des Gewebes abrupt, womit auch das Gewebspotential massiv verändert wird, die Depolarisierung der Zellmembranen ist ja bekannt. Nach unserem heutigen Wissen ist die pH-Wert-Veränderung das auslösende Moment für die folgenden Abwehrreaktionen. Pischinger hat neben dem Faktor „M", den 3fach-konjugiert-ungesättigten Fettsäurederivaten, die die Makrophagenphase in Gang setzen, noch den Faktor „L", einen Nukleotid-Komplex, der die Lymphozytenphase initiiert, gefunden (Pischinger 1979) *(185)*, für die Erstreaktionen aber keinen humoralen Stoff. Dies ist unserer Meinung nach biologisch folgerichtig, denn humorale Reaktionen benötigen immer eine gewisse Zeit zur Erreichung einer wirksamen Konzentration. Dies wäre ein schwerer Nachteil für den betroffenen Organismus – hier ist die biophysikalische Reaktion als schnell wirksamer Auslösungsmechanismus wohl eindeutig sinnvoller.

Nach Heine (1986) führt die pH-Wert-Veränderung zur schon erwähnten Depolarisierung der Zellmembranen, zugleich aber auch zur Bildung von Rezeptosomen [= sensorische immunologische Rezeptoren, notwendig für das Entstehen einer Antigen-Antikörper-Reaktion], zur Auslösung von Phagozytosevorgängen und zur Aktivierung weiterer Stoffe, sogenannten „second messengers" (z. B. der Adenylatzyklase, die in den Zellmembranen ATP in AMP-Formen umwandelt und damit Energie freisetzt). So werden Informationen und Metaboliten in die Zellen eingebracht. Gleichzeitig unterliegt das Molekularsieb der Proteoglykane erheblichen Veränderungen durch Änderung seines Wassergehaltes und durch Elektrolytverschiebungen, so daß die Transmitterfunktion und die Redoxpotentiale massive

Veränderungen erfahren (HEINE und SCHAEG 1979) *(55)* (HEINE 1986) *(49)*. Auf diese Weise wird das lokale Ödem in Gang gesetzt und gleichzeitig lösen sich auch große Retikulumzellen aus ihrem synzytialen Verband und gruppieren sich in der Form mononukleärer Phagozyten als Histiozytenwall um den Invasionsort.

Schon diese beiden Vorgänge werfen einige Fragen auf. Die erste – und zugleich weniger wichtige – ist die nach der Sinnhaftigkeit des lokalen Ödems. Vor allem ältere Autoren zweifelten zwar nicht am Sinn des Verdünnungseffekts von Toxinen, hielten es aber für gefährlich, da dadurch lebende Erreger in zunächst nichtbetroffenes Gebiet abgeschwemmt werden. Demgegenüber hat sich heute die Meinung durchgesetzt, daß dadurch eine „highzone"-Paralyse der Immunantwort verhindert wird, d. h. daß eine extrem hohe Konzentration von Noxen, die jegliche Abwehrreaktion lähmen kann, durch das Ödem verhindert wird (HUMPHREY und WITHE 1972) *(69)*. In einer internen Diskussion über Abwehrfunktionen wurde entgegen diesen immunologischen Überlegungen aber auch die Meinung vertreten, daß dem lokalen Gewebsödem nicht unbedingt eine Immunfunktion zugeschrieben werden muß. Es könnte sich um einen rein passiven Vorgang handeln, der lediglich das Ergebnis des Transportes von stark wasseranziehendem eiweißreichen Material (Plasma, Blutkörperchen) ist und damit nur als Folge osmotischer Druckveränderungen aufgefaßt werden darf. Begründet wurde diese Auffassung damit, daß das Ödem nur im Bereich der Vermehrung von Eiweißstoffen auftritt, während ein aktiv ausgelöstes Ödem auch in anderen Bereichen auftreten müßte.

Die zweite und wesentlich wichtigere Frage ist, woher die phagozytierenden mononukleären Zellen – sowohl die Histiozyten als auch die Monozyten – stammen. Die derzeit gültige Lehrmeinung ist, daß sich diese beiden weitgehend identischen Zellformen aus der Stammzelle des Knochenmarkes entwickeln und von dort in die Gewebe auswandern (LEDER 1967) *(105)*. PISCHINGER hat diese Meinung nicht akzeptiert. Denn mononukleäre Phagozyten finden sich schon bei Lebewesen ohne Knochenmark und ohne Gefäßsystem. Schon METSCHNIKOFF beschrieb die grundlegende Kontinuität der Phagozyten in der Entwicklungsgeschichte von den Protozoen über die primitiven Metazoen und Schwämme bis zu den mesenchymalen phagozytierenden Zellsystemen höherer Tiere. Im Gegensatz zu den endodermalen Phagozyten, die bei höheren Lebewesen verschwinden, bleiben die mesodermalen Phagozyten bei allen Lebewesen erhalten und behalten offensichtlich auch alle ihre primitiven Funktionen (zit. nach HUMPHREY und WITHE 1972) *(69)*. CARREL und EBELING (1926) *(25)* konnten Histiozyten und Blutmonozyten in der Gewebekultur wieder zu Fibroblasten zurückzüchten, nicht aber zu Stammzellformen. Eigene Arbeiten haben PISCHINGER (1961) *(182)* in Übereinstimmung mit SCHILLING (1938) *(202)* und LENNERT (1961) *(107)* gebracht, daß die Monozyten aus dem RES stammen bzw. auch dort entstehen, und nicht nur ausschließlich im Knochenmark. Denn zwischen den Makrophagen METSCHNIKOFF's und den Monozyten besteht kein grundlegender Unterschied, weil sie sich in indentischen Medien gezüchtet absolut gleich verhalten und gleich entwickeln (PISCHINGER 1975) *(186)*.

Diese Frage ist nicht, wie man zunächst vermuten könnte, von rein akademischem Interesse. Sie hat in der Regulationsforschung erhebliches Gewicht, da man die Wirkungen immunmodulierender Therapien über das Grundsystem bzw. seiner humoralen Aktivatoren (Faktor „M" und „L") nur dann verstehen kann, wenn man PISCHINGER's Überlegungen zu folgen versucht.

Die beiden ersten Abwehrleistungen, Ödem und Histiozytenwall, die gänzlich dem Grundsystem zuzuordnen sind, lösen aber schon erste, zunächst passive spezifischimmunologische Vorgänge aus: Zunächst werden mit dem Flüssigkeitszustrom von Plasma zirkulierende Immunglobuline an den Invasionsort der Noxen geführt und zugleich werden Plasmazellen, die sich nach früheren Infekten gebildet und in das Synzytium des Grundgewebes eingefügt hatten, aus diesem freigesetzt und zerfallen sodann unter Freigabe von den in ihnen enthaltenen Antikörper. Weiterhin kommt die Mikrophageninvasion in Gang, da die lokalen Kapillaren nicht nur für Blutplasma, sondern auch für Leukozyten durchgängig werden. Die Mikrophagen bzw. Granulozyten setzen die lokalen Abwehrreaktionen in 2. Linie fort, und zwar durch Phagozytose und durch Zerfall unter Freisetzung von oxidativen und proteolytischen Enzymen.

Während dieser lokalen Vorgänge steigt der Gehalt des Blutes und des Gewebes an 3fach-konjugiert-ungesättigten Fettsäurederivaten, dem Faktor „M" nach PISCHINGER, deutlich an, wie mit der Jodometrie nach PISCHINGER eindeutig nachweisbar ist. Diese ungesättigten hochmolekularen Fettsäurederivate werden von Fibroblasten, Histiozyten und Monozyten abgesondert, aber auch von anderen weißen Blutzellen sowie von Escherichia coli humana, was die Bedeutung einer regulären Darmkeimbesiedlung für die Gesundheit – insbesonders im Verdauungstrakt – eindeutig belegt. Erreicht der Faktor „M“ eine ausreichende Konzentration im Blut und im Gewebe, so tritt die 3. Linie der Verteidigung, die Makrophagenphase, ein, die nun nicht nur lokal abläuft, sondern die Abwehrkapazitäten des Gesamtorganismus aktiviert. Erst in dieser Phase treten Allgemeinsymptome wie Fieber und die spezifischen Erscheinungen der jeweiligen Noxe sichtbar in Erscheinung. In unserem Beispiel des infizierten Insektenstiches wären dies neben den lokalen Erscheinungen febrile Temperaturen, Lymphangitis und Lymphadenitis etc. Erst zu diesem Zeitpunkt, nämlich in der 3. zellulären Abwehrphase, beginnt unsere Diagnostik, wenn die Erreger-Invasion nicht gerade über die Haut erfolgt. Dieses Eingreifen erfolgt – objektiv betrachtet – ziemlich spät und kann vor allem bei Abwehrstörungen einen entscheidenden Zeitverlust bedeuten, was jedoch kaum zu ändern ist.

Neben der Mobilisierung der Ganzkörper-Reaktionen spielen die Makrophagen auch in der Komplementaktivierung eine wichtige Rolle. Komplement ist phylogenetisch weitaus älter als das spezifische Immunsystem, da es schon bei wirbellosen Tieren, z. B. bei Spinnen und Krebsen, nachgewiesen ist. So muß es eigentlich dem unspezifischen Abwehrsystem zugerechnet werden. Doch sind die Zusammenhänge hier längst nicht so einwandfrei geklärt, daß man dies mit Sicherheit postulieren könnte.

Aber auch diese 3. Linie im Abwehrgeschehen genügt nicht immer, ja kann sich sogar ins Gegenteil verkehren, da es Erreger gibt, die durch Phagozytose nicht abgetötet werden, sondern sich intrazellulär erst richtig vermehren. Solche Erreger, z. B. Viren, Rickettsien, das Mykobacterium tuberculosis und Brucella-Arten, werden durch die Phagozytose sogar noch gegen andere Abwehrleistungen abgeschirmt.

Deshalb hat die Natur noch eine 4. Abwehrlinie geschaffen, die Lymphozytenphase. Ihre Aktivierung erfolgt noch über die Grundregulationen und seine Fibroblasten. In der Makrophagenphase wird der zweite humorale Faktor, der Faktor „L“, gebildet und gelangt über die Lymphwege in die venösen Lymphsinus, wo er bei genügender Konzentration die Lymphozytenphase in Gang setzt. Diesen Faktor „L“ hat – wie bereits erwähnt – Pischinger (1979) *(185)* noch isoliert und darüber seine letzte Arbeit publiziert. Dieser Lymphextrakt hat sein Absorptionsmaximum in der UV-Spektrographie bei 2600 Å. Dies läßt darauf schließen, daß es sich hauptsächlich um Nukleotide handelt, die im eiweiß- und triglyzeridfreien Restserum vorhanden sind – im Vollblut entspricht dieses Absorptionsmaximum etwa der Harnsäure.

Damit enden die humoralen und zellulären Abwehrfunktionen des Grundsystems, diese Aktivitäten gehen nun völlig auf das Immunsystem über – T-Zellen- und B-Zellen-Aktivität mit spezifischer Prägung. Aber es gibt Indizien dafür, daß der Energiebedarf auch dieser spezifischen Immunleistungen vom Grundsystem aus gedeckt wird. Dafür sprechen die enge Korrelation der Immunglobulinanstiege und die O_2-Utilisation mit den Veränderungen der Elektrolyte und mit den Jodverbrauchswerten in der Jodometrie nach PISCHINGER.

Zuletzt tritt noch eine kurze Phase der Eosinophilie ein, die die Genesung anzeigt. Aber nach einem Infekt bleiben Memory-Zellen der T-Reihe und Plasmazellen der B-Reihe unverbraucht über und fügen sich dann in der äußeren Form der kleinen oder lymphoiden Retikulumzelle in das Synzytium der Grundsubstanz ein.

Man kann aus Phylogenetik und aus einzelnen Funktionen – ganz grob gesprochen – das Überwiegen der Grundsystem-Leistungen bis zum Eintritt der Lymphozytenphase annehmen, dann erst gewinnen die spezifischen Immunleistungen das eindeutige Übergewicht. Es ist klar, daß diese Sicht der Vorgänge in der Zuordnung einzelner Funktionen vielleicht noch der Korrektur bedarf. So ist z. B. die Zuordnung der Mastzellen zu dem einen oder anderen System nicht möglich, aber grundsätzlich dürfte diese Theorie den Gegebenheiten doch weitgehend entsprechen.

Diese Entwicklung läuft bei akuten Infekten – mit Ausnahme mancher viraler Erkrankungen mit längerer Inkubationszeit – im unspezifischen Bereich in etwa 48–72 Stunden ab. Und es ist nun besonders auffällig, daß bei Störungen im unspezifischen Abwehrbereich die Entwicklung der Immunglobuline (IgM und IgG), die streng an die verzögerten Grundsystem-Reaktionen gebunden ist, ebenso verzögert abläuft wie diese. Dabei laufen die Immunglobulin-Reaktionen wohl streng gesetzmäßig ab, aber überraschend exakt an die Grundregulationen gebunden verlangsamt: das verschafft lebenden Erregern Zeit zur Anpassung und vermindert die Chancen des Organismus für deren völlige Vernichtung. Aber es ändert sich auch das Mengenverhältnis der Immunglobuline. Meist kann langfristig eine erhöhte Menge an IgM und eine verminderte Menge an IgG nachgewiesen werden – da dies aber nur in Testverfahren verfolgt werden konnte, wird darüber in dem entsprechenden Kapitel noch näher berichtet werden.

Letztlich kann man oft sogar in den Endphasen von Schüben entzündlicher Systemerkrankungen gegenüber akuten Entzündungsvorgängen deutlich höhere γ-Globulinmengen finden. Und doch ist es eine Tatsache, daß die letztlich auslösenden spezifischen Noxen vom Organismus nicht mehr überwunden, sondern nur vorübergehend ausreguliert werden können. Der Mechanismus dieser Vorgänge ist aber vielschichtig und in vielen Einzelheiten noch nicht geklärt.

Obwohl nun die Verbindungen zwischen Grund- und Immunsystem normalerweise außerordentlich eng sind, sind sie unter extremen Umständen doch voneinander lösbar. Das wäre an sich zwischen zwei Regelsystemen, die phylogenetisch so weit auseinanderliegend entstanden sind, nicht verwunderlich – und trotzdem war es einigermaßen überraschend, plötzlich auf die Tatsache ihrer Dissoziation zu stoßen.

Diese Erkenntnis ist erst in den letzten Jahren gewonnen worden, als die Testuntersuchungen neben den unspezifischen Parametern (Elektrolyte, Jodometrie, Oxymetrie) auf die Bestimmung der Immunglobuline A, M und G und auf die Spurenelemente Fe, Cu und Zn erweitert werden konnten.

Zunächst wurde allgemein ein seit 1980 langsam stärker werdendes Defizit an Serum-Zink festgestellt. Lag 1980 der Durchschnittswert der Serum-Zn-Bestimmungen bei unseren Patienten noch bei 89,47 μg/dl, sank er bis Mitte 1986 auf 48,76 μg/dl ab und liegt damit bereits im Mangelbereich. Sogar klinisch gesunde Personen weisen bereits eine suboptimale Zink-Versorgung auf! (Über die Ursachen wird im Kap. „Mangelzustände" näher eingegangen) *(163)*.

Das zweite Faktum war überraschender. Spurenelemente verhalten sich normalerweise auch unter Testreizen außerordentlich stabil. Aber bei chronisch-progredienten entzündlichen Systemerkrankungen findet sich manchmal eine erstaunliche Labilität dieser Spurenelemente (Fe, Cu und besonders Zn). Diese Labilität tritt z. B. bei der seropositiven PCP fast mit Beginn der ersten Krankheitssymptome in Erscheinung und findet sich auch bei Spätstadien anderer Formen, wie bei der sekundär chronischen seronegativen Polyarthritis und bei der chronisch-progredienten Multiplen Sklerose. Besteht diese Labilität, so kommt es unter Testreizen zu einer wesentlich höheren Freisetzung von IgG innerhalb von 3 Stunden. Diese ist schon bei normalem Serum-Zinkgehalt deutlich höher als bei stabilem Spurenelementverhalten. Im Durchschnitt liegt der IgG-Anstieg dann bei

308 mg %, der maximale Anstieg bei Stabilität lag bei 234 mg %. Besteht außerdem ein Serum-Zinkmangel, so ist dieser Anstieg noch viel eindrucksvoller und beträgt im Durchschnitt 612 mg %, in einem Fall sogar 1466 mg % innerhalb der Testzeit von 3 Stunden. Die Parameter des Grundsystems bleiben in der Testzeit starr und unbeweglich, aber unter dem freigesetzten IgG findet man dann einen besonders hohen Anteil an pathologischen Immunglobulinen.

Dazu ist aber zu betonen, daß der Reiz, der bei diesen Testungen gesetzt wird, gering ist: es werden dazu 3fach-konjugiert-ungesättigte Fettsäurederivate (ELPIMED/GEBRO®) als Normreiz, s. c. verabreicht, verwendet. Die verschiedenartigen Reaktionen bei unterschiedlicher Abwehrlage auf immer den gleichen Reiz ermöglichte so erst die Bestimmung der verschiedenen Abwehrstörungen im Grundsystem.

Dieses Überreagieren im spezifisch-humoralen Bereich bei völliger Erstarrung in den unspezifisch-humoralen Funktionen zeigt unserer Meinung nach eine Dissoziation der beiden Regelsysteme an, wobei nun das Immunsystem unkontrolliert heftig und – das zeigt das starke Auftreten pathologischer Immunglobuline – nicht mehr völlig regelrecht reagiert (PERGER 1984) *(158)*.

Der Gedanke eines Auseinanderfallens von Systemfunktionen mag zunächst ein wenig phantastisch wirken. Aber die Testungen bei chronisch-progredienten Systemerkrankungen wie auch in Endstadien konsumierender Entzündungen zeigen so eindeutig die Erstarrung der Grundregulationen und die Überreaktion der humoralen Immunleistungen, daß eine andere Erklärung nicht gefunden werden kann. Diese Reaktionen unter Labilität der Spurenelemente unterscheiden sich so sehr von den bei deren Stabilität und betreffen immer nur chronisch-progrediente Entzündungsprozesse und in jetzt mehr als 400 Testungen bisher niemals schubweise verlaufende Erkrankungen, daß sich diese Erklärung notgedrungen ergibt. Dabei kann ein Mangel an Energie in extremerem Ausmaß bei der überstarken Immunreaktion wohl kaum in Betracht gezogen werden. Es hat eher den Anschein, daß die Informatik zwischen den Regelsystemen unterbrochen ist. Ob dies nun daran liegt, daß das Grundsystem keine Informationen mehr liefert, oder daß die Informationsübermittlung – aus welchen Gründen und wo auch immer – unterbrochen ist, ist eine ungeklärte Frage. Immerhin deutet u. a. auch dieses Faktum darauf hin, daß dem Grundsystem die wichtige Aufgabe der Aufrechterhaltung der genetisch vorbestimmten Ordnung zukommt. Ein weiteres Problem harrt in diesem Zusammenhang noch seiner Aufklärung. Die Bestimmung der Immunglobuline erfolgte mit einer elektrophoretischen Methode, der Stärkegel-Dünnschicht-Elektrophorese nach Maruna und Gründig *(111)*. Vergleichsuntersuchungen bei einem Dutzend Bestimmungen mit der Präzipitationsmethode nach Mancini, die allgemein gebräuchlicher ist, ergab aber merkliche Differenzen. Nach Mancini bestimmt lagen die Ergebnisse wesentlich näher den Normwerten als bei der Stärkeregel-Dünnschicht-Elektrophorese. Gegenproben zeigten, daß auf dem elektrophoretischen Weg Teile des IgG schon in der IgM-Bande steckenbleiben. Dabei handelt es sich nicht nur um übergroße pathologische IgG-Moleküle, sondern z. T. auch um IgG mit normalem Molekülgewicht (50 000). Es ist daher dringend zu wünschen, daß die Frage einer möglichen Veränderung der elektrischen Ladung solcher Moleküle näher untersucht wird, da eine solche Veränderung das „Hängenbleiben" normaler IgG-Moleküle erklären könnte. Dies ist schon deshalb wichtig, weil man gerade bei den Grundregulationen immer wieder auf die grundlegende Wichtigkeit biophysikalischer Vorgänge stößt – als Beispiel sei an die Wirkungen einer pH-Wert-Veränderung bei lokalem Reiz erinnert. Aber unser Wissen darüber ist noch viel zu gering und die vorwiegend biochemische Ausrichtung der ärztlichen Ausbildung fast ein Hindernis für die Erforschung dieser Vorgänge.

Es ist aber aus den bisherigen umfangreichen Untersuchungen eindeutig abzuleiten, daß das Grundsystem auch den Zeitablauf der Immunreaktionen so lange bestimmt, bis es zu einem Auseinanderfallen der Funktionen der beiden Regelsysteme, Grund- und Immunsystem, kommt. Dann aber ist mit unseren heutigen Kenntnissen und Mitteln eine Rehabilitation der Abwehrleistungen und damit eine Heilung solcher Erkrankungen nicht mehr möglich. Diese Gedankengänge mögen spekulativ wirken, doch weisen die Längsschnitt-Hämogramme, die Kurzzeittestungen mit genormtem Reiz und ihr Zusammenhang mit den klinischen Verlaufsformen in diese Richtung. Dies eindeutig abzuklären ist unserer Meinung nach eine der wichtigsten Aufgaben der kommenden Jahre, denn nur dann dürfte die Möglichkeit bestehen, die chronisch-progredienten Systemerkrankungen und die konsumierenden Entzündungen nicht nur symptomatisch behandeln, sondern auch einmal heilen zu können.

1.6 Hormone und Gefäßnervensystem im unspezifischen Abwehrgeschehen

Im Rahmen der unspezifischen Abwehrfunktionen spielt bekanntermaßen auch das Hormonsystem eine wichtige Rolle, vor allem die Hypophysen-Nebennierenrinden-Achse. Selye (1953) *(209)* hat, wie schon früher erwähnt, seine Lehre vom Adaptationssyndrom gänzlich auf diese hormonellen Reaktionen bezogen.

Setzt man diese hormonellen Vorgänge aber mit den Grundregulationen in Beziehung, gewinnt man den bestimmten Eindruck, daß die Hypophysen-Nebennierenrinden-Aktivität ein wichtiges Hilfsregelsystem ist, überschießende Reaktionen auf invasive Noxen zu dämpfen und zu verlangsamen, d. h. Gewebseinschmelzungen durch überstarke Immunreaktionen zu vermeiden.

Die Ausschüttung von Cortison führt zu einer humoral-vegetativen Schockphase, d. h. zur Hemmung von sepzifischen und unspezifischen Abwehrvorgängen. In Abb. 19 ist die Wirkung von 10 mg Hydrocortison auf die Parameter des Grundsystems dargestellt. Im Test ist die humoral-vegetative Schockreaktion auf Cortison deutlich zu erkennen, sie erreicht im 4-Stunden-Wert ihre stärkste Ausprägung und ist – bei einmaliger Gabe – nach 24 Stunden weitgehend abgeklungen.

Auch bei der Injektion von ACTH sind gleiche Reaktionen zu erkennen. Hier darf an den Thorn-Test erinnert werden: bei normaler Abwehrfunktion fallen nach 25 mg ACTH i. m. die absoluten Zahlen der eosinophilen Leukozyten um mindestens 50% ab. Nun sind die Vorgänge nach ACTH- und Corticoid-Verabreichung schon so oft und so präzise beschrieben worden und auch so allgemein bekannt, daß hier nicht noch einmal ausführlich darüber berichtet werden muß.

Schon viel weniger geläufig ist jedoch, daß häufig auch die Schilddrüse in pathergische Abwehrvorgänge involviert wird. Schon die Patienten mit vegetativer Dystonie zeigen meist Symptome einer Hyperthyreose, dies allerdings größtenteils ohne wesentliche blutchemische und szintigraphische Veränderungen der Schilddrüsen-Funktionsparameter. Ein Teil der Patienten zeigt diese Symptomatik auch noch nach Ausbruch ihrer entzündlichen Systemerkrankungen und dies manchmal in zunehmendem Maß. Entwickelt sich die hyperthyreotische Symptomatik weiter und besteht eine Indikation

(BASEDOW-Struma, toxisches Adenom etc.), steht man vor keiner einfachen Entscheidung. Obwohl der heutige Stand der Schilddrüsentherapie die postoperativen therapeutischen Probleme merklich verringert hat, ist meiner Meinung nach die Indikation zur Strumaoperation noch immer mit Zurückhaltung zu stellen. Denn vor 30–35 Jahren konnte der Autor post Strumektomie damals kaum beeinflußbare Verschlechterungen im Verlauf der Hauptkrankheiten (entzündlicher Gelenkrheumatismus, Multiple Sklerose) beobachten. Es kam zum Übergang von schubweisen in chronisch-progrediente Verlaufsformen mit rapider Verschlechterung der Gesamtsymptomatik.

Nach diesen bitteren Erfahrungen ist mit Sicherheit anzunehmen, daß die Thyreoidea in der Aktivierung von Energien für die Abwehrleistungen eine beträchtliche Rolle spielt – und daß ein gewisses Maß an Schilddrüsenüberfunktion für einen günstigeren Verlauf der Systemkrankheiten sogar wichtig ist.

Allgemein wenig beachtet wird die starke Involvierung des Gefäßnervensystems in die Abwehrvorgänge chronischer Krankheitsprozesse.

Bei akuten Prozessen (Infektionen, Verletzungen, Verbrennungen) kommt es zuerst zu einer kurzdauernden Konstriktion der lokalen Gefäße, dann folgt sehr bald eine Erschlaffung der Arteriolen, so daß der Blutstrom im geschädigten Bereich über das normale Maß hinaus ansteigt. Dies wurde z. B. am Kaninchenohr objektiviert (HUMPHREY und WITHE 1972, S. 35) *(69)*. Die Folge ist die bekannte Hyperämie einer akuten Entzündung.

Der Pathologe SIEGMUND (1950) *(210)* war unseres Wissens der erste, der sich auf der Basis der Relationspathologie RICKER's und der Neuralpathologie SPERANSKY's näher mit den Veränderungen der Erregbarkeit des Gefäßnervensystems und dadurch veränderten Reaktionsbereitschaft beschäftigte, und zwar im Zusammenhang mit dem Dauerreiz einer chronischen Entzündung (bakterieller Herd) und nicht-entzündlichen Gewebsschäden (abakterielles Störfeld). Er hat damit – dies sei hier bereits kurz erwähnt – die starre Fixierung der Herdforschung auf direkte infektiöse und toxische Wirkungen solcher Prozesse auf die Sekundärerkrankungen erstmals durchbrochen und damit den Weg zur Revision der Herdlehre bereitet.

Aber was für Herde und Störfelder gilt, trifft auch für jede andere chronische Entzündung zu. Schon bei den entzündlichen Gelenkerkrankungen ist dies optisch leicht faßbar: die heiße rote Schwellung beim akuten fieberhaften Gelenkrheumatismus im Gegensatz zur kalten blassen Schwellung bei der PCP zeigen den extremen Unterschied der Durchblutung bei diesen zwei verschiedenen Formen des Rheumatismus.

Bergsmann (1970) *(6)* hat sich – wie schon im Kapitel „Das System der Grundregulation . . ." kurz angeschnitten – ausführlich mit dieser Frage unterschiedlicher Gefäßreaktionen auseinandergesetzt. Zunächst auf der Bestimmung des Oxyhämoglobins bei einseitigen tuberkulösen Prozessen basierend beschreibt er einen erhöhten Oxy-Hb-Gehalt im Venenblut auf der Seite einer tuberkulösen Kaverne und einen verminderten Oxy-Hb-Gehalt bei Lungenkollaps (Pneumothorax, Plastik etc.). Er schließt daraus auf eine maximale Öffnung der arterio-venösen Anastomosen bei kavernösen Phthisen sowie auf deren maximale Schließung bei Lungenkollaps. Einseitige indurative Prozesse zeigen nur geringe Seitendifferenzen, doch kommt es bei diesen nach Injektion von Echinacin® (0,6 ml i. v.) – wohl durch die Stimulierung durch Echinacin – zu einer stärkeren Ausprägung der Seitendifferenzen, während es bei der kavernösen Phthise zu einem vorübergehenden Ausgleich der Oxy-Hb-Werte kommt. Etwas später hat Bergsmann (1972) *(8)* diese aus der Oxymetrie abgeleiteten Überlegungen durch rheographische Untersuchungen der Subklavia-Durchblutung eindeutig objektiviert.

Es ist schon aus diesen Untersuchungen klar ersichtlich, daß durch die unterschiedliche Durchblutung erkrankter Gewebe die Immunvorgänge beträchtlich beeinflußt werden: bei arterio-venösem Kurzschluß durch maximale Öffnung der Anastomosen werden weniger Sauerstoff, weniger Nährstoffe, weniger Blutzellen und Immunglobuline in das erkrankte Gewebe gebracht, – manchmal nur mehr der Erhaltungsstoffwechsel aufrechterhalten – während die maximale Schließung der Anastomosen eine stärkere Durchblutung des betreffenden Gewebebezirks mit mehr Sauerstoff, mehr Nährstoffen, Blutzellen und Immunglobulinen bedeutet.

Was Bergsmann bei den tuberkulösen Lungenprozessen so eindrucksvoll belegen konnte, gilt auch für alle anderen Entzündungs- und Entartungsprozesse. Es ist dies ein eminent unspezifischer Vorgang, der weitgehend unabhängig von den spezifischen Eigenschaften der jeweiligen Erreger abläuft.

Auf stumme chronische Entzündungen (Herde) bezogen, hat Siegmund 1950 *(210)* die Veränderungen der Reizreaktionen des Gefäßnervensystems so beschrieben: „Die allgemeinste Wirkung, die ein

Herd ausübt, ist die eines Störfeldes im vegetativen Sinne, das über den Hofbezirk hinaus die gesamte vegetative Erregbarkeit verändert und damit auf neurohumoralem Hintergrund Voraussetzung für Reaktionsweisen des Gesamtorganismus oder einzelner seiner Systeme schafft, die ihm üblicherweise nicht zukommen. Diese Wirkung beschränkt sich nicht nur auf die veränderte Strombahnerregbarkeit der morphologisch nicht veränderten Hofbezirke, sondern reicht auch Zentripedal bis in höhere Zentren und von diesen wieder zentrifugal in die Peripherie ... Jeder neue Reiz findet im früher abnorm erregten Strombahngebiet eine veränderte Reizschwelle."

Diese Vorgänge am Gefäßsystem sind peripher ausgelöst, offensichtlich durch pH-Wert – und damit Elektropotentialveränderungen am Schadensort – der Auslösungsmechanismus ist im Grundsystem zu suchen (extranervale Steuerung). Die Folge ist aber die biologisch sinnvolle Involvierung des ZNS mit seinen vegetativen Zentren in den Krankheitsvorgang. Die Überlegung geht in Richtung Dämpfung von Zerfallsvorgängen durch Minderdurchblutung in lebenswichtigen spezialisierten Geweben (wie z. B. bei der kavernösen Phthise) bzw. Anregung von Reparaturvorgängen bei weitgehend abgeschlossener Noxeneinwirkung (Entzündung oder Verletzung) durch ein erhöhtes Angebot an O_2, Nährstoffen und Immunstoffen.

Auf diese durchwegs unspezifische Weise kann nun jede chronische Entzündung letztlich Fernstörungen auslösen und so Herd-Charakter annehmen. Die Veränderungen der Reizreaktionen greifen zunächst vom „Hof" auf den regionalen Gefäßversorgungsbezirk über, dann auf das Gefäßsystem der gleichseitigen Körperhälfte und schließlich über seine zentrale Steuerung auf das gesamte Gefäßsystem. Dabei sind die Veränderungen der Reizreaktion im Gefäßsystem – wie bereits SIEGMUND damals feststellte – nicht von der Spezifität der auslösenden Noxen abhängig, denn für deren Auslösung ist es weitgehend unerheblich, welche Erreger welche spezifischen Gewebsveränderungen verursachen bzw. ob es sich um abakterielle Gewebsveränderungen, z. B. Narben nach Unfällen etc., handelt.

Abwehrvorgänge sind daher nicht allein Reaktionen des Immunsystems, sondern laufen durch enge Vernetzung mehrerer Regelsysteme (Grund-, Immun-, Hormon- und Gefäßnervensystem) ab. Die Mitbeteiligung des Gefäßsystems gibt aber zusätzliche diagnostische Möglichkeiten: durch die Thermographie und durch die Decoder-Impulsdermographie besteht die Möglichkeit, wichtige Hinweise auf gestörte Gewebsbezirke zu erhalten (siehe Kapitel „Unblutige Meßmethoden zur Feststellung der Reaktionsformen").

1.7 Testungen zur Erfassung der individuellen Abwehrlage

Anfänglich erfolgte die Erfassung der individuellen Abwehrlage, wie berichtet, durch Längsschnittuntersuchungen. Diese Art der Reaktionsweisen-Bestimmung erwies sich bald als nicht ausreichend, denn sie benötigte viel zu lange Zeit, um sie von vorneherein für die Therapie berücksichtigen zu können.

Aber schon die Erfassung der Reizschwellen der Ganzheitsreaktionen und die Überprüfung der Vakzine-Therapien sowie die Untersuchungen über Medikament- und Toxinwirkungen hatten schon einen anderen Kontrollmodus verlangt – man mußte Sofortreaktionen auf einen einmaligen Reiz bzw. eine einmalige Belastung erfassen. Schon dabei mußte die Reizintensität so gewählt werden, daß der Testperson kein zusätzlicher Schaden zugefügt wurde und sie psychisch und physisch nicht allzusehr belastet war. Trotzdem sollten die Reaktionen und ihre Dauer so deutlich erfaßt werden, daß eine Beurteilung möglich war. Zwischen diesen Forderungen mußte ein Kompromiß gefunden werden: dieser bestand darin, daß grundsätzlich 4 Blutabnahmen durchgeführt wurden, die erste vor Applikation des Testmittels, die zweite 1 Stunde danach, die dritte 4 und die letzte 24 Stunden danach. Später zeigte die Erfahrung, daß nur 3 Blutabnahmen genügten, und zwar vor, 1 und 3 Stunden nach Reizsetzung.

Einmal-Bestimmungen können vor allem im Bereich unspezifischer Regulationen keinen Einblick in die funktionellen Vorgänge geben – wie man immer wieder feststellte, war ein einmaliger Reiz, der der Anforderung der Unschädlichkeit entsprach, bereits 3–4 Stunden nach Verabreichung am Höhepunkt seiner Wirkung und klang dann bis zum nächsten Tag in den Morgenstunden ab. Aber es kam ja auf die Erfassung von Funktionen an, um die individuelle Abwehrsituation erkennen zu können. In der Zeit von 1949–1957 war der Großteil von 2341 Tests mit spezifischen Stoffen durchgeführt worden, und zwar mit Vakzinen, Schwermetallaufbereitungen, Alt-Tuberkulin Koch, Corticoiden, dem Radioisotop ^{131}J sowie mit Kältereizen und Nahrungseiweiß-Überlastung. Dazu kamen noch 69 Untersuchungen ohne Testmittel („Leer"-Testungen) und 28 Tests mit Plazebo-Stoffen (s. Kap. „Spätfolgen von Chemotherapien").

Aber die Erfahrungen aus diesen Tests kam der neuen Aufgabe, durch Kurzzeitreaktionen die Abwehrlage zu bestimmen, sehr zugute. Funktionstestungen sind nur beim nüchternen Patienten sinnvoll, da eine Nahrungsaufnahme schon Reaktionen auslöst – man denke nur an die postprandiale Lymphozytose –, aber auch der Tagesrhythmus muß beachtet werden, da nach 14 Uhr eine spontane Veränderung unspezifischer Parameter eintritt, die eine Beurteilung fast unmöglich macht, und es müssen mindestens 2, besser 3–4 Parameter bestimmt werden, um mögliche spezifisch verursachte Störungen in einem Einzelparameter nicht falsch zu interpretieren. Und schließlich sind noch exakteste Labormethoden notwendig, da eine breite Fehlerquelle die Testaussage, z. B. bei Reaktionseinschränkungen (Regulationsstarre), völlig relativieren kann. Nach diesen Grundsätzen hatte auch die Regulationstestungen zu erfolgen. Es war nur noch das geeignete Testmittel auszuwählen.

Die Wahl fiel auf die 3fach-konjugiert-ungesättigten Fettsäuren, der Faktor „M" nach Pischinger (Elpimed®). Das hatte folgende Gründe: erstens ist der Faktor „M" ein körpereigener Stoff, der nach eigenen Untersuchungen (Perger 1956) *(135)* bei parenteraler Verabreichung eine humorale Gegenschockphase auslöst und durch den Wegfall der primären Schockphase die Testzeit verkürzen ließ; zweitens ist dieser Faktor eiweiß- und triglyzeridfrei, so daß keine allergischen oder anaphylaktischen Reaktionen zu befürchten sind; drittens liegt das Mittel in standardisierter Form vor (1 Amp. Elpimed®), so daß Unterschiede im Reaktionsablauf nicht auf das Testmittel, sondern direkt auf die Grundsystemleistungen der getesteten Personen bezogen werden können.

Zur Erfassung der Stimulationswirkung können alle Parameter des unspezifischen Systems herangezogen werden. Als besonders geeignet erwies sich die Bestimmung der Elektrolyte Ca, K und Mg, die Oxymetrie des Venenblutes und die Jodometrie nach Pischinger (in der Variante nach Kellner und Klenkhart *(92)*, die Bestimmung der absoluten Zahl eosinophiler Leukozyten und die Veränderungen im Differentialblutbild insgesamt. Anfangs wurde auch das Gesamt-Cholesterin miteinbezogen, da es sich solange als ausgezeichneter Parameter erwies, bis die ernährungsbedingte Zunahme der Cholesterinspiegel durch die sogenannte „Freßwelle“ nach Überwindung der schlimmsten Kriegsfolgen die Bestimmungen sinnlos machte. Die nahrungsbedingte Hypercholesterinämie überdeckte die Reaktionsbereitschaft weitgehend.

Als nicht-geeignet für die Erfassung unspezifischer Regulationen erwiesen sich Parameter des Eiweißstoffwechsels, z. B. die Harnsäure, aber auch andere Peptide wie das Glutathion i. S. und im Vollblut.

Die Beurteilung von solchen Testungen ist nur möglich, wenn man zum Vergleich vorher das Verhalten der ausgewählten Parameter im „Leer“-Test (ohne Reizsetzung) und die Reizreaktionen bei gesunden Probanden erfaßt hat.

Normausgangswerte und Reaktionsbreite gesunder Probanden auf Elpimed® sind nachfolgend angeführt:

1. Oxymetrie des Venenblutes
   Normausgangswert: 40±5%, Normreaktion : −15%/h
2. Jodometrie nach Pischinger (Jodverbrauchswerte)
   Normausgangswert: 810±10 µg JVW/ml, Normreaktion: +40–50 µg JVW/h
3. Calcium (Angaben in mg % und mVal)
   Normausgangswert: 9,5–10,3 mg % (= 4,75–5,15 mVal), Normreaktion bis +0,8 mg %
4. Kalium (Angabe in mg % und mVal)
   Normausgangswert: 17,0–20,0 mg % (= 4,35–5,15 mVal), Normreaktion bis −2,0 mg %
5. Magnesium (Angaben in mg % und mVal)
   Normausgangswert: 1,90–2,20 mg % (= 1,7–1,9 mVal), Normreaktion −0,3–0,4 mg %
6. Absolute Zahl der eosinophilen Leukozyten
   Normausgangswert: 100–200 Eo/mm^3, Normreaktion innerhalb der Fehlerquelle der Methode

Diese Normausgangswerte sind nicht identisch mit den klinischen Normwerten, sondern bilden innerhalb dieser einen schmäleren Bereich, der die Aufrechterhaltung einer stabilen Homöostase und damit eine normergische Reaktionslage anzeigt, jedoch nichts mit Mangel- oder Überschußerscheinungen zu tun hat. Alle Ausgangswerte, die deutlich, d. h. über die Fehlergrenzen der Methoden, aus dieser normergischen Bandbreite herausfallen, sind aber nur dann als Hinweis auf pathergische Mechanismen zu werten, wenn wenigstens 2 der Parameter übereinstimmende Reaktionen zeigen. Denn es darf nicht vergessen werden, daß, vor allem bei den Elektrolyten, die Höhe der Blut- und Serumspiegel ernährungsbedingt oder durch spezifische Krankheitsursachen verändert sein kann.

In „Leer"-Testungen finden sich in den Vormittagsstunden (8–12 h) kaum Schwankungen, weder in den Elektrolyten, dem Cholesterin und den Leukozyten noch in der Oxymetrie und in der Jodometrie (Abb. 20 und 21).

Die Testung eines klinisch gesunden Probanden zeigt in den Parametern JVW, Ca und K eine deutliche Entschockungsreaktion im humoral-vegetativen Bereich. Was wir damals noch nicht wußten – die Tests zur Feststellung der Normreaktionen wurden im zeitigen Frühjahr wenige Wochen nach Abklingen einer Grippewelle durchgeführt –, war das nach grippalen Infekten bzw. Rekonvaleszenzzuständen oft wochenlange Weiterbestehen humoraler Schockzustände, die durch eine Elpimed®-Injektion sodann prompt gelöst wurden (Abb. 22).

Tatsächlich ist der Testreiz bei einem völlig gesunden und herdfreien Probanden viel schneller ausreguliert: die unspezifischen Reaktionen sind bei stabiler Homöostase nur innerhalb der 1. Stunde nachweisbar, nach drei Stunden sind die Parameter wieder zum Ausgangswert zurückgekehrt.

Die Tests zeigten dann bei den untersuchten Patienten eine weitgehende Übereinstimmung mit den Längsschnitt-Hämogrammen, allerdings bei einer häufigeren Erfassung der überschießenden Frühreaktionen.

Wie im Kapitel „Reizschwellen ..." bereits geschildert wurde, fand sich bei den Reizreaktionen zur Zeit der vegetativen Alterationen, z. T. ohne und z. T. mit ersten geringgradigen Symptomen einer entzündlichen Systemerkrankung, eine noch etwas günstigere Reizschwelle für Ganzheitsreaktionen von rund 50 000 Vakzinekeimen gegenüber den vollentwickelten Krankheitsbildern.

Bei 23 Patienten (PERGER 1956, 1958) *(133, 140)* konnte diese Reaktionsweise auch schon in Längsschnitt-Hämogrammen erfaßt werden – sie wurde wegen des ständigen Wechsels zwischen humoral-vegetativen Schock- und Gegenschockphasen als „humoral-vegetative Ataxie" bezeichnet (s. Abb. 15).

Bei einer 20jährigen Patientin konnte der Übergang aus dieser „Ataxie" in eine chronische Gegenschockphase verfolgt werden. Daraus entwickelte sich innerhalb weniger Wochen dann das Bild einer seropositiven PCP (s. Abb. 16).

Die Testungen wurden zunächst bis 1965 ohne Erfassung der Seitendifferenzen durchgeführt, ab 1965 beidseitig und ab 1980 unter Einbeziehung der Immunglobuline und der Spurenelemente.

1.7.1 Einfache Tests

Ausgehend von den Leertestungen und den Testergebnissen bei klinisch symptomfreien Probanden wurden beträchtliche Reaktionsunterschiede bei den verschiedenen Krankheitsgruppen gefunden, die – wie schon erwähnt – weitgehend den Langzeit-Hämogrammen entsprachen. Dies bestätigte die Sinnhaftigkeit dieser Untersuchungen. Zwischen 1954 und 1963 wurden insgesamt 435 Testungen mit Elpimed® und weitere 69 Tests mit Elpimed® in Kombination mit anderen Mitteln durchgeführt. Hier interessieren nur die reinen Elpimed®-Testungen, da die Kombinationen mit anderen Pharmaka nur zur Überprüfung der Beobachtung dienten, ob die Beigabe von Elpimed® zu anderen Chemotherapeutika deren humorale Schockwirkung lösen könne *(141)*.

Ausgehend vom Reaktionsbild des gesunden Probanden fanden sich folgende Abweichungen:

a) Eine überschießende Reaktion: zunächst überstarke Entschokkungsreaktion, die ein bis drei Stunden anhält und dann wieder in einen humoralen Schock zurückfällt. Diese Reaktionsform entspricht den Frühfällen entzündlicher Systemerkrankungen und zeigt die beste Prognose zur Wiederherstellung normaler Abwehrvorgänge an (Abb. 23).

Dabei kann man noch die physiologisch gegensätzliche Verlaufsform von Ca und K erkennen – allerdings nicht mehr in allen Tests –, die bei normaler Abwehrlage bis auf wenige Ausnahmen stets gefunden wird.

Es ist auffällig, daß sich diese physiologische Gegensätzlichkeit im chronischen Krankheitsverlauf umkehrt: statt gegenläufig verhält sich dann Kalium parallellaufend zum Calcium. Warum dies so ist, können wir nicht erklären. Der einzig mögliche Anhaltspunkt, der uns bewußt ist, liegt vielleicht in der Tatsache, daß der Calcium-Stoffwechsel nicht nur vom Grundsystem, sondern zusätzlich auch von der Nebenschilddrüse gesteuert wird. Phylogenetisch erklärt sich dies so, daß die Funktion der willkürlichen Muskulatur einen höheren Calciumgehalt erfordert, als bei der Entwicklung der ersten mehrzelligen Lebewesen und damit der Zwischenzellsubstanz (Grundsubstanz) im Urmeer vorhanden war. Dann wäre aber doch eher anzunehmen, daß sich das Calcium den Reaktionen des Kaliums anpassen würde und nicht umgekehrt. So muß die Erklärung dieses Phänomens völlig offen bleiben, da es auch bisher keine Hinweise auf eine Veränderung des Zusammenwirkens zwischen Parathyreoidea und Grundsystem gibt.

b) Die Schockreaktion bei schubweisen Verlaufsformen: bei ausgeprägten schubweisen Verlaufsformen entzündlicher Systemerkrankungen (entzündlicher Gelenkrheumatismus, Multiple Sklerose, asthmoide Bronchitis etc.) findet man im Test bereits nach einer Stunde eine ausgeprägte Schockreaktion (Abb. 24).

Bis nun war beim Gesunden, beim akut Kranken, bei Patienten mit Entzündungen von Einzelorganen und oft noch bei Frühfällen entzündlicher Systemerkrankungen zu erkennen gewesen, daß der Monozytenfaktor, die Elpimed®-Stoffe, primär humoral schocklösend wirken. Jetzt standen wir vor der Tatsache einer ständigen gegenteiligen Reaktion bei ausgeprägten Systementzündungen: Der humorale Schock wurde durch den gleichen Stoff bereits nach 1 Stunde beträchtlich intensiviert. Es lag nahe, die Reizreaktion schon nach kürzerer Zeit zu überprüfen. Entweder war unsere Theorie der humoralen Antischockwirkung dieser Fettsäuren falsch oder es zeigte sich doch noch nach kürzerer Zeit eine schocklösende Wirkung. Schon die ersten Kontrollen der Blutparameter 30 Minuten nach Injektion des Immunstimulans zeigten, daß die Annahme der schocklösenden Wirkung der dreifach-konjugiert-ungestättigten Fettsäuren zurecht bestand (Abb. 25).

c) Regulationsblockierungen und -starren:
Chronisch-progrediente Verlaufsformen zeigen eine stark eingeschränkte Reagibilität der Grundsystem-Parameter. Das ist bei der primär chronischen Polyarthritis und bei den primär chronisch-progredierten Formen der MS von Anfang an festzustellen, bei den schubweisen Verlaufsformen zeigen sie den Übergang in ein chronisch-progredientes Stadium an (Abb. 26).

Und selbst bei einer so erheblichen Reaktionsstarre zeigt die 30-Minuten-Kontrolle andeutungsweise eine primäre Entschockungsreaktion (Abb. 27).

Aber die Paralyse der Grundfunktionen kann auch durch Chemotherapien beträchtlich beschleunigt werden. So muß man zur Kenntnis nehmen, daß manche zum Zeitpunkt der Einnahme hochwirksame Therapien für die weitere Entwicklung eines Krankheitsverlaufes ungünstige Folgen haben können (Abb. 28 u. 29).

Die Vermeidung solcher Entwicklungen wird durch die Erfassung der jeweiligen Abwehrlage möglich. Dabei ist gerade bei Corticoid-Therapie eine Beobachtung wichtig: die Beachtung des Tagesrhythmus. Die gesamte Tagesdosis zwischen 6–8 h früh verabreicht führt wesentlich später zu solchen Grundsystem-Blockierungen und ist daher wesentlich seltener mit Nebenwirkungen belastet. Trotz allem ist auch dann mit Nebenwirkungen zu rechnen, so daß die Indikation zu solchen Therapien nur sehr eingeschränkt gegeben ist.

Aber abgesehen von den Nebenwirkungen immunsuppressiver Chemotherapien, die noch im Kapitel „Spätfolgen von Chemotherapien" ausführlicher besprochen werden, fällt bei diesen Tests auf, daß sich nach einer kurzen Entschockungsreaktion, die nach 30 Minuten deutlich erfaßt werden kann, nach weiteren 30 Minuten eine intensive humorale Schockreaktion anschließt. Man ist geneigt, bei chronischen Erkrankungen von Abwehrschwäche zu sprechen – auf Grund der Testerfahrungen sollte man solche Aussagen nur cum grano salis machen. Denn die Testergebnisse besagen, daß trotz der Herabsetzung der Reizschwellen, der Verzögerung und Einengung der Reaktionen die Auslösung einer humoralen Schockreaktion ein *aktiver* Vorgang ist, der sichtlich der Abgrenzung nicht-überwindbarer Noxen dient. Aktivität bedeutet aber auch im Abwehrgeschehen einen erhöhten Energieverschleiß. Daher muß BERGSMANN (1977) *(10)* auch aus eigener Erfahrung zugestimmt werden, daß Regulationsstörungen einen unökonomischen Energieverschleiß bedeuten und daher mit der Zeit zur Konsumierung des betroffenen Organismus führen: beweisend dafür ist die zunehmende Reaktionsschwäche der Grundregulationen im langfristigen Verlauf chronischer Erkrankungen (s. Abb. 17).

Der Entwicklungsgang ist im Schema durch Pfeile angezeigt. Was nicht gezeigt werden kann, ist die individuell äußerst verschiedene Zeitspanne, in der diese Reaktionsmuster bei den verschiedenen Patienten zur Entwicklung kommen: Bei Patienten mit PCP geht die Entwicklung zur Reaktionsstarre innerhalb weniger Wochen und Monate vor sich, andererseits fand sich der längste schubweise Verlauf einer seronegativen Polyarthritis bei 35jähriger Krankheitsdauer mit noch starker, dem Frühstadium ähnlicher Reagibilität.

KELLNER (1980) *(89)* hat die Reaktionsformen nach insgesamt 1200 Elpimed®-Tests statistisch zusammengefaßt und in das folgende Schema gebracht, das sich an den Jodverbrauchswerten (JVW) in der Jodometrie orientiert (Abb. 30).

Die Einbeziehung der Amplituden der JVW erfolgte seinerseits, um die Beurteilung der Testverläufe auf eine einheitliche Basis zu stellen. Dazu wurden dann auch die anderen hauptsächlich mitverwendeten Parameter überprüft und ihre Reaktionen bei den verschiedenen Testverläufen systematisiert (Perger 1981) *(151)* (Abb. 31).

Kellner (1980) *(89)* beschreibt in seinem Schema die Reaktionsform (RF) 3 als die normale Reaktion bei einem Gesunden, die RF 1–2 als „überschießend", die RF 7–9 als „abweisend" und die RF 4–6 als „ignorierend" – dies entspricht den klinischen Verlaufsformen akute Reizbeantwortung, überschießende Reaktion des Frühfalles, den schubweisen Verlaufsformen, die einen zusätzlichen Reiz „abweisen" und den chronisch-progredienten Prozessen, die schwache Reize eben „ignorieren" bzw. nicht mehr auf diese reagieren können.

In diesen Fällen könnte man schon eher von einer Abwehrschwäche sprechen, wenn sonst deutlich beantwortete Reize nicht mehr beantwortet werden. Und doch besteht noch immer ein Unterschied zur extremen Situation im terminalen Stadium konsumierender Krankheiten: diese erlebte der Autor als junger Arzt 1946 auf einer Tuberkulosestation bei Patienten mit kavernöser Phthise. Wenn sich bei diesen Patienten ohne Änderung des objektiven Lungenbefundes Körpertemperatur, Blutbild und Blutsenkungsgeschwindigkeit normalisierten, war dies ein Signum male ominis, denn die völlige Erlahmung jeglicher Abwehrvorgänge bedeutete mit Sicherheit, daß diese Patienten innerhalb der nächsten 3–10 Tage verstarben.

1.7.2 Beidseitige Bestimmungen

Die geschilderten einfachen Testungen zeigten schon, daß im Hintergrund der spezifischen Krankheitssymptome und Verlaufsformen ein zwar unscheinbares, aber doch wichtiges Regelsystem wesentlichen Einfluß auf das Abwehrgeschehen nimmt. Man bewegt sich auf wissenschaftlichem Neuland und mußte bei den Funktionstestungen auch immer auf Zusammenhänge und Einflüsse durch andere Regelsysteme Rücksicht nehmen. Man darf in solchen Situationen nur eines nicht: an einmal gefaßten Meinungen starr festhalten – man muß stets bereit sein, seine Überlegungen zu revidieren, wenn neue und bisher unbekannte Fakten nachgewiesen werden.

Fast ein Paradebeispiel für die Notwendigkeit geistiger Beweglichkeit war die Entdeckung der Seitendifferenzen der Grundsystemreaktionen, die wir BERGSMANN (1965) *(4)* verdanken. Erstmals stellte er diese Seitendifferenzen zwischen rechter und linker Körperhälfte bei einseitigen Lungenprozessen in den Leukozytenzahlen fest. Er hat diese Differenzen aber sofort als nicht Tuberkulose-spezifischen Prozeß erkannt, sondern als allgemeingültiges Regulationsprinzip gewertet und dies auch bei nicht-tuberkulösen und nicht-pulmonalen Erkrankungen verifiziert.

Als er erstmals über diese Seitendifferenzen im Kreise um Prof. PISCHINGER berichtete – das war etwa 1963 –, stieß er auch bei einigen von uns zunächst auf Unglauben, obwohl alle Beteiligten der Grundsystemforschung tagtäglich mit Überraschungen konfrontiert und auf Ungewöhnliches sozusagen programmiert waren. Der Einwand der Zweifler war, daß sich das Blut doch im Herzen völlig durchmische und daher Seitendifferenzen eigentlich gar nicht entstehen könnten – diesen Einwand hört man auch heute noch bei vielen Kollegen, die erstmals mit dieser Frage konfrontiert werden. Aber diese Annahme trifft nur für den arteriellen Schenkel des Gefäßsystems zu – nach dem Durchgang durch die Peripherie treten je nach der lokalen Situation und den lokalen Bedürfnissen manchmal gravierende Unterschiede auf – hier darf auf die Ausführungen im vorangegangen Kapitel über die Rolle des Gefäßnervensystems im Abwehrgeschehen nochmals hingewiesen werden.

PISCHINGER war vorurteilslos genug, um zusammen mit KELLNER die Befunde BERGSMANN's objektiv zu überprüfen: diese Differenzen bestanden nicht nur in den Leukozytenzahlen, sondern auch in zahlreichen anderen Parametern. War z. B. der Oxy-Hämoglobin-Gehalt (bestimmt aus Blut der Aa. femorales) beiderseits gleich (96–98%), so zeigten sich nach Kapillardurchgang im Venenblut oft beträchtliche Unterschiede. Aus diesen beidseitigen Bestimmungen ist deutlich zu erkennen, daß es eine Autonomie im unspezifischen Regulationssystem gibt, die beachtlich ist. Daraus ergeben sich auch Möglichkeiten, Hinweise auf Belastungen und deren pathogene Wertigkeit zu erhalten.

KELLNER (1965) *(78)* war der erste, der die Elpimed®-Testungen beidseitig durchführte und darüber auf der Therapiewoche 1965 in Karlsruhe referierte. Seine Parameter waren die Oxymetrie und die Jodometrie des Venenblutes. Die Seitendifferenzen sind in den beiden folgenden Abbildungen, die aus seiner Dia-Sammlung stammen, eindeutig zu erkennen (Abb. 32 und 33).

In der Oxymetrie sieht man im abgebildeten Test einen so hohen Oxy-Hb-Gehalt im Venenblut, daß in der Peripherie fast nur noch der Überlebensbedarf an O_2 utilisiert wird (ca. 10%) – linke Körperhälfte. Reflektorisch ist aber auch der O_2-Verbrauch rechts deutlich vermindert. Unter dem Stimulationsreiz des Monozytenfaktors mit seinen oxydo-reduktiven Wirkungen verbessert sich links die O_2-Utilisation vorübergehend geringfügig, an der unbelasteten rechten Seite normalisiert sich der O_2-Verbrauch in der gleichen Zeit. Solche Befunde deuten auf eine entzündliche Belastung der linken Körperhälfte hin – ihre Lokalisation ist dann Sache der spezifischen Diagnostik (Herdsuche).

In der dargestellten Jodometrie-Kurve finden sich rechts mehr als links stark erhöhte Ausgangswerte mit Regulationsstarre rechts und überschießender Reaktion links (JVW +70 μg/ml/h und +90 μg/ml/3 h). Ein Testbild dieser Art läßt darauf schließen, daß die starken Differenzen zwischen rechts und links auf einer langfristigen gravierenden Belastung rechts beruhen, aber auch links geringe entzündliche Faktoren zu suchen sind. Auch hier ist anschließend die Suche nach den Belastungen mit den bekannten Diagnosemethoden notwendig.

Nach dieser kurzen Erklärung der Auswertung der Testergebnisse müssen die allgemeinen Grundlagen der Testbewertung besprochen werden.

Eine Testbeurteilung kann nur in Zusammenhang mit der spezifischen Diagnose vorgenommen werden – der Test dient der Erfassung der Abwehrlage und kann die spezifische Diagnose nicht ersetzen, wohl aber sinnvoll ergänzen.

Es ist klar, daß man bei diffusen Prozessen keine wesentlichen Seitendifferenzen erwarten kann: das gilt z. B. für toxische Umweltbelastungen genauso wie für eine Involutionsosteoporose oder für eine diffuse Gefäßsklerose. In solchen Fällen ist die Reaktion auf den stimulierenden Reiz stark eingeschränkt bis starr, man findet aber keine wesentlichen Seitendifferenzen.

Anders ist die Reaktion z. B. nach Insulten oder Narbenstörfeldern (Narben mit gestörter Wundheilung), bei denen sich deutliche Seitendifferenzen zeigen. Ohne Berücksichtigung der klinischen Diagnose könnte das Testbild zur fälschlichen Annahme einer stummen chronischen Belastung solcher Patienten verleiten. Dies ist bei einem so auffälligen Zustand wie einer postapoplektischen Hemiparese nicht zu erwarten – aber man stelle sich nur vor, daß ein solcher

Patient noch zusätzlich an einer Arthritis oder einer aktivierten Arthrose leidet, dann ist die Frage Herd oder Störfeld aus dem Test allein nicht zu entscheiden. Aber auch entzündliche Prozesse reagieren verschieden. Bei chronischen Entzündungen einzelner Organe zeigt sich aber stets eine Belastungsreaktion der betroffenen Körperhälfte – so z. B. bei der chronischen Cholezystitis rechts und bei linksseitigen Prozessen (z. B. linke Niere oder linke Adnexe etc.) eben links, bei beidseitigen Entzündungsprozessen (z. B. chronischen Bronchitis) beidseits. Daher wurden die Testungen bei solchen klinisch eindeutigen Prozessen nach einigen bestätigenden Untersuchungen eingestellt.

Bei den entzündlichen Systemerkrankungen waren diese beidseitigen Tests jedoch von vornherein nicht nur auf die Erfassung der Reaktionsformen, sondern auch auf Hinweise bezüglich individueller Belastungsfaktoren angelegt. Die Veränderungen der Abwehrlagen, „Abweisung" und „Ignorierung" eines Stimulationsreizes, werden nicht nur und lediglich zu einem geringen Anteil von den spezifischen Noxen der Letzterkrankung verursacht. Sie werden überwiegend durch vorangegangene erworbene andere Belastungen herbeigeführt, so daß einerseits Infektionen durch bekannte pathogene Erreger abweichend vom normalen akuten Verhalten beantwortet werden (z. B. beim fieberhaften Gelenkrheumatismus), andererseits Noxen, die unter normalen Abwehrbedingungen nicht pathogen wirken können, nun plötzlich die Möglichkeit pathogener Auswirkungen erhalten (wie dies z. B. hinsichtlich Masern- und Rötelnviren bei der MS diskutiert wird).

Dem Ausbildungsgang entsprechend wurden die Ursachen der Regulationsveränderungen anfangs ausschließlich in den stummen chronischen Entzündungen (Herden) vermutet. Aber schon sehr bald wurde klar, daß diese Herde nicht ausschließlich und allein die Ursachen der Abwehraberrationen sein können. Im Gegenteil gewann man zunehmend den Eindruck, daß die Neigung zur Ausbildung herdmäßiger Entzündungen nicht nur von den besonderen anatomischen Verhältnissen der häufigsten Herdlokalisationen abhängt (wie es die alte Herdforscher-Generation annahm), sondern durch Vorschädigung anderer Noxen noch beträchtlich gefördert werden kann. Dies führte Jahre hindurch zu einer schwierigen Situation für einen in Ausbildung begriffenen jungen Arzt gegenüber den vorgesetzten Primarärzten, die noch lange Zeit an der Theorie der direktkausalen Herdwirkung, der Fokal-Allergie, festhielten. Aber schließlich war es mein direkter Vorgesetzter, der Neurologe AIGINGER selbst, der die Kette der wissenschaftlichen Auseinandersetzungen durchbrach, als er mir den Auftrag gab, mich näher mit der Frage der Sensibilisierung durch Schwermetalle bei Körperkontakt auseinanderzusetzen, d. h. mit der Frage der Schädlichkeit von Zahnmetallen und metallischen Heilbehelfen wie KÜNTSCHER-Nägel bzw. Granatsplitter nach Kriegsverletzungen, die man damals, kurz nach dem Krieg, noch häufig vorfand.

Seitendifferenzen der Reaktionsweisen sind vorwiegend auf stumme chronische Entzündungen zu beziehen, in zweiter Linie auf abakterielle Störfelder wie Narben mit gestörter Wundheilung (KELLNER 1973) *(83)*. Die nachfolgende spezifische Herdsuche und die Auslösung von Sekundenphänomenen durch Procain-Infiltration verdächtiger Lokalisationen belegen immer wieder, daß festgestellte Seitendifferenzen sehr deutliche Hinweise auf das Vorliegen und auf die pathogene Wertigkeit solcher Veränderungen sind: diejenige Körperseite mit den zahlreicheren und/oder massiveren Herdbelastungen reagiert deutlich pathergischer als die minderbelastete Seite (Tab. 1 und 2).

Im Test der Tab. 1 bestand rechtsseitig neben apikalen Zahnveränderungen eine Sinusitis comitans vom Zahn 25 ausgehend als massivste Belastung, beim Test in Tab. 2 war es ein tiefreichender Narbenabszeß nach Tonsillektomie, der die linke Körperhälfte mehr belastete.

Seitendifferenzen sind daher deutliche Hinweise auf lokalisierte anatomische Veränderungen, die über ihre „Hofreaktion" hinaus die Abwehrregelkreise ungünstig beeinflussen.

Wie sind aber kongruente Reaktionsstörungen zu beurteilen? Natürlich kann einmal auch eine gradmäßig seitengleiche Belastung durch Herde oder Störfelder, also durch anatomische Veränderungen, vorliegen – bisher wurde aber bei 515 doppelseitig ausgeführten Testungen nur bei einem Patienten eine solche gleichartige Herdbelastungssituation zweifelsfrei festgestellt, bei einem zweiten waren bei ähnlicher Situation aber noch andere Belastungen gegeben, die eine Kongruenz der Herdbelastungen unwahrscheinlich machten.

Was aber sonst kann kongruente Belastungsreaktionen herbeiführen? Zuerst ging die Überlegung fast zwangsläufig in Richtung toxischer Einflüsse und dabei in die Richtung von Schwermetall-Sensibilisierungen, die ja schon früher parallel zur Regulationstestung durchgeführt worden waren (PERGER 1954, 1956, 1958) *(131,*

134, 138). Schon 1954 war über die ersten zwei Fälle dieser Art berichtet worden, 1956 bereits über 299 Testungen und 1958 über 837 Schwermetall-Testungen an 752 Patienten, wobei 164 dieser Patienten (= 21,8%) mit einer Sensibilisierungsreaktion auf die Metallapplikation reagiert hatten.

Dies war aber nur eine der Ursachen kongruenter Regulationsstörungen. Eine zweite Ursache fand sich bald in den Störungen der Darmkeimbesiedlung, als wir Rezidive rheumatischer Prozesse bei durchsanierten Patienten nach Darminfektionen beobachteten. Der überaus hohe Stellenwert dieser bakteriellen, mykotischen und parasitären Dysbiosen des Darmtrakts wurde aber erst dann endgültig klar, als ab 1982 die Möglichkeit zu eingehenden Stuhluntersuchungen bestand, d. h. die gleichzeitige Erfassung der aeroben und anaeroben Darmbakterien, der Pilze einschließlich Mengenbestimmung, und die Nativuntersuchung auf Protozoen und Nematoden (PERGER 1985) *(161, 162)*.

Kurze Zeit vorher – 1980 – wurden auch die Erfahrungen objektivierbar, daß Mangelzustände, z. B. an Spurenelementen, an Elektrolyten und Hypovitaminosen, unspezifische Regulationen ebenfalls stark verändern können, was sich dann auch in seitengleichen Testreaktionen ausdrückt (PERGER 1986) *(163)*. Wie schon erwähnt hängen Serumwerte sowohl bei Spurenelementen als auch bei den Elektrolyten wesentlich von der Art der Ernährung und von den Resorptionsverhältnissen im Darm ab (s. a. Kap. „Dysbiosen des Darmtrakts"). Aber auch andere Einflüsse spielen eine Rolle, etwa das Alter (hormonelle Einflüsse in Pubertät, Klimakterium etc.) und bestimmte Krankheiten, darunter im besonderen Maße die Nephropathien. Die Reizreaktionen werden also auch dadurch beeinflußt – bei suboptimalen Ausgangswerten nur geringfügig, bei echten Mangelzuständen jedoch beträchtlich. Nur bei den alimentären Hypercholesterinämien lassen sich die Reizreaktionen im Cholesterinspiegel nicht verwerten, da die Intensität der Testreize ja gering gehalten werden muß.

So konnten die wesentlichsten Ursachen kongruenter Testreaktionen an beiden Körperhälften wie folgt festgestellt werden: Intoxikationen, Resorptionsstörungen, Autointoxikationen vom Darmtrakt her und schließlich Mangelerscheinungen, wobei sich diese Ursachen teilweise auch spezifisch auswirken und sich vielfach überlagern.

Da die Testungen aber aufwendig sind, wurden sie nur mehr zur Abklärung wichtiger Fragen eingesetzt – die Indikationen sind in

Tabelle 3 aufgeschlüsselt. Diese Aufstellung gibt auch Auskunft über die Sinnhaftigkeit solcher Untersuchungen, deren Ergebnis die Therapieplanung wesentlich beeinflußt.

1.7.3 Kurzzeitreaktionen der Immunglobuline im Test

Es ist schon sehr auffällig, daß sich die Parameter des Grundsystems bei allen entzündlichen Systemerkrankungen grundsätzlich der Verlaufsform entsprechend gleich verhalten und nicht von den spezifischen letztlich auslösenden Noxen bestimmt werden. Letztere haben keinen oder nur einen geringen Einfluß auf den Verlauf, vor allem nicht in den ersten Jahren dieser Erkrankungen. Hingegen konnte nachgewiesen werden, daß erst nach Ausbruch der Haupterkrankung hinzugekommene Belastungen wie neue Herde oder Intoxikationen den Krankheitsverlauf etwa einer Polyarthritis oder MS zu beeinflussen vermögen – und dies in einer oft beträchtlichen Weise.

Die auffallende zeitliche Bindung der γ-Globulin-Vermehrung an den Ablauf der unspezifischen Grundsystemreaktionen ließ es wünschenswert erscheinen, auch die einzelnen Immunglobuline innerhalb des γ-Globulin-Komplexes zu erfassen, da ja aus den bisherigen Untersuchungen eine sehr enge Verflechtung der Grund- und Immunsystemleistungen anzunehmen war.

Pathergische Prozesse entstehen – wie die klinische Umsetzung der Forschungsergebnisse Pischinger's zeigte – grundsätzlich auf der Basis von zwei unterschiedlichen Vorgängen: erstens durch die Veränderung der Funktion und Reaktionsweise der an der Abwehr beteiligten Regelkreise durch verschiedene Einflüsse wie Herde, chronische Intoxikationen, Mangelzustände etc. und erst in zweiter Linie durch spezifische Noxen, die das sichtbare (spezifische) Krankheitsbild bestimmen. Ob das jetzt Streptokokken sind wie beim akuten fieberhaften Gelenkrheumatismus oder Slow-Viren, wie sie bei der MS diskutiert werden, oder Karzinogene als letzte Auslöser maligner Prozesse – immer wieder ist es die veränderte (pathergische) Abwehrlage, die den unterschiedlichen Verlauf der Noxeneinwirkung gegenüber normalen Abwehrleistungen bedingt.

Gerade in der Tumorgenese ist es doch auffällig, daß bekannte Karzinogene aus dem industriellen Sektor nicht bei jedem Kontaminierten einen Tumor auslösen, sondern nur bei einem geringen Prozentsatz dieser Menschen. Es erkranken längst nicht alle Beschäftigten in der PVC-Produktion an Leberkrebs oder alle Anilin-Arbeiter an Blasenkrebs – zwischen der Exposition mit Karzinogenen und der Manifestation von Tumoren steht noch immer die Fähigkeit oder deren Verlust, entstandene maligne Zellen zu erkennen und zu eliminieren.

Was hier am Beispiel der Tumorgenese zu erklären versucht wurde, gilt auch für die Krankheiten der sofortigen und der verzögerten Allergie. Ist eine normale Abwehrleistung wiederherzustellen, wird der oder den spezifischen Noxen die Basis ihrer Angriffsmöglichkeit entzogen und damit – solange die Normalisierung der Abwehr aufrechterhalten werden kann – ihre pathogene Wirkung unterbunden, obwohl sie mit größter Wahrscheinlichkeit meist im Organismus verbleiben oder – wie bei den exogenen Allergenen – eine Kontamination aus der Umwelt nicht vermieden werden kann. Ob nun die Zusammenhänge zwischen Grund- und Immunsystem stabil sind, sollte u. a. durch die gleichzeitige Bestimmung der Immunglobuline A, M und G, die im γ-Globulin-Komplex, subsummiert sind, geklärt werden.

Es erfolgten bisher 232 Tests mit den Methoden der Oxymetrie, der Jodometrie sowie der Bestimmung der Immunglobuline und der Spurenelemente Fe, Cu und Zn.

Diese betrafen folgende Erkrankungen

1. Entzündungen von Einzelorganen	30 Patienten
2. Allergien vom Soforttyp	20 Patienten
3. Allergien vom verzögerten Typ	100 Patienten
davon:	
entzündliche Gelenkerkrankungen	(50 Patienten)
Multiple Sklerose	(45 Patienten)
andere Systemerkrankungen (Colitis ulcerosa 2, Sklerodermie 1, amyotropische Lateralsklerose 2)	(5 Patienten)
4. Maligne Tumoren aller Art	40 Patienten
6. Chronische Toxikosen	17 Patienten
7. Nicht-entzündliche Erkrankungen	15 Patienten

Die gewonnenen Daten werden dabei nicht nur auf die klinische Diagnose bezogen, obwohl dies selbstverständlich nie außer acht gelassen wurde, sondern besonders auch auf den jeweiligen Verlaufscharakter. Die Fülle von Einzelinformationen – es handelt sich bei den 232 Tests um fast 20 000 Einzelwerte – zeigt in der Berechnung der Durchschnittswerte keine signifikanten Veränderungen, wenn man nur die Diagnosen ohne Berücksichtigung des Verlaufscharakters bei der Durchrechnung heranzieht – so sehr verwischen sich global die Veränderungen. Trennt man aber nach Verlaufscharakter bzw. auch nach Krankheitsdauer, ändert sich das Bild schlagartig – dann werden trotz der beträchtlichen individuellen Unterschiede im Einzelfall deutlich Verlaufstendenzen sichtbar und geben Einblick in pathologische Gesetzmäßigkeiten. Auch bei den Immunglobulinen wird wie bei den unspezifischen Parametern (Oxymetrie, Jodometrie) das regulative Verhalten nach 3 Kriterien beurteilt:

1. Höhe der Ausgangswerte – normal, erhöht, erniedrigt
2. Reaktionsamplitude – überschießend, normal, eingeschränkt, starr
3. Tendenz des Reaktionsverlaufes – Anstieg, Abfall, Starre

Die Ausgangswerte und Reaktionen des IgA erwiesen sich davon abhängig, ob es sich um entzündliche Prozesse mit oberflächlichem Schleimhautkontakt oder um Pankreopathien handelt, die hohe Ausgangswerte aufwiesen, oder um abgekapselte Prozesse, die niedrigere Ausgangswerte aufwiesen. Nur in späten Krankheitsstadien kann man ab und zu einen IgA-Mangel finden – eine Ausnahme davon ist die Lambliasis intestinalis, die schon nach relativ kurzer Zeit zu IgA-Mangel führen kann, was unserer Meinung nach auf einen erhöhten Verbrauch zurückzuführen ist. Dies widerspricht der Meinung anderer Autoren, die einen IgA-Mangel bei Lambliasis auf einen primären Immundefekt zurückführen (Fleischer und Strick 1978) *(34)*, doch spricht die Beobachtung einer schnellen Normalisierung des IgA i. S. nach erfolgreicher Behandlung dieser Protozoonose doch gegen einen Immundefekt und mehr für einen erhöhten Verbrauch.

Während das IgA von anderen Gegebenheiten abhängt, ist das Mengenverhältnis von IgM und IgG von der jeweiligen Verlaufsform einer Erkrankung weitgehend mitbestimmt – allerdings spielen auch beträchtliche spezifische Einflüsse eine nicht zu übersehende Rolle, vor allem ist die IgG-Menge auch direkt abhängig vom Zink-Gehalt des Blutes, da Zink für die Aktivierung der Polymerasen in der RNS-Synthese von wesentlicher Bedeutung ist.

Es ist aber noch der Einfluß der gewählten Untersuchungsmethode zu berücksichtigen. Wir wählten für die Bestimmung der Immunglobuline nicht das allgemein üblichere Präzipitationsverfahren nach Mancini aus, sondern die Stärkegel-Dünnschicht-Elektrophorese der Immunglobuline nach Maruna und Gründig (1968) *(110, 111)*.

Für diese Wahl war neben der größeren Wirtschaftlichkeit ausschlaggebend, daß mit der elektrophoretischen Untersuchung auch die α- und β-Globuline miterfaßt werden und somit Vergleiche mit der normalen Serumelektrophorese möglich sind. Was wir bei dieser Entscheidung allerdings nicht vorausgesehen hatten, war die steigende Diskrepanz zwischen elektrophoretischer und Präzipitations-Methode im zeitlichen und gradmäßigen Zusammenhang der pathergischen Abwehraberrationen.

Bei gesunden Probanden und Akut-Kranken stimmen die Ergebnisse beider Methoden weitgehend überein. Bei chronischen Erkrankungen findet man zunehmend Diskrepanzen zwischen den beiden Methoden – vor allem hinsichtlich IgM und IgG. In der elektrophoretischen Untersuchung resultierte gegenüber der Präzipitations-Methode nach Mancini ein wesentlich höherer Anteil an IgM und ein stark verringerter Anteil an IgG. Schon früher wurde darauf hingewiesen (Kap. „Funktionsteilung zwischen Grund- und Immunsystem"), daß bei der Wanderung der Eiweißmoleküle im elektrischen Feld IgG in der Bande des IgM hängenbleibt. Das ist sicher z. T. darauf zurückzuführen, daß es sich um pathologische IgG-Moleküle mit höherem Atomgewicht handelt, z. T. aber – wie aus vorläufigen Kontrollen, die aber für eine exakte Aussage noch nicht geeignet sind – auch normale IgG-Moleküle betrifft. Dies wirft die Frage nach einer Änderung der elektrischen Ladung solcher IgG-Moleküle auf, was noch eingehend zu überprüfen wäre.

Was daher im folgenden in der absoluten Menge des IgM subsummiert ist, darf nicht als reines IgM begriffen werden, sondern besteht zum Teil auch aus „hängengebliebenem" IgG – was sich dann in der eigentlichen elektrophoretischen Bande des IgG als (scheinbarer) Mangel ausdrückt. Man darf aber nach den Verläufen chronischer Krankheiten vermuten, daß diese „hängengebliebenen" IgG-Komplexe entweder pathologischen autoaggressiven Charakter haben oder wirkungslos bleiben dürften.

Die normale Reizreaktion auf 1 ml Elpimed® zeigt die schon beschriebene gegenläufige Reaktion in der Jodometrie (+50 μg JVW/h) und der Oxymetrie (−15%/h) und im IgA ebenfalls eine 1-Stunden-Reaktion. Die Reaktion im IgM und IgG ist aber auch noch im 3-Stunden-Wert zu erkennen: IgM nimmt ab, IgG nimmt um 20±3% zu, eine Folge der von Pischinger nachgewiesenen Erhöhung der Leukozytolyse, die von dem Faktor „M" ausgelöst wird (Abb. 34).

Aber schon bei den chronischen Entzündungen von Einzelorganen spielen auch andere Einflüsse in die Reaktionen der Immunglobuline hinein, d. h. daß nicht nur die enge Kopplung der beiden Regelsysteme sichtbar wird. Die beiden wichtigsten sind einmal ein Serum-Zink-Mangel (RNS-Synthese durch Polymerasen ist vom Zink-Gehalt abhängig) und zweitens Belastungen durch Schwermetalle, die schon in Mengen weit unter der Auslösung spezifischer Intoxikationssymptome die Immunglobulinsynthese beträchtlich inhibieren können, was insbesonders für Cadmium zutrifft (MARUNA und PERGER 1983) *(173)*. STICKL (1985) *(220)* hat Ähnliches auch für SO_2, und NOx festgestellt und außerdem noch bei fast allen Umwelttoxinen eine Störung der T-Lymphozytenfunktionen nachgewiesen. Daher sieht man im Test meist eine Summierung von mehreren Belastungen und nicht nur den Einfluß der Grundregulationen.

Die einzelnen Krankheitsverlaufsgruppen reagieren nun folgendermaßen:

1. Chronische Entzündungen von Einzelorganen
Bei chronischen Prozessen in Einzelorganen zeigt die undifferenzierte Berechnung von Durchschnittswerten in der Summe keine verwertbaren Schwankungen. Trennt man die Testungen aber lediglich nach Krankheitsdauer, so kommen bereits beträchtliche Reaktionsunterschiede auch in den Durchschnittswerten zum Vorschein (Krankheitsdauer <7 Jahre und >7 Jahre (Abb. 35 und Tab. 4).

In der Oxymetrie findet sich bei einer Krankheitsdauer von weniger als 7 Jahren meist ein erhöhtes Oxy-Hb im Venenblut als Zeichen einer eingeschränkten O_2-Utilisation. Bei einer Krankheitsdauer von mehr als 7 Jahren ist meist ein erniedrigtes Oxy-Hb als Zeichen erhöhten O_2-Verbrauches, den wir als Erschöpfungsreaktion auffassen, nachweisbar, außerdem ist die Reizreaktion deutlich geringer. In den Jodverbrauchswerten der Jodometrie zeigen schon die Durchschnittswerte deutliche Differenzen, sie sind bei kürzerer Krankheitsdauer beträchtlich niedriger als bei längerer (890 µg/ml gegenüber 920 µg/ml JVW). Sie sind außerdem zuerst nur mäßig eingeschränkt reagibil (+26 µg/ml JVW), nach mehr als 7 Jahren aber dann stark eingeschränkt (+11 µ/ml JVW). Das IgA zeigt außer einem geringen Reaktionsunterschied im Testverlauf keine wesentlichen Unterschiede, doch zeigen IgM und IgG bei zunehmender Krankheitsdauer sowohl eine Abnahme der Gesamtmengen als auch eine deutlich verringerte Reaktionsfähigkeit.

Bei diesen Durchschnittsberechnungen führt die Nichtberücksichtigung der Seitenlokalisation zu einem gewissen Ausgleich der Werte. Am Beispiel zweier Tests bei einer chronischen Cholezystitis und einer linksseitigen Pyelonephritis sieht man den beträchtlichen Unterschied, der bei einseitigen entzündlichen Belastungen auftritt (Tab. 5 und 6).

Die Seite der Krankheitslokalisation zeigt dabei deutlich höhere IgG-Werte gegenüber der unbelasteten Körperhälfte. Hier darf darauf hingewiesen werden, daß dieses Phänomen schon vor etwa 50 Jahren bereits einmal angesprochen wurde, als McMasters und Hudack (1935) *(118)* einen erhöhten spezifischen Antikörpergehalt in den Lymphknoten jenes Gefäßbezirkes feststellten, in welchem die spezifische Entzündung lokalisiert war – die lokale Antikörperbildung und -konzentration zeigt ein deutliches Übergewicht gegenüber der des Gesamtorganismus. Andererseits sind aber die Zeichen der pathergischen Reaktionsweisen an der Seite der Entzündungslokalisation deutlicher ausgeprägt.

Bei zwei der Patienten fielen die Jodverbrauchswerte (JVW) jedoch extrem aus dem Rahmen: bei beiden Fällen handelte es sich um debile Jugendliche, jedoch beide mit Pansinusitis. Die JVW lagen bei diesen beiden Jugendlichen knapp unter 600 μ/ml, das sind Werte, wie sie sonst nur in Endstadien konsumierender Prozesse gefunden werden. Ob und inwieweit dies mit der geistigen Behinderung in Zusammenhang steht, muß späteren Untersuchungen vorbehalten bleiben (Tab. 7).

So tauchen immer wieder neue Fragen und Probleme auf, wenn man wissenschaftliches Neuland betritt.

2. Allergien vom Soforttyp (Urtikaria, Asthma bronchiale)

Die ursprüngliche Annahme, daß die Immunreaktionen stets eng an die Grundregulationen gekoppelt sind, erwies sich schon bei den Testergebnissen bei typischen Allergien als falsch. Bereits hier – wenn auch nicht so extrem wie bei der seropositiven PCP – zeigten sich divergierende Reaktionen beider Systeme, die nur als Dissoziation im Funktionsverhalten erklärt werden können. Obwohl die beiden Regelsysteme phylogenetisch weit auseinanderliegend entstanden sind (das Grundsystem schon bei der Entwicklung der ersten Mehrzeller, das Immunsystem erstmals bei den primitiven Vertebraten) und daher eigentlich nicht unbedingt engstens miteinander gekoppelt sein müssen, war die Feststellung einer möglichen Dissoziation im Funktionsverhalten der beiden Systeme doch eine Überraschung (Abb. 36). Während die Oxy-Hb-Werte beträchtlich unter der Norm liegen, die Jodverbrauchswerte (JVW) nur mäßig erhöht sind und beide Parameter nur eingeschränkt auf den Stimulationsreiz reagieren, zeigen die Immunglobuline starke Veränderungen, bei denen mit Ausnahme des 1-Stunden-Wertes von IgM ein beträchtlicher Abfall der Immunglobuline im Serum innerhalb der 3 Teststunden auffällt. Die Diskrepanz zwischen dem Verhalten der unspezifischen Parameter und dem der Immunglobuline ist schon hier beachtlich. Die Verminderung – vor allem im IgG – läßt den Verdacht aufkommen, daß hier prädisponierende Toxine aus der Schwermetallreihe eine Rolle spielen dürften, zumindestens aber der bei Allergikern bisher stets festgestellte Serum-Zink-Mangel, da sonst allgemein der Faktor „M" zur Freisetzung von IgG durch die Leukozytolyse führt (Einzelheiten im Kapitel „Subsymptomatische Toxikosen" und „Mangelzustände"). Was anfänglich eine Weiterführung dieser Untersuchungen beinahe sinnlos erscheinen ließ, erwies sich im weiteren Verlauf als außerordentlich wertvoll, nämlich Hinweise auf jene Grundursachen zu erhalten, die vor dem und im Hintergrund der spezifischen Erkrankung die pathergische Reaktion auslöst und aufrechterhält.

3. *Allergien vom verzögerten Typ – entzündliche Gelenkerkrankungen*

Wie bei den chronischen Entzündungen von Einzelorganen ergeben die Durchschnittswerte aller getesteten Rheumatiker keine signifikanten Veränderungen. Trennt man hingegen in schubweise und chronisch-progrediente Verlaufsformen, kommen wiederum beträchtliche Reaktionsdifferenzen zum Vorschein. Zugleich zeigen auch bei den schubweisen Formen das aktive und inaktive Stadium beträchtliche Reaktionsunterschiede (Abb. 37 und Tab. 8). Die Testungen bei 50 Patienten mit entzündlichen Gelenkerkrankungen (40 Patienten mit schubweisen Verlaufsformen, davon je 20 im aktiven und inaktiven Stadium, und 10 Patienten mit seropositiver PCP) bestätigen die zunächst mit Überraschung aufgenommene Tatsache daß eine Dissoziation zwischen Grund- und Immunsystem enstehen kann. Dies ist aber nur dann erkennbar, wenn das eine System völlig erstarrt ist und das andere überschießend reagiert, was bisher nur in einer Richtung (Grundsystemlähmung und Überfunktion der Immunglobuline) und noch nie umgekehrt beobachtet werden konnte.

Auffallend ist aber, daß bei einem Teil der inaktiven Stadien seronegativer Arthritiden bei etwa gleicher Reaktion in Oxymetrie und Jodometrie eine stärkere IgM- und IgG-Schwankung auf den Testreiz erfolgt als in den aktiven Stadien. Es sei vorweggenommen, daß dies auch im Verhalten der Spurenelemente zu beobachten ist. Man kann diese Tatsache hier nur feststellen, aber keine Erklärung dafür geben. Immerhin erreichen diese Schwankungen in den Immunglobulinen nicht das Ausmaß derjenigen bei seropositiver PCP. Nun zeigt die schubweise Oligo- und Polyarthritis bei den Jodverbrauchswerten mäßig erhöhte Ausgangswerte und Reaktionen, die chronisch-progrediente Polyarthritis hingegen einen erniedrigten JVW. Bei den erniedrigten JVW aber ist erfahrungsgemäß eine Rehabilitation der Abwehrregelkreise kaum mehr möglich, was allerdings auch für alle anderen konsumierenden Erkrankungen zutrifft.

Die überschießenden Immunglobulin-Reaktionen bei Erstarrung der Grundfunktionen weisen einen stets stark erhöhten Anteil an pathologischen Immunkörpern auf, z. B. das 19-S-γ-Makroglobulin. Dies ist einer der Gründe für die Vermutung, daß dem Grundsystem auch eine Ordnungsfunktion zur Aufrechterhaltung der genetisch vorbestimmten Strukturen zukommt bzw. daß es ein solches Prinzip enthält. Auch die Einzeltestungen zeigen die Unterschiede im Reaktionsverhalten und belegen, daß bei den verschiedenen Formen des Gelenkrheumatismus gänzlich verschiedene Abwehrbedingungen vorliegen. Es ist daher eigentlich widersinnig, wenn zuerst eine aufwendige Klassifizierung in verschiedene Sonderformen und Untergruppen des Rheumatismus durchgeführt wird, um dann einheitlich immunsuppressiv zu therapieren, wie dies heute noch immer geschieht – dies ist zweifellos nicht das Ideal ärztlichen Verhaltens (Tab. 9, 10 und 11). Bei einem so unterschiedlichen Verhalten der Regelsysteme ist wohl die Erarbeitung differenzierter Behandlungsmethoden dringend geboten.

4. Allergien vom verzögerten Typ – entzündliche Erkrankungen des ZNS

Eine wichtige Aufgabe war für uns die Untersuchung der Reaktion der Regelsysteme bei der Multiplen Sklerose, deren Erfassung für den Autor ja den Ausgangspunkt der Grundregulationsforschung bedeutete. Unter 55 Patienten mit MS waren 18 Patienten mit chronisch-progredientem und 37 Patienten mit schubweisem Verlauf. Was bei den schubweisen Gelenkerkrankungen noch tragbar erschien, nämlich die Testung in einem aktiven Stadium, wurde im Schub der MS jedoch nicht gewagt – mögliche irreversible Schäden durch die Immunstimulation waren nicht mit Sicherheit auszuschließen. Deshalb liegen keine Testungen bei Aktivität der schubweisen MS vor. Weniger Bedenken bestanden bei den chronisch-progredienten Formen, da schon aus den Längsschnitt-Hämogrammen eine „ignorierende" Reaktionsform zu erwarten war – was sich dann auch bestätigte. Die Testungen im Intervall und in den chronischen progredienten Stadien zeigen dabei eine so weitgehende Übereinstimmung mit den rheumatischen Entzündungen, auch im Immunglobulinverhalten, wie man dies bei einer so differenten spezifischen Symptomatik nicht erwarten würde. Diese beiden Systemerkrankungen entwickeln sich also aus einer gleichen Abwehraberration, nur die spezifischen Noxen und die genetisch bedingte Organanfälligkeit sind verschieden (Abb. 38 und Tab. 12). Auch bei den MS-Patienten hängen die Reaktionsweisen mehr von den zusätzlichen Belastungen und weniger von der im Vordergrund stehenden spezifischen Erkrankung ab. (Tab. 1 und 13).

Und wieder ist besonders zu betonen, daß die prädisponierenden Faktoren, die zu den pathergischen Reaktionsweisen führen, ihrerseits von sehr verschiedener Art sein können. Aber man kennt bereits von den Allergien vom Soforttyp die immer gleichförmige Reaktion (z. B. Urtikaria) auf sehr unterschiedliche spezifische Allergene, so daß dieser Vorgang nicht weiter verwundert. Der menschliche Organismus hat eben nur eine begrenzte Fähigkeit, auf Noxen zu reagieren und antwortet deshalb trotz aller Vielfalt häufig einförmig.

5. Maligne Tumoren

Bei den Testungen von Patienten mit malignen Tumoren wurde Wert darauf gelegt, möglichst verschiedene Tumorarten zu erfassen. Die 40 Tumor-Patienten wiesen Neoplasmen der Mammae, des Uterus (Kollum- und Korpuskarzinom), des Magens, des Rektums, des Pankreas, der Schilddrüse, der Parotis, der Bronchien und des Hodens sowie M. Hodgkin auf. Dies war deshalb angestrebt, weil zu Beginn unserer Untersuchungen bereits ausgedehnte Stoffwechseluntersuchungen bei gynäkologischen Malignomen von Maruna, Michalica et. al. (1973, 1975, 1982, 1983) *(112, 113, 114, 115, 116)*, zuletzt über ein Kollektiv von 1495 Patientinnen mit gynäkologischen Tumoren (Mammakarzinom, Ovarialkarzinom, Korpus- und Kollumkarzinom des Uterus vorlagen. Unsere Fragestellung war, ob sich bei Tumor-

Patienten mit Neoplasmen verschiedenster Lokalisation und verschiedenstem Malignitätsgrad (vom kleinzelligen Bronchuskarzinom über Adenkarzinome bis zum Szirrhus) in den Grund- und Immunsystemfunktionen Gemeinsamkeiten feststellen lassen. Bei den unterschiedlichen Lokalisationen und Entartungsgraden war dies nicht unbedingt zu erwarten.

Doch zeigte sich auch in der Gruppe der malignen Erkrankungen ein überraschend einheitliches Testbild – was unsererseits wieder als Bestätigung für die Annahme der Zweigleisigkeit der Pathogenese chronischer Erkrankungen (primär Abwehraberration, sekundär spezifische Noxen) gewertet wird.

Abweichungen – in Richtung normaler Abwehrfunktionen – fanden sich nur bei 3 Patienten mit mehr als 20 Jahren Überlebenszeit post Tumoroperation und bei 4 Patienten in den stark erniedrigten Ausgangswerten in der Jodometrie (3 Patienten mit manifesten Metastasen und 1 Patient mit einer etwa 3 Monate nach dem Test festgestellten Metastasierung). Als Sonderfall kam ein Patient zur Ersttestung, bei dem bereits 3 Primärtumoren (Blasenpapillom, Seminom und zuletzt Larynxkarzinom ohne Metastasen) erfolgreich durch Strahlentherapie behandelt wurden (Abb. 39 und Tab. 14).

Tumor-Patienten zeigen übereinstimmend mit den chronisch-progredienten entzündlichen Systemerkrankungen eine Regulationsstarre im unspezifischen System („ignorierende" Reaktionsform nach Kellner), im Gegensatz zu letzteren aber auch eine nur geringe Reaktion auf den Testreiz in den Immunglobulinen. Diese nehmen innerhalb der 3 Teststunden mäßiggradig, aber konstant ab und zwar in allen drei Fraktionen. Besteht ein erniedrigter Jodverbrauchswert (JVW), so muß die Prognose als ungünstig bewertet werden. Tumor-Patienten mit guter Prognose weisen hingegen stark erhöhte JVW auf (Tab. 15 und 16). Aber nicht immer zeigt ein erniedrigter JVW a priori eine infauste Prognose an: bei einem Patienten mit Melanom zeigte ein Test 4 Wochen post operationem deutlich erniedrigte JVW. Dieser Patient erholte sich unter einer auswärts durchgeführten BCG-Therapie völlig, schloß sein Studium erfolgreich ab und ist sei 8 Jahren rezidivfrei. Liegt das Tumorgeschehen mehr als 20 Jahre zurück, so zeigt der Test zwar keine völlige Normalisierung der Abwehrfunktionen, aber doch deutlich eine Annäherung in Richtung Normabwehrleistungen (Tab. 17).

Diese Untersuchungen nähren die Hoffnung, durch Regulationstherapien (Immunmodulation) die Neigung zu Tumorbildungen und

-rezidiven in Zukunft herabsetzen zu können. „Denn die Malignome entpuppen sich immer deutlicher als Organmanifestation, als letzte Etappe einer Lähmung des Grundsystems, wenn dieses seiner Aufgabe als Ordnungsprinzip genetischer Strukturen nicht mehr nachkommen kann – dann können karzinogene Substanzen erst ihre verhängnisvolle Wirkung entfalten ..." (Perger 1984) *(165)*. Dieser Verlust der Ordnungsfunktion ist aber testmäßig nicht zu erfassen, unsere derzeitigen Möglichkeiten zur Differenzierung zwischen dem Risiko einer entzündlichen Systemerkrankung oder einer Tumorentwicklung im regulativen Test besteht – bei gleichem Erscheinungsbild der Grundsystemlähmung – in der Unterschiedlichkeit der Immunglobulinreaktionen. Hierbei sind andere Untersuchungsmethoden (z. B. Tumormarker, T-Lymphozyten-Aktivität) differentialdiagnostisch deutlich überlegen. Nur die Jodverbrauchswerte (JVW) zeigen nach eigenen Erfahrungen die Prognose eines Tumor-Patienten deutlicher an als andere bekanntere Methoden.

6. Toxikosen

Eine interessante Parallele zu den Tumor-Patienten findet sich in den Reizreaktionen bei Belastungen durch Toxine. Es war gar nicht so leicht, Patienten mit ausschließlich toxischen Belastungen zu finden, denn es durften ja keine die toxischen Reaktionen überlagernden Entzündungen (z. B. „Herde") vorliegen. Anfangs war dies mit umfangreichen und zeitraubenden Voruntersuchungen verbunden, denn in der heutigen Bevölkerung der Industriestaaten trifft man nur wenige Menschen, die z. B. keine Wurzelbehandlungen der Zähne, keine chronische Tonsillitis oder Narbenstörfelder nach Operationen oder Unfällen aufweisen und trotzdem Beschwerden haben, die sie zum Arzt führen. Man kann solche Patienten aber in der Gruppe der sogenannten Psychosomatiker finden, von denen nun ein Teil tatsächlich psychisch ausgelöste somatische Beschwerden aufweist, während ein anderer – und nach eigenen Erfahrungen sogar größerer Teil somatopsychisch belastet war. Bei diesen Patienten waren Lebensschwierigkeiten aufgetreten, weil sie somatisch belastet waren und durch den heute normalen Lebensanforderungen nicht mehr gewachsen waren (Konzentrationsschwäche, Abfall der Leistungsfähigkeit, depressive Zustandsbilder) (s. Kap. „Somatopsychische Aspekte bei Abwehrstörungen").

Vor allem Patienten mit Schwermetallbelastungen, die noch weit unter der Grenze der Auslösung von spezifischen chronischen Intoxikationssymptomen lagen, zeigen ein Bild der Testreaktionen, das jenen der Tumor-Patienten in erstaunlichem Maße gleicht (Abb. 40). Natürlich drängt sich bei diesen Testbildern der Gedanke auf, hier könnte ein direkter Zusammenhang zwischen Toxikosen und Tumorentwicklung bestehen, sind doch die bekanntesten Karzinogene ebenfalls unbelebte toxische Noxen (z. B. Benzpyren, Aflatoxin, Nitrosamine etc.). Man muß aber solche – zweifellos verlockende – Assoziationen vermeiden, solange man sie klinisch und experimentell nicht eingehend überprüfen kann, zumal in unserem Rahmen nach prädisponierenden Faktoren und nicht nach den spezifischen letztlich auslösenden Noxen gesucht wurde. Da man in diesem wissenschaftlichen Neuland sowieso immer wieder gezwungen ist, Zusammenhänge aufzudecken und Begründungen für Untersuchungsergebnisse zu liefern, so muß man doch der Versuchung widerstehen, alles und jedes sofort in Zusammenhang bringen zu wollen.

Außer den subtoxischen Schwermetallbelastungen fand sich auch lebende Materie als Ursache von Intoxikationen. Es sind dies die Verursacher der intestinalen Dysbiosen (Sproßpilze, Protozoen, Gärungs- und Fäulnisbakterien im Darmlumen). Durch Gärungs- und Fäulnisvorgänge, die diese parasitären Lebensformen im Darm auslösen, und durch ihre Stoffwechselprodukte können sie beträchtliche toxische Belastungen verursachen. Sie können aber auch durch Verbrauch wichtiger Nahrungsstoffe (Vitamine, Elektrolyte, Spurenelemente) beträchtliche Mangelzustände hervorrufen (s. Kap. „Dysbiosen des Darmtrakts").

Das Reaktionsbild auf den Stimulationsreiz mit Elpimed® unterscheidet sich grundsätzlich nicht von den Testergebnissen bei anderen Toxinbelastungen, etwa der mit Schwermetallen (Tab. 18).

Deutlich ist aber die Summierung der toxischen Belastung erkennbar, wenn z. B. Mykosen und Schwermetallbelastungen gleichzeitig bestehen. Der Grad der Belastung zeigt sich in den erniedrigten Jodverbrauchswerten (JVW) und einer stärkeren Einengung der Reagibilität.

7. Nicht-entzündliche Erkrankungen

Unter den 15 Testungen dieser Gruppe waren 4 Patienten mit Hyperlipidämien, 4 Diabetiker und 2 Patienten mit Arthritis urica, 1 Patient mit ERB'scher Muskeldystrophie und 4 Patienten mit Schizophrenie.

Die Patienten mit Stoffwechselstörungen und derjenigen mit ERB'scher Muskeldystrophie wiesen stark eingeschränkte Reaktionen auf, die 4 Patienten mit Erkrankungen des schizophrenen Formenkreises reagierten bei der Oxymetrie und den Immunglobulinen weitgehend wie gesunde Probanden; aber die Jodverbrauchswerte (JVW) waren bei allen 4 Patienten extrem erhöht: sie lagen alle $>1100\,\mu g/ml$ und waren damit die höchsten Werte, die bei allen JVW-Bestimmungen gefunden wurden.

Nun sind 4 Untersuchungen natürlich nicht geeignet, daraus bindende Schlüsse über die Stoffwechselverhältnisse bei schizophrenen Prozessen zu ziehen, genausowenig wie dies bei den zwei bereits angeführten Debilen mit stark erniedrigten JVW möglich ist. Angesichts der gleichzeitigen Erniedrigung der ATPhasen bei allen 4 dieser Patienten wäre es zweifellos von Interesse, diese Untersuchungen an psychiatrischen Stationen weiterzuführen – vielleicht könnte das zu neuen Erkenntnissen in der Biochemie des schizophrenen Formenkreises führen.

Mehr konnte den Tests bei nicht-entzündlichen Erkrankungen nicht entnommen werden – wie zu erwarten.

1.7.4 Reaktionen in den Spurenelementen

Schon vorausgehend wurde erwähnt, daß bei den 232 Testungen neben der Bestimmung der Immunglobuline auch das Verhalten der Spurenelemente miteinbezogen wurde. 2 Fragen waren dabei von besonderem Interesse: erstens die Ausgangswerte (Mangel, Überschuß) – dies wird im Kap. „Mangelzustände" ausführlich behandelt – und zweitens die Frage, ob und wie sich die Spurenelemente Fe, Cu und Zn unter dem Stimulationsreiz mit dem Faktor „M" hinsichtlich ihrer Serumspiegel verändern.

Zunächst zeigte sich bei akuten und chronischen Entzündungen wie auch bei den schubweisen Systemerkrankungen und bei den Toxikosen in allen Testungen eine Stabilität dieser Kofaktoren, d. h. wir fanden keinen Anhalt dafür, daß das Grundsystem in diesem Bereich Steuerungsfunktionen leisten würde. Als wir aber die ersten Patienten mit chronisch-progredienten Systemerkrankungen und mit Tumoren testeten, zeigte sich plötzlich eine beträchtliche Labilität in der Nachkontrollzeit von 3 Stunden (Abb. 41 und 42).

Die gleiche Labilität fand sich auch bei Tumor-Patienten (s.

Tab. 15) außer bei jenen, deren Tumorkrankheit und -therapie mehr als 12 Jahre zurücklag. Das labilste Verhalten zeigte dann stets der Serum-Zink-Spiegel. Je labiler das Zink i. S. reagierte, desto stärker kam es dann bei den Entzündungen vom verzögerten Allergietyp zur IgG-Freisetzung. Auffallend war weiterhin, daß diese IgG-Erhöhung i. S. um so intensiver ausfiel, je ausgeprägter das Serum-Zink-Defizit im Ausgangswert war (Spitzenwert + 1466 mg % innerhalb von 3 Stunden).

Da steht in völligem Gegensatz zu den anderen Entzündungsformen und den Toxikosen, bei denen der Serum-Zink-Mangel gleichbedeutend mit einer geringen Freisetzung an IgG ist (Abb. 43). Auch beim Zink-Mangel von Tumor-Patienten findet man diese unkontrollierte Freisetzung von IgG nicht – unkontrolliert deshalb, weil das freigesetzte IgG eine erhebliche Menge an pathologischen Immunglobulinen aufweist.

Eine eindeutige Erklärung für diese Vorgänge – Übergang von Stabilität in Labilität der Spurenelemente und extrem unterschiedliche Auswirkungen auf die IgG-Freisetzung i. S. unter Testreiz – gibt es derzeit nicht. Man darf aber vermuten, daß es sich hier um einen Ersatzregelkreis handelt – ähnlich wie der erhöhte O_2-Verbrauch bei chronischen Entzündungen. Jedenfalls zeigen diese Befunde eine tiefgreifende Störung der Homöostase an, die mit diesen recht erheblichen Schwankungen Reize und Störungen auszuregulieren versucht.

Tritt diese Labilität der Spurenelemente bei den chronisch-progredienten Systementzündungen in Erscheingung, bestehen nach unseren heutigen Erkenntnissen und Mitteln kaum mehr Chancen, normale Abwehrfunktionen wiederherzustellen – jedenfalls uns ist dies noch in keinem solchen Falle gelungen. Wegen der unkontrollierten IgG-Reaktionen wird dann jeder operative Eingriff und jede Reizkörpertherapie zu einem nicht kalkulierbaren Risiko, so daß sich die Therapie auf die Behebung der Mangelzustände und die Normalisierung der Darmkeimverhältnisse beschränken sollte. Ansonsten muß auf die übliche antiinflammatorische Chemotherapie zurückgegriffen werden.

1.7.5 Adenosintriphosphatasen

Zugleich mit den bereits beschriebenen Parametern wurden auch die Adenosintriphosphatasen nach der Methode von MARUNA und GRÜNDIG (1967) *(110)* in die Bestimmungen einbezogen. Die ATPasen sind ein Maß für den Umsatz der Adenosintriphosphorsäure in Adenosindiphosphorsäure und geben damit einen Einblick in die Aktivität des Redoxsystems und die Energiefreisetzung.

Die zunächst erwarteten Schwankungen unter Testreizen blieben aus, d. h. diese Enzyme werden durch den Faktor „M“ (Elpimed®) nicht beeinflußt und daher wohl auch nicht von ihm gesteuert.

Jedoch waren die Ausgangswerte bei den verschiedenen von uns erfaßten Krankheitsgruppen unterschiedlich. MARUNA et. al. (1982 und 1983) *(112, 113)* beschrieben bei 1495 Patientinnen mit gynäkologischen Malignomen ein Defizit dieser Enzyme von rund 30% bei 94,2% der Betroffenen. Nur 85 Patientinnen (= 5,8%) wiesen normale ATPase-Aktivitäten im Blut auf (NW 107–148 mU/ml/10′).

Beim Überblick der verschiedenen Entzündungs- und Tumorformen, die wir untersuchten, kamen deutliche Unterschiede in den einzelnen Krankheitsgruppen zum Vorschein. Patienten mit entzündlichen Systemerkrankungen, MS-Patienten etwas mehr als Rheuma-Patienten, zeigten ein mäßiggradiges Defizit an ATPasen. Der Durchschnittswert liegt hier bei 87,2 mU/ml/10′, d. i. ein Defizit von rund 18,5% gegenüber Gesunden. Tumor-Patienten zeigten aber im Zusammenhang mit den Jodverbrauchswerten Unterschiede im Enzymdefizit. Die Gruppe mit hohen JVW wies auch ein geringeres Defizit auf: 85,1 mU/ml/10′ (zwischen 76-99 mU/ml/10′), d. h. ein Defizit von rund 20,5% – nur geringfügig mehr als die Patienten mit Systementzündungen. Jene Tumor-Patienten mit JVW unter 790 μg/ml zeigten aber ein wesentlich größeres Defizit. Ihr Durchschnittswert lag bei 70,8 mU/ml/10′ (zwischen 24–87 mU/ml/10′), d. i. ein durchschnittliches Defizit von rund 34%.

So findet sich auch bei dieser Enzymgruppen-Bestimmung das Bild herabgesetzter bzw. verzögerter energetischer Funktionen.

Zusammenfassend kann man aus diesen Testuntersuchungen, trotz aller individuellen Unterschiede feststellen, daß es vor dem Hintergrund der extrem verschiedenen spezifischen Symptomatik nur wenige Grund- oder Standardformen der Abwehrfunktionen gibt:

1. die Reaktion der akuten Entzündung sowie die der chronischen Entzündung
2. die Reaktionen unter den Bedingungen allergischer Mechanismen
   a) die Allergien vom Soforttyp,
   b) die Erkrankungen vom Typ der verzögerten Allergie (entzündliche Systemerkrankungen)
3. die Inhibition der Abwehrvorgänge bei Toxikosen
4. die Abwehrlähmungen bei konsumierenden Krankheitsprozessen
   a) bei chronisch-progredienten Entzündungen mit starken Immunglobulin-Reaktionen
   b) bei Toxikosen und Tumoren mit Inhibition der spezifischen Abwehrleistungen

Aus den Testabläufen kann man dabei entnehmen, daß die Änderung der Abwehrfunktionen meist ein gesonderter, d. h. prädisponierender Vorgang ist, der mit den letztlich auslösenden Noxen der spezifischen Erkrankung primär nicht in Zusammenhang steht. Man kann ferner feststellen, ob diese Belastungen entzündlicher Natur (stumme chronische Entzündungen = Herde) bzw. Störfeldcharakter (Narben mit gestörter Wundheilung) sind oder diffus von Toxinen ausgelöst werden. Dazu kommt noch die Erkenntnis, daß es eine Summierung von Belastungen gibt, die sich in der Reagibilität bzw. in der Einschränkung der Grundregulationen zeigt und erst sekundär auch die Immunreaktionen indirekt über das Grundsystem beeinflußt. Zuletzt bekommt man einen gewissen Einblick in die energetische Situation des einzelnen Patienten durch die Erfassung der Oxymetrie- und Jodverbrauchswerte und die Enzymaktivität im Adenosintriphosphorsäurestoffwechsel.

Wenn auch eine Typisierung der einzelnen Abwehrfunktionen gelingt, so gleicht doch kein Test völlig dem eines anderen Patienten: Bei aller Notwendigkeit, die biologischen Vorgänge in ihren gesetzmäßigen Abläufen zu erfassen, erlauben diese Tests aber auch ein besonderes Eingehen auf die individuelle Abwehrlage jedes getesteten Patienten. Doch sind die humoralen Regulationstestungen so arbeits- und kostenintensiv, daß sie nicht für eine breite Anwendung in Frage kommen können, so wertvoll sie auch für die Erfassung verschiedener Zusammenhänge bei pathergischen Abwehrlagen waren und im Einzelfall heute noch sind.

1.8 Besonderheiten der unspezifischen Parameter

Die Elektrolyte, die Jodometrie nach PISCHINGER und die Oxymetrie des Venenblutes haben sich als verläßliche Parameter zur Bestimmung der humoral-vegetativen Ausgangslage erwiesen. Zusätzlich sind aber noch einige Gesichtspunkte zu erwähnen, die sich aus der Verschiedenheit der Parameter und ihren sonstigen Funktionen ergeben. So war z. B. die Frage der Energiegewinnung, die für die Ingangsetzung der lokalen Abwehrfunktionen unerläßlich ist, lange Zeit völlig offen. Es ist wiederum festzustellen, daß nichts in diesem Bereich als abgeschlossen bezeichnet werden kann und mit jedem Schritt nach vorn neue Fragen und neue Probleme auftauchen.

1.8.1 Mineralstoffe

Die Elektrolyte Ca, K und Mg zeigen nicht nur das Reaktionsmuster des Grundsystems, sondern sind auch Parameter für den Wassergehalt der extrazellulären Gewebsflüssigkeit. Ihre Konzentration läßt Rückschlüsse auf den pH-Wert und damit auch auf das Gewebspotential zu. Nun sind zwar Wasserretention und Gewebsazidose aus dem Verhältnis dieser Mineralstoffe zueinander weitgehend abzuschätzen, die Hinweise auf das Biopotential sind aber nur vage. Wir waren lange Zeit der Meinung, daß hier die Frage des Energiebedarfes und der Energiefreisetzung entschieden wird. Die Antwort fand HEINE (1985, 1986) *(49, 50)* in einem anderen Bereich, im Abbau der Adenosintriphosphorsäure – also im enzymatisch-biochemischen Bereich.

Nach HEINE erfolgt die lokale Energiegewinnung durch die membranständigen ATPasen. Die Energiefreisetzung erfolgt an der Nahtstelle zwischen Grundsubstanz und Organzelle durch Abbau von ATP über Adenosindiphosphorsäure zu Adenosinmonophosphorsäure. Ein Energiemangel kann theoretisch durch 3 Faktoren entstehen: 1. durch Mangel an ATP, 2. durch Mangel an ATPasen und 3. durch Inhibition der ATPasen infolge Änderung der Mineralstoffverhältnisse.

Über einen eventuellen Mangel an ATP liegen unseres Wissens keine Untersuchungen vor. Jedoch ist ein Mangel an ATPasen bei chronischen Krankheiten bereits vielfach nachgewiesen. Weiterhin ist bekannt, daß Ca dieses Enzym aktiviert und Mg es inhibiert. Bedenkt man, daß in humoralen Schockzuständen in der Zwischenzellsubstanz Ca deutlich vermindert und Mg deutlich erhöht ist, ist es verständlich, warum in dieser Phase die Energiegewinnung gehemmt und dadurch die lokale Abwehr gebremst wird – auch bei normalem ATPasen-Gehalt. Solange bei normaler Abwehr die Schockphase physiologisch ist, ist sie auch biologisch wertvoll. Bei den pathologisch verhafteten Schockzuständen, wie sie durch stumme chronische Entzündungen und ähnliche Belastungen langfristig aufrechterhalten bleiben, führt aber die Inhibition dieses Enzyms zur Verzögerung und Unausgiebigkeit der lokalen Abwehrfunktion, die sich auf den Gesamtablauf der weiteren Immunvorgänge, auch des Gesamtorganismus, auswirkt. Denn – wie aus allen Längsschnitt-Hämogrammen nachzuweisen ist – bestimmt die Startenergie im Grundsystem die Intensität und die Schnelligkeit der Immunvorgänge des Gesamtorganismus.

Damit ist aber noch ein weiteres Problem offen: Es ist nicht geklärt, warum es im Verlauf der entzündlichen Systemerkrankungen zu einem Defizit an den ATPasen um ca. 18–20% und bei den malignen Tumoren zu einem von ca. 30–34% kommt.

Es gibt noch andere feine Unterschiede in den einzelnen Parametern. Dies ist vor allem im Verhalten von Ca und K und beim Übergang der humoralen Reaktionen in die Regulationsstarre zu erkennen und bedarf noch weiterer Abklärung. Eine diesbezügliche Frage ist die des Antagonismus und Synergismus zwischen Ca und K. Es wird allgemein angenommen, daß sich Ca und K stets antagonistisch verhalten. Dieser Antagonismus wurde aber nur bei gesunden Probanden festgestellt und hier nicht durchwegs. Bei allen Patienten, angefangen bei den vegetativen Betriebsstörungen bis zu den chronisch-progredienten Verlaufsformen von Systementzündungen, fand sich ein Synergismus zwischen Ca und K, nur Mg reagiert bis zur Regulationsstarre Ca gegenüber antagonistisch. Warum der Antagonismus zwischen Ca und K schon bei vegetativen Störungen, also sehr bald in der Entwicklung zu chronischen Erkrankungen in einen Synergismus umschlägt, ist nach dem heutigen Wissensstand nicht erklärbar. Alimentäre Faktoren scheiden mit Sicherheit aus.

Ein zweites Problem ist, daß die Reagibilität der Mineralstoffe in den Längsschnitt-Hämogrammen und auch in den Regulationstestungen viel früher erlischt als jene in der Jodometrie und der Oxymetrie des Venenblutes. Die beiden letztgenannten Parameter bleiben, wenn auch sehr eingeschränkt, noch viel länger reagibel – dies sowohl im klinischen Ablauf der Längsschnitt-Hämogramme als auch im Immunstimulationstest. Die Grenzen, von denen ab die eingeschränkten Reaktionen in Jodometrie und in Oxymetrie zur Regulationsstarre in den Elektrolyten führen, können nicht eindeutig bestimmt werden, da die Einzelbefunde zu unterschiedlich sind. Sie liegen bei den Jodverbrauchswerten (JVW) zwischen 25–10 µg/ml. Das sind aber beträchtliche Unterschiede, da nach KELLNER (1980) *(89)* JVW von 25 µg/ml noch im Bereich der eingeschränkten Amplitude liegen, 10 µg/ml JVW aber bereits als stark eingeschränkte bzw. starre Reaktion gelten.

Es ist daher bei Beschränkung auf Elektrolytbestimmungen im Test daran zu denken, daß eine Starre in den Mineralstoffen noch nicht die gleiche Bedeutung haben muß wie jene in der Jodometrie.

Das dritte Problem tauchte erst in den letzten Monaten auf, als wir von den Mineralstoff-Bestimmungen im Serum auf jene im Vollblut übergingen, um hier Vergleichsmöglichkeiten zu bekommen. Vollblutbestimmungen werden zunehmend von einigen Großlaboratorien verwendet. Aber statt Vergleichsmöglichkeiten tauchte ein weiteres Problem auf: überraschend häufig findet man bei den Calcium-Bestimmungen im Serum normale Werte, während sich im Vollblut ein mäßig herabgesetzter Calciumgehalt findet. Das Defizit schwankt zwischen 6,5–12,0%, das sind Ausgangswerte von 51,0–54,0 mg/l bei einem unteren Normwert von 58 mg/l Vollblut. Das reicht natürlich nicht für das Auftreten tetanischer Symptome, doch spielt es sichtlich eine Rolle im Rahmen allergischer Mechanismen bei den entzündlichen Systemerkrankungen. Defizite an Kalium und Magnesium – wieder nur in den Vollblutbestimmungen bei normalem Serumgehalt – sind seltener, aber auch zu beobachten. (Näheres im Kapitel „Mangelzustände".)

Vor allem das Ca-Defizit im Vollblut ist allem Anschein nach ein wesentliches Problem: therapeutische Zufuhr von Calcium-Präparaten führen nicht zu einer schnellen Behebung dieses Mangels. Es ist anzunehmen, daß hier enzymatische Störungen vorliegen, was allerdings noch einer exakten Abklärung bedarf.

1.8.2 **Jodometrie** nach Pischinger

Die normale Höhe der Jodverbrauchswerte beim Gesunden liegt bei 810 ± 10 µg/ml. Erhöhte Werte, etwa ab 850 µg/ml JVW aufwärts, zeigen an, daß zwar Energiereserven vorhanden sind, aber aus verschiedenen Gründen nicht aktiviert werden. Besonders auffallend ist dies bei Patienten mit malignen Erkrankungen: Regulationsstarren mit hohen JVW zeigen eine gute Prognose an, da es nach der unbedingt erforderlichen Entlastung von dem Tumor in einer nachfolgenden Immunmodulationstherapie gelingt, diese Reserven wieder zu aktivieren und nutzbar zu machen. Hingegen haben Patienten mit verminderten JVW – etwa ab 770 µg/ml abwärts – eine schlechte Prognose, da sichtlich ein Mangel an Energie vorliegt. Diese Beobachtung, die sich in unzähligen Bestimmungen immer wieder bestätigte, ist aus der Charakteristik der zu bestimmenden Stoffe zu erklären: Jod wird an die bestehenden biochemischen Doppelbindungen und damit im Organismus aktiv reagierende Stoffe vom Charakter der ungesättigten Fettsäuren gebunden. Herrscht ein Mangel daran, ist auch ein Mangel an Energie und Reaktionsfähigkeit evident.

Die Gegenprobe auf einer ganz anderen Ebene gab die Bestimmung der Adenosintriphosphatase, die Adenosintriphosphorsäure zu Adenosindiphosphorsäure abbaut und dabei erhebliche Energie freisetzt.

Zwischen der Reaktionsfähigkeit der JVW und dem Gehalt an ATPasen bestehen gewisse Zusammenhänge. Schon 1984 (Perger) *(165)* konnte über 111 Patienten berichtet werden, bei denen JVW und ATPasen gleichzeitig bestimmt worden waren. Unter diesen 111 Patienten waren auch 34 mit malignen Tumoren, und zwar 15 mit erhöhten JVW (Durchschnittswert 891 µg/ml JVW) und 19 mit erniedrigten JVW (Durchschnittswert 759 µg/ml). Die ATPasen waren bei beiden Gruppen Tumorkranker vermindert: bei denen mit hohen JVW lagen sie durchschnittlich bei 85,1 mU/ml/10′ (Defizit ca. 21%) und bei jenen mit erniedrigten JVW nur bei 70,8 mU/ml/10′ (Defizit ca. 34%); die Normwerte liegen bei 107–148 mU/ml/10′ (Maruna und Gründig 1967, 1968) *(110, 111)*. Bis zum Abschluß dieses Kapitels war aus der Gruppe mit erhöhten JVW nur 1 Patient verstorben (Kolonkarzinom mit Lebermetastasen), ein 2. Patient mit 3 Primärtumoren zwischen 1968 und 1980 war fast 5 Jahre rezidivfrei, bis er durch einen Unfall ums Leben kam. Von 2 Patienten ist der weitere Verlauf nicht bekannt, 11 Patienten leben in gutem Gesundheitszustand.

Aus der 2. Gruppe mit erniedrigten JVW sind inzwischen 11 an ihrer Tumorkrankheit verstorben. Von 2 Patienten ist der weitere Verlauf nicht bekannt, nur 6 dieser Patienten sind noch am Leben.

Die Prognose der Tumorpatienten mit erhöhten JVW ist daher als deutlich günstiger einzuschätzen. Aus der Gegenprobe mit einem bekannten Indikator der Energiegewinnung ist ersichtlich, daß auch die Jodometrie nach PISCHINGER einen Einblick in die Energielage eines Organismus geben kann. Dazu ist noch eine weitere Frage zu erörtern: das Ordnungsprinzip eines Organismus, das für DNS-Repairvorgänge Energie benötigt und zum einen aus Mangel an Reserven, zum anderen aus der Unfähigkeit, sie zu mobilisieren, nicht aufrechterhalten werden kann. Dies ist wieder ein Hinweis darauf, daß die lokalorientierte Auffassung der Krebsentstehung allein die Karzinogenese nicht aufklären kann.

Der Serumgehalt an 3-fach-konjugiert-ungesättigten Fettsäuren wird weitgehend vom Organismus selbst aufgebaut. Sie werden von Fibroblasten, Monozyten und Histiozyten (und zusätzlich auch von Escherichia coli im Darm) gebildet. Eine Abhängigkeit von der Nahrung ist – im Gegensatz zu den essentiellen Fettsäuren Linol-, Linolen- und Arachidonsäure – nicht festzustellen. Schon die Notwendigkeit, diesen Faktor „M" nach PISCHINGER per injectionem zuzuführen, spricht gegen eine ungestörte Aufnahme über den Verdauungstrakt.

Andererseits besteht ein beträchtlicher Einfluß von Stoffwechselstörungen: Diabetes, Urikämie und Hyperlipidämie führen zu einer Reaktionsparese dieser Fettsäuren, wobei diese fast ausnahmslos deutlich erhöht sind (JVW zwischen 1000–1100 µg/ml).

Noch höhere JVW fanden sich bei 4 Patienten mit Erkrankungen des schizophrenen Formenkreises (JVW 1100–1200 µg/ml) und besonders niedrige Werte bei 2 debilen Jugendlichen (JVW um 650 µ/ml). Inwieweit diese Veränderungen im psychiatrischen Krankheitsgeschehen von Bedeutung sind, kann nicht gesagt werden. Erstens ist die Zahl der Fälle viel zu gering und zweitens war eine längere Beobachtung dieser Patienten im eigenen Rahmen nicht möglich.

Immerhin ist ein Zusammenhang möglich: ein so heftiger Reiz wie ein Elektroschock müßte die JVW beträchtlich reduzieren, wie dies bei den wesentlich geringeren Reizen bei den Testuntersuchungen wenigstens vorübergehend der Fall ist. Die Jodometrie gibt einen gewissen Überblick über die Energiereserven und einen sehr guten Einblick über deren Verfügbarkeit. So ist sie über die Reaktionslagenbestimmung hinaus auch ein wertvoller Parameter für die Prognose.

1.8.3 Oxymetrie des Venenblutes

Die Oxymetrie des Venenblutes gibt wieder einen Überblick über die O_2-Utilisation in der Peripherie. Wie schon beschrieben findet man im arteriellen Blut einen Oxy-Hb-Gehalt von 96–98%, im Venenblut des *ruhenden* gesunden Probanden einen Wert von 40±3%.

In den frühen Phasen der entzündlichen Systemerkrankungen ist aber der Oxy-Hb-Anteil im Venenblut meist beträchtlich erhöht. Der Durchschnittswert liegt bei 67±5%, ab und zu findet man aber sogar Werte um 90%, d. h. daß nur mehr die O_2-Grundversorgung zur Gewebserhaltung des betroffenen Gefäßabschnittes gewährleistet ist. Das ist offensichtlich ein Schutzmechanismus, der sichtlich der Zerstörung wichtiger Organgewebe bei nicht-überwindbaren Noxen dient und durch die extreme Öffnung der peripheren arteriovenösen Anastomosen entsteht (BERGSMANN 1972) *(8)*. Doch nach einiger Zeit – z. B. bei der seropositiven PCP oft schon nach einigen Wochen, bei der seronegativen schubweisen Polyarthritis oft erst nach vielen Jahren – schlägt dieser Minderverbrauch dann in einen Mehrverbrauch um. Durchschnittlich sinkt der Oxy-Hb-Gehalt im Venenblut auf 18–20% ab, d. h. auf Werte, die unterhalb des Normverbrauchs eines Gesunden liegen. Dieser Umschlag erfolgt ohne merkliche Erscheinungen im spezifischen Krankheitsbild, vor allem ohne merkliche Entzündungsreaktionen in den Gelenken bzw. bei der MS im ZNS.

Eine mögliche Erklärung könnte sein, daß hier ein Hilfsregelsystem zum Tragen kommt. Im Krankheitsablauf sind die normalen Energiereserven so weitgehend verbraucht, daß der Organismus versucht, diese über einen erhöhten O_2-Verbrauch wieder aufzubauen. Dazu muß aber angenommen werden, daß inzwischen notwendigerweise Krankheitserreger so abgekapselt wurden, daß es zu keinen septischen Reaktionen mehr kommen kann. Das ist aber reine Theorie. Sie wird aber etwas gestützt durch die Ergebnisse bei Ausschaltung von Belastungsfaktoren. (Dazu 2 Beispiele: Abb. 44 und Tab. 19)

So zeigt sich in der Oxymetrie wie in der Jodometrie ein deutlicher

Hinweis auf die Energiesituation eines Organismus. Die Normalisierung des Sauerstoffverbrauches scheitert dabei gelegentlich an der Unfähigkeit, Reste einer Entzündung innerhalb einer Gewebsdesintegration gänzlich abzubauen (s. Abb. 44). Dadurch können normale energetische Prozesse nicht wieder erreicht werden. Nach KELLNER (1976) *(84)* ist aber ein solcher Restzustand durch Lokalanästhetika deshalb zu beheben, weil diese eine Starterfunktion für Abwehrleistungen haben. Deshalb sind auch neuraltherapeutische Therapien in solchen Narbenbereichen immer wieder erfolgreich. Sie sind aber – das muß zusätzlich erwähnt werden – auch bei abakteriellen Gewebsintegrationen wirksam, weil sie zur Repolarisierung der Zellmembranen führen und die Kalium-Natrium-Pumpfunktion der Zellmembranen wieder in Gang setzen.
Diese Besonderheiten der unspezifischen Parameter, zu denen noch weitere Funktionen in der Enzymaktivierung und -inhibierung (Mineralstoffe) sowie zelluläre oder oxydo-reduktive Funktionen (dreifach-konjugiert-ungesättigte Fettsäuren) hinzukommen, sind für die Planung einer rationellen Therapie ungemein wertvoll. Sie lassen vielfach beim heutigen Stand des Wissens schon entscheiden, ob eine Rehabilitation der Abwehrfunktionen möglich ist oder alle einschneidenderen Maßnahmen nur eine unnütze Quälerei für den Patienten sind.

Sie weisen aber auch zwingend darauf hin, daß die Fragen der Energiereserven, deren Freisetzung und vor allem die Möglichkeiten einer biologisch wirksamen Zufuhr und Reservenbildung noch intensiv bearbeitet werden müssen, um die Grenzen der Regulationstherapie soweit als möglich auszubauen und damit heute noch unbeeinflußbare Abwehrstörungen therapeutisch angehen zu können. Nur so kann man die chronisch-progredienten Systementzündungen und die Krebskrankheit in größerem Umfang als bisher gezielt beeinflussen und vielleicht einmal in einem hohen Prozentsatz heilen.

1.9 Unblutige Meßmethoden zur Feststellung der Reaktionsformen

Es war vom wissenschaftlichen Standpunkt nötig, die humoralen Veränderungen der unspezifischen Regulationen zu erfassen und es wird bei besonderen Fragestellungen auch weiterhin notwendig sein, humorale Testmethoden anzuwenden. Denn es ist nun einmal so, daß humorale (chemische) Vorgänge im biologischen Geschehen im Vordergrund stehen und daß die medizinische Ausbildung vorwiegend biochemisch ausgerichtet ist. Die biophysikalischen Vorgänge werden zwar beachtet und diagnostisch, z. B. mittels EKG, EEG etc. genutzt, allerdings aber im funktionellen Abwehrgeschehen noch weitgehend unterbewertet. Es wurde allerdings schon darauf hingewiesen, daß die Erfassung humoraler Funktionen ungemein arbeitsintensiv und kostenaufwendig ist, so daß man für die Praxis einfachere und billigere Methoden zur Funktionstestung benötigt.

Wenn man auch bei zahlreichen Patienten durch viel Erfahrung die Art der pathergischen Abwehrentgleisung aus Anamnese und klinischer Untersuchung erkennen kann, so gibt es immer wieder Fälle mit einer Summe von Belastungen, bei denen man doch auf einen Test angewiesen ist, um die Wertung der verschiedenen Belastungen und damit die Prioritäten in der Therapie bestimmen zu können.

Die Lösung aus dieser Notwendigkeit fand sich in den elektrischen und thermischen Messungen an der Haut, die etwa gleichzeitig, aber anfangs unabhängig von der Grundsystemforschung entwickelt wurden. Ihre Anwendbarkeit und Zuverlässigkeit konnte aber gerade durch die humoralen Testverfahren bewiesen werden. Dazu haben die beiden hier in erster Linie in Frage kommenden Methoden noch den zusätzlichen Vorteil, daß sie im Reflexzonen- bzw. Gefäßversorgungsbereich auch Hinweise auf die Lokalisation von belastenden Vorgängen geben. Es muß aber von vornherein betont werden, daß alle biophysikalischen Messungen nur „Hinweis-Diagnosen" sind, d. h. sie zeigen den Ort oder den Bereich einer Störung an, geben aber keine Auskunft über die spezifischen Veränderungen an diesen Lokalisationen.

Dies sei an einem Beispiel, das eigentlich nicht ganz in dieses Kapitel paßt, veranschaulicht. Der Elektrohauttest (EHT) nach STANDEL (1956) *(218)*, eine Reizung der Haut über vermuteten Entzündungsprozessen mit Gleichstrom, zeigt durch Hautrötung und Hyperalgesie die Lokalisation von stummen chronischen Entzündungen an – aber er sagt nichts über die Art der Störung aus. So bedeutet eine Hautrötung über den Kiefern, daß in diesem Bereich eine Störung besteht, ob es sich nun aber um eine apikale Herdbildung, um eine Zyste oder gar um eine Restostitis im Leerkiefer handelt, kann daraus nicht abgeleitet werden. Dies ist dann Aufgabe der bewährten klinischen Diagnostik, die sich aber nun auf die im EHT angezeigten Punkte beschränken kann.

Die beiden Methoden, mit denen man die Reaktionsweisen am sichersten erfassen kann, sind die Bioimpulsdermographie und die Thermoregulationsdiagnostik. Beide beruhen auf Veränderungen, einmal im Verhalten gegenüber einem elektrischen Reiz und zweitens auf Veränderungen der Hauttemperatur entsprechend der Durchblutung, die wiederum durch die humoralen und zellulären Vorgänge verursacht werden.

1.9.1 Bioimpulsdermographie und Biofunktionsdecoder

Die Bioimpulsdermographie beruht auf der Registrierung der Antwort eines Organismus auf elektrische Reize: jede Meßstrecke wird zuerst mit einem negativen, dann mit einem positiven Impulsstrom von 10 Hz gereizt, die Reizreaktion automatisch festgeschrieben. Die Frequenz von 10 Hz entspricht physiologischen Grundlagenforschungen, nach denen der physiologische Bereich zwischen 7,8–12 Hz liegt. Versuche, höhere Frequenzen (> 12–14 Hz) zu verwenden, führten bei den Probanden zu erheblichen vegetativen Störungen mit Schwindel, Unruhe und Übelkeit (Bergsmann 1979) *(13)*, außerdem wird durch die Trägheit der Schreiber bei höheren Frequenzen das Schriftbild schmäler und schwer übersichtlich.

Die Meßgestalt ist nun abhängig vom elektrischen Hautwiderstand und nach dessen Überwindung von mindestens 8 Faktoren in der Zwischenzellsubstanz. Der Reizstrom wird über das weiche Bindegewebe entlang der Blut- und Lymphwege von Elektrode zu Elektrode geleitet und ist daher von dessen Zustand beeinflußt. Die 8 bekannten Faktoren sind

1. der Elektrolythaushalt
2. der Säure-Basen-Haushalt (pH-Wert)
3. die Proteoglykane, die das Molekularsieb nach Heine bilden
4. der Wasserhaushalt

5. die zelligen Elemente der Zwischenzellsubstanz, die Fibroblasten
6. das vegetative Nervenendfasergeflecht
7. der Sauerstoffhaushalt
8. die fluoreszierenden Stoffe in der Zwischenzellsubstanz, nach PISCHINGER vorwiegend ungesättigte Lipide, die bei den Redox-Vorgängen und der Aktivierung von zellulären und humoralen Abwehrvorgängen eine wichtige Rolle spielen.

Nicht von allen 8 Faktoren sind die Reaktionen auf einen elektrischen Reiz bisher eindeutig erforscht. Am deutlichsten sind die Veränderungen im Elektrolythaushalt erkennbar: die Impulsgrößen (Amplituden) sind bei niedrigem Elektrolytgehalt eindeutig niedriger als bei hoher Elektrolytkonzentration. So sind die Amplituden im Sommer durchschnittlich niedriger als im Winter (BERGSMANN 1979) *(13)*.

Die Bioimpulsdermographie ist nach BERGSMANN, dem hier wegen seiner umfassenden Studien und Erfahrungen auf diesem Bereich weitgehend gefolgt wird, eine Reflexzonendiagnostik, die Funktionen und deren Störungen erkennbar macht. Der elektrische Meßwert ist kein Wert für sich – er ist Ausdruck der Homöostase, der Selbstregulation eines biologischen Systems zur Erhaltung eines dynamischen Gleichgewichtes. Die Meßgestalt ist daher ein Summationsbild verschiedener Vorgänge und zeigt – gleichartig wie die humoralen Testungen – die Vorgänge zur Ausregulierung eines Reizes. „Die elektrischen Parameter sind daher keine geheimnisvollen, alles bestimmenden Faktoren, sondern Ausdruck der physiologischen Variationen der Meßstrecke unter Einfluß physiologischer und pathologischer Vorgänge" (BERGSMANN).

Die Meßgestalt im BID zeigt also, wo Störungen lokalisiert sind und in welcher Form die Ausregulierung abläuft. Damit erhält man – dies sei hier nochmals betont – keine spezifischen Diagnosen, aber neben dem Hinweis auf die Lokalisation von Belastungen gewinnt man Einblick in die Abwehrfunktionen und deren Störungen. Bei dem Versuch, spezifische Diagnosen daraus zu stellen, muß man scheitern, denn die Abwehrvorgänge in den Regelsystemen verlaufen viel einförmiger, als das bunte Symptomenbild durch die Spezifität der verschiedenen Noxen vermuten läßt.

BERGSMANN gibt nachfolgende Hinweise zur Verwertbarkeit von Bioimpulsdermogrammen: es sollten Silber-Elektroden benutzt werden, da diese bei Vergleichsuntersuchungen mit verschiedenen Metallen bzw. Legierungen nach JAHNKE (zit. nach BERGSMANN) eindeutig die besten Meßbilder ergaben. Natürlich müssen die Elektroden peinlichst rein gehalten werden, da Verschmutzungen die Meßgestalt verändern können. Grundsätzlich kann jede Meßstrecke mit der BID untersucht werden, doch leidet bei willkürlich gewählter Elektrodenlage die Vergleichbarkeit verschiedener Untersuchungen, so daß das Meßsystem nicht lehrbar und allgemein verwertbar ist, z. B. für Statistiken. Am besten bewährt hat sich das folgende Meßprogramm, da es Vergleiche ermöglicht und einen guten Gesamtüberblick über den gesamten Körper ergibt: Ableitung 1 links Stirn–Hand, Ableitung 2 links Fuß–Hand, Ableitung 3 rechts Stirn–Hand, Ableitung 4 rechts Fuß–Hand, Ableitung 5 Stirn–Stirn, Ableitung 6 Hand–Hand, Ableitung 7 Fuß–Fuß.

Die Beurteilung der Kurven erfolgt in folgenden Schritten (BERGSMANN wörtl. zit.):

1. Gesamtniveau des Diagramms: überhöht – normal – erniedrigt
2. In welcher Meßstrecke sind überhöhte Werte?
   Überhöhung einer Meßstrecke bedeutet Reizung dieses Gebietes durch hypererges Geschehen, Übererregen, Entzündung, Allergie.
3. In welcher Meßstrecke ist ein erniedrigter Wert?
   Erniedrigte Werte bedeuten hyperges Geschehen, Elektrolytverarmung, Kolloid-Gelierung, Degeneration, stummer Herd.
4. In welcher Meßstrecke sind rechteckige Impulspakete auf niederem Niveau?
   Diese sind Zeichen der Regulationsträgheit aus verschiedenen Ursachen wie Flüssigkeits- und Elektrolytverarmung, Minderdurchblutung, aber auch Fastenkuren, Corticoide und Tranquilizer, darüber hinaus auch Hinweise auf chronische Entzündungen, Degenerationen und Präkanzerose.
5. In welchen Meßstrecken sind an den negativen Impulsen lange Einschwingzacken und in der positiven Impulspaketfolge ein steiler Abfall?
   Dies sind Zeichen der Elektrolytstörung bei Entzündung, aber auch bei Defektnarben.
6. In welcher Meßstrecke sind Unregelmäßigkeiten in der Impulspaketfolge feststellbar?
   Dies ist ein Zeichen vegetativer Übererregung physischer oder

psychischer Genese (psycho-galvanischer Reflex, Erwartungsangst, Streß, vegetative Fehlsteuerung).

7. In welcher Meßstrecke nehmen die Impulsamplituden zu? Dies ist ein Zeichen der Aktivierung durch Reiz bei Erschöpfung mit guter, aber verzögerter Regulationstendenz.
8. Wo besteht Seitendifferenz? Wenn die Gegenseite normal ist, ist die Seite mit niedrigerem Wert herdverdächtig. Auch bei Überhöhung (akutes Geschehen) ist die belastete Seite niedriger.
9. Wie hoch ist der Rückstrom? Normal: Anfangswerte 10 mm, Endwert 2–3 mm bei normalem Metabolismus der Meßstrecke. Überhöhter Wert: Zeichen von regredientem Prozeß – Abbau eines Schadens. Verminderter Wert: Elektrolytmangel, Degeneration, Regulationsstarre, Entzündung. Positiver Rückstrom: Entzündung.
10. Veränderung der Meßgestalt bei Wiederholung zeigt Regulationsart des Organismus. Veränderung in Richtung Norm: normale Regelfähigkeit bei deutlicher Belastung, günstige Prognose.
    Überhöhung vorher niedriger Amplituden bei Zurückbleiben vorher höherer Amplituden*: subakutes Geschehen im Bereich der angestiegenen Werte, das durch den geringen Meßreiz angesprochen wird – Belastungszeichen bei labiler Regulationstendenz.
    Bewegung der Werte aus „Normalhöhe" in Richtung Extremwerte – belasteter Bereich wandert in den Hypo-Bereich, die Überhöhung der anderen Werte läßt auf herdbedingte Überreaktion schließen.

Die Bewegung der Amplituden durch den Meßreiz muß jeweils entsprechend dem allgemeinen Beschwerdebild interpretiert werden und gibt bei Verständnis für die physiologischen Voraussetzungen weitestgehende Aufschlüsse. Soweit die wörtliche Zitierung BERGSMANN's (1979) *(13)*, wobei wegen der Prägnanz der Schilderung der Auswertung eine bessere Formulierung nicht möglich erscheint. Ähnlich erfolgt die Auswertung der Decoder-Diagramme, die BERGSMANN ebenfalls ausführlich beschreibt, und zwar in der gleichen

* Erhöhung der Meß-Amplituden nach Reiz bei niedrigem Ausgangswert zugleich Niedrigerwerden zuerst höherer Meßamplituden bedeutet ein subakutes Geschehen im Bereich der angestiegenen Werte, . . .

Publikation wie oben angeführt. BID und Decoder erfüllen die Forderung, die wir auch bei den humoralen Tests gestellt haben, daß nur durch einen genormten Reiz mit genormter Reaktionskontrolle die Variationen der Reizbeantwortung eines Organismus in vergleichbarer Form und damit in pathophysiologisch einwandfreier Form sichtbar gemacht werden können. Im eigenen Rahmen (PERGER 1983) *(155)* wurden Vergleichsuntersuchungen zwischen humoralen Tests und Bioimpulsdermogrammen durchgeführt. Diese zeigen eine weitgehende Übereinstimmung in den Ergebnissen beider Methoden, so daß die Brauchbarkeit des BID in der Praxis eindeutig belegt werden konnte. Nur hinsichtlich der Mangelzustände ergaben sich einige Fragen: nicht nur Elektrolytmangel führt zu einer Erniedrigung der Amplituden im BID, diese ist auch abhängig von der Höhe der Jodverbrauchswerte (Menge und Reagibilität der ungesättigten biochemischen Verbindungen im eiweiß- und triglyzeridfreien Restserum) und mit großer Wahrscheinlichkeit auch vom Gehalt an Spurenelementen.

Genau wie bei den humoralen Testungen ist die Auswertung des BID auf das klinische Bild zu beziehen und darf nicht isoliert bewertet werden.

Eine zweite, sehr präzise Form der nicht-invasiven Reaktionsweisenbestimmungen ist die Thermographie nach SCHWAMM (1955) *(205)*. Sie nutzt die unterschiedliche Infrarotabstrahlung der verschiedenen Segmente des menschlichen Organismus und deren Veränderungen bei Erkrankungen zur Diagnostik aus und kann in Form der Doppelmessungen vor und nach Reizsetzungen ebenfalls einen Einblick in die Reaktionsfähigkeit des untersuchten Organismus geben. Grundlegend für diese Möglichkeit ist die segmentale Gliederung des menschlichen Körpers: Ein Segment ist jener Abschnitt eines Organismus, der durch einen Spinalnerv versorgt wird. Dieser ist der Orientierungspunkt für die segmentale Innervation, d. h. daß jedes Dermatom über das Spinalganglion mit einem Organ in engem Zusammenhang steht und je nach dessen Zustand (Gesundheit, Krankheit) Wärme abstrahlt. Im Kopfbereich ist die spinale Segmenteinteilung durch die der Kiemenbögen ersetzt.

Thermographie ist die Sichtbarmachung bzw. Messung der Infrarotabstrahlung von Körpern (ROST 1979) *(197)*. Sie nutzt die physikalischen Gesetzmäßigkeiten der Thermoregulation beim Menschen zu diagnostischen Zwecken, da die Oberfläche des menschlichen Organismus ein bestimmtes Temperaturmuster aufweist, das auf die verschiedensten exogenen und endogenen Einflüsse reagiert.

Blohmke und Heim (1980) *(18)* beziehen die Wärmeregulation der Haut vor allem auf die venösen Geflechte des Koriums durch Engerstellung bzw. Erweiterung der Kapillaren, die aber ihrerseits wieder eng mit den anderen Regelsystemen des Koriums gekoppelt sind. Wegen der segmentalen Gliederung des Körpers über den Spinalnerv ist die Wärme- und Reaktionsfähigkeit der Haut ein Indikator für tieferliegende Störungen des Körpers insgesamt oder einzelner Organe.

Schon von Anfang an hat Schwamm (1975) *(206)* darauf hingewiesen, daß man durch die Temperaturmessung die Lokalisation krankhafter Vorgänge, durch die Thermoregulationsdiagnostik mit Zweitmessung nach Reizsetzung auch die bestehende Form einer Entzündung (akut, subakut, chronisch) bzw. ein Tumorgeschehen differenzieren kann. Wiederum zeigt sich, daß der Funktionstestung eine große Bedeutung für eine exakte Frühdiagnostik zukommt und daß dabei die Erfassung unterschiedlicher Reaktionen auf einen genormten Reiz die beste Möglichkeit zur Funktionsanalyse ist. Während bei der humoralen Testung die 3fach-konjugiert-ungesättigten Fettsäuren den Reiz darstellen, ist dies bei der Thermoregulationsdiagnostik der Kältereiz. So kann durch die thermische Prüfung der Reizreaktionen auch ein großer Teil der falsch-negativen Befunde von Einzelbestimmungen vermieden werden.

Bergsmann (1980) *(14)* bestätigte später die Ergebnisse Schwamm's: akute Prozesse zeigen gegenüber Messungen an gesunden Probanden eine überschießende Reizbeantwortung, chronische Prozesse reagieren auch in der Wärmeabstrahlung der Haut träge und mit insuffizienter Reizbeantwortung.

Die Heidelberger Forschergruppe konzentrierte sich zunächst auf die Früherkennung des Mammakarzinoms durch Thermoregulationsdiagnostik und kam dabei zu einer Treffsicherheit in der Früherkennung von 91% und damit weit über die der Mammographie (Heim, Blohmke et. al. 1981) *(47)*. Auch in den folgenden Jahren stand bei dieser Arbeitsgruppe das Bestreben im Vordergrund, zu einer Früherkennung maligner Prozesse zu gelangen, die die Möglichkeiten der bisherigen Diagnosemethoden noch übertrifft. Rost setzte hingegen von Anfang an auf eine allgemeine diagnostische Anwendung, d. h. auf die Lokalisation aller krankhaften Veränderungen sowohl entzündlicher als auch tumoröser Natur. In seinem

Leitfaden für die ärztliche Praxis (Rost 1983) *(199)* geht er außerdem auf die Unterschiede zwischen Kontaktmessung und kontaktloser Messung der Infrarotabstrahlung ein, deren Ursachen nach seinen Ausführungen noch abgeklärt werden müssen. Auffallend ist, daß die Kontaktmessungen der klinischen Diagnostik weitaus mehr entsprechen als die kontaktlosen Messungen.

Über den Wert der Thermoregulationsdiagnostik hinsichtlich der Erfassung von Krankheitslokalisationen und deren Charakter gibt es keinen Zweifel. Schon in der Früherkennung von Malignomen, die im Mittelpunkt der Arbeiten der Heidelberger Gruppe stehen, zeigt sich eine Kongruenz mit den Regulationsstarren im humoralen Test: auch wir fanden die Regulationsstarren oft schon 2 Jahre vor der klinischen Manifestation bzw. der Diagnostizierbarkeit eines Karzinoms mit den heute üblichen klinischen Methoden (Perger 1972) *(142)*. Ob die inzwischen neu eingeführte Kernspintomographie diesen diagnostischen Vorsprung wieder aufgeholt hat, kann aus Mangel an Erfahrung noch nicht gesagt werden – wirtschaftlicher ist aber zweifellos die Thermoregulationsdiagnostik.

Direkte Vergleichsmöglichkeiten zwischen eigenen Untersuchungen und der von Rost durchgeführten Thermoregulationsdiagnostik waren in einigen Einzelfällen möglich und brachten eine fast 100prozentige Übereinstimmung der Ergebnisse. Am eindrucksvollsten aber war ein zufälliger Vergleich über Störungen der Darmkeimbesiedlungen: Rost (1985) *(199)* fand in 1000 Thermoregulationsuntersuchungen nur in 2,8% der Fälle ein normales abdominelles Thermogramm, im eigenen Bereich fand sich unter 705 Stuhlkulturen (aerobe und anaerobe Kultur, Pilzkultur, Nativuntersuchung auf Protozoen und Nematoden) nur in 21 Kulturen (= 2,98%) ein normaler Keimgehalt des Darmes (Perger 1985) *(161, 162)*. Die Übereinstimmung der Ergebnisse ist trotz des verschiedenen Patientengutes (in Tübingen bzw. in Wien gewonnen) verblüffend und unterstreicht die Wertigkeit der Thermoregulationsdiagnostik als Hinweisgeber, wo man mit der spezifischen Diagnostik anzusetzen hat.

Nun besteht noch eine dritte Möglichkeit einer nicht-invasiven Regulationsdiagnostik, die Elektroakupunkturdiagnostik nach Voll (Voll 1973) *(225)*. Diese Methode hat wegen ihrer Einfachheit und ihrer oft bestechenden Aussagen in den letzten Jahren eine große Verbreitung in der freien Praxis erfahren. Wir haben bei einer genauen Überprüfung einen etwas zwiespältigen Eindruck erhalten (Perger 1979) *(148)*: einerseits fanden sich oft verblüffende Hinweise auf bestehende Prozesse und auf bestehende Belastungen und frühere Erkrankungen, andererseits sind aber diese Untersuchungen nicht reproduzierbar. Im eigenen Rahmen wurden 274 Patienten parallel klinisch und nosodentestmäßig untersucht, dabei wurde bei 54 dieser Patienten jedem Hinweis der Nosodentestung bis ins Extrem klinisch nachgegangen. Die Fehlerquelle der EAV lag in der allgemeinen Diagnostik bei über 33%, in der Diagnose herdmäßiger Belastungen noch immer bei 19,2%, die klinische Fehlerquelle lag bei 2,8% der allgemeinen und bei 2,0% der Herddiagnostik. Als Hauptgrund dieser Unterschiede in der Treffsicherheit der Diagnostikmethode kommt unserer Meinung nach die Summierung der elektrischen Reize beim EAV-Untersuchungsvorgang in Frage: nach KELLNER (1976) *(86)* benötigt ein elektrischer Reiz ca. 20 Minuten zum Abklingen. Der Meßvorgang erfolgt aber mit Nosoden, Organpräparaten, Homöopathika und Medikamenten in Abständen von 30–60 Sekunden, so daß es zu einer Summierung elektrischer Reize kommt. Dies verändert schließlich bei einer Serie von Testungen die Reizantwort mit der Zeit so sehr, daß eine Reproduktion des Tests nicht mehr möglich ist. So sind Fehlergebnisse und -interpretationen allzuleicht möglich. Nach einer persönlichen Mitteilung BERGSMANN's sind die Ergebnisse der EAV aber reproduzierbar, wenn man die Abklingzeit der elektrischen Reize beachtet und nur jede 21. Minute testet.

Ohne den Wert der EAV gänzlich bestreiten zu wollen, muß auf diese Schwierigkeit hingewiesen werden, denn exakte Schlüsse aus den Meßergebnissen sind wegen dieser Unsicherheit nur mit Zurückhaltung zu ziehen. Man erspart sich hier nicht wie bei der BID bzw. Decoder-Dermographie oder der Thermoregulationsdiagnostik die umfassende klinische Durchuntersuchung der Patienten, da man nicht die gleiche Genauigkeit wie mit diesen beiden Methoden erreicht. Vielleicht gelingt es, dieses Manko der EAV in Zukunft zu überwinden, denn die Grundidee ist allem Anschein nach richtig, doch erreicht man im derzeitigen Entwicklungsstadium der EAV noch nicht jene Genauigkeit, die wünschenswert ist. Außerdem versucht die EAV in einem Untersuchungsgang spezifische und Regulationsdiagnostik zu erfassen, was die Beurteilung außerdem erheblich erschwert.

Aber grundsätzlich ist BERGSMANN (1979) *(13)* zuzustimmen, daß es gleichgültig ist, auf welche Art die Diagnose zustandekommt, ob manuell, mechanisch, serologisch, thermisch oder elektrisch: bei richtiger Methodik und sinnvoller Interpretation müssen die Ergebnisse in kybernetischer Hinsicht, d. h. regulationsdiagnostisch, gleich sein. Es müssen daher auch andere, uns nicht bekannte Meßmethoden bei richtiger Anwendung zu gleichen Ergebnissen führen.

ABSCHNITT 2

Ursachen der Abwehrstörungen

2.1 Allgemeine Vorbemerkungen

Nachdem nun die wissenschaftlichen Grundlagen der unspezifischen Abwehrleistungen dargelegt wurden, ist der 2. Abschnitt den Ursachen der Abwehraberrationen gewidmet. Es konnte dargelegt werden, daß die Abwehrleistungen nicht nur vom Immunsystem allein, sondern von mehreren Regelsystemen gemeinsam erbracht werden. Diese Regelsysteme entwickelten sich in der Phylogenese in großen Zeitabständen und sind doch so eng miteinander vernetzt, daß beim Gesunden eine Trennung der einzelnen Aufgaben und Leistungen nicht immer möglich ist. Erst die Störungen lassen erkennen, daß nicht nur ein System, sondern mehrere und damit der ganze Mensch betroffen ist. Auch konnten verschiedene Methoden zur Erfassung der individuellen Reaktionslage dargestellt werden, wobei im Forschungsbereich die biochemischen Untersuchungen dominieren, während in der Praxis auf dieser Grundlage auch nicht-invasive Meßmethoden möglich sind und wertvolle diagnostische Hinweise erbringen.

Nun ist es an der Zeit, den Ursachen der Abwehrstörungen nachzugehen und sie in ihrer Wertigkeit allgemein und im individuellen Krankheitsfall zu erfassen. Es sind dies größtenteils verschiedene chronische Belastungen, die sich – wie bereits dargelegt wurde – im Grundsystem nach Pischinger summieren können. Sie wirken nicht nur durch ihr Bestehen allein, sondern wesentlich auch durch den Zeitfaktor, d. h. durch die Dauer der Einwirkung, die ihnen zunehmend Einfluß auf die Regulationen eines Organismus gibt. Kurzfristige Belastungen von meist geringer Belastungsintensität vermag ein sonst gesunder Organismus durchaus zu verkraften, ohne Abwehrstörungen zu entwickeln.

Die wichtigsten Belastungen sind:

1. Stumme chronische Entzündungen (die sogenannten Herde)
2. Abakterielle Störfelder (z. B. Narben mit gestörter Wundheilung)

3. Toxikosen verschiedenster Art, meist in subsymptomatischen Belastungsgrößen, d. h. daß sie noch keine spezifischen Intoxikationssymtome zeigen, aber dennoch – und wiederum in Abhängigkeit von der Dauer ihres Bestehens – nachhaltig die Abwehrleistungen stören können
4. Mangelzustände, z. B. Vitaminmangel, Elektrolytmangel und Mangel an Spurenelementen, wobei bei letzterem nach den bisherigen Untersuchungen der Mangel an Zink die gravierendsten Folgen hat
5. Selten sind auch akute einmalige Belastungen imstande, die Abwehrvorgänge dauernd zu verändern, so z. B. schwere Schädel-Hirn-Traumen, aber auch Entzündungen des Gehirns und der Hirnhäute etc.

Auch hier wird es notwendig sein, manche überkommene Lehrmeinung zu revidieren, da sie den neu entdeckten Tatsachen nicht standhalten. Ebenso muß wieder auf manche Probleme hingewiesen werden, die entweder noch nicht gelöst werden konnten oder die sich aus den jüngsten Ergebnissen neu gestellt haben.

So ist eine völlige Revision des Herdbegriffs notwendig, eine neue Beurteilung subsymptomatischer Toxinbelastungen und schließlich auch eine intensive Befassung mit den Mineralstoffen und den Spurenelementen. Dabei stehen die Mangelzustände im Vordergrund unserer Untersuchungen. Es wird aber auch zunehmend die Kombination von Mangel und Überschuß und ihr funktionelles Verhältnis zueinander interessant. Mit den letzteren Untersuchungen steht man allerdings noch sehr am Beginn der diesbezüglichen Forschung, und es gibt noch wenig Publikationen über die Interaktion zwischen den einzelnen Elektrolyten und Spurenelementen.

In diesem Rahmen muß auch ein sehr heikles Thema angeschnitten werden: die Erfassung bisher unbekannter bzw. nicht beachteter Nebenwirkungen mancher moderner Chemotherapien. Diese können – vor allem bei hochdosierter und langfristiger Anwendung erhebliche Störungen in allen Schichten der Abwehrvorgänge auslösen, vor allem aber im Grundregulationssystem nach Pischinger. Dies trifft ganz besonders für die Behandlung chronischer Krankheiten zu, da bei letzteren ja von vornherein die gesamte Abwehrlage schon pathergisch verändert ist und durch zusätzliche Belastungen noch weiter verschlechtert werden kann. Die Behandlung dieser Frage – der Nebenwirkungen von Chemotherapien auf die Abwehrregelsysteme – ist alles andere als erfreulich. Das gilt nicht nur für jene, die diese Wirkungen auf die Gesamtabwehr, vorwiegend aber auf die Grundregulation, feststellen mußten, sondern auch für diejenigen, die diese Therapieformen in lauterster Absicht einsetzen und als unentbehrlich ansehen, ja ihre Unterlassung in vielen Fällen oft als Kunstfehler ansehen. Aber was aus spezifischen Krankheitsbedingungen notwendig und unverzichtbar ist oder erscheint, kann leider allzuleicht zu einer Dauerschädigung der Abwehrfunktionen in ihren tieferen Schichten führen. Ein typisches Beispiel ist der Kortisonismus nach Langzeittherapien mit Corticoiden, ein anderes die Überführung schubweiser Systemerkrankungen durch zu frühen Einsatz einer immunsuppressiven Therapie in die chronisch-progrediente Verlaufsform. Aber es besteht auch die Möglichkeit, die negativen Folgewirkungen notwendiger massiver Chemotherapien durch entsprechende Begleittherapien und Nachbehandlungen weitgehend abzufangen. Diese Fakten müssen daher einmal offen dargelegt werden, um Verbesserungen zum Wohle der uns anvertrauten Patienten zu erreichen und zugleich uns Ärzte vom Odium der hemmungslosen Giftverordner zu bewahren bzw. zu befreien.

Nun sind bei diesem Fragenkomplex Mißverständnisse leicht möglich: der chemotherapeutisch arbeitende Arzt sieht ja oft erstaunliche Soforterfolge und ist daher von seinem Handeln zutiefst überzeugt. Kritik an seinem Handeln wird daher oft emotionell abgelehnt. Das hat z. T. auch seinen Grund darin, daß viele spezifische Nebenwirkungen der Chemotherapeutika bekannt sind und es zur Vermeidung dieser bekannten Nebenwirkungen großen Wissens und Erfahrung bedarf. Die Chemotherapeuten sind sich dieser Problematik sehr wohl bewußt, und es spielt sicherlich auch eine gewisse Verunsicherung eine Rolle, wenn jetzt neu aufgedeckte Spätkomplikationen nur ungern zur Kenntnis genommen werden.

Es ist auch klar, daß neue Forschungsergebnisse – hier diejenigen über die unspezifischen Abwehrvorgänge im Zellen-Milieu-System – zunächst Widerspruch auslösen. Dies gehört notwendigerweise zum Reifungsprozeß einer neuen Forschungsrichtung und ist zugleich ein notwendiger Vorgang zur Klärung ihrer Bedeutung. Wenn man nicht bereit ist, sich in dieser Situation mit sachlicher Kritik auseinanderzusetzen, verbaut man sich selbst den Fortschritt der eigenen Forschungsarbeit. Denn man darf nie von sich selbst behaupten, allein im Vollbesitz der wissenschaftlichen Wahrheit zu sein, genausowenig trifft dies aber für die Kontrahenten der Auseinandersetzung zu. Sosehr sich PISCHINGER und seine Mitarbeiter bemüht haben, die aufkommenden Probleme einwandfrei und sachlich zu klären, so ist doch eindeutig festzustellen, daß manche Fragen noch offen sind und sicherlich einzelne Korrekturen in der Bewertung der erhobenen Befunde notwendig sein werden – dies trifft vor allem für jene Bereiche zu, die erst im Laufe der Jahre sichtbar wurden und noch einer endgültigen Klärung bedürfen.

Trotzdem sind viele Ergebnisse eindeutig. So sei hier vorweggenommen, daß Mißerfolge bei Herdsanierungen (Narbenabszesse nach Tonsillektomien, Restostitiden nach Extraktion beherdeter Zähne etc.) häufig auf einen Zink-Mangel und damit auf die Inhibition der Heilungsvorgänge zurückzuführen sind. Das konnte aber erst in den letzten 8 Jahren nachgewiesen werden und war bei Beginn der Grundregulationsforschung vor fast 40 Jahren noch völlig unbekannt.

Nicht nur Selbstkritik, sondern auch sachliche Kritik von Außenstehenden ist daher bei jeder Forschungsarbeit als Positivum ersten Ranges zu bewerten, da man immer wieder betriebsblind werden kann und dann gezwungen ist, durch Überprüfung und Nachkontrollen die Ergebnisse seiner Arbeit besser zu dokumentieren und auch sachliche Einwände zu berücksichtigen. Nur so können auch mögliche Fehldeutungen korrigiert werden. Dies trifft besonders für die Erfassung und Deutung der verschiedenen Funktionen zu. Aber gewisse Grundlagen sind heute bereits unwiderlegbar: die Histologie des Grundsystems mit seiner Transmitterfunktion, den Fibroblastenfunktionen und dem Molekularnetz sind so eindeutig dokumentiert, daß an diesen Tatsachen nicht mehr vorbeigegangen werden kann. Darauf baut sich die gesamte Regulationsforschung auf und sucht vorwiegend nach Möglichkeiten, Störungen in diesem Bereich zu erkennen und behandelbar zu machen, wobei sich zugleich ergeben hat, daß die Ursachen der Abwehrstörungen auch in den anderen Regelsystemen zur Wirkung kommen können, worüber sowohl in diesem Abschnitt als auch bei der Besprechung der Regulationstherapien und ihrer Versager noch ausführlich berichtet werden wird. Nicht besprochen werden hier die möglichen Abwehraberrationen durch geopathische Störareale und elektrische Felder. Trotz anderenorts durchgeführter Untersuchungen und vielen Erfahrungen aus der Praxis sind diese – wenn auch häufig noch bestritten – zwar nicht mehr abzuleugnen, aber der exakte Nachweis ihrer Wirkung ist bisher noch nicht gegeben. Dies ist derzeit im Rahmen eines Forschungsprojekts einer interdisziplinären Arbeitsgemeinschaft erst begonnen worden.

2.2 Die sogenannten Herde

Warum einleitend die Notwendigkeit sachlicher Kritik und ein emotionsloses Eingehen darauf betont wurde, erklärt sich aus der Geschichte der Herdforschung. Sie ist ein Lehrbeispiel dafür, daß eine falsche Interpretation an sich richtiger Beobachtungen zur Ablehnung eines existenten Problems führt, ja daß dadurch sogar das Problembewußtsein verlorengeht. Da sich aus der falschen Theorie auch falsche therapeutische Konsequenzen ergaben, häuften sich neben bestechenden Erfolgen auch die Mißerfolge: Nicht nur waren viele Herdsanierungseingriffe vergeblich, sondern es traten oft erhebliche Verschlechterungen ein, die in nicht wenigen Fällen auch zum Tode führten.

Veil (1939) *(224)* führt Texte aus der altägyptischen und -mesopotamischen Literatur an, nach denen schon damals Zusammenhänge zwischen Herden und Allgemeinerkrankungen erkannt wurden, die allerdings als septische Streuungen zu interpretieren sind. Das Wissen darum ging dann verloren und erst ab Beginn des 19. Jahrhunderts finden sich wieder Hinweise auf Zahnherde als pathogenetische Faktoren.

Die eigentlichen Begründer der Herdlehre waren dann Paessler (1909) *(129)* und Hunter (1910) *(71)*, die eine systematische Übersicht über die Herdwirkungen zu schaffen versuchten. Paessler sprach von einer Fokalinfektion und postulierte damit, daß Bakterien aus stummen lokalen Entzündungen über die Blut- und Lymphwege zu anderen Organen gelangen und dort zu sekundären Erkrankungen führen. Hunter prägte den Begriff der „Oralsepsis" und präzisierte damit exakt die damaligen Vorstellungen: Es war dies ebenfalls die Theorie von der bakteriellen Streuung, die von den stummen Entzündungen in der Mundhöhle ausging und die Folgeerkrankungen auslöste. Diese Theorie ist aus der medizinischen Entwicklung der damaligen Zeit durchaus verständlich, wenn man die stürmische Entwicklung der noch jungen Bakteriologie und ihre Erfolge bei der Entdeckung spezifischer Erreger vieler Infektionskrankheiten bedenkt. Damals beherrschte die Monokausalität im Krankheitsgeschehen noch mehr als heute das medizinische Denken. Eine spezifische Ursache für ein typisches Krankheitsbild zu finden, ist schließlich auch noch heute der Traum jeder Forschung und tatsächlich findet man solche Monokausalitäten auch heute noch, vor allem bei den

Viruserkrankungen (z. B. Legionärskrankheit und AIDS). So wurden damals auch für die entzündlichen Formen des Gelenkrheumatismus spezifische Erreger gesucht und man stieß dabei immer wieder auf Streptokokken der α- und β-hämolysierenden Gruppen (v. LEYDEN 1893, 1894 und WASSERMANN 1899 – zit. nach VEIL), *(224)*, so daß die Frage nach der Herkunft dieser Keime durchaus berechtigt war.

Trotz heftiger Einsprüche war diese Theorie doch so bestechend, daß sie sich etwa 20 Jahre unangefochten halten konnte und auch heute noch vielfach als Grundlage der Herdlehre betrachtet wird. Man übersah die Tatsache, daß weder in den erkrankten Organen noch in den ASCHOFF'schen Knötchen je die beschuldigten Bakterien gefunden werden konnten (SCHOTTMÜLLER – zit. nach VEIL) *(224)*.

Trotz der Bedenken gegen die Theorie der Streuung aus Herden wurden damals noch Argumente für die bakterielle Streuung gesucht. Dabei schien die große Variabilität der Streptokokken die Theorie PAESSLER's und HUNTER's zu stützen, und die vielfach beschriebenen Formen der „pleomorphen Streptokokken" schienen dies auch zu beweisen (SINGER 1934 und VEIL 1939) *(212, 224)* und richteten beträchtliche Verwirrung unter den damaligen Bakteriologen an.

Aus der Masse der damaligen Veröffentlichungen über Herdstreuungen sei nur eine herausgegriffen: ROSENOW *(196)* berichtete 1930, daß Bakterien aus Herdprozessen je nach ihrer Lokalisation beim Menschen und beim Versuchstier die gleiche Organauswahl treffen und die gleichen Erkrankungen auslösen.

Die nach dem damaligen Wissensstand beste Definition gab DOERR (1936) *(27)*: „Unter der Bezeichnung der fokalen oder Herdinfektion faßt man Fälle zusammen, in welchen eine ursprünglich lokalisierte, an sich meist unbedeutende oder klinisch völlig stumme Infektion während eines längerdauernden Bestehens zu krankhaften Veränderungen in entfernten Organen führt; die Fernwirkung wird durch schubweise oder mehr kontinuierliche Einschwemmung von Bakterien (vielleicht auch von Toxinen) in die Blutzirkulation vermittelt und in Anbetracht dieser Entstehungsweise auch aus symptomatologischen Gründen als septischer Prozeß aufgefaßt."

In dieser Definition von DOERR fehlt noch jeder Hinweis auf die Abwehrsituation des betroffenen Organismus. Doch war dieser Hinweis schon 1930 durch BIELING *(16)* erfolgt, aber nicht zur Kenntnis genommen worden: Aus den Erfahrungen der Antitoxingewinnung von Tieren erkannte er, daß nicht die Beschaffenheit der Keime, sondern die Abwehrlage der einzelnen Organe und Organsysteme für das Angehen einer Infektion unter Depressionsimmunität entscheidend sei. Auch VEIL (1939) *(224)* kommt schließlich zur Erkenntnis, daß die Keimstreuung nicht das Wesen der Herderkrankung sei, denn Keimstreuungen findet man auch bei Anginen oder beim Scharlach ohne nachfolgenden rheumatischen Schub – das ausschlaggebende der Erkrankung ist das Wechselspiel zwischen der krankmachenden Noxe und den Abwehrleistungen des betroffenen Organismus. Diese wesentlichen Erkenntnisse wurden aber zu ihrer Zeit nicht oder viel zu wenig beachtet.

Die Theorie der fokalen Streuung führte in der Praxis zu therapeutischem Fehlverhalten: in der Meinung direkt-kausaler Zusammenhänge wurden zwei Konsequenzen gezogen, die sich als falsch herausstellten. Erstens schien es wichtig zu sein, „große" Herde zu finden, da „kleine" Herde ja nur wenig streuen könnten, und zweitens schloß man aus der Infektionstheorie, daß es dringend notwendig sei, sofort und ohne Rücksicht auf den momentanen Zustand des Patienten diese vermutete direkte Ursache so schnell als möglich zu entfernen. Und mit der Entfernung des „Streuherdes" hätte der Patient dann gesund zu sein. Da dies nur selten zutraf, ja sogar im Gegenteil oft Verschlechterungen eintraten, wurde mehr und mehr die Herdlehre als Ganzes abgelehnt. So wurde durch eine falsche Theorie die an sich richtige Beobachtung, daß stumme chronische Entzündungen bei vielen Krankheiten – besonders bei den entzündlichen Systemerkrankungen – eine beträchtliche Rolle spielen, völlig entwertet, ja geradezu „gekillt".

Wegen der Unhaltbarkeit der Fokalinfektions-Theorie versuchte man dann um 1930 die Zusammenhänge zwischen rheumatischen Entzündungen und Herden durch toxische Wirkungen zu erklären (SLAUCK 1950) *(213)*. Neben der Streuung lebender Erreger hätten die aus den Entzündungsherden stammenden Toxine ebenfalls krankmachende Wirkungen. Durch die toxische Beeinflussung der Vorderhornganglienzellen wird ein Muskelfibrillieren ausgelöst, das meist schon vor Ausbruch der Sekundärerkrankung, vorwiegend in den Segmenten L5-S2, zu beobachten sei und bei allen rheumatischen Krankheiten bestehe – dies sei ein sicheres Zeichen für das Bestehen von Herden im Kopfbereich. Diese Theorie der Fokaltoxikose leitet aber, wie SLAUCK selbst als Beschreiber dieses Muskelfibrillierens später (1950) feststellte, zur Theorie der Fokalallergie über.

Die Frage einer Allergie wurde schon bald nachdem v. PIRQUET *(176)* diesen Begriff geprägt hatte, auch in Hinblick auf die Herdwirkungen erwogen. Aber wieder blieb man jahrzehntelang auf eine direkte Antigen-Antikörper-Reaktion zwischen Herd und Sekundärkrankheit fixiert. Doch ist der Nachweis einer bakteriellen Allergie damals kaum möglich gewesen. Die üblichen allergologischen Verfahren wie Läppchenprobe, Intrakutanquaddeln etc. versagen häufig – am ehesten war noch ein Nachweis durch Autovakzinen zu erwarten (STEIN 1932) *(219)*. Auch URBACH (1935) *(223)* bezeichnete den Nachweis einer Fokalallergie als äußerst schwierig und dies nicht nur, weil die Hauttests häufig versagen. Außerdem lasse die Anamnese im Stich, die Exposition kann – ohne Sanierungseingriffe – nicht vermieden werden und schließlich besteht die Möglichkeit, daß eine Autovakzine nur eine unspezifische Proteinwirkung haben kann. Trotzdem wurden noch 20 Jahre später die bakteriellen Herde von führenden Allergologen, wie z. B. von HANSEN (1950) *(44)*, zu den Depotallergenen gerechnet. Völlig unbeachtet blieben zwei Publikationen, die schon damals das Wesen der Herdbelastung als gänzlich anders erkannten. So publizierte der Wiener Dermatologe KERL *(97)* 1930 einen Fall von Nahrungsmittel- und Kälteallergie, der erst nach Eliminierung bakterieller Zahnprozesse zur Abheilung gebracht werden konnte: Die bakteriellen Herde waren keine spezifischen Allergen-Lieferanten, sondern führten zunächst nur zu einer Umstimmung in eine allergische Reaktionslage – die letztlich auslösenden Allergene waren dann völlig anderer Natur. Sein Schüler URBACH (1935) *(223)* stellte nun vor mehr als 50 Jahren die Forderung auf, bei der chronischen Urtikaria nach Herden zu suchen und diese zu eliminieren, da Herde zwar keine letztlich auslösenden Ursachen seien, aber ein prädisponierender Faktor.

Und genau das, was damals niemand zur Kenntnis nahm und das völlig in Vergessenheit geriet, wurde durch die Arbeiten PISCHINGER's nach dem 2. Weltkrieg als die wesentlichste Herdwirkung neu entdeckt und bestätigt.

Wie aus den Ausführungen im Kapitel „Funktionsstörungen des Grundsystems" schon ersichtlich ist, kamen wir – damals noch ohne Kenntnis der Arbeiten KERL's und URBACH's – zur gleichen Erkenntnis. Nur ein Bruchteil der sogenannten Herderkrankungen ist aus direkt kausalen Zusammenhängen zwischen Herd und Sekundärerkrankung entstanden – und in keinem dieser Fälle handelte es sich um eine entzündliche Systemerkrankung, sondern um septische Streuungen, rezidivierende Harnwegsinfekte und Thrombophlebitis migrans.

So fanden sich bis 1978 unter 7148 Patienten mit stummen chronischen Entzündungen nur 121 Patienten, bei denen eine bakterielle Streuung – also eine echte „Fokalinfektion" – bestand, das sind 1,69% der Fälle. Aber auch direkt kausale Zusammenhänge allergischer Natur sind selten. Nur bei 116 Patienten, das sind 1,62% der Fälle, konnte eine bakterielle Allergie nachgewiesen werden und dies eindeutig nur durch Testung mit Autovakzinen. Bei diesen Patienten handelte es sich ausschließlich um Fälle mit Asthma bronchiale, asthmoider Bronchitis und allergischen Ekzemen, wiederum fand sich kein Patient mit einer entzündlichen Systemerkrankung darunter (Perger 1978, 1984) *(146, 160)*. Was also zunächst Kerl und Urbach aus der klinischen Beobachtung geschlossen hatten, konnte auf der Basis der Grundregulationen nach Pischinger *(186)* in seiner Entwicklung verfolgt und nachgewiesen werden.

So führt ein Infekt lokal zu einer Veränderung der Gewebs-pH und löst damit erhebliche Reaktionen unspezifischer Natur aus, die der Anstoß für immunologische, hormonelle und vegetativ-nervale Aktivitäten sind. So ist unschwer die Bedeutung einer stummen chronischen Entzündung vorstellbar. Diese stummen Entzündungen reichen histologisch gesehen immer in das Grundgewebe hinein. Sie sind aber aus verschiedenen Gründen nicht abbaubar und verlangen eine ständige immunologische Abgrenzung, um Septikämien zu verhindern. Dies ist das genaue Gegenteil dessen, was die Theorie der Fokalinfektion annahm. Der Organismus schützt sich vor möglichen Keimstreuungen durch eine immunologische Barriere. Dazu baut er zunächst eine histiozytäre, dann granulozytäre und später lymphozytäre Abwehrzone um solche stummen Entzündungen auf und hält diese über die gesamte Zeit ihres Bestehens, d. h. jahre- bis jahrzehntelang, aufrecht: dies geschieht unter entsprechendem Aufwand an Energie sowie zelligem und humoralem Material, das ja ständig ergänzt werden muß. Nur selten wird dieser Zernierungsring von den Keimen dieser Prozesse durchbrochen. Wie selten dies geschieht, ist an der geringen Zahl von 121 bakteriellen Streuern unter 7148 Herdträgern ersichtlich.

Was geht nun tatsächlich vor sich und wie kommt es zur klinischen Relevanz dieser stummen chronischen Entzündungen bei entzündlichen Systemerkrankungen, wenn direkt kausale Vorgänge auszuschließen sind?

Die Veränderung des pH-Wertes im infizierten Gewebe führt zu einer Depolarisierung der Zellmembranen, bei Dauerreiz bleibt diese Depolarisierung anhaltend bestehen. Das führt zu einer Reihe von Reaktionen, zunächst im unspezifischen Bereich. Diese Reaktionen bestehen in einer lokalen Schockreaktion, wie sie für den Gesamtorganismus im Kapitel „Funktionsstörungen des Grundsystems" bereits ausführlich beschrieben wurden. Dieser vegetativ-humorale Schockzustand wird bei Nichtüberwindung der entzündlichen Noxe aufrechterhalten und führt seinerseits zu dem Ablauf humoraler und zellulärer Abgrenzungsvorgänge, vom Histiozytenwall über den Granulozytenwall zum lymphozytären Ring, der dann dauernd aufrechterhalten wird. Gleichzeitig wird die Durchblutung durch die Öffnung der lokalen peripheren arteriovenösen Anastomosen gedrosselt, es kommt zu einer Hypoxämie des erkrankten Gewebsbereiches, wie dies schon im Kapitel „Das System der Grundregulation ..." beschrieben wurde. Bei Nichtüberwindung der Noxe ist dieser Zustand nicht nur vorübergehend, sondern bleibt dauernd bestehen. Mit der Zeit bleibt aber dieser Reaktionszustand nicht nur auf die Entzündung und ihrer nächsten Umgebung, den „Hof", beschränkt, sondern breitet sich in die nähere und weitere Umgebung aus, und zwar – wie SIEGMUNG (1950) *(210)* es beschrieben hat – entsprechend dem Gefäßversorgungsschema des Organismus (s. Kap. „Hormone und Gefäßnervensystem im unspezifischen Abwehrgeschehen"). Zunächst wird der lokale Gefäßversorgungsbezirk betroffen, also die Bereiche der großen arteriellen Gefäße (Karotis, Subklavia, Femoralis bds. sowie Aortenversorgungsbereich). In späterer Folge wird das Gefäßversorgungssystem der betroffenen Körperhälfte in die Störung miteinbezogen, was dann durch die Seitendifferenzen der unspezifischen Parameter nachgewiesen werden kann, und schließlich ist das gesamte Gefäßnervensystem beider Körperhälften gestört. Dieser Vorgang ist immer wieder zu verfolgen und deutet auf die zunehmende Störung der Energiereserven hin, kann aber auch als Ausdruck einer allgemeinen Umstimmung in pathergische Reaktionen rein biochemischer Art ausgelegt werden.

Diese dauernde Beanspruchung der Abwehrregelsysteme führt jedenfalls zu einer Schwächung der gesamten Abwehrleistungen, so daß nun Fehlreaktionen der Abwehr in allergischer Form oder auch bei der Abwehr an sich schwach pathogener Erreger zum Ausdruck kommen. So ist eine stumme chronische Entzündung zum prädisponierenden Faktor für Sekundärerkrankungen geworden, ohne daß hier ein direkt kausaler Zusammenhang gesucht werden muß.

Wenn man nun bedenkt, daß meist mehrere solcher stummen chronischen Entzündungen bestehen – wir fanden im Durchschnitt stets 5–6 solcher Prozesse – und daß sich solche Reize im Grundregulationssystem summieren, dann ist der Grad der prädisponierenden Belastungen als beträchtlich anzusehen. Auf Grund dieser Sachlage sollte man keinesfalls mehr von einer „Herdinfektion" sprechen, da ja tatsächlich bei der Mehrzahl der herdbeeinflußten Sekundärkrankheiten keine Fokalinfektion vorliegt. Es wäre besser, statt „Herd" nur von „stummen chronischen Entzündungen" zu sprechen bzw. – um einen historisch gewachsenen Begriff nicht gänzlich auszuschalten – von einer „Herdbelastung". Präzise soll damit ausgedrückt werden, daß Herde nicht „die" Ursache entzündlicher Systemerkrankungen sind, sondern einer von mehreren pathogenetischen Faktoren, die zur Entwicklung dieser Problemkrankheiten führen.

Der Weg dazu führt über die Herabsetzung der Reizschwellen für Ganzheitsreaktionen, d. h. anders ausgedrückt über den Verlust der lokalen autonomen Abwehrkapazitäten zu den regionalen Störungen bis zu den Veränderungen der Gesamt-Abwehrleistungen. Infolgedessen kommt es zu einer andersartigen Beantwortung von Reizen und Infektionen, und zwar im ursprünglichen Sinn der Allergie nach v. Pirquet, d. h. einfach die Andersreaktion eines sensibilisierten Organismus. Dabei treten Abwehrvorgänge auf, die – abgesehen von spezifischen Antigen-Antikörper-Reaktionen – sehr wohl auch den heute viel enger gefaßten Begriffen der Allergielehre entsprechen, d. h. daß auch bei den herdbeeinflußten Erkrankungen die Gesetze der Allergologie beachtet werden müssen, wie dies Aiginger (1950) *(1)* für die Multiple Sklerose betont hat.

Daher ist eine Revision des Herdbegriffes unerläßlich. Es bestehen überwiegend keine direkt kausalen Beziehungen, der Begriff der Herderkrankung ist daher abzulehnen. Die Herdbelastung ist überwiegend nur ein prädisponierender Faktor, der die Abwehrfunktionen verändert, und zwar fast ausschließlich durch die Beeinflussung der Lebensgrundfunktionen und der unspezifischen Abwehrleistungen im Grundregulationssystem nach Pischinger (1975) *(186)*. Man kann durch die bereits geschilderten Funktionstestungen nachweisen, daß diese Vorgänge sich im humoral- und nerval-vegetativen Bereich abspielen und primär nicht im spezifischen Immunsystem.

Dabei ist es gleichgültig, wo die stummen chronischen Entzündungen lokalisiert sind. Daß man sie vorwiegend im Kopfbereich findet, ist damit zu begründen, daß hier die beiden wichtigsten Eintrittspforten für extrakorporale Einflüsse liegen: Mundhöhle und Nase sind den Umwelteinflüssen durch Infekte und Toxine als erste und am intensivsten ausgesetzt, so daß chronische Entzündungen gerade im Bereich des Rachenringes und im Nasennebenhöhlenbereich verständlich sind. Dazu kommen aber noch die Herdbildungen am Kauapparat, die zunächst durch die Entwicklung einer Karies entstehen und dann zur Erhaltung der Kaufähigkeit zahnärztliche Eingriffe notwenig machen. Durch manche dieser Eingriffe, wie z. B. durch Zahnwurzelbehandlungen allerdings wird der früher viel zitierte „tote Raum" für die Abwehrleistungen zusätzlich geschaffen.

Darin liegt der Grund für den früher viel beschworenen „Primat der Kopfherde". Man findet im Bereich der Mundhöhle und des Nasenraumes tatsächlich die größte Zahl von stummen chronischen Entzündungen. Im eigenen Beobachtungsbereich fanden sich bei herdbelasteten Patienten in 98% Zahn-Kiefer-Prozesse, bei 75% Herdtonsillen oder Tonsillenreste bzw. Narbenabszesse nach Tonsillektomien und bei 38% rhinogene oder dentogene herdwirksame polypöse NNH-Prozesse. Hingegen sind herdwirksame chronische Entzündungen im übrigen Körperbereich mit ca. 4% doch relativ selten (vorwiegend in der Gallenblase, der Appendix und den Adnexen bzw. Prostata). Noch seltener sind heute otogene Herde zu finden, da die chronische Mastoiditis durch die Antibiotikatherapie außerordentlich selten geworden ist.

Trotzdem ist der „Primat der Kopfherde" nicht von jener extremen Bedeutung, der ihm von den alten Herdforschern zugesprochen wurde. Denn wenn diese Prozesse auch in überwiegender Häufigkeit im Kopfbereich gefunden werden, so sind nicht nur chronische Entzündungen dieser Lokalisationen zu Herdwirkungen fähig, sondern es wirken auch alle anderen Herdlokalisationen mit Gewebsdesintegration, auch abakterieller Natur, ähnlich – und diese findet man deutlich häufiger am Stamm und an den Extremitäten verglichen mit den stummen chronischen Entzündungen.

Wesentlich ist auch die schon erwähnte Tatsache, daß bei allen Patienten mit nachweisbaren Zusammenhängen zwischen Herden und Allgemeinerkrankung nie nur eine, sondern stets mehrere solcher chronisch-entzündlicher Belastungen gefunden werden. Die Mehrfachbelastung führt dann zu einer Summierung von Reizen und erhöhtem Energieverschleiß im Grundsystem und so zu den Veränderungen der Noxen-Beantwortung, wie sie im ersten theoretischen Abschnitt bereits ausführlich behandelt wurde.

2.3 Abakterielle Störfelder

Die Existenz abakterieller Gewebsveränderungen, die genauso wie die chronischen Entzündungen Fernwirkungen auslösen können, ist der letzte entscheidende Beweis, daß die alten Theorien der Herdinfektion mit wenigen Ausnahmen nicht zutreffen und nicht das Wesen der Herdwirkung erklären können. Man hätte möglicherweise bereits 1930 aufhorchen sollen, als ROSENOW *(196)* damals über die Zusammenhänge zwischen Herdlokalisation und Fernwirkungsort referierte. Bereits 1928 berichteten F. und W. HUNEKE *(70)* über unbekannte Fernwirkungen von Lokalanästhetika – aber dieser Bericht widersprach so sehr den gängigen Lehrmeinungen, daß er über 20 Jahre nicht beachtet wurde. 1940 löste F. HUNEKE erstmals ein Sekundenphänomen von einer chronischen Entzündung aus und es ist sein Verdienst, daß er die Bedeutung dieser Zufallsbeobachtung erkannte und weiter verfolgte (HOPFER und HOPFER 1987) *(65)*. Aber so wichtig diese Beobachtung auch war, sie hatte doch einen großen Nachteil: wieder wurde über Jahre der bakterielle Herd in den Mittelpunkt der Herdforschung gerückt und die abakterielle Gewebsdesintegration sozusagen ins Abseits gedrängt. Dennoch ist gerade die Fernwirkung abakterieller Gewebsveränderungen (im folgenden nach der inzwischen eingebürgerten Sprachregelung als „Störfeld" bezeichnet) für die Aufklärung der Herdwirkungen von allergrößter Bedeutung. Sie zeigt, daß die Bakterien in diesen Prozessen zwar die Desintegration des Gewebes verursachen, daß aber in weiterer Folge nicht die Bakterien, sondern die von ihnen verursachte Desintegration diese Fernwirkungen auslösen. Das heißt aber, daß diese auch von anderen Faktoren als Bakterien ausgelöst werden kann.

SIEGMUND (1950) *(210)*, der sich unseres Wissens als erster näher mit den Konsequenzen der Fernwirkung von Lokalanästhetika beschäftigte, führte ihre Wirkung auf eine Veränderung der Erregung der Gefäßnerven im gestörten Bereich zurück und erklärte deren Behebung durch die Infiltration mit diesen Mitteln. Später hat KELLNER (1969) *(80)* verschiedene Gewebe mit Störfeldwirkung untersucht und diese – soweit sie abakterieller Natur waren – als Narben mit gestörter Wundheilung definiert. Diese Definition wandte er auch auf den wurzelbehandelten Zahn ohne bakterielle Besiedlung an. Unter anderem fand er Talkumkristall-Einschlüsse in Operationsnarben, die imstande waren, die gleichen Fernwirkungen auszulösen wie umschriebene stumme bakterielle Prozesse. In letzter Zeit versucht VOLL (1987) *(225)* nachzuweisen, daß die Fernwirkungen mit den Meridianen der Akupunkturlehre in Zusammenhang stehen, was eine zumindest interessante Theorie ist, deren Bestätigung ein weiterer wichtiger Beweis für die völlig andere Wirkungsweise von Herden als bisher angenommen wäre.

Damit ist aber jede Theorie, die die Bakterien in den stummen chronischen Entzündungsherden als die direkte Ursache der Fernwirkung ansieht, eindeutig falsch. Selbstverständlich kann es auch Streuungen von Bakterien und/oder Toxinen geben, aber wie schon im vorangehenden Kapitel beschrieben wurde, sind sie außerordentlich selten und wurden im eigenen Untersuchungsgut nur in 3,31% aller herdbeeinflußten Erkrankungen gefunden. Bakterielle und Toxinstreuungen treffen gerade für jene Krankheiten, wie z. B. Gelenkrheumatismus, nicht zu, bei denen sie als spezifische Ursache angesehen wurden.

Was aber haben z. B. Bakterien und Talkumkristalle (oder auch andere Narbeneinschlüsse) gemeinsam? Histologisch und biologisch gar nichts, aber sie haben die gleiche Eigenschaft zur Desintegration der sie umgebenden Gewebe. Deshalb ist es wohl berechtigt, die Veränderungen des Gewebspotentials, die Dauerdepolarisation der betroffenen Gewebsabschnitte als gemeinsames Wirkungsprinzip der lokalen und damit auch der Fernwirkungen anzusehen. Die einzige sichere Gemeinsamkeit von Bakterien und unbelebten Substanzen wie Talkumkristalle ist diese depolarisierende Wirkung auf ihre nächste Umgebung. Schon PISCHINGER (1975) *(186)* schrieb: „Wenn man hingegen allen Erscheinungen auf den Grund geht, dann stößt man stets auf bioelektrische Vorgänge". Es ist daher berechtigt, die Wirkung von Gewebsveränderungen auf diese bioelektrischen Vorgänge zu beziehen – zumindestens solange, bis nicht andere Gesetzmäßigkeiten als zusätzliche oder überwiegende Auslösungsfaktoren nachgewiesen werden.

Die Deutung der Herd-Störfeld-Wirkung als bioelektrisch bedingte Vorgänge liegt auch deshalb nahe, weil die Therapie mit Procain und Lidocain, wie sie in der Neuraltherapie gebräuchlich ist, zu einer Repolarisierung der Zellmembranen führt und auf diese Weise die Belebung humoraler und nervaler vegetativer Störungen zeitweise bis dauernd möglich wird. Nach FLECKENSTEIN (1956) *(33)* ist gerade diese repolarisierende Eigenschaft der Lokalanästhetika die Basis ihrer Wirksamkeit. KELLNER (1975) *(84)* und BERGSMANN (1980) *(14)* untersuchten die Folgen dieser Repolarisierung und stellten fest, daß dadurch eine Lösung der vegetativen Blockierung mit Überführung in die granulozytäre Phase der Wundheilung bewirkt wird. Diese Lösung der Abwehrhemmung führt über eine Aktualisierung der Abwehrvorgänge zur Einleitung des Heilungsprozesses.

Die Veränderungen des elektrischen Verhaltens der Haut bei Herden und Störfeldern ist von vielen Autoren gemessen worden. So hat STANDEL (1956) *(218)* durch Reizung mit Gleichstrom über gestörten Geweben Veränderungen gegenüber den normalen Gefäßreaktionen nachgewiesen und hat dies in Form des Elektrohauttests (EHT) zur Diagnose von Herden und Störfeldern ausgenützt. Es würde hier zu weit führen, alle Arbeiten über das veränderte Verhalten der Haut und ihrer Gefäße auf elektrische Reize zu zitieren, sie reichen von KRACMAR (1961) (zit. n. *186*) mit der Messung von Kapazität und Hautwiderstand bis zur Decoder-Dermographie (BERGSMANN 1979) *(13)* und zur Thermographie (ROST 1985) *(199)*. Wesentlich scheint uns die Tatsache zu sein, daß im Reflexbogen gestörter Gewebe der Ruhezustand oft unauffällig, die Reizreaktion – d. h. die Funktion – aber immer gestört ist. Aber auch die Ausgangswerte elektrischer und thermischer Messungen sind oft schon wesentlich gestört. Persönlich am überzeugendsten waren damals die von STACHER 1968 *(217)* durchgeführten Untersuchungen. Mit Hilfe eines einfachen Röhrenvoltmeters wurde der Hautwiderstand im Bereich von Narben und unversehrter Haut gemessen. Die Meßdaten lagen bei normaler Haut und ungestörten Narben zwischen 100 bis und 150 kΩ. Bei gestörter Wundheilung fanden sich aber Meßwerte, die bis zu 1400 kΩ höher lagen als die maximal 1 cm danebenliegenden Meßpunkte der umgebenden Haut. STACHER konnte damit auch die Angabe von HUNEKE bestätigen, daß oft nur kurze Abschnitte einer Narbe Störfeldcharakter haben – und zwar nur dort, wo eine Wundheilungsstörung besteht, z. B. am Ort einer Wunddrainage.

So sind die abakteriellen Störfelder aus theoretischen und praktischen Gründen ungemein wichtig: Sie zeigen einen ganz anderen Wirkungsmechanismus, als es dem traditionellen Herdbegriff entspricht, und ihre Beachtung führt zu wesentlich verbesserten Erfolgen in der Behandlung chronischer Schmerzzustände.

Grundsätzlich kann jede Narbe Störfeldwirkung aufweisen, man muß ihr das nicht von vornherein ansehen. KELLNER (1969) *(80)* hat – wie schon angeführt – als eine der Ursachen der Störwirkung Talkumkristalle nachgewiesen, die als nicht abbaubare Gewebseinschlüsse auch deutliche Abwehrreaktion, z. B. Riesenzellinfiltrate, auslösen. Operationsnarben sind jedoch nicht von vornherein als Störfelder zu bezeichnen, hingegen sind Narben nach Unfällen und Kriegsverletzungen immer suspekt.

Die vorübergehende Wirkung von Procain-Infiltrationen ohne Erreichung eines Dauereffektes war in einigen Fällen der Grund, solche Narben zu exzidieren und histologisch untersuchen zu lassen. Dabei fanden sich – neben schon röntgenologisch erkennbaren Metallsplittern oft noch kleine Stoffreste, Sandkörner etc. und bei Unfallnarben u. a. Asphaltkügelchen und Glassplitter. Bei einer Patientin war auch ein Jodoformgazestreifen in eine Wunde eingeheilt und somit die Ursache der Störfeldwirkung.

Besonders hervorgehoben seien noch jene Teile von Operationsnarben, die entgegen der übrigen Anteile der Narbe Störfeldwirkungen aufweisen: am häufigsten sind dies jene Stellen, an denen Drains (z. B. nach Cholezystektomien) angelegt wurden. Das bedeutet nicht, daß solche Drainagen kontraindiziert wären, sollte aber Anlaß sein, solche Stellen mit Lokalanästhetika bei Suche nach Störfeldern abzuspritzen. Das sind Erfahrungen, die jeder Neuraltherapeut macht und die ihm so selbstverständlich sind, daß sie meist gar nicht mehr erwähnt werden. Und doch ist dies oft jenen Ärzten unbekannt, die sich mit dieser Materie noch nie beschäftigt haben. Aber auch selbst lernt man nie aus. Obwohl dies theoretisch durchaus möglich ist, bezweifelte der Autor, daß Pockenimpfnarben auch Störfeldwirkungen haben können, da er in über 30 Jahren von dort nie Effekte der Infiltrationen gesehen hatte. Aber nur wenige Tage vor Abfassung dieser Zeilen brachte eine Lidocain-Infiltration einer Impfnarbe ein Sekundenphänomen mit über 60stündiger Schmerzfreiheit bei Interkostalneuralgie der mittleren und unteren BWS.

Es ist also durchaus sinnvoll, bei chronischen Krankheiten die bestehenden Narben zu suchen und im Bedarfsfall zu infiltrieren. Man kann dann auch seltene und ausgefallene Narbenstörfelder nachweisen. So berichtete kürzlich ein Kollege auf einem neuraltherapeutischen Symposium in Baden b. Wien, daß er ein Sekundenphänomen von einer Narbe nach einem jahrzehntelang zurückliegenden Kreuzotterbiß auslösen konnte. Welch verheerende Folgen ein solches Narbenstörfeld haben kann, bewies die Erkrankung und der Tod eines engen Freundes: er hatte eine Granatsplitterverletzung am Nacken. Plötzlich trat eine Querschnittslähmung auf – die Operation ergab eine Krebsmetastase im HWK unter dieser Narbe, ohne daß ein Primärtumor gefunden wurde. Erst bei der Obduktion stellte sich ein winziges Bronchuskarzinom heraus, dessen ungewöhnlich frühe Metastasierung nur durch die lokale segmentale Abwehrstörung auf Grund dieser Narbe verständlich ist.

So haben Gewebsdesintegrationen, auch abakterieller Natur, im chronischen Krankheitsgeschehen Bedeutung, und zwar mehr als man glauben möchte. Sie gehören z. T. zu den primären Faktoren in der Krankheitsentstehung und sind z. T. als Locus minoris resistentiae sekundär für die Lokalisation von Fernwirkungen anzusprechen.

Nun soll die Beschränkung der hier gegebenen Schilderung auf Sekundenphänomene nicht bedeuten, daß die Neuraltherapie nur auf diesem Sektor beruht. Aber weder die Segmenttherapie noch die Grenzstrangblockaden haben in der Erfassung von Ursachen der Abwehrstörungen die gleiche Bedeutung, so daß sie hier vernachlässigt wurden. Im hier gegebenen Zusammenhang war es vor allem wichtig darzustellen, daß nicht nur bakterielle Prozesse Fernwirkungen auslösen können und daß diese Fernwirkungen gerade durch die Auslösung von Sekundenphänomenen die Notwendigkeit einer Revision des Herdbegriffes begreiflich machen.

2.4 Subsymptomatische Toxikosen

Wenn die Herdwirkung nun auf einer Veränderung der Abwehrleistungen beruht und vorwiegend im Grund-, Immun- und Gefäßnervensystem Funktionsstörungen auslöst, nur selten jedoch als direkt kausale Ursache von Sekundärerkrankungen in Frage kommt, sondern hauptsächlich als prädisponierender Faktor, dann muß logischerweise auch eine Reihe von anderen Belastungen das Abwehrverhalten eines Organismus in ähnlicher Weise verändern können. Am deutlichsten war dies aus den Fernwirkungen abakterieller Gewebsveränderungen ersichtlich.

Es war daher naheliegend, auch Toxine und deren Wirkungen auf das Abwehrgeschehen in die Untersuchungen einzubeziehen. Dadurch war die Möglichkeit gegeben, die zunehmenden Klagen über die Umweltverschmutzung auf ihre Stichhaltigkeit und auf ihre Bedeutung für den menschlichen Organismus zu überprüfen.

In den Vorbemerkungen zu diesem Abschnitt wurde schon darauf hingewiesen, daß manche gängige Lehrmeinung revidiert werden muß. Hinsichtlich der Herdwirkung wurde dies schon ausführlich dargelegt, aber es ist auch eine Neubewertung der subsymptomatischen Toxinbelastungen erforderlich. Dies darf zunächst am Beispiel der subsymptomatischen Bleidepots demonstriert werden. Bisher war man der Meinung, daß Blei in subsymptomatischen Mengen, im Knochen deponiert, völlig ungefährlich ist und nur bei Wiederausschwemmung ins Blut toxisch wirken könne – danach handelt es sich nur um ein potentielles Giftdepot (Wirth und Gloxhuber 1981) *(229)*. Nur stimmt diese althergebrachte Meinung leider nicht. Denn wenn auch bei unterschwelligen Dosen keine spezifischen Erscheinungen einer Bleivergiftung auftreten, so ist Blei doch ein Enzymgift, das auch in kleinen Dosen Enzymfunktionen inhibiert. Dies kann bei Langzeitwirkung oder bei zusätzlichen Krankheitsereignissen doch zu erheblichen Störungen führen.

Schon 1974 brachten Maruna und Stipinovic *(116)* den ersten unwiderlegbaren Beweis, daß Blei in den Knochen und nicht nur bei Wiederausschwemmung ins Blut beträchtliche klinische Relevanz hat, und zwar bei Knochenfrakturen. Pb ist in biologischen Systemen ein Antagonist von Eisen und Zink – kommt es zu einer Fraktur, so kann ein erhöhter Pb-Gehalt im Knochen durch Enzym-Inhibition zu erheblichen Heilungsstörungen bis hin zu Knochennekrosen führen. So fand sich im nekrotisierenden Knochen ein 8,2 mal höherer Pb-Gehalt als in Knochen mit normalem Heilungsverlauf – das Untersuchungsmaterial wurde bei Nagelungen von Schenkelhalsfrakturen gewonnen. Nun ist durchaus verständlich, daß durch die Enzym-Inhibition Repairvorgänge gestört werden, so daß dies bis zu Nekrosen führen kann. Aber Pb ist nicht nur in Knochen deponiert, es wird auch in peripheren Nerven, im ZNS, in glatter und quergestreifter Muskulatur, in Nieren und Schleimhäuten abgelagert und kann dort ebenfalls die gleiche Wirkung als Enzymgift entfalten. Die Auswirkungen sind nur dann unterschiedlich, wenn Enzyme anderer biochemischer Vorgänge betroffen werden.

Diesen Möglichkeiten sind wir intensiv nachgegangen und dies nicht nur im Zusammenhang mit Pb, sondern auch bei Belastungen durch Cadmium und Quecksilber.

Dazu waren zunächst einige Fragen zu klären:

1. Klinisch manifeste chronische Schwermetall-Vergiftungen sind selten. Sind auch subsymptomatische Belastungen imstande, in Grund- und Immunsystem Fehlfunktionen auszulösen und in welcher Form geschieht dies?
2. Wirken die subsymptomatischen Schwermetallbelastungen in gleicher Art wie Herde und Störfelder über pH-Wert-Veränderungen und Biopotentialverlust bis hin zur Abwehraberration oder sind hier nicht biophysikalische, sondern vielmehr biochemische Störungen im Vordergrund der krankmachenden Wirkungen?
3. Welche Möglichkeiten bestehen für den Nachweis, insbesonders für den Nachweis von Langzeitbelastungen. Welche Bestimmungen reichen für den klinischen Alltag und welche geben im wissenschaftlichen Bereich die exakteste Auskunft über Art und Dauer der Belastungen: Blutspiegel, Harnanalysen oder Gewebsproben, z. B. Haaranalysen?

Nun hatte sich der Autor – vor allem im Zusammenhang mit der Suche nach möglichen Allergenen bei rheumatischen Erkrankungen und bei der Multiplen Sklerose – schon 1954 bis 1958 mit der Frage von Schwermetalleinflüssen auseinandergesetzt (Perger 1954, 1956, 1958) *(131, 134, 138)* und hatte damals bei kutaner Applikation mehrfach allergische bzw. allergieähnliche Reaktionen auf Zahnlegierungsmetalle gefunden (Au, Ag, Hg, Ni, Cu, Fe). Bleiuntersuchungen wurden damals nicht durchgeführt, da diese Frage nicht bedeutsam erschien. Dies hatte sich rund 25 Jahre später geändert – Pb wurde zu einem beträchtlichen Belastungsfaktor. Die Ursache dafür war die Luftverschmutzung durch den rasant gestiegenen Kfz-Verkehr und den sehr hohen Gehalt an Bleitetraäthyl (0,4 mg/l) im Benzin. Verantwortlich für diese Entwicklung war, daß nun eine organische Pb-Verbindung als Aerosol angeboten wurde, wovon zwischen 50–80% über die Lungen resorbiert wurde, während die Resorption aus Lebensmitteln und Trinkwasser über den Darm nur ca. 8% beträgt. Der Nachweis erfolgte allerdings in anderer Form: 1954 bis 1958 waren Läppchenproben durchgeführt worden, um eventuelle Allergien zu erfassen, 1978 bis 1980 stand der Nachweis von toxischen Wirkungen im Vordergrund des Interesses. Daher beschränkte sich die Untersuchungsserie auf die Bestimmung der

Delta-Aminolävulinsäure im Harn und deren Verlauf bei Ausschwemmungstherapie sowie in der Kontrolle der klinischen Manifestationen. Dabei wurden vor allem Pb-exponierte Personen untersucht: 136 Patienten mit rheumatischen Beschwerden (Gelenk- und Muskelschmerzen) und 183 Kraftfahrer eines österreichischen Großbetriebs, die mindestens 20 000 km/a im Stadtverkehr oder mindestens 60 000 km/a im Überlandverkehr absolviert hatten. Unter den 136 Patienten fanden sich 69 Patienten mit einer erhöhten Harnausscheidung der Aminolävulinsäure (ALA i. H.), bei den subjektiv beschwerdefreien Kraftfahrern immerhin noch 44 von 183 Personen (23,5%) mit ALA-Werten über 5,0 mg/l (Normwert bis 4,5 mg/l).

Der Anteil der Pb-Belasteten war mit 50,74% überraschend hoch, aber auch die Belastung von 23,5% der Kraftfahrer war überraschend. Da das Unternehmen eine eigene Betriebskrankenkasse führt, war es bei den Kraftfahrern leicht möglich, die Entwicklung der Krankenstände exakt zu verfolgen. Da es sich bei dieser Probandengruppe außerdem um ein nicht-selektiertes Kollektiv handelte, war das Ergebnis von größerer Allgemeinbedeutung als dasjenige des Patientenkollektivs. Dieses wies bereits eine deutliche Selektion auf: Es handelte sich um Patienten, bei denen die übliche spezifische Therapie versagt hatte und die deshalb speziell auf zusätzliche Belastungsfaktoren untersucht wurden. Als besonders wichtig ist anzumerken, daß die Kraftfahrer keine Motivation zum „Krankfeiern" haben, im Gegenteil erleiden sie durch den Wegfall von Reisediäten und Überstunden im Krankenstand oft erhebliche finanzielle Einbußen und sie stehen auf Grund ihrer doch weitgehenden Selbständigkeit im Beruf kaum unter psychischem Druck durch Vorgesetzte oder Arbeitskollegen. Der Jahresdurchschnitt der Krankenstände lag daher bei diesen Kraftfahrern niedrig und betrug bei den 139 Personen ohne Pb-Belastung im Durchschnitt 9,87 d/a. Hingegen fand sich bei den 44 Kraftfahrern mit Pb-Belastung eine durchschnittliche Krankenstandsdauer von 15,8 d/a er lag somit um ca. 60% höher (Tab. 20).* Dabei fiel auf, daß sich unter den Krankenstandsdiagnosen keine besondere Spezifität erkennen ließ, d. h. daß nicht bestimmte Erkrankungen gehäuft auftraten, sondern eine allgemein erhöhte Krankheitsanfälligkeit – eine Schwächung der Immunreaktionen – registriert werden mußte. Ganz anders war dies bei den 69 Pb-Belasteten unter den 136 Patienten mit rheumatischen Beschwerden,

* Berechnungszeitraum: 1978–1980

die wegen des Versagens der üblichen spezifischen Therapien zusätzlich auf bakterielle, abakterielle und toxische Belastungen untersucht wurden. Hier fanden sich bei den Pb-Belasteten – bei einer bereits deutlichen Selektion – sehr wohl Häufungen gewisser Symptome im Rahmen der Summe ihrer Beschwerden.
Es waren dies Arthralgien ohne Entzündungserscheinungen der betroffenen Gelenke, Muskelhartspann vor allem der Rückenmuskulatur, spastische Obstipation, Blässe der Haut (auch bei normalen Blutbildbefunden) und psychische Alterationen wie Konzentrationsschwäche, Schlafstörungen, Reizbarkeit und depressive Verstimmungen. Dies sind zwar keine spezifischen Symptome, die nur auf Pb-Belastungen zu beziehen wären, doch veranlaßten sie uns, bei ihrem Auftreten an die Möglichkeit einer Schwermetallbelastung zu denken *(169, 173)*.

Der Kreis der Belasteten läßt sich auch aus den im Einzelfall angegebenen Lebensbedingungen eruieren. Hinweise über eine Exposition ergaben sich aus Beruf, Lage der Wohnung und des Arbeitsplatzes, der Kfz-Jahreskilometerleistung bzw. auch aus der Art der benützten öffentlichen Verkehrsmittel. Da eine berufliche Kontamination bei den meisten Berufen wie etwa bei Druckern und Setzern praktisch kaum mehr besteht, bleihaltige Medikamente und Kosmetika verboten sind, Haushaltsgefäße oder Tapeten nur einen minimalen Pb-Gehalt aufweisen dürfen und Wasserleitungsrohre aus Blei nur mehr in wenigen alten Häusern zu finden sind, ist der Kreis der Belasteten daher vorwiegend und hauptsächlich dort zu suchen, wo eine erhebliche Kontamination mit Kfz-Abgasen besteht. So sind Personen im Straßen- und Verkehrsdienst (Verkehrspolizisten, Straßenbahn- und Straßenreinigungspersonal, Taxilenker) sowie Kfz-Mechaniker und zudem Personen, die an Hauptverkehrsstraßen wohnen oder dort ihren Arbeitsplatz haben, am intensivsten mit Bleitetraäthyl belastet. Ferner kommen noch Personen in Betracht, die regelmäßig oder sehr häufig Straßenbahnen frequentieren und auf Haltestelleninseln warten müssen – sie sind dadurch ebenfalls erheblichen Abgas-Konzentrationen ausgesetzt. Ganz unerwartet fanden wir bei Angestellten von Bankfilialen einen hohen Prozentsatz mit erheblichen Pb-Belastungen, bis sich herausstellte, daß oft im Zuge von Modernisierungen Klimaanlagen mit Luftansaugung von der Straße her eingebaut worden waren *(153)*.

Die Entwicklung der Bleibelastungen und die Abnahme ihrer Häufigkeit seit 1982 zeigt aber, daß konsequente Maßnahmen zur

Verminderung der Umweltbelastungen sinnvoll sind und zu einer merklichen Reduktion dieser Belastungen führen (Tab. 21).

Solange der Bleitetraäthyl-Gehalt des Benzins 0,40 mg/l Benzin betrug, wurden bei 49,4% der chronisch Kranken ALA-Erhöhungen über dem Normalwert von 4,5 mg/l Harn festgestellt (März 1982 bis Okt. 1983). Nach der Reduktion des Bleitetraäthyls auf 0,15 mg/l Benzin ging der Anteil der Belasteten auf 32,9% zurück (Nov. 1983 bis März 1985), obwohl der Individualverkehr in dieser Zeit noch beträchtlich zugenommen hat. Ab der Einführung bleifreien Benzins im März 1985 fiel der Anteil der belasteten Personen auf 22,2% zurück *(169)*.

Diese Zahlen beweisen, daß die Kfz-Abgase tatsächlich hauptverantwortlich für die Bleibelastungen sind. Tatsächlich haben auch die Fälle von Muskelhartspann, soweit sie nicht statisch, arthritisch bzw. zentralnervös bedingt waren, in etwa gleichem Ausmaß abgenommen. Damit ist Sinn und Wirkung umweltschützerischer Maßnahmen an einem geeigneten Objekt wohl hinreichend bewiesen.

Gleichzeitig hat auch die Zahl der Patienten mit Alopecia areata im eigenen Beobachtungsgut stark abgenommen – dies kann natürlich auch ein zufälliges Zusammentreffen sein, denn die Zahl dieser Patienten war bereits vorher nicht sehr groß. Doch gerade Patienten mit Alopecia areata weisen eine oft beträchtliche und vor allem langfristige Bleibelastung auf und reagierten auf eine Pb-Ausschwemmung, von einer Ausnahme abgesehen, mit frischem Haarwuchs an den kahlen Stellen. Doch ist Pb nicht die alleinige Ursache, wie noch im Kapitel „Mangelzustände" dargelegt wird.

Die Häufigkeit der Pb-Belastungen war dann auch der Anlaß, zwei weitere toxische Schwermetalle, die in Industriestaaten die Umwelt belasten, nämlich Cadmium und Quecksilber, in die routinemäßigen Untersuchungen aufzunehmen. Die konsequente Bestimmung dieser beiden toxischen Elemente zeigte nun für beide eine ganz andere Entwicklung als die der Pb-Belastungen. Cadmium und Quecksilber sind nicht überwiegend von Kfz-Abgasen verursacht, sondern werden hauptsächlich durch andere Faktoren bestimmt. Dabei ist die Frage der Quellen, aus denen Cd und Hg stammen, nicht immer eindeutig zu beantworten und man ist z. T. auf reine Vermutungen angewiesen.

Nach dem heutigen Wissensstand wird Cadmium hauptsächlich durch die Nahrung zugeführt. Verantwortlich dafür ist der hohe Cadmium-Gehalt des Bodens, der wiederum vom Kunstdünger (vor allem von Phosphatdüngern) verursacht wird. Aber auch die hohe

Affinität mancher Pflanzen, z. B. von Pilzen, zu Cd ist auch ohne Düngung in Betracht zu ziehen.

Man kann aber die Lebensmittel nicht allein für die zeitweise hohen, dann wieder niedrigeren Cd-Mengen, die im Harn gefunden werden, verantwortlich machen. Ebensowenig ist für die unterschiedlichen Belastungsgrößen in verschiedenen Zeiträumen das Rauchen, das als Quelle für Cd-Belastungen gilt, der entscheidende Zusatzfaktor. Betrachtet man die jahreszeitliche Verteilung der Cd-Ausschwemmungen im Harn, dann findet man in den Sommermonaten 1983, 1984 und 1986, deutlich niedrigere Werte als in den Wintermonaten November bis März. In den Sommermonaten 1982 und 1985 war die Cd-Ausscheidung hingegen stark erhöht (Tab. 22).

Warum in den Sommermonaten 1982 und 1985 die Cd-Ausscheidung so hoch lag, konnte nicht geklärt werden. Man kann nicht einmal behaupten, daß dies durch eine Selektion der Untersuchten zustandegekommen ist, fand aber auch keine Gründe, die für eine spezielle Umweltverschmutzung durch Cd sprechen könnten. Diese Frage muß daher offen bleiben.

Ansonsten ließen sich die in den Wintermonaten etwas höher liegenden Cd-Ausscheidungen einfach erklären: Am naheliegendsten wäre es, dies auf die winterlichen Wetterverhältnisse mit ihren häufigen Inversionswetterlagen zu beziehen und die Luftverschmutzung mit Cadmium dafür verantwortlich zu machen. Dies wäre durchaus damit in Übereinstimmung zu bringen, daß im Winter durchschnittlich geringere Zinkspiegel im Serum bzw. Vollblut gefunden werden; denn die Ausscheidung von Cd (aber auch von Hg) ist weitgehend abhängig vom Enzym *Metallothionein**, das wie-

* METALLOTHIONEIN ist der biologische Chelatbildner für Schwermetall, wodurch eine Ausscheidung erst ermöglicht wird. Dies wird allerdings in Zweifel gezogen (zit. nach SCHÄFER, S. G., W. FORTH, Dtsch. Ärzteblatt 79 (1982) 39), da nach i.v.-Gabe von Cd an Metallothionein gebunden eine höhere Nieren-Toxizität nachgewiesen wurde als bei Cd-Verbindungen anorganischer Salze. Hier ist die hohe Konzentration des direkt in die Nieren geleiteten Cd-Metallothionein-Komplexes zu beachten. Ein passendes Beispiel ist vielleicht der Vergleich zwischen therapeutischer und toxischer Dosis vieler bekannter Pharmaka (z. B. Digitalis). Metallothionein bindet auch überschüssiges Zink und bringt es zur Ausscheidung (z. B. nach therapeutischer Überdosierung), so daß an der physiologischen Funktion des Metallothioneins kaum Zweifel bestehen.

Weiterführende Literatur hierzu:
GLADTKE, E. (Hrsg): Spurenelemente. (Symposium Bad Kissingen) Thieme, Stuttgart 1979

derum Zink zu seiner Aktivierung benötigt sowie von einer ausreichenden Versorgung mit Vitamin C. Denn man müßte bei gleichmäßiger Zufuhr von Cadmium im Winter unter diesen Voraussetzungen ja mit einer geringeren Cd-Ausscheidung im Harn rechnen. Die Belastung durch die Umwelt ist daher sichtlich im Winter größer, mit Ausnahme der beiden Sommermonate 1982 und 1985. Da die Ursachen dafür bisher unbekannt geblieben sind, sind auch die Überlegungen hinsichtlich der Klimaeinflüsse nur mit Vorbehalt zu betrachten.
Auf Grund dieser Zusammenhänge zwischen Schwermetallentgiftung und -ausscheidung mit dem Zink-Gehalt und der Aktivität des *Metallothioneins* verbietet es sich, die Höhe der Cd- (und Hg-)-Ausscheidung als direktes Maß für die Belastungsgröße in den verschiedenen Körperdepots zu verwenden. Um diese halbwegs abschätzen zu können, muß mindestens auch die Höhe des Zink-Gehalts i.S. oder Vollblut bekannt sein. Exakter wären Gewebsproben, die aber bei internen und neurologischen Erkrankungen auf Haaranalysen beschränkt sind – alles andere wäre wegen der Belastung der Patienten ethisch nicht zu verantworten. Darüber ist später in diesem Kapitel noch eingehender zu berichten.

Wie eng der Zusammenhang zwischen Schwermetallbelastungen und Zink-Gehalt ist, belegt die Beobachtung, daß bei 32 von 38 Patienten mit erniedrigtem Serum-Zink-Gehalt die ersten Harnproben keine Cd-Ausscheidung zeigten, es aber dann unter Zink-Substitution zu teilweise beträchtlichen Cd-Ausscheidungen i.Harn kam.

Die Folgen der Cadmium-Kumulation im Organismus hängen weitgehend von den Depotlokalisationen ab. Man hat kaum einmal das Bild einer chronischen Cd-Intoxikation vor sich, sondern findet Wirkungen nur an den Stellen der Depots. Cadmium wird in den Nieren, Pankreas und in den Keimdrüsen abgelagert, aber auch im Stützbindegewebe, in Knochen und Knorpeln sowie im ZNS und –

Gladtke, E. (Hrsg): Spurenelemente. (Symposium Konstanz) Thieme, Stuttgart 1985

Schmidt, K., W. Bayer: Mineralstoffwechsel und Abwehrsystem. VfM, Heidelberg 1982

Schmidt, K., W. Bayer: Die Bedeutung des Zinks in der Medizin. VfM, Heidelberg 1983

Schmidt, K., W. Bayer: Mineralstoffwechsel und rheumatischer Formenkreis. VfM, Heidelberg 1986 dies ist immunologisch wichtig – auch in den Zellen des Grundsystems (Fibroblasten) und des Immunsystems (Lymphozyten). Im Grund- und Immunsystem blockiert es die Synthese von Immunglobulinen, vor allem die Bildung von IgG. Die Ursache liegt in der Inhibition der Polymerasen, der Enzyme zur Synthese von RNS und DNS (Tab. 23).

Je stärker die Cd-Belastung war, desto weniger IgG wurde bei den Immunfunktionstests innerhalb der Testzeit von 3 Stunden freigesetzt. Da von uns als Testmittel die 3-fach-konjugiert-ungesättigten Fettsäurederivate (Elpimed®) als genormter Reiz verwendet werden, lassen sich die Wirkungen einzelner Belastungen durch die Unterschiede der Reizbeantwortung mit weitgehender Sicherheit feststellen. Dies gelingt nur dort nicht eindeutig, wo eine Summierung mehrerer Belastungen beträchtlicher Intensität und Häufigkeit besteht, etwa bei massiver Belastung durch mehrere stumme chronische Entzündungen, durch schwere Dysbiosen des Darmtrakts oder durch gleichzeitig mehrere Toxine. So haben wir nur 3 Patienten mit isolierter Hg-Belastung gefunden und nur 2 davon einem Immunfunktionstest unterziehen können.

Stickl (1985) *(220)* beschreibt über die eigenen Untersuchungen hinausgehend eine Verminderung von IgA auf den Schleimhäuten und eine Schädigung der Suppressor-T-Lymphozyten. Dabei bezieht er sich auch auf andere Autoren (Huber und Huber 1984 *(68)*, Hambach et al. 1983 *(43)* und Jorde und Linskens 1984 *(75)*). Diese Störungen werden aber nicht nur von Cd, sondern auch von Pb und anderen Toxinen wie SO_2 und NO_2 und auch durch verschiedene Chemotherapeutika ausgelöst.

Die Deponierung von Cd in den Nieren führt zu deren Funktionseinschränkung, wobei man gelegentlich auch grenzwertige Überschreitungen der Nierenparameter feststellen kann, die nach Ausschwemmung des Cadmiums wieder zurückgehen. Auch im Pankreas findet man Funktionsstörungen. Doch ist hier ein direkter Zusammenhang zwischen Cadmium und Erhöhungen der Alpha-Amylasen oft nicht eindeutig beweisbar, da durch die gleichzeitige Immunstörung beträchtliche Dysbiosen – vor allem Mykosen oder Protozoonosen (Lambliasis intestinalis, Sarcocystis etc.) – bestehen und deshalb meist nicht exakt entschieden werden kann, ob nun die Cd-Depots oder die Dysbiose die letztlich auslösende Ursache für die Pankreopathie ist. Für die Praxis ist dies nur von sekundärer Bedeutung, denn die Ausschwemmungstherapie führt jedenfalls zum Abbau sowohl der Pankreopathie als auch der Darm-Dysbiose – aber exakt wissenschaftlich gesehen bleibt diese Frage offen.

Beträchtlich sind auch die Folgen einer Langzeitbelastung des Skelettsystems durch Cd. Dies ist mit größter Wahrscheinlichkeit eine der Mitursachen von Osteoporosen, Osteochondrosen und Arthrosen, da seine Ausschwemmung innerhalb weniger Monate zu eindrucksvollen klinischen Besserungen führt.

Obwohl dies in den Abschnitt „Möglichkeiten der Regulationstherapie" gehört, sei ein typischer Fall bereits hier angeführt (Tab. 24).

Auffallend häufig und bei höheren Belastungen fast obligat (etwa ab > 40 μ Cd pro l Harn) sind psychische Alterationen, die sich vorwiegend mit dem Bild einer agitierten Depression und vereinzelt auch in Form eines submanischen Verhaltens manifestieren. Die Behandlung dieser Patienten ist oft schwierig, da sie in ihrem Zustand nicht verstehen können und daher meist eine schlechte Compliance aufweisen. Nach einer Ausschwemmungstherapie ändert sich das psychische Verhalten dieser Patienten oft verblüffend, sie werden wieder kontaktfähig und sind dann zu einem hohen Grad an Mitarbeit bereit.

So zeigt die Cd-Belastung fast noch deutlicher als jene durch Pb Störungen in Abhängigkeit von der Lokalisation der Depots.

Komplizierter als bei Pb und Cd liegen die Verhältnisse bei Belastungen durch Hg. Dies liegt schon daran, daß Hg in zwei Bindungsformen vorliegt, und zwar in den einwertigen Merkuro-Verbindungen und in den 2-wertigen Merkuri-Verbindungen, und dabei jeweils andere Störungen verursacht. Die Merkuro-Verbindungen wirken allergisierend bzw. prädisponierend für die Entwicklung von Allergien, während die Merkuri-Verbindungen toxisch wirken (Beispiel: $HgCl_2$/Sublimat). Man muß klinisch daher mit stark unterschiedlichen Folgeerscheinungen einer Hg-Belastung rechnen, kann aber mit den zur Verfügung stehenden Mitteln und Methoden weder im Blut noch im Gewebe noch im Harn feststellen, in welcher chemischen Bindung das gefundene Hg vorliegt. Diese erste Schwierigkeit wird durch eine weitere fast noch übertroffen. Die Quellen der Hg-Kontamination sind so vielfältig, daß überwiegend nicht nur eine Ursache in Frage kommt, sondern eine Summe von Einflüssen – wobei manchmal im Einzelfall nicht eruiert werden kann, woher nun die Hg-Belastung stammt.

Zunächst ist die berufliche Kontamination zu nennen. Betroffen sind – um nur einige besonders exponierte Berufe zu nennen – u. a.

Chemiker, Zahnärzte (Amalgamverarbeitung), Gewerbetreibende (Batterieerzeugung, Meßgeräteehersteller, früher auch Hutfabrikation etc.) und Landwirte, die gebeiztes Saatgut verwenden.

So wiesen 24 Zahnärzte und Dentisten eine durchschnittliche Hg-Ausscheidung i.H. von 564,4 µg/l auf, eine Arbeiterin aus einem Batterieerzeugungsbetrieb 2007 µg/l Hg und ein Bauer nach der Frühjahrsaussaat 416 µg/l Hg (Perger u. Maruna 1986 *(174)*). Sichtlich bestand bei mehreren Patienten eine hohe Anpassungsfähigkeit, denn nur ein Dentist mit der Extrem-Ausscheidung von 4080 µg/l Hg zeigte die typischen Zeichen einer chronischen Hg-Vergiftung, andeutungsweise bestanden Intoxikationssymptome noch bei der Arbeiterin aus der Batterieerzeugung. Sonst waren bei keinem der Patienten die Symptome der typischen chronischen Hg-Vergiftung zu erkennen.

Beim Bruch Hg-haltiger Meßgeräte (z. B. Fieberthermometer) kommen auch beträchtliche Mengen über die Nieren zur Ausscheidung, so bei einer Graviden 1004 µg/l Hg. Doch sind diese Belastungen nur vorübergehend und führen nur bei Zink-Mangel zu Depotbildungen.

Chronische Hg-Belastungen findet man aber auch bei Personen, die überwiegend auf Fischnahrung angewiesen sind. Dies ist bei Bewohnern küstennaher Gebiete der Fall. Im Harn aller 10 Patienten aus küstennahen Gebieten (BRD, S, B, F) fand sich ein erhöhter Hg-Gehalt zwischen 356–867 µg/l. Nach den angegebenen Eßgewohnheiten ist ein Zusammenhang zwischen Ernährung und Hg-Belastung wahrscheinlich. Offen bleibt aber die Frage nach dem Hg-Gehalt anderer Lebensmittel. So ist z. B. der Cd-Gehalt von Korn schon weitgehend erfaßt, doch finden sich in der zur Verfügung stehenden Literatur keine näheren Angaben über die Hg-Mengen im Korn bzw. Mehl bei der Verwendung gebeizten Saatgutes und Hg-haltiger Schädlingsbekämpfungsmittel.

Außerdem ist eine Hg-Kontamination auch durch Luftverunreinigungen möglich. Da derzeit noch immer nicht gewährleistet ist, daß der Abfall exakt sortiert wird, sind Hg-Emissionen aus Müllverbrennungsanlagen durch Alt-Batterien u. ä. möglich und sicher häufiger, als man optimistischerweise annehmen möchte.

Daß es eine Hg-Kontamination durch Luftverschmutzung gibt, wurde durch ein anderes Ereignis drastisch bewiesen. Ab April 1984 stiegen Anzahl und Belastungsgrößen plötzlich und unerwartet stark an: War von 1982 bis März 1984 bei 145 von insgesamt 208 Patienten

Hg i.H. festgestellt worden (69,77 % mit einem Durchschnittswert von 147,47 µg/l), wobei der DW im Winter 1983/84 mit 100,75 µg/l besonders niedrig war, stieg nun Häufigkeit und Intensität der Hg-Belastungen ab Ende April 1984 sprunghaft an (Tab. 25).

Der Höhepunkt der Belastung lag in den Monaten November 1984 bis Januar 1985 (70 von 72 Patienten waren belastet, DW 504,19 µg/l Hg), um dann langsam wellenförmig abzusinken, ohne jedoch die niedrigen Werte vor April 1984 wieder zu erreichen. Zunächst suchten wir die Ursache dieser hohen Befunde im eigenen Bereich. Doch die mehrmalige Überprüfung zeigte keine Fehlerquellen im Untersuchungsgang. Dann vermuteten wir die Ursache in lokalen Gegebenheiten, doch zeigte sich die Erhöhung der Hg-Ausscheidung nicht nur bei Patienten aus Wien und seiner näheren Umgebung, sondern auch bei Patienten aus ländlichen Gebieten ohne Industrie und ohne Verbrennungsanlagen sowie in ähnlichem Ausmaß bei einigen Patienten mit Wohnsitz im Ausland. Deshalb wurde von Bekannten und Patienten mit Wohnsitz im Ausland Harn zur Untersuchung erbeten, und zwar aus BRD, CH, F, GB, S, GR und BR – und alle bereitwillig eingesandten Harnproben zeigten in sehr ähnlichem Ausmaß die Erhöhung der Hg-Ausscheidung. Die Ursache konnte also nicht in lokalen Gegebenheiten liegen.

Wenn weltweit eine Erhöhung der Hg-Belastungen festzustellen war, war es auch unwahrscheinlich, daß eine solch intensive Erhöhung des Hg-Gehaltes in der Umwelt auf menschliches Verschulden allein zurückzuführen war. Nach vielen informativen Gesprächen erlangte die Vermutung, daß ein Zusammenhang mit den Vulkanausbrüchen des Jahres 1984 (u. a. auch auf Hawai) bestehe, die größte Wahrscheinlichkeit. Dafür spricht nicht nur die erwähnte ähnlich starke Belastungshöhe in ganz Europa und Südamerika, sondern auch der wellenförmige An- und Abstieg der festgestellten Hg-Mengen. Wenn diese Annahme stimmt – und sie hat einen hohen Grad an Wahrscheinlichkeit – hat dies auch Konsequenzen für das ärztliche Handeln: Denn toxische Umweltbelastungen aus natürlichen Ursachen sind durch menschliche Maßnahmen nicht zu verhindern und verlangen im Bedarfsfall ein therapeutisches Konzept und das Wissen um die Notwendigkeit seiner Anwendung.

Zu diesen Belastungen aus Beruf, Nahrung, Haushalt (Bruch Hg-haltiger Geräte) und den natürlichen Ursachen (Vulkanausbrüche?) kommt noch ein Belastungsfaktor, dessen klinische Relevanz allerdings vielfach vehement bestritten wird: die Zahnfüllung mit Amalgam.

Es kann wohl nicht bestritten werden, daß Hg aus Amalgamen in einer Zeiteinheit in nur geringem Maße ausgeschieden wird und daß die Hg-Zufuhr aus der Nahrung gelegentlich wesentlich höher sein kann. Doch erfolgt die Hg-Belastung aus der Nahrung stoßweise und davon wird über den Darm nur eine Menge von etwa 5–8% resorbiert. Diejenige aus Amalgamen erfolgt aber kontinuierlich über Jahre und Jahrzehnte, und zwar hauptsächlich über zwei Wege, über die Mundschleimhaut und über die Dentinkanälchen. Nur das Hg, das mit dem Speichel geschluckt wird, wird so wie jenes aus der Nahrung nur zu einem geringen Prozentsatz wirklich inkorporiert. Die Resorption über die Mundschleimhaut liegt nach den Erfahrungen mit den perlingualen Medikationen bereits wesentlich höher, der Weg über die Dentinkanälchen führt zu einer 100%-igen Aufnahme der hier anfallenden Hg-Ionen.

Wenn in Zähnen mit Amalgam-Füllungen und im umgebenden Kieferknochen in 10 von 18 biochemischen Untersuchungen Quecksilbermengen bis zu einem Spitzenwert von 36 µg Hg/g gefunden werden (Maruna, persönliche Mitteilung), dann kommt diesem Weg über das Dentin doch einige Bedeutung zu, die nicht vernachlässigt werden darf. Gerade bei den geringen Mengen, die von Amalgamen abgegeben werden und in den Organismus gelangen, ist am ehesten eine Allergisierung zu erwarten, hingegen kaum toxische Wirkungen.

Nun hat Spreng *(216)* schon 1944 über Allergisierungen gegen Amalgame berichtet. Im eigenen Untersuchungsgut wurden später ebenfalls eine Reihe von Patienten mit Hg-Allergie beobachtet (Perger 1956, 1958) *(134, 138)* – aber alle diese Patienten hatten ihre ersten Amalgamfüllungen mindestens 10–15 Jahre früher erhalten. Der Zeitfaktor, die Dauer der Belastung, spielt deshalb bei Schädigung durch Hg (aber nicht nur dadurch allein) eine wesentliche Rolle sowohl in allergischer als auch in toxischer Form. Sofortreaktionen nach frischen Amalgamfüllungen deuten auf Sensibilisierung durch früher gelegte Füllungen oder durch andere Hg-Belastungen hin bzw. auf eine Auslösung der Beschwerden nicht durch Hg, sondern durch galvanische Ströme über der Toleranzgrenze (diese liegt nach eigenen Untersuchungen bei etwa 200 mV und 5 µA). Solche Ströme entstehen vor allem bei Vorhandensein verschiedener Metallegierungen im Munde wie Goldkronen, Stahlgerüste von Teilprothesen und von Amalgamen verschiedenster Qualität oder von Kunststofffüllungen. Die Hg-Abgabe aus Füllungen hängt auch von der Qualität des verwendeten Amalgams, von seiner Verarbeitung vor dem Einsetzen und ebenso davon ab, ob eine Unterfütterung der Füllung durchgeführt oder unterlassen wurde.

Es darf hier daran erinnert werden, daß schon 1926 Hg-Vergiftungen von den stark korrodierenden Kupfer-Amalgamen beschrieben wurden (Stock) *(220a)* und daß nach der Wiederverwendung dieser Kupfer-Amalgame im 2. Weltkrieg ab 1950 ein Verbot dieser besonderen Amalgamform erlassen werden mußte.

Die allgemeine Verwendung der korrosionsbeständigeren Silber-Amalgame führte auch zu einem Schwinden der Hg-Intoxikationen sowie zu einem deutlichen Rückgang, nicht aber zu einem völligen Schwinden allergischer Reaktionen.

Tatsächlich sind die festgestellten Hg-Mengen im Harn bei Patienten mit korrodierten Amalgamen nicht hochgradig. Bei 21 Patienten, bei denen ein zusätzlicher Kontakt mit Hg aus anderen Quellen mit weitgehender Sicherheit ausgeschlossen werden konnte, wurde durchschnittlich 172 µg Hg im 24-Stunden-Harn gefunden. Diese Menge liegt in der 10-Jahres-Toleranzgrenze, ist aber nur die Hg-Ausscheidung eines Tages. Die spekulative Hochrechnung auf die Menge, die in einem ganzen Jahr durch den Organismus durchgeschleust wird, ergibt eine Gesamtmenge von 62 780 µg Hg pro Jahr, die aufgenommen, entgiftet und über die Nieren ausgeschieden werden muß. Die Frage ist wohl berechtigt, ob dies denn tatsächlich so harmlos ist, wie von Befürwortern der weiteren Verwendung von Amalgamen angenommen wird.

Außerdem wird in den Diskussionen um die Amalgame die Hauptsache nicht erwähnt: Amalgame sind ja nicht die einzigen Hg-Quellen, die Kontamination erfolgt ja auch über andere Wege, wie bereits beschrieben wurde. Aus welchen Quellen Hg nun jeweils stammt – es kommt zu einer Summierung der aufgenommenen Mengen, und der Körper reagiert nicht unter exakter Trennung der einzelnen Zufuhrsart, sondern nur auf die Gesamtmenge, lediglich unterschieden in die 1- oder 2wertigen biochemischen Verbindungen.

Die in letzter Zeit wieder stark aufgeflammte Diskussion über die Schädlichkeit von Amalgam-Füllungen und die daraus resultierende Beschuldigung der Zahnärzte, an der großen Zahl von Hg-Belastungen bzw. Hg-Intoxikationen die alleinige Schuld zu tragen, verlangt eine sachliche Stellungnahme. Nur bei rd. 1,0–1,5% der Hg-belasteten Patienten ist dem Zahnarzt die überwiegende Schuld an den Hgbedingten Beschwerden zuzuschreiben. Das ist bei jenen Patienten der Fall, bei denen über Amalgam-Resten bzw. Amalgam-Aufbauten Kronen aus Goldlegierungen gesetzt wurden. Ab und zu findet man auch Patienten mit hohen Hg-Werten im Vollblut und im Harn, bei denen Goldinlay's mit Amalgamfüllungen in Kontakt stehen.

Eine überblicksmäßige Berechnung ergab bei fast 99% der Hg-Belasteten, daß der Anteil des Hg aus Amalgamen maximal 15–20% der Gesamtbelastung beträgt – dies war aus den Hg-Bestimmungen i.H. bei Patienten mit korrodierten Amalgamen ohne sonstige eruierbare Hg-Kontaminationen im Vergleich zu den aus mehreren Quellen Belasteten gut abzuschätzen. Der Zahnarzt ist daher mit Sicherheit nicht der „Hauptschuldige" an den häufigen toxischen Belastungen. Trotzdem vertritt der Autor die Meinung, daß nach einem Zahnfüllmaterial gesucht werden muß, das die gleichen Verarbeitungseigenschaften aufweist wie Amalgam, ohne dessen Nachteile zu besitzen. Erst dann kann man die anderen Verursacher dazu zwingen, ebenfalls Hg-freie Produkte auf den Markt zu bringen: hier muß der Arzt bzw. Zahnarzt mit dem guten Beispiel vorangehen. Daß die Forderung nach einem sicher unschädlichen Zahnfüllmaterial nicht von heute auf morgen erfüllbar ist, sondern wohl noch einige Jahre bis zur Erfüllung notwendig sein werden, ist aber klar.

Bei 15 Patienten mit beträchtlicher Hg-Ausscheidung im Harn (DW 748 μg/l) konnten die Ursachen der Hg-Belastung nicht eruiert werden. Es bestanden weder Amalgamfüllungen, noch berufliche oder andere eruierbare Kontaminationen mit Hg und seinen Verbindungen. Aber wie bei manchen Medikamentunverträglichkeiten erlebt man doch gelegentlich Überraschungen: so sind Medikamentunverträglichkeiten manchmal durch den Milchzucker-Anteil in der Füllmasse und nicht durch eine Allergie gegen den Wirkstoff bedingt (Laktase-Mangel). So fand sich Jahre später bei einer Patientin aus dieser Gruppe doch eine massive Hg-Kontamination. Bei der aus anderen Gründen notwendigen Extraktion eines überkronten Zahnes fand sich unter der Goldkrone ein Amalgam-Aufbau beträchtlicher Masse und ebenso unter vier anderen überkronten Zähnen, die sich die Patientin dann auf eigenen Wunsch entfernen ließ. Diese Möglichkeit war klinisch und röntgenologisch nicht erkennbar gewesen. Auf diese Weise lernt man immer noch dazu, auch wenn man glaubt, schon sehr große Erfahrungen zu besitzen.

Die klinischen Symptome einer Hg-Belastung sind im psychischen Bereich noch am auffälligsten, d. h. sie entsprechen in leichterer

Form denen der ausgeprägten chronischen Vergiftung: Konzentrations- und Merkfähigkeitsschwäche, depressive Verstimmung, Reizbarkeit und Schreckhaftigkeit, ab und zu besteht auch ein geringer Intentionstremor. Die Inhibition der Immunfunktionen beweist die Häufigkeit von chronischen Infekten der oberen Luftwege, vor allem der Nase und der Nasennebenhöhlen, und die oft hochgradigen Dysbiosen des Darmtrakts – hier ist eine Verminderung des IgA an den Schleimhäuten mit Sicherheit anzunehmen. Man findet auch andere Organe betroffen, z. B. geringe Albuminurien als Zeichen einer Nierenfunktionsstörung und Funktionsstörungen der Leber und des Pankreas, doch ist deren Zuordnung zu der Hg-Belastung schwierig, da mit Ausnahme von 3 Patienten sonst immer andere Belastungen gleichzeitig bestanden. Damit ist aber die sichere Zuordnung bestimmter Störungen zu der einen oder der anderen Belastung unmöglich, vielmehr muß man eine Summation der Belastungen und deren Wirkung über das Grundsystem und über ähnliche Enzym-Inhibitionen verschiedener toxischer Schwermetalle in Betracht ziehen.

Bei 2 der 3 ausschließlich Hg-belasteten Patienten fand sich übrigens beim Immunfunktionstest mit Elpimed® eine Übereinstimmung mit den Testungen bei Cadmium-Belastungen, d. h. ein Mangel an IgG-Freisetzung im Testzeitraum von 3 Stunden, so daß auch hier eine weitgehende Kongruenz der Wirkung der toxischen Schwermetalle besteht.

Nur eine Besonderheit ist bei den Hg-Belastungen bemerkenswert: man findet bei Asthma bronchiale und bei der Multiplen Sklerose besonders hohe Hg-Belastungen. Bei beiden Erkrankungen ist auf Grund der Erfolge einer Hg-Ausschwemmung mit an Sicherheit grenzender Wahrscheinlichkeit anzunehmen, daß Hg zu den allergischen bzw. bei der MS allergieähnlichen Reaktionen prädisponiert, ohne in allen Fällen selbst ein spezifisches Allergen zu sein. Dies entspricht auch den Erfahrungen, z. B. von Urbach (1935) *(223)*, daß bei Allergosen etwa Herde nicht als Allergen, wohl aber als prädisponierender Faktor bedeutsam sein können.

Nun kommt es sehr häufig beim Nachweis toxischer Schwermetalle dazu, daß nicht nur ein, sondern mehrere Schwermetalle gefunden werden und als Belastungsfaktoren auf die Körperfunktionen wirken (Tab. 26).

Die Auswirkungen von Mehrfachbelastungen sind bei deren ähnlichen Wirkungen nicht isoliert zu betrachten, sondern haben einen sichtlichen Additionseffekt. Auch daraus ist zu folgern, daß Amalgam-Wirkungen nicht isoliert betrachtet werden dürfen, sondern über die anderen Hg-Kontaminationen hinaus zusätzlich zu den Belastungen mit Pb, Cd oder ähnlichen Schwermetallen in gleicher Weise pathogen wirken.

Aus allen Untersuchungen geht hervor, daß die anfangs dieses Kapitels gestellten 3 Fragen folgendermaßen zu beantworten sind:

1. Auch subsymptomatische Belastungen sind durchaus in der Lage, in den Abwehrregelsystemen Funktionsstörungen auszulösen.
2. Die Wirkung der toxischen Schwermetalle beruht offenbar weniger auf einer Veränderung der Gewebspotentiale, wie dies für Herde und vor allem für die abakteriellen Störfelder anzunehmen ist, sondern auf ihrem Antagonismus zu den Spurenelementen Fe, Cu und Zn, deren Stelle sie in den Enzymen besetzen und diese zu Fehlreaktionen bringen – es handelt sich also um Enzymgifte.

Zum 3. Punkt, dem Nachweis der Belastungen, sind aber noch einige Ausführungen notwendig. In der Praxis reicht der Nachweis der Schwermetalle bzw. ihrer Parameter (ALA i.H.) in Verbindung mit der Bestimmung des Zinks i.S. oder im Vollblut bei einiger Erfahrung völlig aus, wenn man das spezifische Krankheitsbild in die Beurteilung miteinbezieht.

Für den exakten Nachweis von Dauerbelastungen genügt dies aber nicht. Denn die Ausscheidung von Schwermetallen ist einerseits vom Grad der Zink-Versorgung abhängig (Zink aktiviert das Enzym Metallothionein), und andererseits von der Dauerbelastung wie auch von der aktuellen momentanen Exposition. So wird bei normalem oder auch leicht defizitärem Zink-Spiegel jede zusätzliche Resorption von Pb, Cd und Hg mit einer erhöhten Ausscheidung beantwortet, wie dies nach den Vulkanausbrüchen (?) ab April 1984 und in geringem Maße auch im November 1986 bei Durchzug der Hg-Verschmutzung durch den Brand des Chemikalienlagers in Basel der Fall war.

Hingegen findet man bei deutlichem bzw. noch mehr bei beträchtlichem Zink-Mangel oft falsch negative Harnbefunde oder nur geringe Schwermetallausscheidungen, die dann unter Zink-Substitution beträchtlich ansteigen (Tab. 27a, b).

So kann man etwa bei juvenilem Asthma und bei der Multiplen Sklerose bei niedrigem Zink-Spiegel trotz negativer Harnanalysen mit großer Sicherheit annehmen, daß doch größere Hg-Depots im Organismus vorhanden sind, bei der Alopecia areata höhere Pb-Belastungen und bei Parodontopathien mit Kieferatrophie stärkere Cd-Belastungen – um nur einige Beispiele anzuführen.

Eindeutige Beweise für das Vorliegen von Dauerbelastungen sind dies aber nicht, es sei denn im Zusammenhang mit Kontrolluntersuchungen im Verlauf der Therapie. Auch Bestimmungen aus dem Serum oder dem Vollblut sind zum Nachweis von Dauerbelastungen nicht geeignet, denn toxische Schwermetalle unterhalb der Konzentration, die typische Vergiftungsbilder verursachten, verschwinden innerhalb weniger Stunden nach Resorption aus dem Blut – sie werden ausgeschieden und in Organdepots gebracht. So hat MARUNA vor Beginn der gemeinsam durchgeführten Reihenuntersuchungen bei 50 Verkehrspolizisten Pb-Bestimmungen im Blut durchgeführt und zwar im Anschluß an den Dienst sowie 8 Stunden danach. Sofort nach Dienstschluß fand sich bei 46 Probanden Pb im Blut, 8 Stunden später fand sich bei keiner Probe mehr Pb im Blut, dieses war zur Gänze ins Gewebe abgewandert und war teils ausgeschieden, teils in die Organdepots eingelagert worden.

Ähnliche Beobachtungen werden von KÜNZLI v. FIMMELSBERG (1984) *(102)* bei der experimentellen Schwermetallvergiftung von Meerschweinchen angegeben: Sogar bei Verabreichung hoch-toxischer, gerade noch subletaler Dosen von As, Bi und Pb schwinden diese nach 5–6 Tagen völlig aus dem Harn, d. h. die nicht-ausgeschiedenen Mengen sind in Körperdepots abgewandert. Nach LAPP und WURMSER (1955) (zit. n. *102*) werden z. B. von Arsen nur 35% ausgeschieden, etwa 65% werden in verschiedenen Körperdepots abgelagert.

Das belegt eindeutig, daß Blut- und Harnanalysen nicht den Grad und die Dauer einer toxischen Belastung widerspiegeln. Deshalb muß man auf Gewebeproben zurückgreifen, will man Dauerbelastungen einwandfrei nachweisen. Nun ist es durchaus zulässig, daß bei Operationen Gewebeproben zu solchen Untersuchungen entnommen werden. So haben MARUNA und STIPINOVIC (1974) *(116)* auch den stark erhöhten Pb-Gehalt in nekrotisierenden Knochen nach Frakturen nachweisen können. Ethisch nicht zulässig wären aber Probeexzisionen bei nicht-chirurgischen Erkrankungen, wie z. B. beim Gelenkrheumatismus, der Multiplen Sklerose oder beim Asthma bronchiale etc. Bei diesen internen bzw. neurologischen Erkrankungen bleibt daher als einzige Alternative die Haaranalyse.

Bei den Haaranalysen sind aber zwei Voraussetzungen zu beachten: es muß frisch gewaschenes und nicht gefärbtes Haar verwendet werden, um Fehlbefunde zu vermeiden. Prinzipiell wird nur frisch gewaschenes Haar zur Untersuchung angenommen, wobei die Haarwäsche mit Kernseife erfolgen muß. Bei Färbung der Kopfhaare wird Schamhaar zur Untersuchung genommen.

Die Haare werden knapp an der Kopfhaut abgeschnitten, auf diese Weise erhält man einen Überblick über die letzten Wochen und Monate vor der Probenentnahme. Hat aber eine Patientin besonders langes Haar, kann man kopfnahes und haarspitzennahes Haar getrennt untersuchen und erhält damit einen Überblick über einen längeren Zeitraum. Haare sind schon deshalb als Parameter für Dauerbelastungen gut geeignet, weil sie nach ihrer Bildung keinen Stoffwechsel mehr haben und daher später Toxine weder aufnehmen noch abgeben können.

Insgesamt wurden im eigenen Untersuchungsgut bisher 72 Haaranalysen durchgeführt, davon 48 primär zur Feststellung eventueller Dauerbelastungen und 24 zur Kontrolle der Behandlung (Ausschwemmungstherapie). Unter den 48 Erstuntersuchungen waren nur 4 Proben negativ, d. h. die im Harn festgestellten Schwermetalle stammten aus kurzfristigen Expositionen knapp vor der Untersuchung. 44 Proben zeigten eine langfristige Kontamination mit den gefundenen Schwermetallen. Bei den 24 Nachuntersuchungen fand sich nur mehr bei 1 Patientin ein Cd-Gehalt von 0,24 µg/g, alle anderen Haarproben waren negativ geworden – was als Beweis für die Wirkung der schonenden Ausschwemmungstherapie gewertet wird (Perger 1986) *(174)*.

Mit den Haaranalysen können auch Fehlbeurteilungen revidiert werden. So kam eine Patientin mit breitgestreuter Lebensmittel-Allergie zur Beobachtung, bei der auf Grund einer EAV-Diagnose eine Cd-Belastung diagnostiziert worden war. Es fand sich auch im Harn eine stärkere Cd-Ausscheidung, dagegen eine nur geringe Hg-Ausscheidung im Toleranzbereich. Im Haar war jedoch eine hochgradige Hg-Menge und nur Spuren von Cadmium nachweisbar – letzteres war eine kurzfristige Zusatzbelastung gewesen. Nun ist Hg ein Allergie-prädisponierender Faktor und war damit für die Allergie dieser Patientin der wichtigere Belastungsfaktor als das zunächst stärker hervorstechende Cadmium.

Man muß aber bei diesen Belastungen noch zwei zusätzliche Faktoren beachten.

Neben den bisher vorwiegend auf Einzeltoxine bezogenen Schilderungen gilt es noch, Interaktionen durch Mehrfachbelastungen mit zwei, drei oder noch mehr Schwermetallen nicht zu übersehen. In der dem Autor zugänglichen Literatur fand sich bisher kein Hinweis auf solche Interaktionen. Da aber gerade die toxischen Schwermetalle untereinander und im Vergleich mit den essentiellen Spurenelementen sehr naheliegende physikalisch-chemische Eigenschaften haben, können sie sich in ihrer Wirkung addieren bzw. vielleicht sogar potenzieren.

Im eigenen Untersuchungbereich wurden nur Pb, Cd und Hg erfaßt. Aber schon eine Doppel- oder Dreifachbelastung durch diese Toxine zeigte deutlich die Additionswirkung. Die bei subsymptomatischer Belastung geringe Menge je Toxin löst bei Kombination mit einem oder beiden anderen Toxinen gleichartige Störungen aus, z. B. der Immunglobulinsynthese, wie sie sonst ein einzelnes toxisches Schwermetall erst bei deutlich höherer Belastung bewirken kann. Durch die Interaktionen mehrerer Toxine der Schwermetallreihe auch in jeweils minimalster Menge werden in gleicher Weise die Grundregulationen, die humorale und zelluläre Immunreaktion und die lokalen Enzymaktivitäten in den Depotlokalisationen inhibiert!

Um den Grad der Schwermetallbelastungen zu beurteilen, ist daher die Summe der Einzelbelastungen aus den verschiedenen Quellen, der Zeitfaktor der Kontaminationen, die Störung der Entgiftungsfunktionen, die einzelnen Depotlokalisationen und die Additionswirkung der Mehrfachbelastungen zu berücksichtigen.

Der zweite zusätzlich zu beachtende Faktor ist die Frage, in welchen chemischen Verbindungen die Schwermetalle in den Organismus gelangen. Man hat ja nicht nur mit Metallstäuben zu rechnen. Diese spielen bei Belastungen durch Pb und Cd sichtlich eine völlig untergeordnete Rolle, bei Hg allerdings bei Bruch von Thermometern und anderen Hg-haltigen Meßgeräten kann diese gar nicht so selten von erheblicher Bedeutung sein.

Die toxischen Schwermetalle gelangen meist in Form anorganischer und organischer Verbindungen in einen Organismus. Daher muß man auch mit den spezifisch-toxischen Eigenschaften dieser Verbindungen rechnen, und zwar sowohl im Hinblick auf subsymptomatische Mengenbelastung als auch auf den Zeitfaktor der Einwirkungen.

Deutlich erkennbar ist dies z. B. beim Bleitetraäthyl, das ja derzeit die größte Rolle bei den Pb-Belastungen spielt: es wird als Aerosol in den Organismus eingebracht, wird wegen seiner Lipophilie schnell resorbiert und kann mit der üblichen Chelattherapie kaum erfolgreich entgiftet und ausgeschwemmt werden. Gleiches ist auch bei Hg festzustellen: die unterschiedliche Wirkung der Merkuro- und Merkuri-Verbindungen ist ein ganz wichtiger Hinweis darauf, daß auch die Form der chemischen Verbindung für die spätere pathogene Wirkung von wesentlicher Bedeutung ist. Diesen Fakten muß künftig noch mehr Aufmerksamkeit gewidmet werden.

Denn wenn auch einiges schon geklärt ist, muß man doch feststellen, daß auf diesem Gebiet noch sehr vieles offen ist und man erst am Beginn der speziellen Forschung über subsymptomatische Belastungen steht.

So ist auch völlig ungeklärt, warum eine massivere Depotbildung einmal da und ein andermal dort erfolgt bzw. sich besonders auswirkt. Warum steht manchmal die Wirkung auf die Psyche, dann aber wieder die Störungen im Skelettsystem oder in den verschiedenen Drüsenorganen (Leber, Pankreas, Niere, Keimdrüsen etc.) im Vordergrund?

Am Beispiel des Bleitetraäthyls, das wegen seiner lipophilen Eigenschaften viel eher im ZNS als etwa in der Darmmuskulatur deponiert wird (es fehlen auch bei der typischen Intoxikation die sonst für Pb dominanten Bleikoliken), ist ein Zusammenhang mit den chemischen Eigenschaften der Substanzen erkennbar. Es bestehen allem Anschein nach auch Zusammenhänge zwischen den Depotlokalisationen der untersuchten drei Schwermetalle und dem Verhältnis der Mineralstoff- und Spurenelement-Spiegel im Organismus. Nach ersten orientierenden Untersuchungen fällt auf, daß ein gleichzeitiger Mangel an Calcium und Zink (Vollblutbestimmungen) bei degenerativen Gelenkerkrankungen besonders häufig angetroffen wird. Diese Patienten weisen dann auch erhöhte Schwermetallmengen in den Haaren und – unter Zn-Substitution – im Harn auf. Hingegen sind bei K- oder Mg-Mangel in Kombination mit Zn-Mangel andere Organe (Pankreas, Leber, Niere etc.) viel stärker als das Skelettsystem betroffen. Die Klärung in wissenschaftlich einwandfreier Form bedarf aber noch beträchtlicher Anstrengungen, denn das eben Gesagte zeichnet sich erst ab und ist noch nicht eindeutig gesichert.

Die subsymptomatischen Belastungen durch Toxine wurden hier am Beispiel der toxischen Schwermetalle ausführlich dargestellt. Der Grund für diese Auswahl liegt darin, daß hier in eigenen Arbeiten eine breite und vieljährige Erfahrung gewonnen wurde. Das darf aber nicht darüber hinwegtäuschen, daß es eine Unzahl anderer Belastungen gibt, die ebenfalls die Abwehrleistungen inhibieren können. Es sei hier nochmals auf die Wirkungen von SO_2 und NO_x auf die Immunreaktionen hingewiesen, die STICKL (1985) *(220)* eingehend untersucht hat, aber auch auf andere Belastungen, etwa durch Arsen, Nickel, und auf die verschiedenen Toxine wie Nitrosamine, Dioxin etc. Jedem dieser Stoffe kommen in den subsymptomatischen Mengen, die für die Abwehrinsuffizienzen Ursache sein können, wohl ähnliche Gesetzmäßigkeiten wie den geschilderten Schwermetalltoxinen zu, ohne daß dabei aber die spezifischen toxischen Eigenschaften jedes einzelnen Stoffes vergessen werden dürfen.

Das Erkennen von subsymptomatischen Toxikosen ist deshalb nicht ganz leicht, da sich diese erst bei Eintreten von Zweitbelastungen wie Infektionen und Traumen auswirken und daher allzuleicht hinter dem aktuellen Geschehen eines Infekts oder eines Traumas übersehen werden.

2.5 Dysbiosen des Darmtrakts

Nicht nur die Herde, Störfelder und Toxikosen können die Funktionen der Abwehrregelkreise stören und zu pathergischen Reaktionen führen, auch Veränderungen der Darmkeimverhältnisse sind durchaus dazu in der Lage. Auch hier ist das Problem wieder sehr komplex und erfordert – um diese Zusammenhänge begreiflich zu machen – Wiederholungen von bereits Beschriebenem.

Die Ursachen der Dysbiosen des Darmtrakts sind zahlreich. Von einer Immundefizienz anderer Genese angefangen über Störungen der Magensäureproduktion und Erkrankungen von Leber und Pankreas bis zu Chemotherapien und Strahlenbelastungen reicht die Palette der pathogenetischen Faktoren der dysbiotischen Erscheinungen. Die Dysbiosen können dann wiederum erheblich an den Entgleisungen der Abwehrleistungen beteiligt sein, sei es auf Grund von Belastungen durch Toxine aus dem Darm oder – was vielfach überwiegt – durch Resorptionsstörungen.

Der erste Anstoß, sich mit den Dysbiosen zu beschäftigen, war – abgesehen von der Fachliteratur – eine Beobachtung im Jahre 1957.

Eine damals 42jährige Patientin war nach einer Herdsanierung und der anschließenden Regulationstherapie mit langsam steigenden Dosen von Autovakzinen seit 1953 von seiten ihrer seronegativen Polyarthritis völlig beschwerdefrei gewesen. Während einer Reise in der Levante akquirierte die Patientin eine akute fieberhafte Enterokolitis, die nach wenigen Tagen in eine chronische Diarrhöe überging. Etwa 3 Wochen danach trat ein massiver Schub des Gelenkrheumatismus auf. Eine Stuhlkultur (damals nur aerobe Keimbestimmung) zeigte eine einseitige Überwucherung der Darmflora mit Enterokokken – die Therapie mit Erythromycin brachte sowohl die Diarrhöe als auch den rheumatischen Schub innerhalb einer Woche zum Abklingen. Die Nachbeobachtungszeit betrug 6 Jahre, in denen kein Rezidiv mehr auftrat.

Dies war der Anlaß, bei allen Patienten mit entzündlichen Systemerkrankungen und malignen Tumoren, die zusätzlich noch abdominelle Beschwerden hatten, die damals einzig möglichen Untersuchungen von aeroben Stuhlkulturen durchführen zu lassen. Ab 1972 waren dann auch Pilzkulturen möglich, damals allerdings noch ohne Mengenbestimmungen. Die große Zahl der schon damals festgestellten Darmkeimaberrationen erforderte aber eine noch gründlichere Erfassung dieser Störungen. Schließlich konnten ab 1982 komplette Stuhlkulturen, d. h. die Bestimmung der aeroben und der anaeroben Bakterien, der Pilze (mit Mengenbestimmungen) und Nativuntersuchungen auf Protozoen und Nematoden durchgeführt werden. Dabei lernten wir auch, daß eine exakte Erfassung aller vier Komponenten nur möglich war, wenn der Stuhl noch warm untersucht wurde. So müssen die Patienten ihren Stuhl innerhalb von 30 Minuten zur Untersuchung bringen – was größtenteils das Absetzen des Stuhls im Laboratorium erfordert. Erstaunlicherweise gab es damit keine großen Probleme. Nur bei einer Patientin gelang die Gewinnung einer brauchbaren Stuhlprobe nicht, alle anderen konnten den notwendigen Stuhl absetzen, indem sie entweder vor dem Gang ins Laboratorium erst frühstückten oder einen Mokka tranken. Bei Erstuntersuchungen bewährt es sich, zuerst die Blut- und Harnuntersuchungen im nüchternen Zustand zu absolvieren, dann zu frühstücken und anschließend zur Stuhlprobe zu kommen. Da ab 1982 bei allen Erstuntersuchungen auch Stuhlkulturen durchgeführt wurden, ist das Resultat nicht nur aufgrund der Anzahl der Untersuchungen, sondern auch wegen der nicht-selektiven Durchführung wesentlich aussagekräftiger als die früheren selektiven Bestimmungen, die zwischen 1957 und 1981 erfolgten. Es bestätigten sich aber die Auswahlkriterien, die für diese früheren Untersuchungen maßgebend waren. In der freien Praxis kann nicht automatisch jeder Patient zur Untersuchung der Stuhlkultur überwiesen werden, dies scheidet schon aus

Kostengründen aus. Zudem gibt es nur wenige Laboratorien, die auch anaerobe Bakterienkulturen durchführen können. Aus diesem Grunde sind folgende Kriterien der Entscheidung für eine Zuweisung zur Stuhlkultur-Untersuchung zu bedenken:

1. Anamnese:
   Stuhlanomalien: Diarrhöen oder breiige Stühle, stark wechselnde Konsistenz, Klebrigkeit, Schleim und Blutauflagerungen, übler Geruch, Flatulenz;
   Roemheld-Syndrom: Zwerchfellhochstand bei normalem EKG mit Herz-Kreislauf-Beschwerden;
   Vorangegangene Chemotherapien: Antibiotika, Sulfonamide, Corticoide, Immunsuppressiva, oft Ovulationshemmer;
   Strahlentherapien
   Vorübergehende Besserungen durch radikalere Diätformen, z. B. Saftfasten, F. X. Mayr-Diät

2. Klinischer Befund:
   Paradontopathien und Gingivitiden;
   chronische Gastritis (Sub- und Anacidität)
   Kolonspasmen und Derbheit der palpablen Dünndarmabschnitte;
   leichte Erhöhungen der Transaminasen und Alpha-Amylasen ohne entsprechende Anamnese oder Befund einer Leber- und Pankreaserkrankung;
   Immundefizienzen und Immunglobulinmangel;

Von März 1982 bis Ende 1988 wurden 2005 komplette Stuhlkulturen veranlaßt. Über die ersten 150 Befunde wurde bereits 1983 in einem Vortrag berichtet (Perger 1985) sowie 1985 über die bis zu diesem Zeitpunkt erfaßten 705 Patienten (Perger 1985) *(162)*. Von Mai 1985 bis Ende 1988 wurden weitere 1300 Patienten diesbezüglich untersucht. Die Ergebnisse sind, selbst wenn man sie emotionslos betrachtet, eigentlich alarmierend.

Eine normale Darmkeimbesiedlung besteht auf aerober Seite aus Escherichia coli und γ-hämolysierenden Streptokokken, anaerob aus Bacteroides, Lactobacillus acidophilus und Bacterium bifidum und fakultativ anaeroben γ-hämolysierenden Streptokokken. Der Anteil der Aerobier beträgt rund 10%, derjenige der Anaerobier rund 90%. Ein geringer Anteil von $< 1\%$ an Dysbiosekeimen und Sproßpilzen ist tolerierbar (Haenel 1965) *(39)*.

Die Mengenbereiche, die als normal anzusehen sind, können wir bei der Escherichia coli zwischen 10^6 bis 10^8 annehmen, bei Lactobacillus acidophilus und Bacterium bifidum zwischen 10^7 und 10^{10}/g Stuhl.

Der Anteil der Stuhlkulturen, der diesen Angaben entsprach, lag bei 2,5%, das heißt, daß nur bei 50 Patienten gesunde Darmkeimverhältnisse vorlagen. Alle anderen Befunde zeigten mehr oder minder starke Abweichungen von diesem als „Eubiose" definierten Zustand. Diese Dysbiosen bleiben nicht ohne Wirkung auf die Abwehrfunktionen und damit auf den Verlauf verschiedenster Erkrankungen.

Sie führen zu mehreren Störungen:

1. Am häufigsten sind Resorptionsstörungen für Vitamine, Mineralstoffe und Spurenelemente.
2. Autointoxikationen aus dem Darm durch die Stoffwechselprodukte der verschiedenen Keime, Pilze und Protozoen.
3. Störungen des Grundgewebes, das im Darmbereich besonders dicht vorhanden ist.
4. Abhängig von der bestehenden Menge kommt es bei einigen Erregern auch zu Entzündungen mit hohem Bedarf an zelligen Elementen (Leukozyten) und Immunglobulinen, besonders IgA (z. B. Pseudomonas aeruginosa und Staphylococcus aureus bei Mengen von 10^3/g aufwärts).

Dabei sind selbstverständlich erhebliche Unterschiede zwischen den einzelnen Dysbiosekeimen und ihren Kombinationen zu beobachten.

2.5.1 Mangel an normalen Darmsymbionten

Zunächst sei auf den Mangel an normalen Darmsymbionten eingegangen. Der Mangel an Escherichia coli ist selten, hingegen der an den Milchsäurebildnern im Darm, an Lactobacillus acidophilus und dem Bacterium bifidum, häufig (Tab. 28).

Der Mangel an Escherichia coli hat einen Nachteil: im Darm ist die Bildung von 3-fach-konjugiert-ungesättigten Fettsäuren gestört. Wie Pischinger (1975) *(186)* nachweisen konnte, wird dieser „Faktor M" nicht nur von den Fibroblasten und den Monozyten gebildet, sondern auch von Koli-Bakterien. Da der Faktor M für die O_2-Utilisation und die Lösung humoral-vegetativer Schockzustände große Bedeutung hat, kann man sich etliche Konsequenzen eines E. coli-Mangels durchaus vorstellen. Andererseits kann aber der Mangel durch das Grundgewebe weitgehend ausgeglichen werden.

An sich ist ein Mangel an E. coli nach unseren Erfahrungen nicht so gravierend, als bisher – seit PASTEUR – immer angenommen wurde. Dagegen ist nach eigenen Erfahrungen der Mangel an den Anaerobiern Lactobacillus acidophilus und Bacterium bifidum für die Darmkeimbesiedlung durch Dysbioseerreger weitaus gravierender. Diese beiden Symbionten produzieren Milchsäure (vorwiegend die rechtsdrehende Form) und diese ist allem Anschein nach für die Aufrechterhaltung einer Eubiose erforderlich. So kann man – dies sei vorweggenommen – allein durch Zufuhr von rechtsdrehender Milchsäure mäßige bis mittelschwere Mykosen und bakterielle Dysbiosen innerhalb einiger Wochen auf unschädliche Keimzahlen reduzieren bzw. diese völlig zum Schwinden bringen. Die Milchsäure ist wahrscheinlich auch ein wichtiger Faktor bei der Resorption von Mineralstoffen und Spurenelementen, denn eine ausgiebige Resorption, z. B. von Fe und Zn, ist durch ein leicht saures Milieu (in der Therapie durch Kombination mit Vitamin C) zu erreichen.

2.5.2 Aerobe Dysbiosen

Unter den aeroben Dysbiosen ist zwischen obligat pathogenen und apathogenen bzw. nur fakultativ pathogenen Keimen zu unterscheiden. Die obligat pathogenen Keime wurden bisher bei 21,9% aller Stuhlkulturen festgestellt. Eine Zeitlang hatte es den Anschein, daß ihre Häufigkeit zunimmt, doch hat sich dies im weiteren Verlauf der Untersuchungen nicht bestätigt. Typhus-, Ruhr- sowie Cholera-Erreger wurden bisher aber nicht festgestellt. Die Arten und die Häufigkeit ihres Auftretens sind in Tabelle 29 angeführt.

Solche obligat pathogenen Keime müssen zunächst antibiotisch bekämpft werden, woran sich aber sofort eine Symbioselenkung anzuschließen hat.

Unter den apathogenen bzw. nur fakultativ pathogenen Keimen stehen die Enterobacteriaceae in der Häufigkeit an der Spitze, gefolgt von Proteus- und Klebsiella-Arten. Sie sind in Tabelle 30 aufgeführt.

Diese Keime finden sich häufig in verschiedenen Kombinationen und haben je nach Menge und Kombination auch verschiedene abdominelle Beschwerden zur Folge, die subjektiv meist wenig verspürt werden. Diese Beschwerden sind aber uncharakteristisch und rein klinisch kaum von Störungen durch Pilze, Protozoen und Anaerobiern zu unterscheiden. Außerdem soll schon hier darauf hingewiesen werden, daß 72,7% der Stuhlkulturen Störungen in mehreren Keimebenen aufwiesen.

2.5.3 Anaerobe Dysbiosen

Die Anaerobier zeigen keine solche Vielfalt wie aerobe Dysbiosekeime. Aber schon wegen ihres überwiegenden Anteils von rund 90% an der Darmkeimbesiedlung und wegen der Milchsäurebildner, die so häufig mangeln, ist unserer Erfahrung nach die anaerobe Dysbiose als gravierender zu beurteilen als die aerobe. Dies geht auch schon daraus hervor, daß ein wesentlich höherer Prozentsatz der Patienten mit anaeroben Dysbiosen schon spontan über Darmbeschwerden klagt. Nach mehrjähriger Erfahrung ist eine anhaltende Eliminierung von Dysbiosekeimen ohne Reimplantation der anaeroben Milchsäurebildner nicht möglich. Diese bleibt dann wenigstens bis zur nächsten Antibiotikatherapie erhalten. Die festgestellten anaeroben Dysbiosekeime sind nach Art und Häufigkeit in Tabelle 31 angeführt.

Patienten, bei denen Peptostreptokokken, Fusobakterien und/oder Actinomyces gefunden werden, haben subjektiv meist mehr Beschwerden als Patienten mit Clostridien und/oder Propionibakterien. Darmspasmen, schmierende Stühle und Flatulenz sind so stark, daß sie zu spontanen Klagen führen – auch wenn solche Patienten wegen ganz anderer Erkrankungen zur Untersuchung gekommen sind.

Die Resorptionsstörungen von Vitaminen, Mineralstoffen und Spurenelementen sind jedoch nicht vom Grad der subjektiven Beschwerden abhängig. Gerade aber diese Mangelerscheinungen bzw. ihre Ursachen sind es, die man im Hinblick auf Therapieplanung jener Erkrankungen sucht, deren wesentliches Charakteristikum eine prämorbide Abwehrstörung ist.

2.5.4 Mykosen des Darmtrakts

Bedeutender für das Abwehrgeschehen als die meisten bakteriellen Dysbiosen sind die Mykosen. Schon mittelgradige Mykosen – etwa ab einer Menge von 10^4 Org/g Stuhl – können zu beträchtlichem Mangel an Spurenelementen führen, wenn sie längere Zeit bestehen. Während Elektrolyt- und Spurenelement-Mangel durch Laboruntersuchungen erfaßt werden, ist ein Vitaminmangel auf einfache klinische Art nachweisbar. Wir injizieren im Verdachtsfall dem Patienten 3 ml einer Vitamin-Lösung von Vitamin A, B-Komplex und Vitamin C intramuskulär: fühlt sich der Patient danach 24–36 h wie „gedopt", ist dies ein Beweis für eine beträchtliche Hypovitaminose. Bei normaler Vitaminversorgung bleibt dieser Effekt aus und schwindet dann, wenn durch Injektionstherapie der Mangel behoben wurde.

Oft kann man schon aus der Anamnese auf eine Darmmykose schließen. Ab und zu klagen Patienten, sie können nicht mehr zum Heurigen (den bekannten Buschenschenken der Weinbaugebiete Österreichs) gehen, da sie bereits nach ⅛ l Wein benommen und nach ¼ l schon wie betrunken seien. Dann liegt mit größter Wahrscheinlichkeit eine höhergradige Darmmykose vor: denn Sproßpilze sind in der Lage, Zucker und leicht aufspaltbare Kohlenhydrate zu teils hochtoxischen Alkoholen zu vergären – z. B. Fuselöle und Fuselalkohole (Hauss 1987) *(45)*. Obwohl diese Alkoholmengen wegen der Durchwanderungsgeschwindigkeit des Nahrungsbreies im Darm nicht sehr groß sein können, so ist ein Patient mit Darmmykose schon mit diversen Alkoholen belastet, ohne auch nur einen Schluck eines alkoholischen Getränkes zu sich genommen zu haben.

Diese Situation mag zunächst eher erheiternd erscheinen. Aber die betroffenen Patienten sind dadurch toxisch belastet und werden im Laufe der Zeit immer mehr vegetativ gestört, depressiver und leistungsschwächer. So kommt es oft in Beruf und Familie zu Schwierigkeiten. Da aber Darmkeimaberrationen und ihre möglichen Folgen meist nicht erkannt werden, werden die Ursachen der Schwierigkeiten in der sozialen Umwelt gesucht. Daher werden dann auch solche Patienten als Psychosomatiker eingestuft und oft jahrelang mit allen möglichen Psychopharmaka vollgestopft. Die symptomatische Wirkung wird dann als Beweis für die Richtigkeit der Diagnose „psychosomatisches Syndrom" angesehen.

Wird aber doch einmal eine Darmmykose diagnostiziert, folgt meist der nächste Fehler: es wird ausschließlich antimykotisch behandelt. Damit wird zwar der bestehende Pilz eliminiert, aber das gesamte Darmmilieu bleibt weiter pilzanfällig. Rezidive sind somit vorprogrammiert: im eigenen Untersuchungsgut in den Jahren 1972 bis 1981 machten wir die Erfahrung, daß von 1965 Patienten mit Darmmykosen nicht weniger als 1922 Patienten (= 97,8%) etwa 6–8 Wochen nach Abschluß der Antimykotika-Verabreichung wieder positive Pilzkulturen aufwiesen, davon fanden sich bei 1678 Patienten nun andere Pilzarten. Einen besseren Beweis für ein pilzanfälliges Darmmilieu und für eine stattgefunde Neuinfektion gibt es wohl nicht (Perger 1985) *(161)*.

Daher führt auch eine richtige Diagnose bei inkompletter Therapie nicht zu Dauererfolgen. Eine an die Antimykotika anschließende Milieutherapie (Symbioselenkung) ist daher unbedingt erforderlich. Dabei müssen auch Mangelerscheinungen an Mineralstoffen und Spurenelementen substituiert werden – und ganz besonders ist auch zusätzlich eine bestehende Sub- oder Anazidität durch Magensäurepräparate ausreichend auszubalancieren. Magensäuremangel bedeutet u. a. ja auch eine gestörte Desinfektion ungekochter Nahrung, so daß wieder Dysbiosekeime, Pilze und Protozoen ungehindert in den Darmtrakt gelangen können.

Man hat aber auch mit psychologischen Schwierigkeiten zu rechnen. Patienten, bei denen schon früher eine Mykose diagnostiziert wurde und die durch Antimykotika eine vorübergehende starke Besserung erfahren haben, fordern bei Rezidiven natürlich eine Wiederholung dieser Therapie. Dies kann aber bei mehrfacher Wiederholung oder langfristiger Gabe zu beträchtlicher Lebervergrößerung und Störungen in den Transaminasen führen (Näheres im III. Abschnitt).

Aber neben den toxischen Wirkungen durch Vergärung von Saccharosen bestehen bei Darmmykosen sichtlich noch weitere Belastungen: Stoffwechselprodukte der Pilze und toxisch wirkende Stoffe aus den von ihnen ausgelösten Fäulnisvorgängen des Darminhaltes belasten den Organismus ähnlich. Man muß auch an eine gelegentliche Persorption von Pilzen denken. Es wäre sonst nicht zu erklären, daß auch zucker- und weißmehlfrei ernährte Mykose-Patienten fast stets gering bis mäßig erhöhte Lymphozytenwerte aufweisen (meist als relative, manchmal auch als absolute Lymphozytose).

Da mehr als 50% aller Lymphknoten dem Verdauungstrakt zugeordnet sind, ist der logische Schluß erlaubt, daß diese Dauerbelastung die Kapazität des regionalen Lymphapparates so sehr in Anspruch nimmt, daß dieser dann bei zusätzlichen Infekten oder Toxikosen für Abwehrfunktionen nicht mehr oder nur in sehr eingeschränktem Maße zur Verfügung steht. Für diese Annahme spricht noch, daß beinahe bei einem Viertel aller Patienten mit höheren Pilzbelastungen (etwa $> 10^4$ Org/g) geringgradige Erhöhungen der Transaminasen, (SGPT, γ-GT) und der Alpha-Amylasen (vorwiegend im Harn, seltener auch im Serum) gefunden werden: ein Zeichen der toxischen Belastung durch Pilze. Dies gilt aber auch für die Protozoen.

Hämatogene Streuungen mit septischen Erscheinungen (Soor-Sepsis) sind bei unseren Patienten bisher nicht zu beobachten gewesen. Aber Pilzmengen von $> 10^6$ Org/g lösen nicht nur Toxikosen, sondern auch echte Kolitiden aus. Dabei wird sichtlich soviel IgA verbraucht, daß es gelegentlich zu IgA-Mangel auch im Serum kommt – dies ist allerdings bei Mykosen seltener zu beobachten als bei Protozoonosen.

Besonders wichtig bei der Diagnose einer klinisch relevanten Pilzbelastung ist die Bestimmung der Pilzmenge: Pilzzahlen bis zu 10^2 Org/g sind klinisch ohne Bedeutung. In nicht weniger als 1247 der 2005 Stuhlkulturen wurden Pilze festgestellt, das sind 60,8%. Aber bei 417 dieser Pilz-positiven Befunde war die Pilzmenge mit maximal 10^2 Org/g klinisch bedeutungslos (Tab. 32). Es ist daher nicht damit getan, das Vorhandensein von Sproßpilzen festzustellen, man muß unbedingt die Menge der vorhandenen Pilze erfassen. Das kann nicht deutlich genug herausgestellt werden.

Geringe Pilzmengen bis 10^2 Org/g sind nur potentiell gefährlich, wenn die allgemeine Abwehrlage durch andere Krankheitsprozesse drastisch verschlechtert wird. Sie können sich dann schnell vermehren und die normale Darmflora überwuchern. Eine prophylaktische Therapie solcher Minimalmengen ist sinnlos und abzulehnen, da die Sproßpilze ubiquitär sind und unter solchen Bedingungen eine Neuinfektion mit schneller Überwucherung der Darmflora erfolgen kann.

Wie schon erwähnt, stehen bei Pilzmengen zwischen 10^3–10^4 Org/g die toxischen Wirkungen im Vordergrund. 1982 und 1983 wurden bei 6 Patienten mit diesen Pilzmengen im Stuhl Koloskopien von 3 verschiedenen Untersuchern erbeten: bei allen 6 Patienten wurde eine blasse Schleimhaut beschrieben, die hie und da von zähem Schleim bedeckt war. Das sind Zeichen einer toxischen Irritation, aber keine Entzündungszeichen, was unsere Meinung bezüglich der eher toxischen Wirkung solcher Mengen stützt. Nur höhere Pilzmengen führen dann auch zu entzündlichen Symptomen.

In der Pilzkultur findet man ein Überwiegen der Candida albicans (Tab. 33). Die anderen Pilzarten sind wesentlich seltener, aber nicht minder belastend. Außerdem fanden sich noch bei 20 Patienten Geotrichum candidum-Mykosen. Diese Art ist nicht pathogen, kann aber als Nahrungsparasit gewertet werden.

Die Darmmykosen sind daher bei 35,5% aller untersuchten Patienten als eine der Ursachen ihrer Abwehrstörungen zu bewerten, und zwar mit Wirkungen sowohl auf das Grund- als auch auf das Immunsystem. Man darf aber auch die Darmmykosen nicht isoliert bewerten: Immer wieder sind Zusammenhänge und Interaktionen mit anderen Belastungen zu bedenken und auch zu beobachten. So darf nicht übersehen werden, daß Pilze sich oft erst sekundär im Darm angesiedelt und vermehrt haben. Ihre Störwirkung ist zwar nicht zu übersehen, doch konnten sie sich erst auf Grund anderer Immunstörungen etablieren. So werten HORNSTEIN et al. (1978) *(67)* die Pilzzahlen je g Stuhl als biologischen Indikator einer Immunschwäche. Dieser Einschätzung kann aus eigener Erfahrung voll zugestimmt werden. Besonders deutlich ist dies bei Krebspatienten, die nach Operation, Zytostatika- und Strahlentherapien mit wenigen Ausnahmen beträchtliche Darmmykosen aufweisen. Aber auch schwere Verlaufsformen entzündlicher Systemerkrankungen (MS, PCP) zeigen oft einen erheblichen Pilzbefall des Darmtrakts, besonders ausgeprägt ist dies während und nach immunsuppressiven Therapien. Als Ursache dieser sekundären Mykosen wird eine herabgesetzte T-Lymphozyten-Aktivität angenommen, die sowohl bei Malignomen als auch bei den entzündlichen Systemerkrankungen nachgewiesen wurde. Bei solchen Patienten versagt eine alleinige Milieutherapie des Darmes, erst bei gleichzeitiger Immunstimulation kann man dann eine Minimierung der Pilze erreichen.

Wieder werden in diesem Zusammenhang die engen Verflechtungen zwischen den verschiedenen Störungen und Belastungen und ihre gemeinsame Wirkung auf Grund- und Immunsystem ins Licht gerückt. Die Schwächung der Abwehrfunktionen führt u. a. auch zur Entwicklung von Dysbiosen des Darmtrakts, die ihrerseits wieder durch Resorptionsstörungen, Intoxikationen und Persorption einzelner Erreger die allgemeine Abwehrschwäche verschlechtern können.

Wie sehr auch isolierte Darmmykosen die humoralen Grund- und Immunsystemreaktionen inhibieren, konnte an Hand mehrerer Immunstimulationstests nachgewiesen werden. (Tab. 33a) Immunglobulin-Reaktionen unter Immunmodulation. Beim Vergleich mit Immunstimulationstests von Patienten mit Schwermetallbelastungen fällt das fast kongruente Testergebnis zwischen diesen beiden Belastungsformen auf. Das ist mit ein Grund, warum unsererseits Darmmykosen unter 10^6 Org/g den Toxikosen zugerechnet werden.

2.5.5 Dysbiosen durch Protozoen

Es besteht aber noch eine vierte Möglichkeit für dysbiotische Darmstörungen. Diese wird aber – zumindest im deutschen Sprachraum – kaum beachtet. Es handelt sich um die Dysbiosen durch Protozoen, vor allem durch die Lamblia intestinalis. Die Entamoeba histolytica ist zwar auch weit über die Ärzteschaft hinaus ein Begriff, die nur gering pathogenen Protozoen sind aber weithin unbekannt. Dazu zählen die Lamblia intestinalis (Giardia lamblia bzw. Giardia enterica), die Entamoeba coli (bzgl. der Dysenterie apathogen), die Isopora belli und die Sarcocystis species. Unter diesen kommt die Lamblia intestinalis auch in Mitteleuropa häufig vor, die anderen Protozoen werden aber nur selten gefunden.

Nun ist die Lambliasis intestinalis größtenteils so symptomarm und gilt sosehr als Infektion der Tropen und Subtropen, daß kaum je bei Durchfallerkrankungen in Mitteleuropa daran gedacht wird. Auch werden ihre Sekundärfolgen nicht erkannt.

Bei den Lamblien handelt es sich um eine Protozoenart aus der Gruppe der Flagellaten mit 2 Kernen, 1 Saugnapf und 4 Geißelpaaren. Sie sind mit den bekannteren Trichomonaden verwandt. Sie siedeln sich bei Mensch und Tier vorwiegend im Duodenum und im oberen Jejunum an, können sich aber bis tief ins Ileum ausbreiten. Sie saugen sich dicht aneinandergereiht am Darmepithel an. Daß damit schwere Resorptionsstörungen ausgelöst werden können, bedarf wohl keiner weiteren Begründung. Sie können bei insuffizienter Papilla Vateri auch in die Gallenwege aufsteigen. Ob sie dort pathogen wirken, ist allerdings zu bezweifeln, da sie sich hier nicht am Epithel (z. B. der Gallenblase) festsaugen (Fleischer und Strick 1978, Spech 1978) *(34, 215)*. Da die Lamblien nun vorwiegend in den warmen Zonen heimisch sind, werden positive Stuhlbefunde (Lamblienzysten) bei Patienten, die nie in diesen Regionen waren, oft als unglaubwürdig angesehen. Aber allein 1983 konnten bei 37 Patienten autochthone Infektionen in Mitteleuropa nachgewiesen werden (Perger 1985) *(162)*.

Das Fehlen auffallender spezifischer Symptome führt nun dazu, daß kaum an eine Lamblieninfektion gedacht wird. Unter den 465 Patienten, die wegen Lambliasis im eigenen Untersuchungsgut seit 1982 behandelt wurden, zeigten nur 2 Patienten einen akut-fieberhaften Verlauf. Beide Patienten waren kurz vorher aus den Tropen zurückgekehrt (aus Somalia und Nigeria). Die akute Erkrankung begann am 7. bzw. 11. Tag nach der Heimkehr. Da die Inkubationszeit nach der Literatur zwischen 6–17 Tagen liegt, war die massive Infektion ohne Zweifel in den Tropen erfolgt. Bei der Nativuntersuchung des Stuhles fanden sich in beiden Fällen massenhaft Lamblienzysten mit mäßig vegetativen Formen. Bei beiden Patienten trat hohes Fieber auf, es bestanden häufige dünnbreiige bis flüssige Stühle mit starken Darmspasmen sowie Übelkeit mit Erbrechen. Bei einer Patientin fand sich auch ein eosinophiles Lungeninfiltrat, obwohl kein gleichzeitiger Wurmbefall (Askariden) vorlag. Aber diese beiden Patienten waren die Ausnahme.

Die chronische Lambliasis, die im Stuhl meist nur mäßig bis mäßig-reichlich Lamblienzysten aufweist, löst nur geringe und uncharakteristische Symptome auf. Als andeutungsweise charakteristisch kann noch der morgendliche imperative Stuhldrang mit Darmspasmen angesehen werden. Obwohl noch mehrere Stuhlentleerungen im Laufe des Tages erfolgen, sind diese dann weder imperativ noch von Darmspasmen begleitet. Sie sind – aber das ist auch kein Charakteristikum – ebenso wie die Winde übelriechend. Durch den ausgelösten Zwerchfellhochstand kann es zu kardialen Erscheinungen kommen (ROEMHELD-Syndrom). So sind es manchmal weniger die Stuhlanomalien als die kardialen Beschwerden, die die Patienten zum Arzt führen. Da sich die gleichen Symptome auch bei Darmstörungen anderer Genese finden, wird meist nicht an diese Protozoen als Ursache gedacht. Da die Beschwerden noch dazu gering sind, werden sie von den Patienten selbst kaum registriert. Dennoch ist die Lambliasis intestinalis auch in Mitteleuropa stark verbreitet. Sie tritt wellenförmig einmal mehr, einmal weniger häufig auf (Tab. 34).

Der Höhepunkt ihrer Verbreitung war in der Zeit vom Frühjahr 1983 bis zum Frühjahr 1985 festzustellen: 32,8% aller Stuhluntersuchungen wiesen Lamblienzysten auf, d. h. daß fast jeder dritte Patient davon befallen war. Danach ging der Anteil der Lambliasis-Fälle geringfügig zurück (27,9%). Erst nach dem strengen Winter von 1986/1987 gingen die positiven Befunde stark zurück (1988), und zwar auf rund 11,2%. Auch auf Grund der Erfahrungen mit der ersten großen Welle von Lambliasis ab 1916 scheint sich abzuzeichnen, daß die Lamblia tatsächlich in den gemäßigten Zonen nicht heimisch ist, sondern immer wieder neu eingeschleppt wird und nur bei milden Klimaverhältnissen hier überleben kann. Zugleich wird damit neuerlich die Frage angeschnitten, ob autochthone Infektionen möglich sind. Die Zahl dieser Infektionen muß größer sein als vermutet und auch durch Insekten (z. B. Fliegen) aus Abwasseranlagen und Senkgruben verbreitet werden. In diesem Sinne ist auch die Publikation von KNOBLOCH et al. (1983) *(100)* ernst zu nehmen: Die Autoren berichten über ein gehäuftes Auftreten von Protozoonosen (Lamblien und Entamoeben) bei Personal von Abwasserentsorgungsanlagen. Dazu muß auch die Weitergabe von Infektionen in Familien und in Heimen beachtet werden, da man bei Familienkontrollen auch bei jenen Familienmitgliedern Lamblienzysten im Stuhl findet, die nicht in die Hauptverbreitungsgebiete dieser Protozoonose mitgereist waren.

Die Symptomarmut der Lambliasis und der in seltenen Fällen noch festgestellten Protozoen verleitet dazu – neben der Meinung, es handle sich um eine Tropeninfektion –, ihre Behandlungsbedürftigkeit in Frage zu stellen. Schließlich wird in der Literatur auch über häufige Spontanheilungen berichtet.

Die chronische Lambliasis, die nicht spontan ausheilt, hat trotz ihrer Symptomarmut beträchtliche Sekundärfolgen. Unter den 465 Patienten mit dieser Infektion waren allerdings, außer den beiden akuten Verlaufsformen, nur 18 Patienten mit schweren Folgezuständen. Von 10 Patienten mit Tetanie bestand nur bei 4 ein echter Hypoparathyreoidismus, bei den übrigen 6 Patienten war das auslösende Moment eine schwere Resorptionsstörung für Calcium und Magnesium mit beträchtlichem Mangel an diesen Mineralstoffen. Als Beweis für diese Behauptung darf angeführt werden, daß der Mineralstoffgehalt des Blutes nach Eliminierung der Lamblien wieder zur Norm anstieg und die tetanischen Zustände ohne spezifische Therapie dauernd verschwanden. Bei 9 Patienten bestand eine Polyneuropathie mit leichten muskulären Atrophien, die erst nach der Ausheilung der Lambliasis – dann aber in kurzer Zeit – durch eine Vitamintherapie beeinflußbar und heilbar wurde.

Besonders eindrucksvoll waren die Folgen bei 3 Patienten. 2 Patienten liefen seit Jahren unter der Diagnose „Lebensmittelallergie". Tatsächlich bestand in beiden Fällen anamnestisch eine mehr als 10jährige Lamblieninfektion mit beträchtlicher Irritation der Leber (Transaminasen-Erhöhungen) und des Pankreas (Alpha-Amylasen-Erhöhung in Serum und Harn) mit Ausfall einer Reihe von Verdauungsfermenten. Vor allem konnte ein Laktase-Mangel eindeutig festgestellt werden. Die dritte Patientin lief unter der Diagnose „M. CROHN", tatsächlich fanden sich im Stuhl reichlich Lamblienzysten, so daß angenommen werden muß, daß der Schleimhautbefall bis ins terminale Ileum hinunterreichte. Jedenfalls war die spezifische Therapie mit Imidazol-Derivaten so erfolgreich, daß jetzt schon 24 Monate lang völlige Beschwerdefreiheit besteht. Wenn diese schweren Komplikationen auch nur < 4% der 465 Patienten betrafen, so ist doch auch allgemein eine beträchtliche Verminderung der Lebensqualität dieser Patienten eindeutig.

Schon früher wurde festgestellt, daß Sub- und Anazidität die Infektion mit Protozoen begünstigen. Dies bestätigte sich auch bei unseren Patienten. Unter den 465 Patienten mit Lambliasis war kein einziger mit Hyperazidität und nur 51 Patienten waren normazid. Die übrigen Patienten wiesen alle Sub- bzw. Anazidität auf, das sind rund 88,5%. Aber dies ist für die Einleitung einer spezifischen Therapie nicht entscheidend. Entscheidend sind die bestehenden Beschwerden, vor allem die pektanginösen Beschwerden durch den Zwerchfellhochstand und die zeitweisen Darmspasmen mit dem abdominellen Unbehaglichkeitsgefühl, die schon allein die Indikation zur Therapie stellen.

Die generelle Notwendigkeit dazu wurde uns jedoch durch eine parallel laufende Studie über Mineralstoff- und Spurenelement-Mangelzustände bewußt. Denn diese Mangelzustände führen bei späteren Erkrankungen zu erheblichen Schwierigkeiten. Unter diesen Mangelzuständen ist der Zink-Mangel am häufigsten und am gravierendsten. Nun ist der Zink-Mangel schon ohne Protozoonosen ein Problem, daß langsam ansteigt. Er nimmt in den letzten Jahren stetig zu, und zwar z. T. wegen eines Mangels in den Nahrungsmitteln, z. T. aber auch wegen Resorptionsstörungen verschiedenster Genese und letztlich auch wegen des erhöhten Zinkbedarfes zur Entgiftung der Umwelttoxine. Er wird aber durch die Protozoonosen noch beträchtlich verstärkt. Wie sehr sich das auswirkt, kann aus Tabelle 35 ersehen werden. Es ist deutlich erkennbar, daß Lamblienträger einen viel stärkeren Mangel an Zink aufweisen als die Gesamtheit der erfaßten Patienten. Nun sind bisher über 80 Enzyme bekannt, die zu ihrer Funktion Zink benötigen. Die wichtigsten davon sind die Polymerasen, die für die Proteinsynthese zuständig sind, darunter die RNS-Polymerasen, u. a. auch für die Synthese von Immunglobulinen, das Metallothionein für die Entgiftung toxischer Schwermetalle und jene Enzyme, die die Synthese der Neurotransmitter zur Aufgabe haben.

Schon das allein würde eine Indikation zur Lamblientherapie auch bei jenen Patienten darstellen, die keine schweren Komplikationen erleiden. Dazu kommt aber noch der Mangel an anderen Spurenelementen und an Mineralstoffen. So bedeutet der Mangel an den Elektrolyten Calcium und Magnesium gleichzeitig eine Störung der Energiegewinnung, denn Ca ist für die Aktivierung der ATPasen wichtig, die die Adenosintriphosphorsäure zu Adenosindiphosphorsäure abbaut und dabei erhebliche Energien freisetzt. Außerdem ist Ca für die Aktivierung der Neurotransmitter von großer Bedeutung. Magnesium wiederum inhibiert diese beiden Funktionen, ist aber für die Aktivierung des Properdins und für die Funktionen der alkalischen und sauren Phosphatasen unbedingt erforderlich. Der Mangel an diesen Elektrolyten ist weiterhin für das Molekularsieb der Proteoglykane wesentlich, so daß neben den Störungen des Zellmembranpotentials auch Störungen der Transmitterfunktion der Zwischenzellsubstanz auftreten.

Der Mangel an Vitaminen führt u. U. zu gravierenden Folgeerscheinungen, wie an Hand der schon angeführten 9 Patienten mit Polyneuropathie ersichtlich ist. Aber wie bei den hochgradigen Mykosen ist der Vitaminmangel auch bei den nicht so sehr betroffenen Patienten nachweisbar. Die Injektion von Vitaminmischungen zeigt auch bei den Protozoeninfektionen den gleichen Effekt: Patienten mit Hypovitaminosen fühlen sich nach einer Testinjektion bei Vitaminmangel 1–2 Tage lang wie gedopt.

Die Folgen dieser Mangelzustände durch Resorptionsstörungen sind eine verminderte Leistungsfähigkeit, depressive Verstimmungen und eine erhöhte Infektanfälligkeit. Schon das allein ist ein Grund zur Therapie dieser Erkrankung. Bei längerem Bestehen sind Abgeschlagenheit, rasche Ermüdbarkeit, Konzentrationsschwäche, Schlafstörungen und eine allgemein erhöhte nervöse Erregbarkeit die Folge (Westphal und Mohr 1961) *(227)*.

Der Nachweis einer Lambliasis erfolgt durch den Nachweis ihrer Zystenformen im frischen Stuhl. Die Untersuchung ist innerhalb von 30 Minuten nach Absetzen des Stuhles erforderlich, da beim erkalteten Stuhl oft keine Zysten mehr erkennbar sind. Ob es andere Dauerformen gibt, die sich z. B. in Abwässern halten, ist nicht bekannt. Die Kontrolle nach spezifischer Therapie erfolgt im eigenen Krankengut 14 Tage nach Beendigung der Imidazol-Therapie (Näheres im Abschnitt III). Sofort nach Abschluß der Behandlung sind die Stühle stets negativ. Überlebende Lamblien in Darmschleimhautkrypten oder etwa in der Gallenblase vermehren sich aber in den folgenden 2 Wochen wieder soweit, daß das Weiterbestehen der

Infektion nachweisbar ist. Sind auch dann bei 3maliger Kontrolle keine Lamblienzysten mehr zu finden, bestehen aber doch noch Beschwerden, die auf das Fortdauern der Infektion hinweisen, war früher eine Kontrolle mittels Duodenalsonde notwendig. Nachdem wir aber die Erfahrung machten, daß nach Alkoholgenuß die Zahl der Lamblienzysten im Stuhl beträchtlich zunimmt, ersparen wir unseren Patienten diese unangenehme Prozedur und raten, vor der 3. Stuhlprobe der Therapiekontrolle etwas Alkohol (z. B. am Abend vorher 1–2mal 1/4 l Wein) zu trinken. Bleiben die Stühle dann negativ, ist mit einer Sicherheit von 99,9% eine Heilung erreicht.

In den deutschsprachigen Ländern wird die Lambliasis wegen ihrer geringen Symptomatik als harmlos betrachtet und außerdem als typische Infektion der warmen Erdzonen angesehen, so daß fast nie an diese Darminfektion gedacht wird. Im Gegenteil trifft man bei den meisten Kollegen auf Unglauben und Ablehnung. Es findet sich in der deutschsprachigen Literatur auch nur eine geringe Zahl von Arbeiten über diese Erkrankung. In der angelsächsischen Literatur finden die Lamblieninfektionen wesentlich mehr Beachtung. So zitiert SPECH (1978) *(215)* nicht weniger als 20 englischsprachige Arbeiten, die sich mit Lamblien-Epidemien befassen. 17 dieser Arbeiten stammen aus der Zeit zwischen 1969 bis 1977, eine von 1916 (aus dem Mittelmeerraum, wo die Lamblien allerdings heimisch sind), eine von 1942 (Epidemie in einem britischen Kinderheim) und eine von 1948 über eine Epidemie in Japan – mit einer Ausnahme berichten diese Arbeiten also über das epidemische Auftreten dieser Erkrankung in den gemäßigten Zonen. Die Lambliasis intestinalis tritt daher auch in den gemäßigten Zonen immer wieder in Erscheinung und man müßte öfter daran denken, daß chronische Darmbeschwerden auch auf diese Ursache zurückzuführen sind.

Die weiteren Protozoonosen sind dagegen ausgesprochen selten zu finden. Zwischen 1980 bis 1986 wurden insgesamt 13 Patienten mit Entamoeba cóli registriert. Diese ist hinsichtlich einer Amöbenruhr apathogen, führt aber zu ähnlichen Beschwerden und Folgeerscheinungen wie die Lamblien. 1986 wurden erstmals in unseren Untersuchungen auch Infektionen mit Isospora belli (3×) und Sarcocystis species (3×) festgestellt. Ob diese beiden Protozoen neben den allgemeinen abdominellen Beschwerden auch ähnliche Mangelerscheinungen wie die Lambliasis auslösen, kann bei der geringen Fallzahl noch nicht eindeutig gesagt werden. Bei den sich vielfach überschneidenden Belastungen durch stumme chronische Entzündungen, toxische Schwermetalle, die oft völlig verschiedenen Ernährungsgewohnheiten und die gleichzeitigen bakteriellen Dysbiosen sind auch andere Faktoren mitentscheidend und die Zahl von 6 Patienten für eine klare Aussage noch zu gering.

Der Nachweis einer Lamblieninfektion bei einer Patientin aus Schleswig-Holstein zeigt, wie weit nördlich sich diese Erkrankung wieder ausgebreitet hat. Die Epidemie während und nach dem 1. Weltkrieg reichte bis Südschweden und Finnland – die derzeitige Verbreitung dürfte wieder fast so weit gediehen sein. Schließlich werden die Lamblien derzeit durch Touristen, Gastarbeiter und Flüchtlinge aus tropischen Ländern wieder eingeschleppt und verbreitet. Bei einer Patientin ist mit weitgehender Sicherheit anzunehmen, daß sie ihre Infektion durch den Genuß ungewaschener Weintrauben aus Südeuropa (Bulgarien) acquiriert hat (Abb. 45).

2.5.6 Mehrschichtige Dysbiosen

Mehr noch als der isolierte Befall innerhalb einer Art der Darmkeimbesiedlung wirken sich Störungen in mehreren Schichten (aerobe und anaerobe Bakterien, Pilze und Protozoen) aus.

Dazu ein eindrucksvolles Fallbeispiel:

Eine 67jährige Patientin, die uns in ihrer aktiven Zeit als Tabakarbeiterin als psychisch außerordentlich widerstandsfähig bekannt war, suchte uns auf und berichtete empört (!), daß sie ihr Hausarzt zum Psychiater überwiesen habe. Sie litt an einem imperativen Stuhldrang mit breiig-stinkenden Stühlen. Dies war ca. 1 Monat nach dem unerwarteten plötzlichen Tod ihres Gatten aufgetreten und war 1 Jahr lang durch keine Therapie beherrschbar gewesen. Als Ursache wurde eine psychosomatische Störung durch den Schock des Verlustes des Gatten angenommen. Beachtlich ist die Reaktion der Patientin, die den Verdacht einer psychischen Störung als Beleidigung auffaßte.

Die Stuhlkultur bewies aber, daß die Beschwerden tatsächlich rein organisch entstanden waren: reichlich Lamblienzysten, Candida albicans mit $> 10^6$ Org/g sowie eine Überwucherung der normalen Darmkeime durch Streptococcus faecalis und Proteus vulgaris und kompletter Mangel an Bac. acidophilus und Bact. bifidum.

Allein die Therapie mit 2×500 mg Metronidazol über 10 Tage brachte den imperativen Stuhldrang zum Schwinden, die Symbioselenkung mit gefriergetrockneten Darmsymbionten und rechtsdrehender Milchsäure führte danach innerhalb von nur 3 Monaten zur Normalisierung der Darmflora (Perger 1985) *(162)*.

Inzwischen hatte aber die postmenstruelle Osteoporose durch die Resorptionsstörungen stark zugenommen. Wenig später stürzte die Patientin und zog sich eine Beckenfraktur und einen Schenkelhalsbruch zu, die eine stark verzögerte Heilungstendenz aufwiesen: so waren neben den Organstörungen auch Sekundärfolgen zu erkennen.

Mischformen von Darmdysbiosen sind häufig und nach eigenen Erfahrungen unbedingt ernstzunehmen – sie können wie im oben geschilderten Fall zu erheblichen Komplikationen bei späteren Infektionen oder Traumen führen (Tab. 36).

Die Störungen durch diese Dysbiosen sind denen durch stumme chronische Entzündungen, durch Narbenstörfelder und Schwermetallbelastungen gleichzusetzen. Wie bei den Schwermetallbelastungen sind die Wirkungen nicht auf ein Regelsystem der Abwehr beschränkt, sondern wirken sich auf den Gesamtorganismus, auch über die Abwehrregelsysteme hinaus, beträchtlich aus. Auch bei den verschiedenen Dysbioseerregern bestehen wie bei den Schwermetallbelastungen Interaktionen zwischen den einzelnen Faktoren – wird die Wirkung einer Schwermetallbelastung durch mehrere toxische Schwermetalle verstärkt, so kombinieren sich auch die Wirkungen der verschiedenen Dysbiosekeime. Die Therapie dieser Störungen wird im III. Abschnitt ausführlich behandelt.

Auf jeden Fall ist es empfehlenswert, bei chronischen Darmstörungen an Pilzinfektionen und an Protozoen-Erkrankungen zu denken und diesen nachzugehen.

2.6 Mangelzustände

Bisher mußte bereits mehrmals erwähnt werden, daß auch Mangelzustände Ursache der prämorbiden Abwehrfunktionsstörungen sein können. Vor allem in den beiden vorausgehenden Kapiteln über Toxikosen und Dysbiosen wurde schon ausgiebig darüber berichtet. Bei der Komplexität der Abwehrvorgänge und ihrer Abhängigkeit von anderen Lebensvorgängen sind noch einige Ergänzungen notwendig.

Man hat vor allem mit 3 Mangelzuständen zu rechnen, die die Abwehr inhibieren. Es sind dies die Hypovitaminosen, der Elektrolyt- und Spurenelementmangel.

2.6.1 Hypovitaminosen

In unseren Breiten sind extreme Vitaminmangelzustände selten. Nur kurz nach dem 2. Weltkrieg sah der Autor solche Extremmangelzustände bei Heimkehrern, und zwar sowohl bei Flüchtlingen als auch bei Kriegsgefangenen, die in Lagern subtropischer Zonen interniert waren – bedingt durch Typhus, Amöbenruhr, tropische Sprue, Ancylostomiasis u. ä. Darmerkrankungen heißerer Gebiete auf der Welt. In mehr als 40jähriger Tätigkeit nach dem Krieg waren es dann nur mehr 9 Patienten, die wegen einer jahrelang bestehenden Lambliasis intestinalis ebensolche extremen Vitaminmangelzustände aufwiesen und an Polyneuropathien litten.

„Subsymptomatische" Hypovitaminosen sind allerdings ungemein häufig. Sie sind fast immer mit anderen Mangelzuständen kombiniert, so daß die Abwehrstörungen nicht nur auf den Vitaminmangel allein zurückgeführt werden können.

Wie eng hier verschiedene Störungen miteinander verknüpft sind, zeigen die Ernährungsgewohnheiten, die für die Vitaminversorgung die wichtigste Rolle spielen. So meiden Patienten, die wegen Dysbiosen des Darmtrakts – z. B. bei klinisch relevanten Mykosen – zu Tenesmen neigen, meistens Gemüse, Salat und Obst. Sie sind daher meist mit Vitamin C unterversorgt. Umgekehrt meiden Patienten mit Magensäuremangel Eiweißnahrung, was wieder zu einer Unterversorgung mit den Vitaminen des B-Komplexes führt. Ganz allgemein ist eine Unterversorgung mit Vitamin A zu beobachten. Die Folgen sind größere Infektanfälligkeit, verminderte Heilungstendenz und deshalb Neigung zur Chronifizierung solcher Infekte.

Aber auch das kann nicht isoliert betrachtet werden. So ist z. B. die biologische Verwertung von Vitamin A von einer ausreichenden Zinkversorgung abhängig. Wie schon früher angeführt wurde, lassen sich Hypovitaminosen auf einfache Weise nachweisen: man injiziert den Patienten die fraglichen Vitamine. Wir benützen zum Test 3 ml eines Mischpräparates aus wasserlöslichem Vitamin A, B-Komplex und Vitamin C (PANCEBRIN* Lilly). Fühlen sich die Patienten danach 24–36 h lang aktiviert bis „gedopt", ist der Vitaminmangel eindeutig. Patienten mit ausreichender Vitaminversorgung zeigen keine solche Wirkung, ebenso verschwindet dieser Effekt bei Vitaminmangel sobald die Vitamindepots nach therapeutischer Zufuhr aufgefüllt

* Österreich, nicht in der BRD erhältlich

sind. Liegt die Ursache der Hypovitaminosen in Resorptionsstörungen durch Dysbiosekeime, ist die Vitamintherapie nur parenteral sinnvoll, peroral verabreichte Vitamine werden zuerst von den Dysbiose-Erregern in Anspruch genommen und kommen dem Wirtsorganismus nur in geringem Ausmaß zugute.
Nun muß wohl über die möglichen Folgen einer Hypovitaminose nicht näher berichtet werden. Auf eines darf aber hingewiesen werden: Spurenelemente werden bei Vitamin C-Mangel nur beschränkt resorbiert. Von Eisen ist bekannt, daß der Zusatz von Vitamin C bei therapeutischer Gabe die Resorption bis zum 6fachen steigern kann (Halberg 1981, 1985) *(40, 41, 42)* Nach unseren Erfahrungen wird auch die Zinkresorption durch Vitamin C bedeutend verbessert.

Da nach heutigem Wissen die Vitamine eine Koenzym-Funktion haben, wirkt sich ihr Mangel weitgehend ähnlich wie der an Mineralstoffen und Spurenelementen aus.

2.6.2 Mineralstoffmangel

Die Mineralstoffe müssen laborchemisch bestimmt werden. Mangelzustände wirken sich in mehreren Regelsystemen aus, in den Abwehrregelkreisen vor allem im Grund- und Immunsystem. In der Grundsubstanz führt ein Mineralstoffdefizit zu beträchtlichen Veränderungen in der von Heine und Schaeg (1979) *(55)* aufgedeckten Funktion des Molekularsiebes der Proteoglykane, d. h. zu einer Veränderung der Transmitterfunktion. Die Störungen sind je nach dem Grad und der Art des Mangels verschieden.

Kalium-Mangel bedeutet Wasserretention mit Verengung der Poren des Molekularsiebes, Calcium-Mangel hat einen gegenteiligen Effekt. Im ersten Falle werden nur kleinste Moleküle das Molekularsieb passieren können (etwa O_2, Glukose und Aminosäuren), bei weitgestellten Poren aber wahrscheinlich auch größere Moleküle wie etwa Toxine. Kalium-Mangel führt außerdem zu Azidose, was wiederum einen vermehrten Zerfall von Fibroblasten zur Neutralisierung des pH-Wertes zur Folge hat. Bei chronischer Azidose kommt es daher zu einem unökonomischen Substanzverlust. Auch Magnesium-Mangel macht sich in Form einer Übererregbarkeit von Organzellen bemerkbar. Diese Mangelzustände sind aber mindestens ebensosehr von der Seite der Störungen der Enzymfunktionen zu betrachten. So aktiviert Calcium die ATPasen, die den Abbau von ATP zu ADP steuern, während Mg dieses Enzym inhibiert. Bei Calcium-Mangel ist daher die Energiefreisetzung verringert, bei Magnesium-Mangel erhöht. Beide Vorgänge sind bei normaler Abwehrleistung im Ablauf der mehrphasigen Immunvorgänge sinnvoll. Bei chronischen Mangelzuständen führt dies aber entweder zu einer verminderten Energiegewinnung (Ca-Mangel) oder zu einem unökonomischen Energieverbrauch, der bis zu konsumierenden Zuständen führen kann (Mg-Mangel). Jedenfalls ist ein ausgewogener Elektrolytgehalt der Grundsubstanz für die Transmitterfunktion, für die Aufrechterhaltung des neutralen ph-Wertes und die De- und Repolarisation der Zellmembranen und damit für die unspezifischen Phasen der Abwehrleistungen von entscheidender Bedeutung.

Zusätzlich soll aber noch daran erinnert werden, daß Ca bzw. Mg aktivierend bzw. inhibierend die Neurotransmitter steuern und daß z. B. Mg für die Synthese von Properdin wichtig ist. Damit wird noch intensiver bewußt, welch pathogene Bedeutung Mineralstoffmangel haben kann.

Nun ist der Mineralstoffgehalt von mehreren Faktoren abhängig, u. a. auch von der Ernährung, wie dies bereits für die Vitaminversorgung geschildert wurde. Man sieht auch hier die Abhängigkeit der Abwehrsysteme vom Funktionieren des Verdauungstrakts.

Zusätzlich dürfen hier im Elektrolythaushalt, der zum überwiegenden Teil vom Grundsystem gesteuert wird, Einflüsse des Hormonsystems nicht außer acht gelassen werden: Der Calcium-Spiegel wird von der Parathyreoidea mitgesteuert und kann bei latentem Hypoparathyreoidismus ebenfalls – ohne Tetanie – zu Calcium-Mangelerscheinungen führen.

Insgesamt haben Elektrolytmangelzustände Auswirkungen sowohl auf das Grund- als auch auf das Immunsystem und darüber hinaus auf eine Reihe anderer Regelsysteme.

2.6.3 Spurenelementmangel

Nach eigenen Erfahrungen ist jedoch ein Spurenelementmangel für die Abwehrvorgänge am wichtigsten, da sich dieser auf eine Unzahl von biochemischen Reaktionen im Organismus auswirkt, und zwar weit über die Immunreaktionen hinaus.

Schon 1970 wurde bei einem Symposion des Food and Nutrition

Board in Washington berichtet, daß es in vielen Industriegebieten der USA wegen der industriell bearbeiteten Nahrung neben einem beträchtlichen Eisen- auch schon gehäuft zu Zink-Mangel gekommen war *(120)*.

Noch 1980 berichteten SEELING und AHNEFELD *(208)*, daß Spurenelement-Mangelzustände selten sind. Aber ein erster Hinweis, daß Europa der negativen Entwicklung hinsichtlich der Spurenelementversorgung in den USA nachfolgt, war eine schon 1977 erschienene Arbeit einer der beiden Autoren (SEELING et al.) *(207)*, in der eine der menschlichen Akrodermatitis enteropathica ähnliche Zinkmangel-Erkrankung bei Kälbern beschrieben wurde, die entlang der Nordseeküste von Nordfrankreich bis Dänemark aufgetreten war. Dieser Hinweis wurde jedoch nicht ernst genommen, zumal die Zinkversorgung der Bevölkerung damals noch nicht gefährdet schien. Als im eigenen Rahmen Anfang 1980 mit den routinemäßigen Bestimmungen von Fe, Cu und Zn begonnen wurde, war der Anstoß dazu eine persönliche Mitteilung eines Dozenten der Tierärztlichen Universität Wien (KOSZTOLICH 1979), wonach häufig Hautkrankheiten bei Schweinen in Massenzuchtanstalten auftraten und als Ursache ein Zinkmangel festgestellt worden war. Es war logisch, daß bei einem verminderten Zinkangebot in der Nahrung auch beim Menschen Mangelzustände zu finden sein müßten. 1980 war Zink-Mangel auch im eigenen Untersuchungsgut noch selten, der Durchschnittswert aller Untersuchungen lag damals nur gering suboptimal bei 86,47 μg Zn/dl Serum.

Die Abwärtsentwicklung in der Zinkversorgung trat aber in den folgenden Jahren immer deutlicher hervor und 1986 war der Zn-Spiegel i.S. durchschnittlich auf 51,1 μg/dl abgesunken. Da Zink vorwiegend aus Eiweißnahrung resorbiert wird und seine Resorption aus vegetabilischer Kost durch deren Phytatgehalt stark vermindert ist, ist der Zinkgehalt von Fleisch und Fisch sowie von Milchprodukten für den Menschen wichtiger als derjenige von pflanzlicher Kost.

Zink-Mangel ist für die Abwehrfunktionen einer der wichtigsten Störfaktoren. Wir haben die Entwicklung dieser Spurenelemente bei unseren Patienten mehrfach kontrolliert und sind zu der Überzeugung gekommen, daß Zink auch für den Eisen- und Kupfergehalt des Serums bzw. des Vollblutes mitentscheidend ist. Besteht kein Mangel an Fe oder Cu, sind diese beiden Kofaktoren im Vollblut oft noch merklich erhöht, normalisieren sich aber relativ schnell bei reiner Zink-Substitution. Man muß dies wohl so interpretieren, daß Fe und

Cu trotz ausreichender Versorgung bei Zink-Mangel biologisch nicht ausreichend verwertet werden können. Das scheint beim Eisen dadurch belegbar zu sein, daß mit dem Absinken des Vollblutgehaltes der Hämoglobin-Gehalt der Erythrozyten etwas ansteigt. Doch ist in den meisten dieser Fälle zunächst eine Erhöhung der Delta-Aminolävulinsäure i. H. festzustellen, d. h. daß die Erhöhung des Hb-Wertes durch die Ausschwemmung von Blei bedingt ist und somit ein direkter Einfluß von Zink auf den Fe-Stoffwechsel nicht nachgewiesen werden konnte. Die positive Wirkung der Zink-Therapie liegt daher eher darin, daß die Depots toxischer Schwermetalle ausgeschwemmt werden, was schon alleine ungemein wichtig ist.

Man darf bei Zink-Mangel allerdings nicht nur an ein vermindertes Nahrungsangebot und an Resorptionsstörungen denken. Damit wäre ein Zink-Mangel in vielen Fällen nicht geklärt. Es ist bekannt, daß im traumatischen Schock, z. B. bei Verletzungen und Verbrennungen der Zinkbedarf wesentlich erhöht ist. Ebenso sind die hohen Zinkverluste über die Nieren bei manchen Nephropathien und Leberzirrhose mehrfach beschrieben, ferner bei Tuberkulose, parasitären Infektionen etc. (MILLS und LINDEMANN 1983) *(122)*. In eigenen Untersuchungen mit mehrmaligen Bestimmungen während des Verlaufes von verschiedenen Erkrankungen stellten wir fest, daß der Zn-spiegel i. S. und i. Vollblut in aktiven Phasen (Schüben) der verschiedenen entzündlichen rheumatischen Prozesse und bei der Multiplen Sklerose beträchtlich absinkt. Außerdem stellten wir fest, daß der Zn-Spiegel nach Operationen chronisch entzündeter Organe (Tonsillen, Appendix, Gallenblase etc.) und noch mehr nach Tumoroperationen stark anstieg und erst 3–5 Wochen später wieder den eigentlichen Versorgungsgrad anzeigte (PERGER 1986) *(162)*. Dies stimmt mit der Beobachtung überein, daß nach Operationen die Zink-Ausscheidung im Harn ansteigt (MILLS und LINDEMAN 1983) *(122)*.

Es ist also bekannt, daß postoperativ mehr Zn ausgeschieden wird, aber in der gesamten zugänglichen Literatur war kein Bericht über den starken Anstieg des Zink-Gehaltes im Blut (Serum und Vollblut) zu finden: es wäre daher erwünscht, wenn die eigenen Befunde andernorts überprüft würden. Unsere Beobachtung ist ein Zeichen dafür, daß Zink um Krankheitsherde – Tumoren und Entzündungen – konzentriert wird und dort besondere immunologische Funktionen erfüllt. Und diese Funktionen gilt es abzuklären, da sie sowohl im positiven als auch im negativen Sinn wirksam sein können. Das ist schon deshalb wichtig, weil kontroverse Berichte über Zn-Zufuhr bei malignen Tumoren vorliegen: es wird sowohl über positive Effekte als auch über vermehrtes Wachstum von Tumoren berichtet.

Jedenfalls zeigt sich, daß der Grad des Zink-Mangels bei vergleichbaren Ernährungsgewohnheiten auch innerhalb einer Familie durchaus verschieden ist – sofern unterschiedliche Erkrankungen vorliegen. D. h., daß eben nicht nur die Zufuhr und die Resorption allein die Höhe des Zink-Gehaltes bestimmen, sondern auch der unterschiedlich hohe Bedarf bzw. Verbrauch oder Verlust, je nach der spezifischen Erkrankung des einzelnen Familienmitgliedes (Tab. 37).

Wie wichtig Zink für die verschiedenen Lebensfunktionen ist, geht schon daraus hervor, daß es nach dem Eisen den größten Gehalt der essentiellen Spurenelemente im menschlichen Organismus aufweist. Im menschlichen Organismus sind 2–4 mg vorhanden (Buchheit 1983) *(20)*. Es sind bisher mehr als 80 Enzyme bekannt, die Zn für eine einwandfreie Funktion benötigen. U. a. ist eine ausreichende Zinkversorgung für das Wachstum, die sexuelle Reifung, den Kohlenhydrat-, Eiweiß-, Lipid-, Porphyrin- und den Hormonstoffwechsel notwendig. Im Rahmen der Regulationspathologie sind zwei dieser Funktionen interessant: die Proteinsynthese, vor allem jene von RNS, sowie die Entgiftungsfunktionen. Bei einem Zink-Mangel werden schon sehr frühzeitig die Aktivitäten der RNS-Polymerasen, die u. a. auch die Immunglobuline synthetisieren, und in der Entgiftungsfunktion das Metallothionein betroffen. Schon bei einem Zn-Defizit von 10–15% war die IgG-Freisetzung merklich verringert und die Ausscheidung toxischer Schwermetalle ungenügend.

Dabei findet man bei den quantitativen Immunglobulinbestimmungen bei reinem Zink-Mangel ohne zusätzliche Schwermetallbelastungen zwei Formen der Störung. Bei den chronischen Entzündungen von Einzelorganen (z. B. chronische Tonsillitis, chronische Cholezystitis, Prostatitis oder Adnexitis) und bei Toxikosen (z. B. durch Darmmykosen) ist im Immunstimulationstest mit 3-fach-konjugiert-ungesättigten Fettsäuren (Elpimed®) die IgG-Freisetzung gegenüber Patienten mit normalem Zink-Spiegel deutlich verringert; bei den entzündlichen Systemerkrankungen (Gelenkrheumatismus, Multiple Sklerose etc.) ist sie stark erhöht, aber mit einem hohen Anteil pathologischer IgG-Moleküle (s. Abb. 43)

Die großen Unterschiede in den Reaktionen erklären sich unserer Meinung nach wiederum aus dem Zusammenwirken vieler verschiedener Störfaktoren, den Interaktionen zwischen den zahlreichen Belastungen und Mangelzuständen. Bei den Systementzündungen nehmen wir an, daß das Grundsystem seine Funktion als Ordnungsprinzip verloren hat, wie dies bereits früher ausgeführt wurde.

Bei den schubweise verlaufenden entzündlichen Systemerkrankungen ist der Zink-Spiegel i. S. und i. Vollblut erwartungsgemäß im aktiven Stadium erniedrigt. Hier verblüffte jedoch eine andere Beobachtung: In den Schüben zeigte sich in allen Fällen beim Stimulationstest das Spurenelementverhalten sehr stabil, bei einigen Patienten mit seronegativer Polyarthritis war aber außerhalb der Schübe eine Labilität zu erkennen. Bei chronisch-progredienten Systementzündungen ist diese Labilität dauernd festzustellen und ein Zeichen dafür, daß eine Entkoppelung zwischen Grund- und Immunfunktionen eingetreten ist und damit diese Verlaufsform mit keiner der heute zur Verfügung stehenden Methoden geheilt werden kann. Das trifft aber für die schubweise verlaufenden seronegativen Polyarthritiden nicht zu. Denn einige dieser Patienten sind nach Eliminierung der Belastungen und Rehabilitation der Abwehrfunktionen bereits seit 5–8 Jahren ohne neuerliche Exazerbationen ihrer Polyarthritis geblieben. Eine Erklärung für dieses Phänomen kann aber nicht gegeben werden.

Anders liegen die Verhältnisse bei chronisch-progredienten Verlaufsformen, vor allem bei der primär-chronischen Polyarthritis. Bei der PCP sind die Zink-Spiegel nicht von den stärker entzündlichen Phasen mitbestimmt wie bei den seronegativen schubweisen Oligo- und Polyarthritis-Patienten. Man findet alle Versorgungsgrade zwischen suboptimal bis zu extremen Mangelzuständen (Zn i. S. zwischen 10 µg/dl bis 82 µg/dl) und dies völlig unabhängig vom Grad der entzündlichen Aktivität des Krankheitsprozesses. Vielleicht erklärt sich dies daraus, daß bei der PCP genetische Faktoren eine wesentlichere Rolle spielen und die erworbenen Abwehrentgleisungen bzw. -faktoren eine wesentlich geringere Rolle spielen. Für die Therapie ist ein Zink-Mangel bei PCP-Patienten allerdings insoweit positiv, als dann durch Zink-Substitution bei diesen Patienten langfristige Besserungen erreicht werden können und die Deformierung der Gelenke ein geringeres Ausmaß erreicht.

Derzeit beobachten wir seit 1980 die Konzentrationen von Fe, Cu und Zn bei 955 Patienten, davon bei 505 Patienten die Serumspiegel und bei 450 Patienten den Vollblutgehalt. Paralleluntersuchungen zeigen eindeutig, daß auch bei extremem Mangel an Zink der Gehalt im Vollblut noch immer günstiger ist als jener im Serum. Der geringste Zn-Gehalt des Vollblutes, der gefunden wurde, lag bei

2,8 mg/l – ein Defizit von 60,5% bezogen auf den untersten Normwert von 7,1 mg/l –, während die niedrigsten Serum-Zn-Spiegel bei < 10 µg/dl lagen – ein Defizit von rund 90% bezogen auf den untersten Normwert von 90 µg/dl. Dazu stellten wir fest, daß sogar anfänglich bei Zink-Substitution das Zn i.S. noch gering abfallen kann, während der Zn-Gehalt im Vollblut ab Therapiebeginn beginnt anzusteigen.

Neben den Zink-Mangelzuständen ist der Mangel an Eisen und Kupfer erstens einmal deutlich seltener und zweitens klinisch allem Anschein nach nicht ganz von gleicher Bedeutung. Das darf allerdings nicht dazu verführen, solche Mangelerscheinungen zu vernachlässigen. Eisenmangelanämien führen zu Verminderungen der O_2-Utilisation bzw. der Sauerstoffversorgung des Organismus, was die Therapie der Abwehraberrationen unmöglich machen würde. Da Fe aber auch als Kofaktor vieler Enzyme eine Rolle spielt, ist nicht nur mit Hämoglobin-Mangel allein zu rechnen. Eine Reihe von Enzymen, darunter einige zur Synthese von Neurotransmittern, sind von Eisen als Kofaktor abhängig.

Kupfer ist bei akuten und chronischen Entzündungen im Serum und Vollblut meist stark erhöht. Mangelzustände sind selten, haben aber dann schon deshalb Bedeutung, weil – um nur ein wichtiges Beispiel zu nennen – Kupfer beim Abbau von Sauerstoffradikalen wichtig ist, in Form der Superoxyd-Dismutase (Bayer 1982 *(3)*. Schon das allein beweist die Wichtigkeit einer ausreichenden Kupferversorgung, wie dies auch von Heine (1986) *(50)* betont wird, da Sauerstoffradikale entzündungsfördernd wirken. Von Burch und Hahn (1983) *(22)* werden folgende Symptome des Kupfermangels angegeben: Anämie, Leukopenie, Anorexie, Dermatitis, Depigmentierung von Haut und Haaren, Kräuselung der Haare, neurologische und psychische Abweichungen (u. a. Ataxien), Skelettveränderungen (wie bei Skorbut), Wachstumsstörungen und Hypalbuminämie. Für die Abwehrfunktionen spielen dabei die Anämien und die Leukopenien die wichtigste Rolle.

Es ist aus der Betrachtung der Spurenelementspiegel im Verlauf von Erkrankungen auffallend, daß eine reine Zink-Substitution auch Kupfer-Mangel günstig beeinflussen kann. Obwohl bei erhöhtem Cu-Spiegel darauf geachtet werden muß, daß es nicht durch eine Erhöhung des Zn-Spiegels über die Norm zu einem Cu-Mangel kommt, haben wir die Beobachtung gemacht, daß bei mehreren Patienten, die unter Zn- und Cu-Mangel litten, auch der Cu-Spiegel bei reiner Zn-Substitution anstieg. Diese Beobachtung wurde sozusagen zwangsläufig gemacht, da es in Österreich kein zugelassenes Cu-Präparat gibt und die Genehmigung und Auslieferung solcher Mittel meist mehrere Wochen in Anspruch nimmt. Da hier die Zn-Substitution stets in Verbindung mit Vitamin C erfolgt, ist anzunehmen, daß wie bei Fe und Zn auch die Kupferresorption durch Vitamin C verbessert wird. Auch bei geringem Fe-Mangel ist dieser Effekt zu erreichen. Doch beträchtlicher Fe-Mangel wurde stets mit entsprechenden Medikamenten behandelt. Aus allen bisherigen Erfahrungen geht aber hervor, daß dem Zink-Mangel in den Abwehrfunktionen und deren Störungen die größte Bedeutung beizumessen ist und daß seine Behebung der Angelpunkt für die Behebung der Spurenelement-Mangelzustände ist.

Über die Bedeutung eines Mangels an Selen, Mangan und Molybdän auf die Abwehrfunktionen kann aus eigenen Untersuchungen noch keine Auskunft gegeben werden, da sowohl die Zahl der Bestimmungen und vor allem die Beobachtungszeiten noch viel zu gering sind. Diesbezüglich muß auf die in den letzten Jahren stark angestiegenen Publikationen hingewiesen werden.

Zuletzt sei hier bezüglich der Zn-Mangelerscheinungen eine Abweichung vom Thema gestattet. Schon bei der ersten Aufstellung der Zn-Spiegel bei verschiedenen Erkrankungen (Perger 1986) *(163)* fiel auf, daß Diabetiker die niedrigsten Serum-Zn-Werte aufwiesen (Tab. 38).

Damals waren es 20 Diabetiker, die bei der Erstpublikation angeführt wurden. Diese Diabetiker waren wegen zusätzlicher Erkrankungen zufällig erfaßt worden. Die Zn-Therapie führte bei etwa 90% dieser Patienten zu einer merklichen Besserung der Kohlehydrat-Stoffwechsellage: es traten bei gleichbleibendem Diabetes-Regime gehäuft Hypoglykämien auf, der Nüchtern-Blutzucker sank deutlich ab. Wohlgemerkt – kein einziger dieser Diabetiker wurde geheilt, aber bei 86 von bisher erfaßten 96 Diabetikern konnte eine deutliche Besserung der Stoffwechsellage beobachtet werden, so daß die Kohlenhydrat-Tagesmenge etwas erhöht und in einigen Fällen auch die Insulin- bzw. Sulfonylharnstoffdosis etwas verringert werden konnte. Was das für einen Diabetiker bedeutet, kann wohl nur ein Diabetiker verstehen: Während eine KH-Tagesmenge von 12 BE durchaus ausreichend ist, sind alle niedrigeren Tagesmengen kaum exakt einzuhalten bzw. belasten diese Patienten schwer. Vor allem bei Reisen bzw. bei Essen außer Haus wird das Einhalten der Diät zu einem unlösbaren Problem. Durch die Erhöhung der KH-Menge verbessert sich die Einhaltung der Diät beträchtlich. Nun ist bekannt, daß Insulinase und Insulin selbst Zink enthalten, so daß durch den Zink-Mangel auch noch die Möglichkeit einer – wenn auch ungenügenden – Eigenproduktion von Insulin vermindert wird. Es ist selbstverständlich, daß durch Zink zerstörtes Zellgewebe auch im Inselapparat nicht wieder neu gebildet werden kann, aber man kann – soweit Inselzellen noch vorhanden sind – wenigstens diese wieder zu einer Insulinsynthese anregen. Nur dort, wo keine Insulinase mehr vorhanden ist, kann auch nichts mehr angeregt werden – das ist aber nur bei etwa 10% der Diabetiker der Fall. So ist der Versuch einer Zn-Substitution immerhin empfehlenswert: selbst bei jahrelangem Bestehen des Diabetes konnten noch deutliche Besserungen erzielt werden *(163)* (Abb. 46).

Man sollte nur keine großen Versprechungen machen, da eben nicht alle Diabetiker auf Zink-Therapie ansprechen. Ob die Zn-Substitution auf die Spätkomplikationen des Diabetes einen hemmenden Einfluß hat, ist bei der Kürze der Nachbeobachtungszeit nicht zu beurteilen. Vorstellbar wäre dies aber schon.

Ein zweiter Nebeneffekt der Spurenelement-Substitution zeigte sich bei Haarausfall und besonders bei der Alopecia areata. Haarausfall ist bei Fe- und Cu-Mangel bereits seit langem bekannt, Zn-Mangel hat ähnliche Folgen. Bei unseren Patienten mit diffusem Haarausfall wirkte auch eine aus anderen Gründen verordnete Zn-Therapie gut, so daß nun auch diese Patienten auf Zn-Mangel kontrolliert werden. Bei der Alopecia areata fanden sich vor allem Pb-Belastungen als eine der Ursachen, aber die Pb-Ausschwemmung allein mit Calcium + Vitamin C wirkte bei den meisten dieser Patienten nur vorübergehend. Erst die Normalisierung der Zn-Spiegel brachte dann einen dauerhaften Erfolg.

2.6.4 Magensäuremangel

In mehreren Diskussionen wurde klar, daß Sub- und Anazidität nicht in Verbindung mit Abwehrstörungen gebracht wird. Eine solche gedankliche Verbindung scheint den meisten Kollegen fast absurd. Nun besteht tatsächlich kein direkter Zusammenhang und doch hat indirekt ein Magensäuremangel viel mit der Entwicklung von Abwehrfunktionsstörungen zu tun. Man bedenke nur ihre Rolle bei der

Entstehung von Dysbiosen des Darmtrakts und daraus resultierenden Resorptionsstörungen.

Dysbiosen des Darmtrakts haben mehrere Ursachen. So können sie durch allgemeine Immunstörungen (Immunglobulinmangel, Inhibition der T-Lymphozyten-Aktivität) entstanden sein. Weiterhin sind Dysbiosen auf Dauerschädigungen durch schwere Darminfektionen wie Ruhr oder Typhus zurückzuführen, wie man dies bis heute vor allem bei ehemaligen Frontsoldaten nachweisen kann. Sehr häufige Ursachen sind Antibiotika-Therapien, da sie als Nebenwirkung auch normale Darmsymbionten eliminieren und als Pilzabkömmlinge das Darmmilieu pilzanfällig umgestalten. Zahlenmäßig stehen jedoch die Dysbiosen bei Sub- oder Anazidität im Vordergrund. Das war noch vor 30–40 Jahren anders, als die Hyperazidität häufiger als die Subazidität war. Doch hat sich dies geändert, aus welchen Gründen auch immer. Nach unserer Meinung wäre es möglich, daß Konservierungsmittel und andere Chemikalien in der Nahrung diese Änderung der Magensäureverhältnisse verursacht haben. Da im eigenen Erfahrungsbereich die Zahl der subaziden Patienten die hyperaziden bereits um ca. das 3fache übersteigt, ist es nicht ganz verständlich, warum anderenorts so selten an diese Möglichkeit gedacht wird.

Dazu ein Beispiel.

Eine 37jährige Patientin hatte mit 21 Jahren erstmals Kreislaufbeschwerden und Zeichen vegetativer Übererregung, was damals auf die Doppelbelastung von Studium und Beruf zurückgeführt wurde. Nach 2 Geburten (1980 und 1983) nahmen die Beschwerden beträchtlich zu: Unverträglichkeit vieler Speisen, Blähsucht, rezidivierende Diarrhöen, Atemnot mit Herzbeklemmungen und nächtliche Atemnotanfälle asthmoiden Charakters. Dazu kamen eine zunehmende Anfälligkeit für Infekte, depressive Stimmungslage sowie nach bestimmten Speisen (z. B. Pilze) Migräneanfälle. Wegen der chronischen Infekte und der asthmoiden Beschwerden 1981 Kieferhöhlenoperation, 1986 Tonsillektomie ohne wesentliche Besserung. Ab 1983 chronische Bronchitis.

Bei der Durchuntersuchung imponierte ein extremer Zwerchfellhochstand mit Querlagerung des Herzens. Der Magen war indolent stark gebläht, das Kolon spastisch und die tastbaren Dünndarmbereiche derb und leicht druckempfindlich. Der Laborbefund ergab eine Anazidität, eine hochgradige bakterielle Dysbiose (aerob: Klebsiella pneumoniae und Citrobacter freundii; anaerob: Peptostreptokokken) sowie einen erheblichen Zn-, Ca- und Mg-Mangel (Vollblutanalysen: Zn 5,4 mg/l, Ca 55 mg/l, Mg 31 mg/l). Das EKG zeigte außer Querlagerung keinen abnormen Befund.

Die HCl- und Zn-Substitution brachte eine schnelle Besserung.

Schon dieses eine Beispiel dokumentiert drastisch, daß Magensäuremangel sehr wohl mit Abwehrstörungen in Zusammenhang stehen kann. Die Anazidität hat zwei Nachteile: die Eiweißverdauung ist gestört, so daß unvollständig angedaute Eiweißsubstanzen in den Darm gelangen können, und fäulniserregende Dysbiosekeime können die normalerweise bestehende Säureschranke des Magens ungehindert passieren, so daß erst recht Fäulnisvorgänge in Gang gesetzt werden können. So ist nicht nur bei der angeführten Patientin die Resorptionsstörung und das ROEMHELD-Syndrom vorprogrammiert. Es ist geradezu grotesk, daß die geschilderte Patientin erst über 1000 km anreisen mußte, um zu einer so einfachen und klaren Abklärung ihrer Beschwerden zu kommen. Aber die Kausalkette ist eindeutig: Magensäuremangel – Verdauungsstörung und mangelnde Desinfektion der Nahrung – Dysbiose des Darmtrakts – Resorptionsstörungen – Mineralstoff- und Spurenelementmangel – Abwehrinsuffizienz und durch den Zwerchfellhochstand Herz- und Atembeschwerden.

Ein zweites Beispiel dokumentiert ebenfalls diese Kausalkette und zeigt zugleich, daß ärztliche Fehlbeurteilung und Leichtfertigkeit zu einem immensen Leidensdruck beim betroffenen Patienten und zu einer sinnlosen Kostensteigerung im Gesundheitswesen führen können.

Eine 35jährige Patientin litt seit dem Frühsommer 1986 an brennenden Schmerzen im Magen, Völlegefühl nach geringen Essensmengen und Übelkeit. Die Diagnose „hyperacide Gastritis" wurde vom Hausarzt ohne Magensäurekontrolle gestellt und Antazida verordnet. Darauf verschlechterten sich die Beschwerden beträchtlich. Deshalb wurde die Patientin zu einer stationären Durchuntersuchung eingewiesen. Hier geschah nun das, was in einer überlaufenen Praxis noch entschuldbar ist, nicht aber bei einer stationären Durchuntersuchung: es wurde wiederum keine Magensäurebestimmung veranlaßt, sondern nur geröntgt und gastroskopiert und mit immer höheren Dosen von H_2-Antagonisten weiterbehandelt. Als sich daraufhin die Beschwerden noch verschlechterten, wurde die Patientin als Psychosomatikerin abgestempelt und zu einer psychotherapeutischen Behandlung weitergereicht. Erst als diese vergeblich war, entschloß sich die Patientin zu einer neuerlichen internen Untersuchung. Die einfache Magensäurebestimmung (Gastrintest) brachte die Anacidität zutage, daneben bestand schon eine beträchtliche bakterielle Dysbiose und ein beträchtlicher Fe- und Zn-Mangel. Der langsame Aufbau einer ausreichenden HCl-Substitution und die Verabreichung von Zn- und Fe-Präparaten brachte innerhalb von 8 Wochen eine fast vollständige Beschwerdefreiheit und eine wesentliche Verringerung der Dysbiosekeime im Stuhl.

Was an diesen beiden Beispielen demonstriert wurde, ist eine häufige Beobachtung. Man wird kaum Dauererfolge im Rahmen einer Abwehrrehabilitation erreichen, wenn man nicht einen Magensäuremangel mitbehandelt.

Dabei hat sich ziemlich allgemein die Meinung verbreitet, daß nur eine Hyperazidität Beschwerden verursacht und daß eine HCl-Substitution bei Hyp- und Anazidität überflüssig sei, da der Abbau des Nahrungseiweißes auch ohne Beteiligung der Magensäure durch die Pankreasfermente gewährleistet sei.

Dieser einseitigen Betrachtungsweise muß aber widersprochen werden. Der Anteil des Magensaftes an der Proteolyse ist zwar quantitativ nicht sehr groß. Aber er ist funktionell von großer Wichtigkeit. Die proteolytisch freigesetzten Kleinmoleküle werden von der Magenmukosa resorbiert und aliphatische Aminosäuren stimulieren zunächst die Magensaftproduktion. Später überwiegen dann die aromatischen essentiellen Aminosäuren. Unter diesen ist vom L-Tyrosin bereits eindeutig nachgewiesen, daß es von der Magenschleimhaut resorbiert und in Noradrenalin umgewandelt wird. So entsteht ein Sympathikusreiz, der die Magensaftproduktion wieder herabsetzt und so die Ruhepase dieses Organs einleitet (MAIWALD 1979) *(109)*. Dies ist schon der erste Grund für eine ausreichende HCl-Substitution.

Der zweite Faktor ist – wie schon angeführt – die mangelnde Desinfektion ungekochter Nahrung, die zu stark wechselnden und oft hochgradigen bakteriellen und mykotischen Dysbiosen führt und eine erhöhte Anfälligkeit für Protozoonosen (Lambliasis etc.) führt. Die Folgen wurden im Kapitel „Dysbiosen des Darmtrakts" schon ausführlich beschrieben.

Der dritte zu beachtende Faktor ist die mangelnde Resorption von Spurenelementen, vor allem von Eisen. Als bekannteste Folgen seien hier die Anaemia perniciosa und ihre mögliche Spätfolge, die funikuläre Myelose, angeführt.

Ein zusätzliches Argument für eine dauernde HCl-Substitution wurde dem Autor bereits in seiner Ausbildungszeit beigebracht. Sein verehrter Lehrer J. DONATH betonte immer wieder, daß Anazidität eine der wesentlichsten Voraussetzungen zur Entstehung von Magenkarzinomen ist und daß dies durch eine HCl-Dauersubstitution zu verhindern sei. Im eigenen Bereich hat sich dies in mehr als 40jähriger Erfahrung bestätigt: bei Dauersubstitution mit HCl-Pepsin-Präparaten ist bisher kein einziger der anaziden Patienten an einem Magenkarzinom erkrankt.

Aus allen diesen Gründen hat auch der Magensäuremangel in der

Entstehung von Abwehrstörungen eine nicht zu vernachlässigende Bedeutung, wenn auch meistens nur in indirekter Form.

Zusammenfassend darf daher zu den Mangelzuständen festgestellt werden: Ihnen ist die gleiche Bedeutung hinsichtlich der prämorbiden Abwehrstörungen beizumessen wie den stummen chronischen Entzündungen, den abakteriellen Störfeldern, den Toxikosen und den Dysbiosen des Darmtrakts. Daher müssen sie bei der Regulationstherapie miterfaßt werden. Bestehende Mangelzustände sind durch Substitutionstherapie so weit wie möglich zu beheben, wie im III. Abschnitt noch ausführlich dargelegt wird.

2.7 Spätfolgen von Chemotherapien

Wie schon in den allgemeinen Vorbemerkungen zu diesem Abschnitt ausgeführt wurde, ist die Besprechung von Folgewirkungen einer Chemotherapie auf die Funktion der Abwehrregelsysteme, vor allem auf das Grundregulationssystem, ein heikles Thema. Mißverständnisse sind leider allzu leicht möglich, da hier das ärztliche Selbstverständnis berührt wird und daher auch emotionelle Reaktionen zu befürchten sind. Aber diese Folgewirkungen müssen einmal dargelegt werden, nicht um die allopathische Medizin zu diskreditieren, sondern um auch solche Folgeerscheinungen zu Bewußtsein zu bringen und damit entweder vermeidbar oder auch behandelbar zu machen. Es soll aber keinesfalls der Eindruck einer Ablehnung oder gar Verteufelung wichtiger Behandlungsformen entstehen.

Anders reagieren Patienten. Ein Mensch vergißt sehr leicht seine vergangenen Krankheiten und Schmerzen – es ist dies wohl ein Schutzmechanismus der Natur – und ist sich meist nur seiner gegenwärtigen Beschwerden wirklich bewußt. Sind diese nun eine Folge früherer Therapien, so neigt er allzuleicht zur kritiklosen Verdammung jeglicher Medikation. Das kann manchmal zu beträchtlichen Schwierigkeiten in der Behandlung akut bedrohlicher Erkrankungen führen.

Ein Beispiel: Eine 67jährige Patientin litt nach einer Antibiotikatherapie vor 8 Jahren an einer massiven Sproßpilzmykose des Darmtrakts (Candida albicans und Trichosporon spec., zusammen $>10^6$ Org/g Stuhl) in Kombination mit einem kompletten Mangel an Bacillus acidophilus und Bacterium bifidum und einem höheren Anteil an den Dysbiosekeimen Klebsiella pneumoniae und Serratia liquefaciens. Nach mehrmonatiger Therapie war die Darmkeimbesiedlung wieder normalisiert. Dann trat plötzlich eine schwere fieberhafte Bronchitis mit bronchopneumonischen Herden auf, aber die Patientin verweigerte zunächst die dringend indizierte Antibiotikatherapie. Erst der brutale Hinweis, daß sie nur zwei Möglichkeiten habe, entweder wieder kurzfristig Darmbeschwerden zu bekommen oder zu sterben, konnte die Patientin bewegen, ihre Zustimmung zu geben.

So hat man bei diesem Problem von beiden Seiten mit Emotionen zu rechnen. Der zunehmenden emotionellen Ablehnung vieler Chemotherapien durch Patienten steht die ehrliche und meist auch richtige Meinung vieler Kollegen entgegen, für die Chemotherapie unverzichtbar ist und daher auch bei leichten Erkrankungen sofort eingesetzt werden muß, um Komplikationen möglichst zu vermeiden – wobei letzteres allerdings auch ein Punkt der Kritik ist.

Gerade am Beispiel der bekannten Nebenwirkungen der Antibiotika auf die Darmkeimbesiedlung, die in der Praxis oft sträflich vernachlässigt werden, ist dies am einfachsten zu demonstrieren. Es geht hier nicht um die bekannten Komplikationen wie Allergien, Knochenmarkschädigung, Nephrotoxizität, Akustikusschäden etc., die hier nicht näher besprochen werden müssen, sondern um Spätfolgen ganz anderer Art: um die Störungen der Darmflora und die Inhibition der humoralen Immunleistungen.

Die gängigsten Antibiotika sind vor allem aus verschiedenen Pilzarten isoliert worden, ihre halb- oder vollsynthetische Produktion heutzutage ändert nichts an ihrem Wirkungsmuster. Sie stammen vorwiegend aus Penicillium notatum, mehreren Streptomyces-Arten, Cephalosporium acremonium etc. Ihr Antagonismus zu Bakterien begründet auch ihre therapeutische Wirksamkeit. Aber neben der erwünschten Wirkung gegen pathogene Bakterien haben sie unerwünschterweise einen gleichartigen Effekt gegen die normalen Darmsymbionten – und darüber hinaus machen sie das Darmmilieu pilzanfällig. Die Folge vor allem längerfristiger Antibiotikatherapien ist daher nicht nur der angestrebte Effekt der Vernichtung der spezifischen Infekterreger, sondern auch die weitgehende bis totale Eliminierung der wichtigsten normalen Darmsymbionten. Am häufigsten ist die totale Eliminierung des Bacillus acidophilus und des Bacterium bifidum, seltener auch ein totaler Mangel an Escherichia coli. Zugleich entsteht eine auffallende Anfälligkeit für Sproßpilze verschiedener Art. Bei quantitativer Bestimmung der Sproßpilze im Stuhl zeigte sich, daß schon eine kurzdauernde antibiotische Therapie genügt, die Pilzzahlen um 2–3 Zehnerpotenzen anwachsen zu lassen. Bei 36 Patienten fand sich vor der Antibiotika-Medikation eine tolerierbare Menge von bis $\pm 10^2$ Pilze/g Stuhl, 10–14 Tage danach aber Mengen von 10^4 bis 10^5 Org/g. Unter weiteren 18 Patienten, deren Stuhl zuerst mykotisch negativ war, fand sich nach der Behandlung bei 16 Patienten eine Pilzmenge von $\pm 10^3$ Org/g bis $> 10^4$ Org/g, vorwiegend Candida albicans, aber auch andere Pilzarten. Das längere Bestehen einer Mykose führt aber zu einer Reihe von Beschwerden und zu Resorptionsstörungen, wie sie bereits im Kapitel „Dysbiosen des Darmtrakts" näher beschrieben wurden (Resorptionsstörungen mit Vitamin-, Mineralstoff- und Spurenelementmangel, Autointoxikationserscheinungen, lokale Darmspasmen und Beschwerden durch Zwerchfellhochstand). Dabei ließen sich diese Folgen leicht vermeiden, worüber im Abschnitt über die Therapie der Regulationsstörungen noch ausführlich berichtet wird.

Neben diesen bekannten Folgeerscheinungen von Antibiotikatherapien auf das Darmmilieu, deren weitere Konsequenzen aber meist unterschätzt werden, ist auch noch ein Hemmungseffekt auf die Protein- und γ-Globulin-Synthese zu erkennen. Dies ist bei banalen viralen Erkältungsinfekten mit und ohne Antibiotika-Medikation nachweisbar. Im eigenen Rahmen wurden Gesamteiweiß und γ-Globulin-Anteil bei 17 Patienten ohne und bei 26 Patienten mit Antibiotikatherapie 3–5 Tage nach Abklingen des Infekts bestimmt (Abb. 47). Der Durchnittswert der mit Antibiotika Behandelten lag für das Gesamteiweiß um ca. 9% niedriger, der γ-Globulin-Anteil um 21,4% niedriger als bei den nicht antibiotisch behandelten Patienten (Perger 1979) *(150)*.

Man kann dies natürlich auch so deuten, daß durch die bakterizide/bakteriostatische Therapie einfach ein geringerer Bedarf an Immunglobulin bestand und dies deshalb keine beachtenswerten Veränderungen sind. Dem widersprechen aber andere Untersuchungen, die beweisen, daß z. B. Penicilline beträchtliche humoral-vegetative Schockzustände auslösen (Perger 1958) *(139)* (Abb. 48).

Diese Schockreaktionen werden aber nicht nur durch Penicilline ausgelöst, sondern auch durch alle anderen Antibiotika, wie aus Vergleichsuntersuchungen hervorgeht (Tab. 39).

Diese Längsschnitt-Hämogramme zeigen, daß die verminderte γ-Globulin-Synthese nicht bzw. nicht nur von einem geringeren Bedarf herrührt, sondern daß durch die Auslösung einer humoralen Schocksituation auch inhibitorische Vorgänge eine Rolle spielen. Das bedeutet aber nichts anderes, daß auch Antibiotika bei falschem oder zu intensivem Gebrauch erheblich immunsuppressiv wirken können – vor allem dann, wenn eine Blockierung der Grundregulationen damit ausgelöst wird, was bei vorgeschädigten Abwehrfunktionen leicht möglich ist.

Das wird auch klinisch immer wieder erkennbar. So finden sich z. B. bei einer chronischen Pyelonephritis nach längerer Antibiotikatherapie häufig wieder reichlich Bakterien im Harn (Verlust der bakteriziden bzw. bakteriostatischen Wirkung), die klinischen Symptome bleiben jedoch weitgehend oder völlig aus (Immunsuppression). Wie ist dies zu verstehen?

Jeder Reiz und jeder körperfremde Stoff, der über die Lungen, den Verdauungstrakt oder die Haut ins Körperinnere gelangt, löst im interzellulären Raum zuerst unspezifische Reaktionen aus, die – wie bereits im Abschnitt I ausführlich besprochen – völlig einförmig im Sinne der Alarmreaktion nach SELYE ablaufen und sich mit den Reaktionen durch andere Reize auch summieren können. Auch Chemotherapeutika sind als körperfremde Stoffe den gleichen Gesetzmäßigkeiten unterworfen. Sie wirken nicht nur spezifisch, sondern lösen auch – wie jeder andere Reiz oder Fremdstoff – zunächst eine Streßreaktion aus. Die Intensität dieser unspezifischen Streßreaktion hängt dabei von den chemischen und physikalischen Eigenschaften der Substanz selbst, von der Höhe ihrer Dosierung, von der Dauer ihrer Verabreichung und nicht zuletzt von der bei Therapiebeginn bestehenden Abwehrlage ab. Es ist durchaus nicht gleichgültig, ob eine Noxe – und auch ein Chemotherapeutikum ist zunächst aus der Sicht der Abwehrfunktionen eine solche – in ein gesundes hochaktives Abwehrgeschehen „hineinplatzt" oder etwa bei der Prophylaxe, in ein ruhendes oder bei chronischen Krankheiten in ein schon gestörtes System. Was bei hochaktiver Abwehr nur zu einer – meist sogar erwünschten – Dämpfung der Reaktionen führt, löst bei den anderen Ausgangslagen lang anhaltende Schockreaktionen aus, die bei entsprechender Vorschädigung u. U. sogar bis zu unlösbaren Blockierungen der Grundfunktionen führen können.

Hinsichtlich der Folgeerscheinungen von Antibiotika sind bei entsprechender Indikation diese Nachteile gegenüber den unleugbaren Vorteilen abzuwägen und können auch nur in ganz seltenen Ausnahmefällen therapeutisch gelöst werden (siehe Abschnitt III – Therapie der Abwehrstörungen).

Zurückhaltender ist eine breite Anwendung typisch immunsuppressiver Behandlungsformen zu beurteilen. Sie sind ja gezielt auf eine Unterdrückung immunologischer Vorgänge gerichtet und wirken deshalb intensiver und anhaltender, wobei die Lösung der Abwehrblockierungen z. T. riskant und z. T. oft nicht mehr möglich ist. Es ist deshalb die Meinung zu vertreten, daß eine breite Anwendung (etwa bei den ersten Schüben einer seronegativen Oligo- oder Polyarthritis bzw. bei einer Multiplen Sklerose) nur ausnahmsweise gerechtfertigt erscheint und daß eine Immunsuppression nur auf unvermeidbare Indikationen beschränkt bleiben sollte.

Es wird wohl Niemandem einfallen, die Notwendigkeit einer Immunsuppression nach Organtransplantationen in Frage zu stellen. Ebensowenig ist sie bei extrem malignem Verlauf entzündlicher Systemerkrankungen abzulehnen, da sie – bei Versagen aller anderen Methoden – trotz aller Risiken den betroffenen Patienten ein erträglicheres Dasein ermöglicht. Wo aber andere Möglichkeiten bestehen, ist sie unserer Meinung nach nicht berechtigt, da sie beträchtliche und unbeeinflußbare Risiken in sich birgt.

Diese Auffassung entstand aus der Abwägung der erwünschten Wirkungen gegenüber den Folgeerscheinungen gezielt immunsuppressiver Therapien auf Immun- und Grundsystem. Diese dienen dazu, pathologische Reaktionen der immunkompetenten Zellen und damit die Bildung pathologischer autoaggressiver Immunglobuline zu unterbinden. Damit erzielt man – ohne Ausschaltung der spezifischen Ursachen – eine Unterbindung der spezifischen autoaggressiven Immunantwort.

Die dazu geeigneten Mittel – führend sind derzeit Azathioprin (Imurek®), Cyclophosphamid (Endoxan®, Cytosar®) und Ciclosporin (Sandimmun®), oft in Kombination mit Corticoiden – wirken aber nicht selektiv auf die spezifischen Immunfunktionen, sondern verursachen universell eine Hemmung der Zellmitosen, und zwar durch die Inaktivierung der DNS- und RNS-Polymerasen, was zugleich eine Hemmung der γ-Globulinbildung bedeutet. Da die Halbwertszeit der γ-Globuline 7–10 Tage beträgt, ist innerhalb von etwa 21 Tagen die Gesamtmenge des vor Therapiebeginn vorhandenen γ-Globulins verbraucht (Hitzig 1977) *(59)*. Die Neusynthese ist gehemmt, weshalb es zu γ-Globulin-Mangel kommt und damit zu erhöhter Anfälligkeit für Infekte. Die bekannten Komplikationen sind Leukopenien bis zur Agranulozytose, eine hohe Anfälligkeit für virale, bakterielle und durch Pilze verursachte Infektionen und die Provokation maligner Neubildungen vorwiegend im lymphoretikulären System (PENN 1978) *(130)* und im epithelialen Bereich (Plattenepithelkarzinome) (HOPPE 1976) *(66)*. Unbekannt sind aber die Nachwirkungen auf die Lebensgrundregulationen, die auch nach Absetzen der immunsuppressiven Therapie mindestens 2 Jahre, aber auch viel länger und u. U. lebenslang anhalten können. Die Blockierung im primären Abwehrgeschehen ist für die Spätkomplikationen verantwortlich: Störungen der Infektabwehr und erhöhte Anfälligkeit für Malignomentwicklungen, aber auch für allergische Manifestationen, wenn sich die Regelsysteme doch von ihrer Erstarrung erholen und wieder anfangen, reagibel zu werden.

Diese Entwicklungen sind an Hand des Schemas der Grundregulationsstörungen klar zu verstehen (s. Abb. 17). Nicht nur die Entwicklung von Regulationsstörungen verläuft – einmal sehr schnell, dann wieder über sehr lange Zeiträume – über mehrere Stadien, auch die Rückbildung dieser Störungen erfolgt bei Blockierungen nie direkt zur Normalfunktion, sondern immer über eine Phase der Reaktionsform exsudativen Charakters. So sind allergische Reaktionen im Rückbildungsprozeß – ob spontan oder therapeutisch induziert – durchaus möglich und auch nicht selten zu beobachten.

Im Regulationstest mit 3-fach-konjugiert-ungesättigten Fettsäurederivaten (Elpimed®) ist die Blockierung unter Immunsuppression bei Rheuma-Patienten schon innerhalb weniger Tage nachweisbar: dafür ist nicht nur die Wirkung der therapeutischen Substanzen, sondern mindestens ebensosehr die bereits bei Therapiebeginn bestehende Abwehrstörung (Ausgangslage) verantwortlich.

Infolge der intensiven Blockierung kommt es zu Veränderungen im Wasser-, Säure-, Basen-, Sauerstoff- und Elektrolythaushalt, da diese Lebensgrundfunktionen vom Grundsystem aus gesteuert werden. Man beobachtet Gewebsazidose, Wasserretention, Mineralstoffmangel, wozu erstaunlicherweise ein meist erhöhter O_2-Verbrauch hinzukommt. Die Transmitterfunktion ist beträchtlich gestört und es entsteht ein beträchtlicher Energieverlust, der durch den reaktiv vermehrten O_2-Verbrauch nur ungenügend ausgeglichen werden kann. Die Folgen sind Dauerdepolarisierung der Zellmembranen, Veränderungen im Molekularsieb der Zwischenzellsubstanz und Inhibierung von Enzymaktivitäten – insgesamt kommt es zu einer wesentlichen Verlangsamung der Abwehrfunktionen, da die Steuerungssignale entweder zu schwach oder zu langsam erfolgen. Diese Vorgänge sind kongruent mit denen, die bei spontanen konsumierenden Entzündungen und bei der spontanen Malignomentwicklung festgestellt wurden (Perger 1981) *(152)*. Dies kann an Hämogramm-Vergleichen 3 Monate nach Beginn und 1 Jahr nach Beendigung einer Azathioprin-Corticoid-Therapie bei PCP dokumentiert werden (Tab. 40).

Das Problem der Immunsuppression besteht nicht so sehr in der Therapiezeit selbst, sondern vielmehr in den resultierenden Abwehrparalysen danach. Denn während, aber nicht nach der Therapie stehen die Patienten unter genauer Beobachtung, da allgemein die Meinung vorherrscht, daß sich die Abwehrregelkreise nach Absetzen der Therapie sehr schnell erholen (Humphrey und Withe 1972, Hoppe 1976, Lenhard 1976 etc.) *(66, 69, 106)*. Unsere Untersuchungsergebnisse hinsichtlich der Störungen des Grundsystems und damit des Trägers der ersten Abwehrphase widersprechen eindeutig diesen optimistischen Annahmen. Eine Erholung der Abwehrregelkreise geht aber immer – wie schon oben angeführt – über eine Phase der exsudativ-allergischen Reaktionsform, die eine neue eminente Rezidivgefahr und die Gefahr des Auftretens sofort allergischer Reaktionen beinhaltet. Gleichartige allergiforme Komplikationen sind in der Onkologie sowohl bei Strahlentherapien und mehr noch bei der Zytostatika- und Immunmodulationstherapie der Malignome bekannt, wurden aber nicht als kongruente grundsystembedingte Vorgänge erkannt.

Aber nicht nur Azathioprin, Cyclophosphamid und Ciclosporin führen zu langanhaltenden und oft auch dauernden Störungen der Abwehr, vorwiegend durch Lähmung der Grundsystemfunktionen sondern auch Schwermetalltherapien. Über die biologischen Mechanismen, die dabei zur Wirkung kommen, wurde bereits im Kapitel über „Subsymptomatische Toxikosen" ausführlich berichtet. Es ist für die Abwehrregelsysteme eines Organismus völlig gleichgültig, ob die Zufuhr von Schwermetallen ungewollt oder aus therapeutischen Gründen erfolgt – immer ist die Folge eine Einschränkung bis Lähmung der Grundregulationen und eine Hemmung der Enzymfunktionen an den Orten der Depotbildungen. Als junger Arzt erlebte der Autor noch die letzten Anwendungen von Quecksilber-Schmierkuren bei MS-Patienten: nach einem klinisch oft eindrucksvollen Effekt einer ersten Schmierkur waren Zweitanwendungen meist völlig wirkungslos und hatten nicht selten beträchtliche allergische Reaktionen und Verschlechterungen im Hauptleiden zur Folge, auch wenn sie streng nach Indikation nur im entzündlichen Schub angewandt wurden. Die Lähmung der Grundfunktionen und die

Prädisposition für Allergien durch Hg waren die Ursachen, warum Zweitanwendungen dieser Schmierkuren so wirkungslos und sogar riskant waren.

Heute sind die Schwermetalltherapien größtenteils verlassen, nur die Goldtherapie der Polyarthritis erlebte merkwürdigerweise eine Renaissance. Die Probleme der Spätfolgen sind aber die gleichen wie bei Quecksilber und anderen toxischen Schwermetallen. Denn Gold, das im Periodensystem der Elemente neben dem Hg steht, hat auch sehr ähnliche biochemische und biophysikalische Eigenschaften. Primär erfolgt seine Einlagerung im RES und in den mesenchymalen Stützgeweben (Knochen, Knorpel, Synovia) (Meyer 1974) *(121)*, sekundär aber auch in allen anderen Organen. So wird Gold auch im Liquor (Vonkennel 1975) und in der Kornea (Lawrence 1961) gefunden. Letzteres ist deshalb bemerkenswert, weil die Kornea nicht vaskularisiert ist und das Gold daher über die extrazelluläre Gewebsflüssigkeit eingeschleust werden muß. Für die klinische Wirkung ist die Aufnahme in die Zellen des weichen Bindegewebes und ins mesenchymale Gewebe insgesamt entscheidend, zugleich aber auch für seine Komplikationen. Die Hemmung der Immunreaktionen erfolgt nämlich nicht schlagartig, sondern über eine Phase der allergischen Diathese. Diese beruht auf einer pathologisch verlängerten humoralen Schocksituation im Grundsystem und einer Herabsetzung der Reagibilitätsschwelle für Ganzheitsreaktionen auf 1/100 der Belastungsgröße gegenüber einer Normaladaptation. Ihre klinischen Kennzeichen, die aber nicht bei allen Patienten auftreten, sind Eosinophilie, Thrombopenie, Pruritus, Exantheme, Stomatitis und Gastroenterokolitis. Treten diese Komplikationen auf, ist die Goldallergie zu diesem Zeitpunkt noch reversibel, da noch eine Restreaktionsfähigkeit im Grundsystem besteht. Geht diese Phase aber ohne klinische Manifestation vorüber, bleibt die latente Goldallergie bestehen. Kaum mehr reversibel sind jedoch jene Komplikationen, die durch eine Lähmung des Grundsystems gekennzeichnet sind: Agranulozytose, aplastische Anämie, Nephrose, Lebernekrosen, Polyneuritis und Enzephalitis. Je früher diese Komplikatioen auftreten, desto besser ist ihre Prognose. Je stärker die Schwermetallbelastung wird und je länger sie andauert, desto schwieriger wird ihre Behandlung.

Mögliche Spätfolgen einer primär erfolgreichen Goldtherapie wurden bis jetzt aber nicht zur Kenntnis genommen. Sie manifestieren sich in einer erhöhten Infektanfälligkeit, in der Entwicklung bösartiger Prozesse und in einer erhöhten Rate von „idiopathischen" Hüftgelenksnekrosen. Es konnten 51 Patienten nach Goldtherapie langfristig nachbeobachtet werden. Bei 3 dieser Patienten traten – bei nachweisbarer Goldallergie – maligne Prozesse auf, zweimal lymphatische Leukämien und einmal ein Plasmazytom, und zwar etwa 30 Jahre nach Abschluß der Goldbehandlung! Da aber bei weiteren 9 Patienten dieses Kollektivs Hüftgelenksendoprothesen notwendig wurden, erhebt sich die Frage, ob Gold durch ähnliche Mechanismen wie andere toxische Schwermetalle (Pb und Ni) auch Hüftgelenksveränderungen verursachen kann. Hinsichtlich Pb und Ni wurde dies von MARUNA und STIPINOVIC (1974) *(116)*, MARUNA und TROJAN (1977) und von ENDLER und KELLNER (1977) eindeutig bewiesen.

Wie sehr diese Komplikationen u. a. auch von der Lähmung der Grundregulationen abhängen, beweist die Tatsache, daß sie allesamt nicht auftreten, sobald die unspezifischen Regulationen spontan oder mit therapeutischer Hilfe wieder in Gang kommen. Sie hängen daher von der Interaktion zwischen der allgemeinen Abwehrstörung durch die spezifischen Krankheiten und der grundsystemlähmenden und enzyminaktivierenden Therapiemethoden ab.

Die Wirkung von Corticosteroiden auf das Grundsystem ist im Endeffekt die gleiche wie bei immunsuppressiver und Schwermetalltherapie. Der paralysierende Effekt von Corticosteroiden tritt aber langsamer als bei den letztgenannten Therapien ein. Gegenüber Azathioprin, das innerhalb weniger Tage zur Immun- und Grundsystemblockierung führt, tritt bei Corticoiden dieser unerwünschte Effekt erst nach einigen Wochen, bei Beachtung des Zirkadianrhythmus sogar erst nach einigen Monaten ein (BETHGE 1971, WITTENBERG et al. 1973) *(15, 230)*. Das ist aus dem primär anderen Angriffspunkt der Corticoide verständlich. Wenn auch bei hoher oder langfristiger Verabreichung – ähnlich wie bei den Immunsuppressiva in niedriger Dosierung – der lymphozytäre Apparat direkt angegriffen wird, was zu einer Verarmung des lymphatischen Gewebes an kleinen Lymphozyten führt, steht bei den üblichen therapeutischen Gaben der humoral-antiinflammatorische Effekt im Vordergrund: nachgewiesen sind Vasokonstriktion, Verminderung der Kapillarpermeabilität, Hemmung der Lymphozyteninvasion ins Entzündungsareal und deutliche Verminderung der Phagozytose im RES (HUMPHREY und WITHE 1972) *(69)*.

Lymphozytopenien und eine Herabsetzung der Antikörperbildung finden sich meist nur, wenn eine Corticoidtherapie frühzeitig, d. h. spätestens zu dem Infektionszeitpunkt begonnen wird oder bereits eine Langzeittherapie über mehr als 6 Wochen bzw. bei Beachtung des Zirkadianrhythmus über mehr als 4 Monate durchgeführt wurde.

Änderungen der Kapillarpermeabilität, Hemmung der Phagozytose und der Lymphozyteninvasion ins Entzündungsgebiet sind Vorgänge innerhalb des Grundsystems und beweisen, daß die Corticoide (auch) direkt am Grundsystem angreifen. Insbesondere drei Komplikationen einer Corticoidtherapie stehen in direktem Zusammenhang mit dem Grundsystem. Das sind der Steroiddiabetes, der durch die Hypopermeabilität der Kapillarwände hervorgerufen wird, die Steroidosteoporose als Folge der Elektrolytstörung durch die Paralyse ihrer Steuerung im Grundsystem, und schließlich die Steroid-Cataracta, die in der nerven- und kapillarlosen Linse nur über Störungen im Grundgewebe direkt entstehen kann.

Aber nicht nur Antibiotika, Immunsuppressiva, Schwermetalltherapien und Corticoide führen zu iatrogenen Lähmungen der Grundfunktion. Ausgehend von der Tatsache, daß jede Fremdsubstanz mit einer primären Schockphase im Grundsystem beantwortet wird und daß wiederholte Fremdreize sich mit der Zeit summieren können, kann jede Fremdsubstanz (und sei sie ein noch so spezifisch wirksames Medikament) die Grundregulationen einschränken und bis zur Blockierung führen. So haben auch diverse andere Medikamente bei Langzeitanwendung schließlich eine immunsuppressive Wirkung, so die nicht-steroidalen Antirheumatika, die Antiinflammatoria und die Analgetika. Die Folgeerscheinungen auf die Grundfunktionen treten allerdings nicht so schnell und intensiv auf wie bei den bereits genannten Substanzen. Am schnellsten geschieht dies noch bei den Phenylbutazonen, schon weniger rapid bei Pyrazolonen und Flufenamin, erst sehr spät unter Ibuprofen und eigentlich nur selten bei Salicylaten.

Während die ersten Untersuchungen über die bisher genannten Substanzen schon bis zu 35 Jahre zurückliegen, sind gleichartige Untersuchungen über Folgewirkungen von Psychopharmaka (Antidepressiva, Neuroleptika, Tranquilizer) erst in den letzten 3 Jahren durchgeführt worden. Diese wurden durch die schon früher zitierte Arbeit von BUCHHEIT (1984) *(20, 21)* angeregt, der das Versagen von Akupunktur-Therapie bei gleichzeitiger Psychopharmaka-Medikation beschrieb. Wenn diese Untersuchungen auch noch nicht ganz abgeschlossen sind, so kann doch schon mit Sicherheit gesagt werden, daß alle Psychopharmaka einen Hemmungseffekt auch auf die Grundfunktionen haben und im Laufe der Zeit zu Blockierungen dieser Funktionen führen. Das ist ein Effekt, der z. B. über die Enzymwirkung der Monoaminoxydasehemmer hinausgeht.

Diese Folgewirkungen oft außerordentlich wirksamer und lebensrettender spezifischer chemotherapeutischen Substanzen führen oft zu Spätkomplikationen, deren Zusammenhang mit der vorangehenden Therapie aus Unkenntnis der unspezifischen Reaktionen nicht bewußt wird. Ihre Darstellung – und dies wurde schon am Beginn dieses Kapitels betont – darf jedoch nicht so ausgelegt werden, daß die Verwendung solcher Substanzen abgelehnt werden sollte. So undifferenziert zu denken, ist nur fanatischen Laien gestattet, nicht einem Arzt mit mehr als 40 Jahren praktischer Tätigkeit. Vielmehr müssen Folgewirkungen auf die Gesamtabwehrleistungen und die Lebensgrundfunktionen bewußt gemacht werden, um sie zu vermeiden oder durch geeignete Nachbehandlungen zu beheben. Das kann – wo es möglich ist – durch Auswahl grundsystemschonender Medikamente erfolgen oder aber eben durch Rehabilitation der Abwehrfunktionen. Dies wird im III. Abschnitt noch ausführlich beschrieben.

2.8 Zeitfaktor

Abwehrstörungen entwickeln sich größtenteils nicht von heute auf morgen. Ausnahmen sind allerdings schwere Schädel-Hirn-Traumen, die sehr wohl die gesamte vegetative Ausgangslage und damit auch die der Abwehr abrupt verändern können.

Im allgemeinen muß man eine Langzeitentwicklung konstatieren, die einerseits über die Herabsetzung der Reizschwellen für Ganzheitsreaktionen, andererseits über mehrere Stufen des Störungsgrades bis zur Lähmung (Blockierung) des Grundsystems und darüber hinaus bis zur Dissoziation zwischen Grund- und Immunsystem führen kann. Über dieses Phänomen wurde schon berichtet. Was hier besonders hervorgehoben werden soll, ist die Tatsache, daß solche Entwicklungen meist eine geraume Zeit in Anspruch nehmen, bis sie voll ausgeprägt sind.

So tritt die Dissoziation zwischen Grund- und Immunsystem bei einer primär-chronischen Polyarthritis innerhalb weniger Wochen bis Monate nach den allerersten Symptomen auf. Andererseits konnten Patienten mit Polyarthritis getestet werden, bei denen ein schubweiser Verlauf seit 30 Jahren bestand und die noch immer die Reaktionsform der schubweisen exsudativen Verlaufsform aufwiesen, wenn ein so günstiger Krankheitsverlauf bei rheumatischen Gelenksentzündungen auch selten ist. Aus diesen unterschiedlichen Zeitabläufen und aus der Tatsache, daß es typische Rheumatiker- und Multiple-Sklerose-Familien gibt, ist eindeutig abzuleiten, daß im Abwehrgeschehen auch genetische Faktoren eine Rolle spielen.

Nun haben wir keine genetischen Untersuchungen durchgeführt. Aber eine Reihe klinischer Beobachtungen deuten darauf hin, daß nicht nur spezifische Krankheiten vererbt werden können, sondern ganz allgemein eine Neigung zu Erkrankungen mit allergischen Mechanismen. So wurde uns schon vor 35 Jahren, also schon zu Beginn unserer Forschungen über unspezifische Abwehrlagen, eine Familie bekannt, in der vier Generationen an verschiedenen Erkrankungen mit Beteiligung allergischer Mechanismen litten. Nach der Familienanamnese litt die Urgroßmutter an einer deformierenden Arthritis. Die Großmutter hatte Asthma bronchiale, die Mutter Multiple Sklerose und der Sohn chronisch-allergische Ekzeme – so wiesen 4 Generationen Krankheiten auf, bei denen allergische Mechanismen das jeweilige Krankheitsbild bestimmen bzw. entscheidend mitprägen. Die Vertreter dreier Generationen (Großmutter, Mutter und Sohn) konnten Funktionstestungen unterzogen werden: bei allen drei Personen bestand eine Reaktionsform der schubweisen exsudativen Entzündung.

Bei einer flüchtigen Durchsicht alter Krankenblätter fanden sich rund 50 Familien, in denen bei Eltern und Kindern die gleiche Abwehrentgleisung bestand, aber ganz verschiedene spezifische Krankheiten des jeweiligen Abwehrtypus auftraten. Das ist deshalb von großer Wichtigkeit, weil dies unsere Theorie von der Zweischichtigkeit der Entstehung entzündlicher Systemerkrankungen unterstützt. In diesen Familien wurde die Grundsystemstörung genetisch weitergegeben, der Ausbruch der spezifischen Erkrankung wurde aber erst durch die Wirkung exogener Noxen verschiedener Art ausgelöst.

Bei Patienten ohne feststellbare genetische Vorbelastung benötigt die Entwicklung meist beträchtliche Zeit. Der Zeitfaktor ist dann auch von essentieller Bedeutung für den Verlaufscharakter der späteren spezifischen Erkrankung. Denn vom augenblicklichen Zustand der Abwehrlage zum Zeitpunkt der Konfrontation mit exogenen Noxen hängt ja – wie schon mehrfach betont wurde – der Verlauf der

Auseinandersetzung mit diesen Noxen, also der klinische Krankheitsverlauf, ab.

Wie schon SIEGMUND (1950) *(210)* auf der Basis der Relationspathologie RICKER's (1924, 1938) *(191, 192)* beschrieben hat, entsteht um einen Ort umschriebener Gewebsintegration (um eine stumme chronische Entzündung = Herd) in allernächster Umgebung eine Veränderung jeglicher Reizbeantwortung. D. h., daß zunächst in diesem „Hof"-Bereich Reize ganz anders beantwortet werden als im Bereich gesunder ungeschädigter Gewebe. Das wurde schon im I. Abschnitt dargelegt. Es muß aber besonders hervorgehoben werden, daß sich diese Regulationsstörung mit der Zeit ausbreitet. Eine für längere Zeit bestehende Gewebsdesintegration irritiert dann nicht nur die nähere, sondern auch die weitere Umgebung, und zwar zunächst den regionalen arteriellen Gefäßversorgungsbereich, dann das Gefäßnervensystem der gleichen Körperhälfte und schließlich das des Gesamtorganismus.

Was hier aber gesondert hervorgehoben werden soll, ist nicht die bereits beschriebene Entwicklung, sondern die Tatsache, daß diese Funktionsstörungen nicht von heute auf morgen, sondern erst im Verlauf vieler Monate bis Jahre entstehen. Dies ist der „Zeitfaktor", der bei allen chronischen Belastungen eine wesentliche Rolle spielt.

Nimmt man als Beispiel einen beherdeten Zahn, so muß zunächst einmal eine Karies schon so weit fortgeschritten sein, daß der Zahnarzt die Indikation zu einer Wurzelbehandlung stellen muß. Schon dies ist ein erster Schritt zur Herdbildung, denn eine tiefreichende Karies zeigt neben ihrer Nichtbeachtung durch den Patienten auch schon eine gewisse Schwächung der lokalen Abwehr an.

Die Wurzelfüllung mit der Einführung von Fremdmaterial in die Wurzelkanäle führt dann zur Bildung einer „Narbe mit gestörter Wundheilung durch nichtabbaufähige Substanzen", wie KELLNER (1969) *(80)* dies histologisch definiert hat. Dies ist bereits der zweite Schritt zur möglichen Herdbildung. Schließlich kommt es – wohl meist hämatogen – zur Infektion an der Wurzelspitze, womit dann der bakterielle Herd etabliert ist. Schon diese Entwicklung läuft über viele Monate.

Zunächst ist aber tatsächlich nur die nächste Umgebung eines solchen Herdes betroffen. Auch bei klinisch gesunden Herdträgern findet man bei Untersuchungen der Mundbakterienbesiedlung andere Keimverhältnisse am Gingivasaum nervtoter Zähne als bei lebenden Zähnen, meistens eine mykotische Besiedlung. Das zeigt eindeutig, daß die Abwehr lokal gestört ist (Kellner, Perger, Schuh 1977) *(95)*. Erst im Verlauf längerer Zeit – zwischen Monaten bis Jahren – breitet sich die Keimstörung über die gesamte Mundhöhle aus; und meist sind erst dann Fernwirkungen zu erkennen.

In unseren Untersuchungen wurde bei 250 Patienten mit entzündlichen Systemerkrankungen und bei 50 Patienten mit Allergien gegen Zahnmetalle jener Zeitpunkt so exakt wie möglich erhoben, an dem Wurzelfüllungen bzw. Zahnfüllungen gelegt wurden. Dabei ergab sich, daß die kürzeste Zeitspanne zwischen der ersten Wurzelfüllung und dem Auftreten einer Systementzündung nicht ganz 5 Jahre betrug, überwiegend aber zwischen 10–15 Jahren lag, in einzelnen Fällen bis zu 19 Jahren. Die Entwicklung von Allergien gegen Zahnmetalle (meist gegen Quecksilber) lag in keinem unserer Fälle unter 10 Jahren vom Legen der ersten Füllungen an, meist aber um 15 Jahre.

Nun erfolgte die Auswahl des Zahn-Kiefer-Bereiches zur Bestimmung des Zeitfaktors nicht, um die zahnärztliche Kollegenschaft zu diskriminieren, sondern einfach wegen der Möglichkeit, die Entstehung der späteren Belastungen zeitlich weitgehend exakt zu erfassen. Denn die klinische Beobachtung der Tonsillen zeigt eine ähnlich langfristige Entwicklung an – von der gesunden Tonsille über die hypertrophierende chronische Tonsillitis (oft mit zahlreichen Eiterfollikeln) bis zur atrophierenden Tonsillitis mit Tonsillenbettinfiltration, die jedenfalls als herdmäßige Belastung definiert werden muß. Die anamnestischen Angaben der Patienten sind jedoch größtenteils so vage und unsicher, daß hier eine auch nur halbwegs exakte Erfassung der zeitlichen Entwicklung kaum möglich ist. Bei dieser Zeitbestimmung des Entwicklungsganges von der lokalen Gewebsdesintegration bis zum Eintreten von Fernwirkungen beobachtet man Dinge, an die man bis dahin nie gedacht hat. Es hat nämlich den Anschein, daß je später die spezifische Zweitnoxe den Organismus trifft und dann das spezifische Krankheitsbild auslöst, desto ungünstiger, d. h. chronischer wird der primäre Verlauf. Es ist aber einschränkend anzuführen, daß dies nicht ganz exakt zu belegen ist. Denn die Entwicklung der Abwehrstörungen geht gerade bei Patienten ohne hereditäre Vorbelastung in sehr unterschiedlichen Zeiträumen vor sich und hängt ja auch nicht nur von den stummen chronischen Entzündungen allein ab (s. II. Abschnitt). Je größer die Summe der Belastungen ist, um so intensiver schreitet die Störung der Abwehrleistungen in einer Zeiteinheit voran. Trotz dieser Einschränkungen ist aber immer wieder die Feststellung zu treffen, daß nicht nur die Summe der Belastungen, sondern eben auch die Zeit ihres Bestehens eine wesentliche Rolle spielt.

Nun kommen diese Störungen aber erst zum Tragen, wenn eine zusätzliche Belastung – meist eine Noxeninvasion – erfolgt (Zweitschlag nach SPERANSKY). So werden sie erst erkennbar. Daraus ergibt sich ein unlösbares Problem, da es auch bei allgemeiner Akzeptanz der Lehre PISCHINGER's unmöglich ist, alle klinisch Gesunden zeitweise auf ihre Abwehrlage zu testen.

Aus einer fast 40jährigen Erfahrung darf aber geschlossen werden, daß die therapeutischen Möglichkeiten um so besser sind, je früher dieser „Zweitschlag" erfolgt. Denn je geringer die Abwehrstörung ausgeprägt ist, desto besser sind die Aussichten, die Abwehrfunktionen wieder zur Norm zurückzubringen. So ist die Zeit der überwiegend vegetativen Betriebsstörungen, eventuell noch mit flüchtigen Symptomen einer Systemerkrankung, prognostisch am günstigsten: In diesem Stadium können sich die Abwehrregelsysteme nach der Entlastung von allen faßbaren Belastungen noch spontan ohne weitere Therapie erholen. Bei dem voll ausgeprägten Bild einer entzündlichen Systemerkrankung mit vorwiegend exsudativem Charakter ist nach der Eliminierung aller Belastungen bereits eine Rehabilitationstherapie der Abwehrfunktionen notwendig (s. III. Abschnitt). Demgegenüber eignet sich der chronisch-progrediente Verlaufscharakter nur mehr in einem geringen Prozentsatz zu einer Rehabilitation der Abwehr.

So ist der Zeitfaktor nicht nur bei der Entwicklung der Abwehrstörungen von großer Bedeutung, sondern auch im Zusammenhang mit dem Zeitpunkt der Noxeninvasion, die dann zum Ausbruch des spezifischen Krankheitszustandes führt. Die Störungen können so weit gehen, daß auch die sekundären spezifischen Noxen schließlich zu einer weiteren Schädigung der Grund- und Immunsystemleistungen führen. Davon sind vor allem die Hilfsregelsysteme der Abwehr, das Hormon- und Gefäßnervensystem, betroffen.

Auch hinsichtlich des Zeitfaktors sind noch eingehende epidemiologische Studien notwendig, aber seine Beachtung ist in vielen Fällen schon heute prognostisch und therapeutisch wertvoll.

2.9 Somatopsychische Aspekte bei Abwehrstörungen

Chronische Erkrankungen auf der Basis von Abwehrstörungen bleiben nicht ohne Auswirkungen auf die Psyche.

Während die Psychosomatik, die sich mit der Auslösung somatischer Symptome durch psychische Belastungen und Veränderungen befaßt, heute eine wissenschaftliche Blütezeit erlebt, sind somatopsychische Wirkungen allem Anschein nach so gut wie vergessen. Wir älteren Ärzte haben noch während unserer Ausbildung von psychischen Veränderungen als Folge organischer Krankheiten gelernt: z. B. das psychische Muster des grantigen Leberkranken, des aufbrausenden Hypertonikers oder des ängstlichen Stenokardikers etc. Wir haben außerdem gelernt, daß chronisch Kranke ihre Krankheit gar nicht so selten als Waffe im Lebenskampf benützen: so der Asthmatiker seine Anfälle, der Hypotoniker seine Kollapse, der Stenokardiker seine Herzschmerzen etc., die nicht nur spontan auftreten, sondern auch dann, wenn dies für den Patienten nützlich sein kann. Diese Form der „sanften Gewalt" ist zweifellos durch die Veränderung der gesellschaftlichen Verhältnisse seltener geworden. Man ist heute allgemein egoistischer und im zwischenmenschlichen Bereich brutaler geworden. Dennoch erlebt man häufig genug die verschiedensten zwischenmenschlichen Tragödien, die das Leben der betroffenen Angehörigen zur Qual machen – und dann ihrerseits echte psychosomatische Erkrankungen bei diesen auslösen. Den jüngeren Ärztegenerationen scheint dieses Wissen jedoch nicht mehr vermittelt worden zu sein. Es fällt einem auf, wie ratlos sie solchen Situationen gegenüber stehen und sie sich in die Verordnung von Psychopharmaka flüchten.

Es wäre – wie schon früher erwähnt – ein Zeichen erheblicher Ignoranz, die Existenz psychosomatischer Erkrankungen zu negieren. Auf Grund einer über 40jährigen ärztlichen Erfahrung ist aber anzunehmen, daß diese Erkrankungen keinesfalls so häufig sind, wie heute vielfach angenommen wird. Hinter dieser Diagnose verbirgt sich leider sehr oft die Unfähigkeit oder auch die Unlust, die wahren Ursachen somatischer Symptome abzuklären.

Ein typisches, schon früher publiziertes Beispiel (PERGER 1985) *(162)* wurde im Kapitel „Dysbiosen des Darmtrakts" schon geschildert. Die Auseinandersetzung mit den psychischen Auswirkungen chronischer Krankheiten auf den Menschen erscheint daher notwendig zu sein. Es ist wohl selbstverständlich, daß fast alle chronisch Kranken früher oder später psychische Veränderungen aufweisen. Ja man darf sogar mit einiger Berechtigung annehmen, daß chronisch Kranke ohne psychische Reflexionen einen krankheitsbedingten Intelligenzverlust erlitten haben. Als Beispiel dafür seien jene MS-Patienten angeführt, die in einer blanden bis euphorischen Stimmungslage die Tristheit ihrer Situation nicht mehr erkennen können – was in diesen Fällen wohl als Gnade bewertet werden darf.

Nun müssen diese psychischen Aspekte bei chronisch Kranken von zwei Seiten her betrachtet werden.

Die Angst und die Sorge um die Zukunft stellen eine dauernde psychische Belastung für diese Menschen dar. Man versetze sich einmal in die Situation eines Patienten im Frühstadium einer Multiplen Sklerose, der viele seiner Leidensgenossen hilflos und inkontinent im Rollstuhl sitzen sieht. Es ist wohl nicht verwunderlich, daß er unter diesen Umständen eine Situationsneurose entwickelt – dies ist eine völlig verständliche Reaktion. Als Folge hiervon kann ein Teil der Fähigkeiten verloren gehen, neu auftretende Konfliktsituationen mit Ruhe und Besonnenheit zu lösen. Im ärztlichen Gespräch zeigt sich dann, daß diese Patienten sich bemühen, objektiv zu bleiben und nicht emotionell zu entgleisen. Die Patienten fragen dann häufig bei der Darlegung ihrer Lebensschwierigkeiten: „Reagiere ich nicht hysterisch?". Diese Frage ist bemerkenswert und reflektiert das Bemühen der Patienten, ihr Leben bewußt zu gestalten, ohne psychisch zu entgleisen. Man kann diesen Menschen eine gewisse psychische Hilfe schon dadurch geben, daß man ihre Sorgen und Ängste als natürlich betrachtet, während das Fehlen solcher Reaktionen auf eine Einschränkung ihrer geistigen Fähigkeiten hindeuten würde. Derartige Hinweise führen dann häufig zu einer wesentlichen Erleichterung der Patienten und können die Zusammenarbeit zwischen Patient und Arzt beträchtlich verbessern. Man muß sich gerade bei diesen Patienten jedoch davor hüten, ihnen allzu große Versprechungen im Hinblick auf einen günstigen Verlauf ihrer Krankheit zu machen, da sie dazu neigen, solchen Versprechungen zunächst zu glauben und die Enttäuschung über das Ausbleiben der versprochenen Besserungen dann häufig zu einer erheblichen Verschlechterung des Grundleidens führen kann.

Gar nicht so selten bewirkt ein psychischer Schock oder eine solche Enttäuschung die Auslösung einer aktiven Phase der bestehenden Erkrankung. Der Konnex zwischen Psyche und Soma ist so eng, daß psychische Auswirkungen sowohl im positiven als auch im negativen Sinne eigentlich selbstverständlich sind.

Frankl (1981) *(35)* beobachtete an KZ-Häftlingen und an amerikanischen Soldaten in vietnamesischer Kriegsgefangenschaft eine starke immunologische Widerstandskraft bei psychischer Ausgeglichenheit, aber auch den völligen Zusammenbruch des Immunsystems bei Verlust aller Hoffnung – ein erschütternder Bericht persönlichen Erlebens, der um so eindringlicher wirkt, als dies ohne jeden Hinweis auf das eigene Erleben geschieht. In dieser Arbeit führt Frankl außerdem Untersuchungen von Hoff und Heiling (1946) *(62)* an. Die Autoren bestimmten zunächst die Antikörpertiter von Typhus-Patienten, um ihnen danach in Hypnose positive und negative Emotionen einzugeben. Positive Emotionen bewirkten einen Anstieg der AK-Titer, bei negativen Emotionen sanken sie dagegen ab. Auf diese Weise konnte der starke Einfluß der Psyche auf die Immunleistungen experimentell nachgewiesen werden. Es muß betont werden, daß es sich bei diesem Experiment nicht um eine psychosomatiche Krankheit handelte, sondern um psychische Einflüsse auf ein organisches Geschehen. Dieser Unterschied ist wichtig und auch für die folgenden Ausführungen entscheidend.

Die zweite Ursache für psychische Veränderungen bei chronisch Kranken neben den rein psychischen Ängsten – stellen die funktionell-organischen Störungen dar. Diese Störungen beruhen auf mehreren Faktoren, von denen ein Teil mit Hilfe der Grundsystemforschung ermittelt werden konnte.

Bei den entzündlichen Systemerkrankungen sollte man zunächst daran denken, daß stets ein wesentlich erhöhter Energieverbrauch besteht. Der Organismus ist bestrebt, Belastungen und Reize von außen auszuregulieren und eine Homöostase aufrechtzuerhalten. Dieses Ziel ist beim Vorliegen von nicht-überwindbaren Noxen wie stummen chronischen Entzündungen (Herde), Narbenstörfeldern, Toxinen etc. nur mit Hilfe eines hohen Energie- und Substanzverbrauches kaum vollständig zu erreichen. Bei der Tumorkrankheit liegen die Verhältnisse ähnlich, sind jedoch noch ungünstiger. Heine (1985) *(48)* beobachtete, daß Tumorzellen membranumschlossene Vesikel (Tumormatrix-Vesikel) abschnüren, die durch ihren späteren Zerfall eine für den Tumor eigene Grundsubstanz entwickeln. In dieser Tumor-Grundsubstanz verlieren die immunkompetenten Zellen jedes Erkennungs- und Orientierungsvermögen. Dem setzt der Organismus mit aller zur Verfügung stehenden Energie die eigene

Grundsubstanz entgegen, um den Tumorbereich abgrenzen oder sogar eingrenzen zu können, soweit ihm das noch möglich ist. Der hohe Ruheverbrauch an Oxy-Hämoglobin ist hierfür ein Beweis. Dieser Energieverbrauch stößt aber an Grenzen, da einerseits die Energiereserven (auch eines Gesunden) nicht unerschöpflich sind, andererseits noch vorhandene Reserven nicht immer aktiviert werden, wie wir in zahlreichen Regulationstests feststellen mußten. Diese Hemmung der Aktivierung konnte an Hand der Jodverbrauchswerte mittels der Jodometrie nach PISCHINGER und des Mangels an ATPasen-Aktivität belegt werden (s. Kap. „Besonderheiten der unspezifischen Parameter"). Die Ursachen dieser Hemmung dürften wenigstens zum Teil in Störungen der Mineralstoff- und Spurenelementverhältnisse zu suchen sein, doch ist diese Frage noch nicht endgültig zu beantworten.

Patienten mit chronischen Krankheiten sind daher körperlich und psychisch gegenüber exogenen Reizen weniger belastbar, da sie diese zusätzlichen Belastungen energetisch nicht verkraften bzw. ausregulieren können. Ein Beispiel dafür sind die Schmerzreaktionen in rheumatischen Gelenken oder alten Narben bei Wetterstürzen. Diese Insuffizienz alleine kann verschiedene psychische Verhaltensänderungen erklären. Neben der energetischen Überforderung des Organismus gibt es auch noch andere Ursachen für psychische Verhaltensänderungen bei chronisch Kranken. Die bekannten Stoffwechselerkrankungen sind hierfür gute Beispiele. Diabetiker zeigen z. B. bei hohen Blutzuckerwerten beträchtliche Ermüdungserscheinungen organischer und psychischer Natur. Die geistige Aufnahmefähigkeit dieser Patienten ist oft beträchtlich reduziert. Gerade dann, wenn es am notwendigsten wäre, nehmen sie häufig die ärztlichen Verordnungen und Ratschläge nur mehr unvollkommen oder gar nicht mehr auf. Bei präkomatösen Blutzuckererhöhungen tritt oft eine motorische Unruhe mit erhöhtem Bewegungsdrang hinzu, während die geistige Aufnahmefähigkeit weitgehend gestört ist. Die dekompensierte Stoffwechsellage verhindert ein der Krankheit adäquates Verhalten. Ähnliche Störungen der O_2-Utilisation in cerebro mit Merkfähigkeitsstörungen und Konzentrationsschwäche sowie Fehlreaktionen auf emotionelle Reize kann man auch – wenn auch nicht so deutlich wie beim Diabetes – bei hohen Harnsäurewerten oder bei beträchtlichen Hyperlipidämien beobachten. Diese bekannten Beispiele sollen zeigen, daß es nicht nur psychosomatische, sondern auch somatopsychische Vorgänge gibt. Wenn man sich vor Augen hält, daß es bei den entzündlichen Systemerkrankungen in vielen Phasen ihres Ablaufes massive Erhöhungen des Oxy-Hämoglobingehaltes im Venenblut gibt, so kann bei diesen Krankheiten schon das O_2-Defizit allein die Ursache für psychisches Fehlverhalten sein – es ist dies zumindestens eine weitere Erklärungsmöglichkeit.

Es gibt nun noch eine dritte Ursache für Wesensveränderungen bei chronisch Kranken und diese ist wahrscheinlich die wichtigste, nämlich das Versagen der Entgiftungsfunktionen und damit die Einwirkung von verschiedenen Toxinen auf das ZNS. Diese Beobachtung konnte vor allem im Ablauf von den verschiedenen Schwermetallbelastungen gemacht werden. Hierbei werden die Entgiftungsfunktionen im allgemeinem durch Spurenelement- und Mineralstoffmangel inhibiert. MARUNA und Mitarbeiter (persönliche Mitteilung) stellten bei rund 78% von insgesamt 2700 Patientinnen mit gynäkologischen Malignomen einen Zink-Mangel fest. Der Zink-Durchschnittswert der Patientinnen betrug 59,0 ± 13,2 μg/dl Serum. 64,2% dieser Tumor-Patientinnen hatten gleichzeitig einen Mangel an β-Globulinen. Der Durchschnittswert der β-Globuline betrug bei diesen Frauen in der Serumelektrophorese 7,2 ± 0,5%. Dabei handelte es sich um die Frauen, die auch einen besonders starken Zink-Mangel aufwiesen. In den beiden letzten Jahren (1985–1986) war der Zink-Mangel außerdem stärker ausgeprägt als in den Jahren davor (DW 31,0 ± 4,9 μg/dl Serum). Zusätzlich ist anzuführen, daß die Cadmium-Ausscheidung i. H. auf rund 8,3 mg/l anstieg (Normwert bis 1,6 μg Cd/l). Sie ist derzeit bei rund 87% dieser Tumor-Patientinnen erhöht und zeigt eine deutlich zunehmende toxische Belastung an.

Diese Mitteilung bestätigt die mit MARUNA gemeinsam durchgeführten Untersuchungen. Patienten mit entzündlichen Systemerkrankungen zeigen ebenfalls einen erheblichen Mangel an Zink und β-Globulinen (DW von Zn 51,1 μg/dl Serum; β-Globuline 6,8 ± 2,1%). Die Entgiftungsfunktionen, die z. B. vom Zn-abhängigen Metallothionein und von den β-Globulinen abhängig sind, sind dann in ihrer Aktivität inhibiert. Die betroffenen Organismen sind nicht mehr in der Lage, die verschiedenen Toxine, die aus vielen kleinen Quellen stammen – aus Nahrung, Umweltverschmutzung etc. –, ausreichend zu entgiften und auszuscheiden.

Wie schon im Kapitel „Subsymptomatische Toxikosen" beschrieben wurde, ist eine solche Schwermetallbelastung fast stets mit einem Zink-Mangel kombiniert. Die von uns besonders untersuchten Schwermetalle Pb, Cd und Hg, die ständig über Nahrung und

Atemluft auf den Menschen einwirken, können in den üblichen Belastungshöhen bei normalem Zn-Gehalt durchaus entgiftet und ausgeschieden werden, nicht aber bei Zn-Mangel und der dadurch verursachten Inaktivierung des Enzyms Metallothionein. Diese toxischen Schwermetalle werden u. a. auch im ZNS deponiert und führen neben vegetativen Dysfunktionen auch zu psychischen Störungen. Besonders häufig sind Störungen des Tagesrhythmus zu beobachten. Depots von Pb, Cd und Hg, aber auch andere Toxine sind in der Lage, im Gesamtorganismus Enzymfunktionen zu inhibieren, auch im ZNS, indem sie die Kofaktoren Fe, Cu, Zn etc. aus ihren enzymatischen Verbindungen verdrängen. Besteht gleichzeitig ein Mangel an Mineralstoffen und Spurenelementen, tritt diese Hemmfunktion noch deutlicher in Erscheinung.

Ein Mangel an Mineralstoffen betrifft nicht nur die Grundsubstanz – auch die biochemischen Folgen dürfen nicht übersehen werden. So ist Magnesium für die Aktivierung von Properdin und die Funktion der alkalischen und sauren Phosphatasen unbedingt erforderlich und ebenso Calcium für die Aktivierung der Neurotransmitter, um nur zwei Beispiele zu nennen. Ein Elektrolytmangel führt daher nicht nur zu Veränderungen im Molekularsieb der Grundsubstanz und zur Depolarisierung der Zellmembranen, sondern auch zu erheblichen Störungen enzymatischer Funktionen.

Ein Mangel an Spurenelementen wirkt sich weniger auf das Grundsystem aus – zumindest sind bis heute keine massiven Einflüsse diesbezüglich bekannt – als auf die enzymatischen Vorgänge in den anderen Regelsystemen der Abwehr. Dies hat Buchheit (1984) *(21)* am Beispiel der Neurotransmitter Dopamin und Serotonin im Zusammenhang mit Versagern der Akupunktur ausführlich beschrieben. Zwar benötigen die Neurotransmitter auch Mineralstoffe für ihre Funktion: Calcium zu ihrer Freisetzung und Magnesium zu ihrer Hemmung. Für ihre Synthese sind aber Cu, Fe und Zn unerläßlich. Dopamin wird aus der essentiellen Aminosäure Tyrosin über Dopa synthetisiert. Hierfür werden zunächst Kupfer, im zweiten Schritt Eisen und zuletzt Zink als Enzym-Aktivatoren unbedingt benötigt. Auch Serotonin braucht für seine Synthese Cu und Zn, ebenso für seine Umwandlung in Melatonin bei Dunkelheit. Somit ist ein wesentlicher Steuerungsfaktor des Tagesrhythmus von Kofaktor-Schwermetallen abhängig. Ihre Verdrängung durch Toxine und/oder ihr Mangel sind daher als organische Ursachen vieler psychischer und zentral-vegetativer Störungen zu bezeichnen.

Am Beispiel einer agitierten Depression kann dies verständlich gemacht werden.

Eine 22jährige Studentin wurde wegen eines Asthma bronchiale nach Versagen einer spezifischen Desensibilisierung zur Durchuntersuchung überwiesen. Zugleich bestand eine agitierte Depression mit massiven Aggressionen gegen Elternhaus und gegen den Studienbetrieb der von ihr besuchten Universität. Das war 1983 zu einem Zeitpunkt, wo die Bedeutung der subsymptomatischen Toxikosen und der Mangelzustände erst in Umrissen erahnt wurde. Bei der Patientin bestand ein beträchtlicher Zink-Mangel (Zn i.S. 32 μg/dl) und starke Belastungen durch Cd und Hg (Cd i.H. 4,74 μg/l, Hg i.H. 740 μg/l). Daraufhin wollte die Patientin sofort ein studentisches Hearing über Umweltvergiftungen organisieren. Nur die strikte Weigerung ärztlicherseits, daran zu diesem Zeitpunkt – ohne eindeutige Langzeitbeobachtungen – teilzunehmen und die Drohung, eine weitere Behandlung abzulehnen, konnte diesen emotionellen Unsinn verhindern. Aber auch an der nachfolgenden Therapie hatte die Patientin stets etwas zu bemängeln und wollte immer alles besser wissen. Immerhin gelang es mit einiger Mühe, sie zur regelmäßigen Einnahme von Zinkorotat und Ascorbinsäure zu bewegen. Innerhalb von 10 Wochen ließen die Asthmaanfälle nach und traten auch bis zu dem Termin einer Nachkontrolle nach 2 Jahren nicht mehr auf. Der Serum-Zink-Gehalt betrug zuletzt 87 μg/dl, die Schwermetallausscheidungen im Harn stiegen in den ersten Wochen stark an, wurden dann immer geringer und waren schließlich in 3 Proben negativ. Zugleich veränderte sich das Verhalten der Patientin grundlegend: die agitierte Depression ging völlig zurück. Die Patientin wurde zu einem besonnenen Menschen mit erstaunlichem Wissen und mit der Fähigkeit, sich mit ihren Problemen sachlich und emotionslos auseinanderzusetzen.

Bisher überblicken wir 760 Patienten mit Belastungen durch toxische Schwermetalle und teilweise beträchtlichen Mangelzuständen an Schwermetall-Kofaktoren. Mehr als die Hälfte dieser Belasteten zeigte deutliche psychische Störungen, und zwar vor allem depressive und neurotische Zustandsbilder. Die Intensität dieser Erscheinungen korreliert dabei auffallend mit der Intensität der Belastungen und Mangelzustände. Was hier am Beispiel der toxischen Schwermetalle, die uns wegen der eigenen eingehenden Untersuchungen natürlich am nächsten liegen, beschrieben werden kann, trifft auch für andere Toxine in gleicher bis ähnlicher Form zu.

Intoxikationen aus dem Verdauungstrakt wirken sich ebenfalls auf das psychische Verhalten aus. Das wurde bereits im Kapitel „Dysbiosen des Darmtrakts" beschrieben. Es muß hier nochmals daran erinnert werden, daß durch Toxine von Bakterien, Sproßpilzen und Protozoen erhebliche psychische Alterationen ausgelöst werden können. Nicht zuletzt ist die Neurotisierung vieler Patienten durch ein Roemheld-Syndrom mit seinen Herz- und Kreislaufbeschwerden zu bedenken. Zusätzlich ist aber auch zu beachten, daß durch Sproßpilze Zucker und leicht aufschließbare Kohlehydrate in verschiedene, teils hochtoxische Alkohole vergärt werden können. Diese Alkohole werden dann über die Darmschleimhaut resorbiert und können auch ins ZNS gelangen. Die Klagen mancher Patienten mit Darmmykosen über eine Alkohol-Intoleranz wurde schon früher besprochen und beweist eine Dauerintoxikation des Nervensystems auch durch solche Vorgänge.

Wir nehmen daher drei Möglichkeiten für somatopsychische Veränderungen bei chronischen Belastungen an:

1. Ein allgemeiner Mangel an Energie bzw. Energiefreisetzung, wobei diese Annahme z. T. noch hypothetisch ist.
2. Eine Störung der Sauerstoffutilisation im Rahmen der Abwehrvorgänge, die auch das ZNS in Mitleidenschaft ziehen kann.
3. Vor allem aber toxische Belastungen und Mangelzustände, die zu enzymatischen Funktionsstörungen führen – was auf Grund der Erfahrungen mit einem großen Beobachtungsgut als gesichert bezeichnet werden kann.

Unter den bisher 760 Patienten mit toxischen Schwermetallbelastungen und Mangelzuständen waren 251 Patienten vorher langfristig vergeblich mit diversen Psychopharmaka behandelt worden. Die Substitutions- und Ausschwemmungstherapie führte innerhalb von 6–12 Wochen zum Verschwinden der psychischen Störungen. Auf Grund dieser Erfahrungen ist es notwendig, sich auch über mögliche organische Ursachen der verschiedenen Formen der Depressionen zu orientieren und diese dann gezielt zu behandeln.

In diesem Zusammenhang sei es gestattet, eine weitere Beobachtung zu erwähnen. Fast die Hälfte unserer Patienten mit depressiven Verstimmungen im Rahmen ihrer organischen Erkrankung zeigte eine geringe bis mäßige Erhöhung der Alpha-Amylasen i. S und/oder i. H. Dies ist ein Zeichen einer Irritation des Pankreas. Die Häufigkeit ihres Auftretens bei depressiven Verstimmungen ist auffallend. Es wäre deshalb vielleicht interessant, bei isolierten Depressionen abzuklären, ob dies nicht ursächlich mit der Entwicklung der Alpha-Amylasen zusammenhängt – dies wäre meiner Meinung nach eine reizvolle Aufgabe für eine psychiatrische Klinik.

Jedenfalls treten bei jenen Krankheiten, die sich auf der Basis von Abwehrstörungen entwickeln und chronisch verlaufen, eine Reihe von faßbaren somatopsychischen Reaktionen auf, die einer organischen Therapie (Entgiftung und Ausschwemmung von Toxinen, Substitution von Mangelerscheinungen etc.) zugänglich sind. Diese Reaktionen beweisen die überaus engen Zusammenhänge zwischen

Psyche und Soma, nicht nur unter dem Aspekt der Psychosomatik, sondern auch umgekehrt als somatopsychische Vorgänge.

Da der somatisch ausgebildete Arzt meist nur mangelhafte psychiatrische Kenntnisse besitzt und die Zusammenarbeit mit dem Psychiater bzw. Psychologen vielfach mit Mißverständnissen und Vorurteilen belastet ist, muß befürchtet werden, daß zu einer gedeihlichen Zusammenarbeit zwischen diesen Sparten der Medizin zum Nutzen unserer Patienten noch ein langer Weg ist. Die somatopsychischen Aspekte chronischer Erkrankungen könnten aber eine Brücke für ein gemeinsames Vorgehen in Forschung und Therapie werden.

ABSCHNITT 3

Möglichkeiten der Regulationstherapie

3.1 Allgemeine Vorbemerkungen

Die heutige Medizin sieht in der Therapie dort ihre Aufgabe als beendet an, wo die bestehende Erkrankung – oder ein aktiver Schub – abgelaufen ist. Die Rekonvaleszenz wird der Natur überlassen, d. h. die Wiedererlangung der ursprünglichen Abwehrbereitschaft ist mehr oder weniger dem Zufall überlassen. Erst in den letzten Jahrzehnten zeichnet sich mit der Rehabilitationstherapie und der Beachtung von Risikofaktoren ein langsames, zugleich aber auch grundlegendes Umdenken ab. Das ist ein wesentlicher Fortschritt im medizinischen Denken, das derzeit noch viel zu sehr dem spezifischen Krankheitsdenken verhaftet ist. Denn – wie schon mehrfach betont – so wichtig die spezifische Diagnostik und ihre therapeutischen Folgerungen auch sind, so sind Prophylaxe und Rehabilitation ohne Rücksicht auf die Gesamtabwehrlage doch nur bedingt erfolgreich durchführbar. So begrüßenswert daher diese Bestrebungen sind – denn sie zeigen ja die Richtung an, die die kommenden Ärztegenerationen einschlagen müssen –, so fehlt ihnen noch die letzte Konsequenz der Rehabilitation der allgemeinen Abwehrfunktionen. Was nützen z. B. die laufenden Bestrebungen, durch Beeinflussung der Ernährungsgewohnheiten die Hyperlipidämien zu verhindern, wenn daneben die Umweltbelastungen durch verschiedene Toxine vernachlässigt werden, die u. a. durch Schädigung der Leber- und Pankreasfunktionen den Fettstoffwechsel genauso zur Entgleisung bringen können? Und was nützt z. B. die Früherkennung eines Diabetes, wenn die Bedeutung des Kofaktors Zink für die Reaktivierung der Restfunktionen des Inselapparates nicht erkannt und therapeutisch ausgenutzt wird? Teilerfolge, wie z. B. das Hinausschieben der Diabetes-Komplikationen durch strengste Diät und exakte Einstellung, sind sicherlich möglich, aber nur in beschränktem Umfang. Man könnte weitere Beispiele dieser Art anführen, doch mögen diese beiden genügen.

Grundsätzlich sollte man sich als Arzt die Frage stellen, ob mit dem Ende einer spezifischen Krankheit auch alle ihre Folgen wirklich behoben sind. Im II. Abschnitt wurde ja das Dilemma der modernen Therapien dargelegt, daß gerade unsere heutigen hochwirksamen Medikamente – auf die man bei Bedarf keinesfalls verzichten darf – Folgeerscheinungen verursachen können, die die Abwehrfunktionen und damit die Lebensqualität der uns anvertrauten Patienten nachhaltig stören können, wenn man diese nicht beachtet und nicht therapeutisch gegensteuert. Das ist bei den bakteriellen und mykotischen Dysbiosen des Darmtrakts besonders auffällig und auch jedem Arzt ohne eingehende Spezialerfahrungen verständlich. Hingegen sind Lähmungen der unspezifischen Abwehrfunktionen im Grundsystem zweifellos schwerer verständlich. Schon anfangs wurde darauf hingewiesen, daß es psychologische Schwierigkeiten geben muß, etwas als lebenswichtig zu akzeptieren, das man im Mikroskop bei der histologischen Betrachtung zwischen den spezifischen Organzellen nie zu sehen bekommen hat. Auch der Autor muß hier anfängliche Schwierigkeiten eingestehen.

Und darüber hinaus soll man von diesem nie gesehenen Substrat mit seinen völlig unspezifischen Funktionen zusätzlich annehmen, daß sich die verschiedenartigsten Reize durch lebende Erreger, Toxine, physikalische Reize etc. summieren können, d. h. daß man – entgegen jedem diagnostischen Ausbildungskonzept – nicht von verschiedenen Ursachen säuberlich getrennt auf verschiedene Folgezustände schließen kann. Diese psychische Barriere der Akzeptanz der Vorgänge im unspezifischen Abwehrsystem, die aus der Situation der ärztlichen Ausbildung und der unbedingten Notwendigkeit spezifischer Diagnostik verständlich ist, hat schon PISCHINGER schmerzhaft zu spüren bekommen, da ihm die allgemeine Anerkennung seiner Forschungsarbeit versagt blieb. Nur jene Ärzte, die sich mit den Möglichkeiten der Rehabilitation der Abwehrfunktionen näher beschäftigt haben, fanden in seiner Lehre vom Grundregulationssystem eine wissenschaftliche Basis zur Erklärung ihrer Behandlungsmethoden. Diese Ärzte gelten jedoch in der medizinischen Wissenschaft als Außenseiter und gerade ihre Berufung auf PISCHINGER war daher ein zusätzliches Hindernis bei der allgemeinen Anerkennung seiner Arbeiten.

Dabei ist die Freiheit von Krankheitssymptomen nicht automatisch mit Gesundheit gleichzusetzen. Viele Belastungen, z. B. durch stumme chronische Entzündungen, durch Narben mit gestörter Wundheilung, durch Dysbiosen des Darmtrakts, durch Umwelttoxine und durch physikalische Einflüsse (vom Lärm bis zu ionisierenden Strahlen) können vom menschlichen Organismus oft über lange Zeit so ausreguliert werden, daß keine Krankheitssymptome sichtbar werden. Unter der sichtbaren Oberfläche aber verändert sich zunächst unbemerkt die gesamte Abwehrbereitschaft – und lange vor Auftreten eindeutiger Symptome verändern sich die Abwehrfunktionen durch die Veränderung der unspezifischen Grundfunktionen. So sinkt die Reizschwelle für die Ganzheits-Abwehrreaktionen, diese selbst werden verzögert und laufen nur mehr unter Störungen ab oder verlieren ihren aktiven Einfluß auf die immunologischen Reaktionen durch ihre Blockierung.

Unter den heutigen Lebensbedingungen mit ihren toxischen und physikalischen Umweltbelastungen und dem psychischen Dauerstreß ist es daher nicht mehr getan, die auf ein schon gestörtes Abwehrsystem treffenden späteren Noxen allein zu behandeln. Dies ist vor allem bei den entzündlichen Systemerkrankungen und bei den Krebserkrankungen deutlich erkennbar. Man muß zugleich mit oder sofort nach der spezifischen Therapie, die nach wie vor unverzichtbar ist, folgerichtig eine Therapie zur Rehabilitation der allgemeinen Abwehrleistungen betreiben, wie dies schon mehrfach in diesem Kompendium angeführt wurde.

Selbstverständlich ist es mit den heute zur Verfügung stehenden Mitteln nicht möglich, die gesamte Bevölkerung auf ihre individuellen Abwehrleistungen hin zu untersuchen. Aber man kann den betroffenen Menschen wesentlich besser helfen, wenn man die Störungen der Abwehrfunktionen und ihre Ursachen erfaßt und nach Möglichkeit beseitigt. Aus der Erkenntnis der Ursachen sind auch allgemein präventive Maßnahmen zur Verringerung der Belastung der Gesamtbevölkerung möglich. Dazu ist z. B. die Bekämpfung der Fehlernährung ein erster bescheidener Ansatzpunkt. Die Durchsetzung aller notwendigen Maßnahmen wird allerdings beträchtliche Schwierigkeiten bereiten. Das Durchbrechen lebenslanger Gewohnheiten ist nur schwer zu erreichen. Man denke nur an die oft unüberwindlichen Schwierigkeiten, einem Diabetiker die Notwendigkeit einer exakten Diät begreiflich zu machen. PISCHINGER hat dies einmal so formuliert: „Die trägste Masse ist die geistige Masse". Was der Verstand noch akzeptiert, ist emotionell noch lange nicht begriffen – und jeder Patient hat 1000 Ausreden für sich selbst, warum er da und dort eine Ausnahme machen zu können glaubt. Noch schwieriger wird es dort sein, wo massive wirtschaftliche Interessen einer Veränderung der Produktionsmethoden entgegenstehen, so daß einer Entlastung von Umweltbelastungen oft massiver Widerstand entgegengesetzt wird. Man ist nur allzu geneigt, die eigenen Fehler und Sünden zu übersehen und sucht die Schuld immer bei anderen.

Aber auch die Wiederherstellung normaler Abwehrbedingungen ist nicht so einfach, wie dies vielfach angenommen wird. Eine erfolgreiche Regulationstherapie ist nicht „in einem Aufwasch" mit der übrigen Therapie zu erledigen. Man hat noch dazu oft mit sehr verschiedenen Abwehrstörungen zu tun. Was bei Frühfällen oft noch ohne wesentliche Schwierigkeiten zu erreichen ist, gelingt bei mehrjährigem Krankheitsverlauf nicht mehr so leicht. Und bei den chronisch-progredienten Verlaufsformen entzündlicher Systemerkrankungen und bei der Krebserkrankung ist diese Abwehrstörung sehr häufig nicht mehr reversibel.

Vor allem aber ist zu bedenken, daß man immunsuppressive und immunstimulierende Maßnahmen nicht kombinieren kann. Man kann z. B. nicht unter einer laufenden Corticoidtherapie operative Eingriffe zur Sanierung bestehender Herdbelastungen durchführen: die Folgen sind Restherde wie kieferostitische Prozesse, Tonsillennarbenabszesse u. ä. Die Belastung der Patienten durch operative Eingriffe unter solchen Voraussetzungen ist daher sinnlos und nicht selten riskant.

Es ist auch nicht zu erwarten, daß sich nach Entlastung von allen Belastungen die Abwehrstörungen sofort spontan lösen. Die eingefahrenen Reflexe bleiben – wie der gebahnte Reflex beim PAWLOW'schen Hund – langfristig erhalten. Es ist daher die Aufgabe des Therapeuten, auch diese gebahnten Reflexe durch geeignete Maßnahmen zum Schwinden zu bringen. All dies geht nicht in kurzer Zeit und vor allem nicht gleichzeitig.

In fast 40jähriger Erfahrung auf diesem Gebiet hat sich deshalb ein 4-Stufen-Plan als am erfolgreichsten erwiesen, der in folgenden Phasen abläuft:

1. Phase: Abgeschlossene Behandlung akuter entzündlicher Vorgänge bzw. (und dies unbedingt) die Befreiung von der Tumorlast bei Karzinom-Patienten.
2. Phase: Behandlung konservativ beeinflußbarer Störungen, d. h. Behandlung von Mangelzuständen (Vitamin- und Spurenelementmangel etc.), also jener Mangelzustände, die die Immunfunktionen negativ beeinflussen; Therapie der

Darmkeimaberrationen zur ersten Anhebung der Abwehrfunktionen.

3. Phase: Erst in der dritten Phase sind operative Eingriffe mit nur geringem Risiko möglich, die aber in größeren Abständen und unter einer sinnvollen Schutztherapie durchgeführt werden.

4. Phase: Zuletzt ist noch eine Nachbehandlung notwendig, die in der Form einer Reizkörpertherapie oder einer Immunstimulation einen Zustand der Abwehrfunktionen zu erreichen versucht, der einer normalen Abwehrleistung des gesunden Organismus so nahe wie möglich kommt.

Diese 4 Phasen der Regulationstherapie werden im folgenden ausführlich dargestellt, wobei auch die Grenzen dieser Behandlung beschrieben werden.

Zunächst wird aber die exakte Diagnostik aller bestehenden Belastungen beschrieben, denn ohne deren Erfassung würde die Regulationstherapie vielfach Stückwerk bleiben.

Bereits aus Anamnese und erster klinischer Untersuchung kann man den Großteil der bestehenden Belastungen erkennen, die dann selbstverständlich mit entsprechenden Zusatzbefunden sicher abgeklärt werden müssen. Hier ist sozusagen „Maßarbeit" nötig, denn trotz aller pathophysiologischer Gesetzmäßigkeiten bestehen immer individuelle Unterschiede und die Gewichtung der einzelnen Belastungen ist bei vielen Patienten auch verschieden: einmal haben die stummen chronischen Entzündungen das Übergewicht, dann Störungen der Darmkeimverhältnisse und ein anderes Mal die toxischen Einflüsse oder Mangelzustände – und schließlich hereditäre Organschwächen. Die Wertigkeit der einzelnen Belastungen richtig einzuschätzen, ist dabei nicht immer leicht, aber mit wachsender Erfahrung bestätigt der Therapieverlauf doch immer öfter die primäre Einschätzung. Deshalb wird im folgenden zunächst darüber berichtet, wie im eigenen Rahmen die Anamnese und die klinische Erstuntersuchung über die Erfordernisse der aktuellen Erkrankung hinaus ergänzt wird.

3.2 Anamnese

Man vergißt allzuleicht, daß sich die Diagnose der Abwehrlage auf jenen Parametern und Kriterien aufbaute, die auch für die Diagnose der spezifischen Krankheiten Grundlage sind. Schließlich dient die Bestimmung des Blutbildes oder der Blutsenkungsgeschwindigkeit nicht zuletzt dazu anderes, die Reaktion eines Organismus auf seine Erkrankung zu erfassen? In einer Zeit, in der die Vorbelastungen vor Einwirken der letztlich invasiven Noxe aber immer mehr an Gewicht gewinnen, genügen solche einfachen Bestimmungen nur mehr unvollkommen den Anforderungen einer auf Wiederherstellung der Gesundheit gerichteten Therapie.

Als die Väter der heutigen Medizin um die Mitte des vorigen Jahrhunderts antraten, die diagnostischen und therapeutischen Möglichkeiten der damaligen Zeit zu revolutionieren, hatten sie noch kaum solche Sorgen. Wer damals gesund blieb oder wer eine Infektionskrankheit erfolgreich überwand, hatte eine kräftig funktionierende Abwehr. Im anderen Falle hätte der Betroffene die akute Infektion kaum überlebt. Die wesentlich geringere Lebenserwartung – zu Beginn des 20. Jahrhunderts betrug sie etwa 50 Jahre – bedeutete, daß stets nur die kräftigsten Individuen überleben konnten. So genügte damals die Überwindung einer akuten Erkrankung gleichzeitig zur Wiederherstellung der vollen Gesundheit.

Nun ist es zwar gelungen, die durchschnittliche Lebenserwartung wesentlich anzuheben, allerdings nicht immer unter Beibehaltung des gesundheitlichen Niveaus früherer Zeiten. Heute sieht die Situation durch die Beherrschung fast aller akuten Infektionskrankheiten wesentlich anders aus: die Patienten überleben, aber vielfach mit Dauerschädigungen und oft mit Chronifizierung ihres Infektes. Es wäre falsch, diese Entwicklung nur auf die Chemotherapien und ihre Folgewirkungen zu beziehen, obwohl dies auch eine Rolle spielt (s. Kap. „Spätfolgen von Chemotherapien“).

Diese Entwicklung begann aber nicht erst mit der akuten Erkrankung und ihrer Therapie, sondern setzte schon viel früher durch die Denaturierung unserer Umwelt ein. Die Luftverschmutzung in den Industriestaaten, die Konservierungsmittel und Reste von Pflanzenschutzmitteln in der Nahrung, der Mangel an Vitaminen, Mineralstoffen und Spurenelementen in den industriell verarbeiteten Lebensmitteln, die Umweltbelastung durch Produktionsmethoden und

-materialien, die zu toxischen Belastungen führen können etc. haben schon lange vor der aktuellen Erkrankung die Widerstandskraft vieler Menschen nachhaltig vermindert. Man muß sich deshalb bei seinen chronisch kranken Patienten für solche Vorbelastungen interessieren, darüber hinaus auch für seine psychische Umwelt mit ihren möglichen Einflüssen auf die Abwehrfunktionen, um die bestehenden Möglichkeiten einer Wiederherstellung normaler Abwehrfunktionen auch nutzen zu können.

Daher ist die erste Aufgabe die Erhebung einer umfassenden Anamnese.

Die Art der Befragung hängt dabei vom befragenden Arzt und vom Bildungsstand des Patienten ab. Es ist sinnlos, einen Handwerker, Bauern oder Arbeiter mit hochspeziellen wissenschaftlichen Ausdrücken beeindrucken zu wollen: das verwirrt den armen Patienten nur und läßt ihn die Hälfte wichtiger Angaben vergessen. Man muß sich auf den Patienten einstellen und nicht umgekehrt. Als einfaches Beispiel kann der Hinweis dienen, daß verschiedene Gegenden des deutschen Sprachraumes oft sehr verschiedene Ausdrücke für Krankheiten und Lebensmittel gebrauchen. Was kann etwa ein Norddeutscher mit Fragen nach Mumps, Schafblattern etc. anfangen, wenn er diese Krankheiten unter dem Begriff Ziegenpeter, Windpocken etc. kennt. Ebenso verhält es sich mit Fragen nach der Verträglichkeit von Speisen wie Paradeisern (Tomaten), Marillen (Aprikosen) etc. Die Einstellung auf Herkunft und Bildungsniveau des Patienten macht sich bezahlt. Schließlich sollte man als Arzt auch daran denken, daß nicht jeder entsprechend genetisch vorbelastet ist und dadurch z. B. studieren konnte. Ein erfolgreiches Studium hätte der Patient, der einem gegenübersitzt, – bei günstiger Gelegenheit dazu – womöglich noch besser geschafft als man selbst. Von diesen Voraussetzungen ausgehend hat sich im eigenen Rahmen die folgende Vorgangsweise erfolgreich bewährt.

1. Zuerst läßt man – im Gegensatz zur Anamneseerhebung, die man in der Ausbildung gelernt hat – den Patienten über seine aktuellen Beschwerden berichten. Dazu ist er ja gekommen und darauf hat er sich auch vorbereitet. Natürlich muß man dabei auch ein wenig lenkend eingreifen – vor allem hinsichtlich der Zeitpunkte, zu denen die einzelnen Symptome aufgetreten sind. Mit dieser leichten Lenkung kann so ein ziemlich genaues Bild der Krankheitsentwicklung gemacht werden. Dies ist wegen des Zeitfaktors von

Bedeutung, dem schon im II. Abschnitt wegen seiner Wichtigkeit ein kurzes Kapitel gewidmet wurde.

Wichtig ist auch die Frage nach der bisherigen Medikation. Auf diese Frage erhält man allerdings oft nur äußerst vage Antworten: der alte Witz von „Pillen, rote und grüne“ und „Tabletten, große und kleine“ bewahrheitet sich dann auf unangenehme Weise. Man kann noch von Glück sprechen, wenn viele Patienten jetzt wenigstens die Beipackzettel aufheben und sie zur nächsten Sprechstunde auch wirklich mitbringen. Sonst bleibt manchmal nichts anderes übrig, als die einschlägigen Medikamentnamen aus der Liste der zugelassenen Mittel einzeln vorzulesen und damit das Erinnerungsvermögen der Patienten aufzufrischen.

2. Erst nachdem der Patient seine aktuellen Beschwerden schildern konnte, geht man auf die Anamneseerhebung über, wie man es im Krankenhaus gelernt hat: Fragen nach früheren Erkrankungen und Operationen. Zusatzfragen sind dabei sinnvoll. So ist es ratsam, bei der Angabe einer Tonsillektomie nach späteren Halsentzündungen à la Angina zu fragen, da dies auf Tonsillenreste oder Narbenabszesse hinweisen kann. In diesem Rahmen ist auch die Frage nach wurzelbehandelten Zähnen zu stellen: ob und wie viele und wann etwa die erste Wurzelfüllung gesetzt wurde. Die Fragen nach Nasennebenhöhlen-Prozessen, Laryngitiden, Tracheitis, Bronchitis und Lungenerkrankungen folgen – man erfährt oft erst dann, daß ein Patient etwa in der Jugend in einer Lungenheilstätte war. Besonderer Wert ist dann auf die Frage nach Magenbeschwerden zu legen: Sub- und Anazidität sind häufig die Ursache gröberer Dysbiosen des Darmtrakts, die ein besonderer Belastungsfaktor im Rahmen chronischer Erkrankungen sind. Anazidität ist vor allem dann häufig, wenn eine Hepatitis, Pankreatitis oder chronische Cholezystitis bzw. eine Cholezystektomie vorausgegangen ist. Etwa 90% aller einschlägigen Erkrankungen führen zum Verlust der Magensäureproduktion. Das leitet zur Frage der Stuhlqualität über: regelmäßig, geformt, breiig, flüssig oder wechselnde Konsistenz? Schmierend oder gar mit gelegentlichem Schleim? Blähungen? Es kommt häufig vor, daß die Frage nach schmierendem Stuhl nicht verstanden wird – man frägt dann einfach, wieviel der Patient an Toilettenpapier benötigt, um sauber zu werden. Man hört dann nicht selten, daß der Patient sich nach dem Stuhlgang unbedingt waschen muß – eine sichere Indikation zur Kontrolle der Darmkeimverhältnisse.

Anschließend stellt man Fragen nach Nieren- und Harnwegserkrankungen, nach Prostata- oder Adnexerkrankungen und natürlich bei Frauen bezüglich Menstruationsanomalien. Soweit Gelenk- und Wirbelsäulenbeschwerden nicht schon im Rahmen der Haupterkrankung geschildert wurden, sind diese zu erfragen, ebenso ist die Frage nach Hauterkrankungen, Hautunreinheiten etc. zu stellen.

3. Bis hierher bewegte sich die Anamneseerhebung – wenn auch vielleicht etwas ausführlicher als üblich – noch gänzlich im gewohnten Rahmen. Sodann aber geht die Exploration auf mögliche Umweltbelastungen über. Schon die Art des Berufes kann Hinweise auf Belastungen geben. Gibt etwa eine Patienten als Beruf „Buchhalterin" an, so klingt das nicht nach toxischen Belastungen. Übt sie ihren Beruf aber in einem Kfz-Betrieb aus – womöglich bei meist offener Tür zur Reparaturhalle –, ist durchaus eine Belastung durch Blei, Kohlenmonoxid etc. in Erwägung zu ziehen. Angestellte in chemischen Betrieben haben manchmal mit toxischen Substanzen zu hantieren und – um ein besonderes Beispiel anzuführen – Restauratoren sind massiven Staubbelastungen und Einflüssen durch Lösungs- und Konservierungsmittel ausgesetzt. Wichtig ist auch die Frage nach der Lage der Wohnung und des Arbeitsplatzes. Die Frage betrifft die Belastungen durch Abgase, Lärm und Vibrationen. Auch die Nachbarschaft zu Industriebetrieben mit starken Emissionen kann Hinweise auf toxische Belastungen geben. Feuchte Wohnungen und Arbeitsplätze, schlechte Lüftung oder sogar Vollklimatisierungen (Mangel an negativen Luftionen) können u. U. im Krankheitsgeschehen eine Rolle spielen. Und schließlich ist auch der Weg zum Arbeitsplatz von Bedeutung: wir haben feststellen müssen, daß Arbeitnehmer, die die Straßenbahn als Verkehrsmittel benützen, wegen des Wartens auf Haltestelleninseln oft ganz besonders intensive Bleibelastungen aufwiesen.
4. Anschließend kommt man zu den etwas heikleren Themen. Auf die Frage nach den Eß- und Trinkgewohnheiten, vor allem hinsichtlich des Alkoholverbrauches sind kaum ehrliche Antworten zu erwarten, wenn der Patient viel trinkt. Im besten Falle wird ein Viertel bis ein Drittel der tatsächlichen täglichen Menge angegeben. Manchmal hilft dann bei der körperlichen Untersuchung die kühle Feststellung bei der Palpation der Leber: „Ihre Leber spricht aber für wesentlich mehr Alkohol, als Sie mir angegeben haben".

Denn nur sehr wenige Patienten sind geistesgegenwärtig genug, irgendwelche anderen Gründe für ihre Leberschwellung parat zu haben.

Auch Diabetiker sind hinsichtlich ihrer Angaben über die Einhaltung der Diät mit Mißtrauen zu betrachten. Neben jenen, die sich tatsächlich bemühen, ihre Kohlenhydratmengen einzuhalten, gibt es viele, die ihre zahlreichen kleinen Fehler gar nicht begreifen, und solche, die sich nur einige Tage vor der nächsten Blutzukkerkontrolle zurückhalten und sich sonst um keinerlei Diätempfehlungen kümmern.

Am Beispiel einer Diabetikerin sei das Unverständnis vieler Zuckerkranken gegenüber der Notwendigkeit einer exakten Einhaltung der Broteinheiten demonstriert. Die Patientin, Mutter mehrerer Kinder, begriff nie, daß sie zwar ihre Diät ziemlich genau einhielt, aber durch das mehrfache Abschmecken beim Kochen für ihre Familie (die notabene Süßspeisen besonders bevorzugte) ihre zulässige KH-Menge täglich beträchtlich überschritt. Die Folge war eine schwere diabetische Angiopathie, die zunächst zu zwei zerebralen Insulten, zur Erblindung des linken Auges durch eine Thrombose und schließlich zum Tod durch eine Koronarthrombose führte. Die Angiopathie ist durch die Obduktion eindeutig gesichert.

Aber nicht nur solche Fälle sind der Grund für die Fragen nach den Eß- und Trinkgewohnheiten. Auch die Unverträglichkeit vieler Speisen und Getränke gibt Hinweise auf Belastungen, die im Rahmen der Haupterkrankung und der Abwehrleistungen eine Rolle spielen. So wurde bereits im Kapitel „Dysbiosen des Darmtrakts" über die Alkohol-Intoleranz bei höhergradigen Mykosen des Darmtrakts berichtet. Aber auch Störungen in den Verdauungsvorgängen sind zumindestens zu erahnen.

So kam eine 63jährige Patientin wegen einer breitgestreuten „Nahrungsmittel-Allergie" zur Durchuntersuchung. Nach fast allen üblichen Lebensmitteln traten Herzjagen, Übelkeit, Atemnot etc. auf. Die Patientin lebte nur mehr von ganz wenigen Nahrungsmitteln und einer extrem eintönigen Kost. Sie war auch in einem stark reduzierten Allgemeinzustand. Es wurden auch massive Belastungen gefunden: eine jahrelang unerkannte chronische Lambliasis intestinalis kombiniert mit einer Soormykose von rd. 10^4 Org/g bei Anazidität und eine beträchtliche Belastung durch Quecksilber und geringer auch durch Cadmium. Dabei imponierte ein extremer Zn-Mangel: 36 µg/dl Serum. Das verordnete Zink-Präparat wurde aber nicht vertragen: es traten die gleichen Beschwerden wie bei den unverträglichen Lebensmitteln auf. Das ist aber bei einem Zink-Mangel so ungewöhnlich, daß dies der Anlaß war, bei der Herstellungsfirma nach der Galenik der Tabletten zu fragen, was auch bereitwillig beantwortet wurde: die Tabletten enthielten eine beträchtliche Menge Milchzucker – und dieser war es, der nicht vertragen wurde, da ein Mangel an Laktase bestand, was daraufhin objektiviert werden konnte. Das war dann der Ausgangspunkt für die erfolgreiche Therapie einer massiven Verdauungsfermentstörung. Die „Nahrungsmittel-Allergie", unter welcher Diagnose die Patientin jahrelang behandelt worden war und die wir zunächst auch selbst angenommen hatten, war gar keine!

Das Meiden von Fleischgerichten deutet meist auf einen Magensäuremangel oder auf eine Fäulnisdysbiose des Darmtrakts. Lebt ein Patient schon längerfristig vegetarisch, so ist leider sehr oft mit Mineralstoff- und Spurenelementmangel zu rechnen, manchmal sogar mit einer Hypoproteinämie. Denn so wertvoll ein Vermeiden der Eiweißbelastung für einen gewissen Zeitraum auch ist, so ist nicht jeder Patient für eine lebenslange vegetarische Ernährung geeignet. Da Zink aus Früchten und Gemüsen wegen seiner Phytatbindung nur ungenügend resorbiert werden kann, sind Zink-Mangelzustände bei Vegetariern fast die Regel. Damit kommt es aber u. a. auch zu einer Inhibition der Polymerasen und damit zur Störung der Proteinsynthese. Zugleich werden manche essentielle Aminosäuren in zu geringer Menge zugeführt oder können aus pflanzlichem Eiweiß nicht resorbiert werden. Doch sind die Patienten mit traditioneller Fehlernährung natürlich weitaus häufiger zu sehen. Beträchtliches Übergewicht bei Gelenkentzündungen ist ein weitaus häufigeres Problem, abgesehen von der Übersäuerung des Gewebes durch Entzündung plus azidotischer Ernährung.

5. Zuletzt folgt die Erhebung der psychischen Faktoren, die auf das Krankheitsgeschehen Einfluß nehmen können. Die Stellung des Patienten in Familie und Beruf hat häufig wesentlichen Einfluß auf den Krankheitsverlauf. Beengte Wohnverhältnisse, das Zusammenleben in Großfamilien und deren „Hackordnung", eheliche Spannungen oder übergroße finanzielle Verpflichtungen können den Gesundheitszustand eines Patienten beträchtlich verschlechtern. Aber auch ein schlechtes Arbeitsklima mit mangelnder Anerkennung, Differenzen mit Kollegen und Vorgesetzten, ein ungeliebter Beruf etc. können auf den Krankheitsverlauf einwirken. Doch ist auffallend, daß Schwierigkeiten am Arbeitsplatz meist viel besser verkraftet werden als solche in Ehe und Familie. Aber auch die Frage nach mangelnder Libido und sexuellen Störungen ist vielfach notwendig. Die Reaktionen auf diese Fragen sind sehr unterschiedlich: Manche Patienten sind froh, darauf angesprochen zu werden und schütten ihr Herz aus, andere verkrampfen sich merklich. Die Vorbemerkung, daß diese Fragen nicht unbedingt beantwortet werden müssen, hilft dann über die

Verkrampfung hinweg; man weiß dann sowieso, daß in diesem Bereich etwas nicht stimmt – und früher oder später faßt der Patient dann doch so viel Vertrauen, daß er mit seinen Schwierigkeiten und Komplexen „herausrückt". Sicherlich ist diese Form der Anamneseerhebung zeitaufwendig und verlangt viel Taktgefühl. Aber die Mühe lohnt sich: schon die gezieltere Auswahl der wichtigen Hilfsbefunde – im Zusammenhang mit dem Ergebnis der ersten klinischen Untersuchung – beweist die Notwendigkeit einer ausführlichen Exploration. Ob die Kosten dieser Untersuchungen nun vom Patienten selbst oder von einer Sozialversicherung getragen werden, es wäre unverantwortlich, alle möglichen Labor- und Röntgenuntersuchungen ohne sachliche Begründung und ohne Rücksicht auf den Kostenfaktor anzuordnen.

3.3 Status präsens

Trotz der Vorbemerkungen zum III. Abschnitt wird wahrscheinlich eine Schilderung der klinischen Erstuntersuchung vielen unnötig und übertrieben erscheinen. Im Grunde genommen teilt der Autor diese Meinung. Aber bei einschlägigen Kongressen erlebt man immer wieder, daß viele Teilnehmer bitten, in Kursen jene einfachen Untersuchungsmethoden vermittelt zu bekommen, die schon ohne aufwendige apparative und blutchemische Methoden Hinweise auf zusätzliche Belastungsfaktoren geben. Und nicht der sowieso in der klinischen Ausbildung erlernte Untersuchungsgang, sondern die zusätzlichen Aufmerksamkeiten, die diesem Zweck dienen, sollen hier hervorgehoben werden.

Bereits bei der Erhebung der Anamnese finden sich Hinweise, die dann bei der Untersuchung berücksichtigt werden sollten. Man gewöhnt sich schon in kurzer Zeit daran, diese Hinweise zu beachten und auch auf andere Symptome zu achten, die Zusatzbelastungen andeuten.

Das Schema der klinischen Untersuchungen bleibt wie in der Klinik erlernt: man beginnt die Untersuchung im Kopfbereich.

1. Kopfbereich:

Zuerst werden die wichtigsten Nervenaustrittsstellen untersucht. Besteht Druckempfindlichkeit supra- und infraorbital, ist an Nasennebenhöhlen-Prozesse zu denken. Bei okzipitaler Druckempfindlichkeit sind Störungen im Bereich der HWS wahrscheinlich. Trigeminus-Empfindlichkeit besteht außerdem nicht nur bei der echten Trigeminusneuralgie, sondern auch bei Malokklusion des Gebisses oder Veränderung der Kiefergelenke.

Dann werden die Augen genauer angesehen. Die Pupillenstarre – vor 40 Jahren noch gar nicht so selten – deutet auch heute noch auf eine mögliche luetische Infektion hin, weite Pupillen u. U. auf Suchtgiftmißbrauch. Störungen der Augenbewegungen – wenn sie nicht im Rahmen etwa einer Multiplen Sklerose auftreten – können als Hinweis auf eventuelle Tumoren im ZNS-Bereich aufgefaßt werden und verpflichten dann zur genauen Abklärung. Wenn auch nur ganz grob, so kann die sanfte Palpation der Augäpfel Drucksteigerungen (Glaukom) anzeigen.

In der Nase zeigen Vergrößerungen und Rötungen der Nasenmuscheln oft chronische Nebenhöhlenentzündungen an – wurde in der Anamnese kein kurz davor abgelaufener Erkältungsinfekt angegeben, ist die Frage nach einer chronischen Sinusitis als beträchtlicher Belastungsfaktor noch weiter abzuklären. Trockene Schleimhäute können vieldeutig sein: chronische Rhinosinusitis, Stoffwechselstörungen, Vitaminmangel oder starke Staubbelastung im Beruf etc. Die Abklärung ist wichtig, denn sie kann über den therapeutischen Erfolg bzw. Mißerfolg entscheiden. Die Inspektion der Mundhöhle muß besonders sorgfältig erfolgen.

Schon die Inspektion der Gingiva kann eine Reihe von Verdachtsmomenten ergeben. Eine blasse Schleimhaut spricht für Eisenmangel, wie allgemein bekannt ist. Eine diffuse Gingivitis wird als Folge beträchtlicher Darmkeimaberrationen zu beurteilen sein, hingegen deuten einzelne Zahntaschenbildungen mehr auf lokale Herdbelastungen hin. In Leerkieferabschnitten (nach Extraktion) sollte der Kiefer auch palpiert werden, da Vorwölbungen und/oder Druckempfindlichkeit für ostitische Kieferprozesse sprechen. Eine Gingiva-Atrophie kann mehrere Ursachen haben, die häufigsten sind wieder besonders hochgradige Störungen der Darmkeimbesiedlung (vor allem Mykosen und blande Protozoonosen wie die Lambliasis intestinalis, die Entamoeba coli oder die Isospora belli etc.) oder ein beträchtlicher Spurenelementmangel (in erster Linie Zink, aber auch

Eisen, Kupfer etc.). Da aber bei Zink-Mangel auch eine Kumulation toxischer Schwermetalle wahrscheinlich ist, muß man bei Gingiva-Atrophie eine mögliche Belastung durch diese miteinkalkulieren. Lockerungen des Gebisses sind oft durch eine Kombination von Zn-Mangel und stärkerer Cadmiumbelastung verursacht. Die typischen Saumbildungen bei verschiedenen ausgeprägten Schwermetallintoxikationen brauchen aber wohl nicht näher beschrieben werden. Amalgamfarbene Flecken in der Gingiva oder der benachbarten Wangenschleimhaut beweisen eine stärkere Korrosion bestehender Füllungen und sind deshalb deutliche Zeichen für Schwermetallbelastungen, denen man genauer nachgehen muß. Nun zu den Zähnen: Schon der Pflegezustand ist für die Persönlichkeitsbeurteilung eines Patienten ein Kriterium. Ein stark vernachlässigtes Gebiß läßt meist schon primär auf Schwierigkeiten in der Zusammenarbeit zwischen dem Patienten und dem Arzt schließen. Denn ein Mensch, der zu bequem ist, sich selbst ordentlich zu pflegen, wird selten eine Therapie konsequent durchführen. Wichtig ist ferner, ob Füllungen bestehen, ob sie einheitlich sind oder ob verschiedene Füllungsmaterialien verwendet wurden und ob bzw. welche Füllungen korrodiert sind. Dies sind wichtige Verdachtsmomente für Schwermetallbelastungen, die zwar keineswegs allein durch Zahnmetallegierungen verursacht sind, aber zum Teil doch auch im Gebißbereich eine ihrer Quellen haben. Verfärbungen eines Zahnes – etwa ein grauer Farbton – sind ein Zeichen dafür, daß dieser Zahn nervtot ist, gelbliche Verfärbungen sprechen entweder für Nikotinabusus oder für Belastungen in Beruf oder Umwelt durch Cadmium.

Die Zunge wiederum zeigt Störungen im Magen-Darm-Bereich an. Eine glatte, dünn weißlich oder zart gelblich belegte Zunge ist fast immer ein Zeichen für Sub- oder Anazidität. Stärkere Beläge lassen an Hyperazidität denken. Aber ein dicker weißlicher bis grünweißlicher Belag spricht für eine Mykose der Mundhöhle und ist dann ein Zeichen für eine lokal und allgemein herabgesetzte Abwehrlage. Das gilt auch für entsprechende Beläge auf der Wangenschleimhaut und im Rachen.

Der Zustand der Tonsillen bzw. der Narben nach Tonsillektomie ist besonders genau zu inspizieren. Normale blande Tonsillen sieht man heutzutage nur mehr sehr selten – schon gar nicht bei jener Patientengruppe, die für eine Regulationstherapie in Frage kommt. Sind die Tonsillen noch vorhanden, so sind die hypertrophen Tonsillen mit zahlreichen Eiterfollikeln zwar meist auch eine Belastung, aber die chronisch-atrophierende Tonsillitis ist als belastender einzustufen. Prüft man die Druckempfindlichkeit der Tonsillenbetten (durch Druck vom Kieferwinkel her), so besteht bei etwa 90% der Untersuchten eine oft beträchtliche Druckempfindlichkeit (sie wird meist als stechender Schmerz angegeben) als Zeichen einer Tonsillenbettinfiltration. Wichtig ist dabei, daß der Patient vorher darauf aufmerksam gemacht wird, daß dieser Druck unangenehm ist und er zwischen unangenehmer Empfindung und Schmerz unterscheiden muß. Nach Tonsillektomie achtet man zuerst auf Tonsillenreste, die stets als Belastung eingestuft werden müssen. Dicke Narben lassen aber Reste oft nicht erkennen. Auch hier sagt der Druck auf das Tonsillenbett vielfach schon exakt aus, daß Narbenabszesse bestehen. Manchmal muß man aber mit der Abklärung warten, bis ein Patient mit einer Erkältung kommt: dann sieht man auch bei kleinen Narbenabszessen deutliche umschriebene Rötungen und oft auch Vorwölbungen im Narbenbereich. Die Pharynx-Hinterwand darf nicht vergessen werden: Zeichen chronischer Seitenstranganginen sind zu beachten, aber auch die bekannten Schleimstraßen, die auf chronische Nasennebenhöhlen-Erkrankungen hinweisen.

Zuletzt sollte auch der allgemeine Zustand der Schleimhäute begutachtet werden, da z. B. Trockenheit auch auf Vitamin-A-Mangel oder auf berufliche toxische Belastungen hindeutet, wie dies z. B. bei einigen Restauratoren durch die Staub- und Lösungsmittelbelastungen einige Male besonders deutlich erkennbar war. Auch die Ohren sollten nicht vergessen werden. So ist manche Hypakusis ganz harmlos durch Zerumenpfropfen bedingt; perforierte Trommelfelle sind Zeichen von alten Mittelohrentzündungen und eine merkliche Klopfempfindlichkeit des Mastoids zeigt eine chronische Mastoiditis an, die als stumme chronische Entzündung dann ein massiver Belastungsfaktor ist.

Die Halsorgane können weitere Belastungen erkennbar machen. Die Schilddrüseninspektion muß hier nicht näher erörtert werden. Wichtig ist aber, ob Lymphknotenschwellungen oder -verhärtungen bestehen und ob diese den Kopforganen regional zuzuordnen sind – hier ist vor allem an den Kieferwinkel, regional zu den Tonsillen gehörend, zu denken. Daneben muß man auch an andere Ursachen wie Toxoplasmose, Mononukleose oder Lymphknoten-Tuberkulose und an Schwellungen durch maligne Prozesse denken. Dann folgt die Inspektion des Thorax und seiner Organe. Die Beachtung der Form des Brustkorbs, z. B. glockenförmig bei Emphysem, Deformierungen durch Skoliosen etc., gehört zur üblichen Untersuchung. Aber schon die Phrenikus-Druckpunkte werden selten geprüft: Druckschmerz rechts deutet auf Leber- und Gallenblasenerkrankungen hin, Druckschmerz links auf Pankreopathien – und gerade die Diagnostik von Störungen und Erkrankungen im Pankreas ist ja eine echte Crux in der Medizin, so daß Pankreopathien bei geringer Symptomatik sehr leicht übersehen werden können.

Bei der Untersuchung der Lungen sind Spitzenschwielen ein Beweis für eine tuberkulöse Erkrankung, die der Patient einmal durchgemacht hat. Dies kann – auch wenn es der Patient nicht mehr weiß – seinerzeit ein ausgedehnterer Prozeß gewesen sein, der auch zu Bronchiektasien und Schwartenbildungen an anderer Stelle geführt hat. Eine Röntgenkontrolle ist vor allem dann unbedingt nötig, wenn Zeichen einer chronischen Bronchitis oder eine entsprechende Anamnese bestehen. Bei dem doch wieder etwas häufigerem Auftreten aktiver Tuberkulosen ist eine rechtzeitige Diagnose nicht nur für den Patienten, sondern auch für seine Umgebung von beträchtlicher Bedeutung.

Ein Zwerchfellhochstand ist stets ein Zeichen einer Störung im Magen-Darm-Bereich. Diese kann harmlos sein, kann aber auch weitreichende Bedeutung für den Allgemeinzustand des Patienten haben.

Perkussion und Auskultation sind selbstverständlich und hier nicht näher zu besprechen.

Zur Beurteilung der Herzfunktion ist neben den bekannten Kriterien wie Größe, Konfiguration, Herztöne und Rhythmusstörungen auch die Frage einer Querlagerung von gewisser Bedeutung. Eine beträchtliche Zahl von Patienten hat bei Querlagerung Stenokardieartige Beschwerden (Roemheld-Syndrom), ohne daß sonst organische Veränderungen vorliegen. Diese Patienten neigen zur Neurotisierung, wenn man sie zu Koronar-Kranken „ernennt". Gerade bei Querverlagerungen ist vermehrte körperliche Bewegung wichtig, die aber dann aus Angst vor zusätzlichen Beschwerden unterlassen wird.

Nun kommt die Inspektion des Abdomens. Zunächst achtet man auf die Form: gebläht, muskulös oder schlaff, Fettschicht etc. Diese Hinweise lassen auf Eß- und sonstige Lebensgewohnheiten schließen. Die nächste Frage ist, ob der Magen palpatorisch unauffällig oder verspannt ist. Ist er verspannt, so ist eine Magensäurestörung dann anzunehmen, wenn er indolent ist. Ist er druckempfindlich, so stellt sich die Frage nach diffuser oder umschriebener Druckempfindlichkeit. Ein sehr hochsitzender Magen ist ab und zu ein Zeichen einer Zwerchfellhernie, eine Ptose führt immer wieder zu Verdauungsschwierigkeiten.

Leber, Gallenblase und Milz werden nach den üblichen klinischen Kriterien bewertet. Die Palpation des Kolons gibt wieder deutliche Hinweise auf Darmkeimaberrationen. Ein spastisches Kolon mit Zunahme der Spasmen und mit Quatschen bei der Palpation ist meist Zeichen einer klinisch relevanten Mykose, kann aber auch durch Pseudomonas aeruginosa, Staphylococcus aureus oder ähnliche Entzündungserreger verursacht sein. Stark geblähte Kolonschlingen beruhen meist auf Fäulnis- oder Gärungsdysbiosekeimen. Nach eigener Erfahrung ist es aber auch wichtig, die palpablen Abschnitte des Dünndarms zu erfassen: gesunde Dünndarmabschnitte sind kaum tastbar, bei chronischen Enteritiden aber sind sie deutlich derber. Sind diese Abschnitte noch dazu druckempfindlich, ist an gröbere Störungen zu denken – Protozoonosen (höhergradige Lambliasis intestinalis, chronische Enteritis, M. CROHN etc.). Dann ist aber auch die Frage von Resorptionsstörungen hochaktuell (Vitamine, Mineralstoffe, Spurenelemente).

Die rektale Untersuchung kann Prostataveränderungen aufzeigen (von der chronischen Prostatitis über die Prostatahypertrophie bis zum Verdacht auf ein Karzinom), hat aber auch durch die Feststellung von Hämorrhoiden (Größe, Inflammation, Blutungen) Bedeutung in der Beurteilung des Gesamtzustandes des Darmtrakts. Darüber hinaus kann sie natürlich auch den Verdacht auf eine Polyposis recti oder ein Rektumkarzinom lenken – was wiederum in den normalen Untersuchungsgang bei Status präsens gehört. Der Zustand der Haut kann während der Untersuchung ebenfalls beurteilt werden. Auf die allgemein bekannten Kriterien soll hier nicht näher eingegangen werden. Die Muskulatur und ihr Spannungszustand geben wieder Hinweise auf Störungen im Reflexbogenbereich. Verspannungen im Nacken und Schultergürtel sprechen für Veränderungen der HWS, aber auch für Belastung und Reizung durch chronische Entzündungen im Bereich der Tonsillen und Nasennebenhöhlen. Eindeutig ist dies vor allem dann, wenn nur Muskelhartspann besteht und die HWS auch röntgenologisch noch keine Veränderungen zeigt. Die möglichen, manchmal nur geringen Verspannungen der Paravertebral-Muskulatur in BWS und LWS kann man auf eine einfache Art prüfen: man schiebt von sakral bis zervikal mit den Daumen eine Hautfalte nach oben. Diese wird flacher oder verschwindet ganz über gestörten Wirbelsäulenpartien. Bücken und Seitwärtsbeugungen zeigen Störungen der Wirbelsäule exakt an: gestörte Partien bleiben starr und werden nicht mitbewegt – das ist u. a. auch bei Begutachtungen wichtig, denn kein Patient ist in der Lage, solche Bewegungsstörungen willkürlich auszulösen.

Die Beurteilung der großen und kleinen Gelenke erfolgt wieder nach den allgemein bekannten klinischen Grundsätzen, bedarf daher hier keiner besonderen Hinweise. Neben der klinischen Sicherung der Diagnose der Haupterkrankung erhält man so einen Überblick über „Schwachstellen". Mit wenigen Ausnahmen, wie z. B. bei eindeutigen Tonsillen- oder Tonsillennarbenveränderungen, sollte auch bei großer Routine nicht der Fehler gemacht werden, hier gleich endgültige Diagnosen stellen zu wollen. Die festgestellten Veränderungen müssen zunächst durch Zusatzbefunde erhärtet werden. Man kann aus dem rein klinischen Bild ja nicht die Wertigkeit der einzelnen Veränderungen abschätzen – z. B. kann ein Colon spasticum durch relativ harmlose Dysbiosekeime ausgelöst sein oder aber durch massiven Pilz- oder Protozoenbefall. Stark korrodierte Amalgamfüllungen allein sind dann harmlos, wenn sie die einzige Hg-Belastung darstellen und ein normaler Zinkgehalt des Blutes und des Gewebes die Entgiftung und Ausschwemmung der freigewordenen Hg-Mengen garantiert. Man muß aber den einzelnen „Schwachstellen" nachgehen, exakt nachweisen und so ihre Bedeutung im Krankheitsgeschehen richtig einschätzen.

Dazu stehen – neben den für die genaue spezifische Diagnose nötigen Hilfsbefunden – folgende Untersuchungen zur Auswahl:

1. Röntgen-Nasennebenhöhlen
2. Zahnstatus mit Panorama-Röntgen und ergänzende Einzelaufnahmen
3. Laboruntersuchungen: neben den üblichen Kontrollen des Blutbildes, der Blutsenkungsgeschwindigkeit, Serumelektrophorese, Serum-Rheumaproben etc.; Mineralstoffe, Spurenelemente, eventuell toxische Schwermetalle im Vollblut.
4. Komplette Stuhlkulturen aus ganz frischem Stuhl, wie im Kap. „Dysbiosen des Darmtrakts" beschrieben.
5. Harn- und Haaranalysen auf toxische Schwermetalle, s. Kap. „Subsymptomatische Toxikosen"
6. Antikörperbestimmungen gegen mögliche Erreger (Toxoplasmose, Mononukleose) sowie bei Verdacht auf andere Erkrankungen entsprechend Anamnese und Status (Z. B. GRUBER-

WIDAL-Reaktion). Die Bestimmung der AK-Titer bei Masern, Röteln und Mononukleose ist besonders bei Patienten mit Multipler Sklerose interessant, da die meisten dieser Patienten gegen 1 oder 2 dieser Viren mäßige bis mittlere Titeranstiege aufweisen, was für deren Bedeutung im Krankheitsgeschehen spricht. Wir haben aber auch bei chronischer Pankreatitis und bei Trigeminusneuralgien solche Titeranstiege gesehen und dann mit den entsprechenden Nosoden erfolgreich abbauen können.

7. In Einzelfällen erweist sich auch eine Testung auf Tuberkulinempfindlichkeit mit ATK als sinnvoll, da eine starke Überempfindlichkeit therapeutisch zum Handeln zwingt. (ATK = Alttuberkulin KOCH)
8. Die Testung der allgemeinen Abwehrlage mit dem im I. Abschnitt beschriebenen Elpimed®-Test wird – wegen der beträchtlichen Kostenbelastung – derzeit nur mehr bei Patienten durchgeführt, bei denen eine Klärung der Wertigkeit von fraglichen „Herden" nicht anders möglich ist.
9. Die Bestimmung der Magensäure darf nicht vergessen werden, da dies bei der Entstehung und Aufrechterhaltung von Darmdysbiosen von größter Bedeutung ist. Ein unbehandelter Magensäuremangel läßt immer wieder Dysbiosekeime, Pilze und auch Protozoen in den Darm gelangen, da die Desinfektion der ungekochten Lebensmittel dann nicht oder nur ungenügend erfolgen kann. Die Stuhlkulturen bieten dann ein ständig wechselndes Bild bakterieller Dysbiosen und die Reduktion intestinaler Belastungen kann nicht erfolgen.

Aus der Summe von Hinweisen aus Anamnese, Status und Hilfsbefunden kann dann mit weitgehender Sicherheit nicht nur die Feindiagnostik der Haupterkrankung, sondern auch die Bedeutung der einzelnen nachgewiesenen Belastungsfaktoren für die Abwehrfunktionen erfolgen. Dies bestimmt dann letztendlich die Art des therapeutischen Vorgehens.

3.4 Therapiephase I: die Behandlung aktiv-entzündlicher Schübe

Bei jedem neuen Patienten mit entzündlichen Systemerkrankungen steht man vor der Wahl, einen der beiden möglichen Wege der Therapie zu gehen. Man kann sich für eine dauernde antiinflammatorisch-immunsuppressive Therapie in den heute überwiegend gebräuchlichen Variationen (nicht-steroidale Antirheumatika, Corticoide, Immunsuppressiva) entscheiden, womit man jede echte Heilungschance aufgibt, oder man entschließt sich zu dem Weg der Wiederherstellung normaler Abwehrleistungen, sofern die Möglichkeiten hierzu gegeben sind. Letzterer Therapieweg verlangt aber eine genaue Kenntnis, zu welchen Zeitpunkten man die notwendigen eingreifenden Maßnahmen, wie z. B. Sanierungseingriffe, risikolos durchführen kann.

In den aktiven Stadien der Polyarthritis, der Multiplen Sklerose, des M. CROHN und der anderen Systemerkrankungen sind aber die Reizschwellen für Ganzheitsreaktionen so stark herabgesetzt, daß sich therapeutische Maßnahmen mit Reiz- und Belastungscharakter eindeutig verbieten. In diesen aktiven Stadien haben antiinflammatorische Maßnahmen eindeutig ihre Indikation. Man wird aber dann jene Medikamente auswählen, die Grund- und Immunsystem möglichst wenig belasten.

Wie schon im Kapitel „Spätfolgen von Chemotherapien" ausgeführt wurde, steht man bei der Regulationstherapie dann vor einem gewissen Dilemma. Einerseits muß dem Patienten schnell und wirkungsvoll geholfen werden, anderseits sollen aber die Nachwirkungen der Chemotherapie die Heilungschancen nicht unterbinden bzw. zerstören.

Je wirkungsvoller ein Antirheumatikum ist, desto intensiver sind auch seine Nebenwirkungen auf die Abwehrregelsysteme. Dabei ist auch das Wirkprofil zu beachten. Besteht ein direkter Einfluß auf das Grund- und/oder Immunsystem, so ist dies wesentlich gravierender als eine indirekte Wirkung, z. B. über Resorptionsstörungen bei Dysbiosen des Darmtrakts nach Antibiotikatherapien. Denn Immuninhibitionen über indirekte Wege (wie es die Resorptionsstörungen aus dem Darm sind) sind wesentlich leichter zu beheben als direkt paralysierende Wirkungen auf die wesentlichsten Regelsysteme, das Grund- und Immunsystem.

Wenn auch, wie schon mehrmals angedeutet, immunsuppressive Therapien bei schweren, nicht mehr rehabilitationsfähigen Abwehrstörungen unvermeidbar sind, so sind sie doch vom biologischen Standpunkt aus eine „ultima ratio", da sie bei Patienten mit Abwehrrehabilitationschancen diese endgültig oder zumindestens auf Jahre hinaus zunichte machen. Zu den immunsuppressiven Behandlungsformen sind nicht nur die eigentlichen Immunsuppressiva (Zytostatika, Alkylantien, Antimetabolite, Actinomycin, Antilymphozytenseren) zu rechnen, sondern auch die Corticoide und die Schwermetalltherapien wie die Goldtherapie. Man muß auch die immunsuppressive Langzeittherapie mit nicht-steroidalen Antirheumatika und Antibiotika und – nach neueren Untersuchungen (Buchheit 1984) *(21)* – auch mit Psychopharmaka in der Therapie berücksichtigen. D. h., daß Corticoide und ACTH sowie Antirheumatika, Antibiotika und Psychopharmaka zwar bei entsprechender Indikation kurzzeitig eingesetzt werden können, Dauertherapien mit diesen Mitteln aber je nach Medikament früher oder später zur Lähmung des Grundsystems und dauernder Schädigung des Immunsystems führen, was nur schwer oder nicht mehr behebbar ist.

Immer das Ziel vor Augen, die Abwehrleistungen eines chronisch Kranken zu normalisieren, muß alles, was dieses Ziel erschwert oder auch völlig zunichte machen kann, bei den zur Rehabilitation geeigneten Patienten entweder völlig vermieden oder aber bei zwingender Indikation äußerst sparsam und nur vorübergehend eingesetzt werden. Für die Indikationsstellung zur Verabreichung dieser Mittel spielt die spezifische Diagnose eine wesentliche Rolle. Man wird z. B. bei einer Endocarditis rheumatica wohl kaum Hemmungen haben, Corticoide maßvoll und zirkadiangerecht einzusetzen und die Dauer dieser Medikation vernünftig zu bemessen. Bei reinem Gelenkrheumatismus ohne kardiale Beteiligung wird man aber sehr zögern, diese Medikamentengruppe einzusetzen. Grundsätzlich steht immer die Überlegung im Vordergrund, ob Corticoide und Immunsuppressiva im Einzelfall überhaupt notwendig sind: die Indikation muß im Interesse der späteren Entwicklung und Therapie so streng wie möglich gestellt werden.

Was bleibt dann aber zur Behandlung aktiv-entzündlicher Stadien (Schübe) der entzündlichen Systemerkrankungen übrig? Die Auswahl ist innerhalb der nicht-steroidalen Antirheumatika zu treffen. Aber auch unter ihnen sind einige Präparate für die Anwendung bei Patienten mit rehabilitierbarer Abwehr ungeeignet. Die nicht-steroidalen Antirheumatika wirken vorwiegend als Hemmstoffe der Prostaglandinsynthese (durch Hemmung der Zyklooxygenase) und haben alle eine Reihe unerwünschter Nebenwirkungen zur Folge: vor allem sind Magenschleimhauterosionen, Natrium- und Wasserretentionen sowie seltener Ohrensausen, Kopfschmerzen und Schwindel zu beobachten.

Die inhibitorischen Wirkungen auf die Grundregulationen sind aber sehr unterschiedlich. Wenn auch nicht alle nicht-steroidalen Antirheumatika auf ihre Wirkungen hinsichtlich des Grundsystems eingehend untersucht werden konnten, so zeigen Salicylate, Ibuprofen, Acemetacin sowie in etwas eingeschränktem Maße Indometacin nur kurzfristig und reversibel paralysierende Wirkungen auf die Grundregulationen. Metamizol hat schon eine deutlich stärkere Belastung der Grundfunktionen zur Folge, doch ist dies bei kurzem Einsatz noch durchaus hinzunehmen. Vor allem ein kombinierter längerer medikamentöser Einsatz von Metamizol und Salicylaten kann jedoch zur Analgetika-Nephropathie führen (WELLHÖNER 1982) *(226)*. Auch Piroxicam liegt in seiner Belastung der Grundfunktionen noch nahe dem Metamizol und kann daher bei Versagen anderer Mittel vorübergehend zur Rheumatherapie herangezogen werden. Das gleiche gilt auch für Ketoprofen-Präparate, wenn man die Chance einer Abwehrrehabilitation gewahrt haben will. Hingegen sind die Phenylbutazone, die in den 50er Jahren die Therapie der Rheumaschübe beherrschten, ausgesprochene Lähmungsgifte für die Grundregulation. Sie lösen beträchtliche, langanhaltende humorale Schockzustände im Grundsystem aus, so daß schon nach wenigen Injektionen bzw. nach kurzdauernder peroraler Applikation (bereits nach ca. 10–14 Tagen) eine deutliche Intensivierung der gestörten Abwehrlage in den unspezifischen Testparametern festzustellen ist, die sich je nach der primären Ausgangslage nur langsam und gelegentlich gar nicht mehr lösen läßt. Es ist ja zu bedenken, daß bei den entzündlichen Systemerkrankungen bereits eine Störung der Grundregulationen besteht, die durch belastende Chemotherapien noch verstärkt wird. Deshalb sind auch Nebenwirkungskontrollen an gesunden Tieren und bei gesunden menschlichen Probanden in gewisser Beziehung zwar wichtig, aber sie sind nicht in der Lage, die Reaktionen bei veränderter und eingeschränkter Abwehrsituation zu erfassen.

So machten wir vor mehr als 30 Jahren im Rahmen unserer Untersuchungen über die Belastung des Grundsystems durch verschiedene Chemotherapeutika die Beobachtung, daß bei derselben Patientin im zeitlichen Abstand und dementsprechend bei verschiedener Ausgangslage Phenylbutazon einmal eine allergische Reaktion auslöste, diese nach Behebung der humoralen Schockphase jedoch ausblieb, obwohl die Reaktion auf das Medikament in den Parametern etwa gleichstark zum Ausdruck kam (Abb. 49).

Gerade diese Erfahrung hat damals wesentlich dazu beigetragen, die zentrale Stellung des Grundsystems im Abwehrgeschehen zu begreifen. Denn für einen schulmedizinisch ausgebildeten Arzt war es ohne solche Erfahrungen nur schwer zu verstehen, daß dem unspezifischen System, das er eben kennengelernt hatte, eine solch entscheidende Bedeutung zukommt. Diese psychologische Schwierigkeit hat noch heute jeder Arzt zu überwinden, wenn er mit den unspezifischen Regulationen erstmals konfrontiert wird.

Im Laufe der Zeit und mit dem Erscheinen neuer antirheumatisch wirkender Mittel wurde schließlich eine gewisse Standardtherapie in der Behandlung entzündlicher Schübe entwickelt.

1. Antirheumatika:
   bevorzugt werden Ibuprofen (Brufen®) und Acemetacin (Rheutrop®) (Österreich) verordnet, da sie nach allen bisherigen Erfahrungen die geringsten humoral-vegetativen Nebenwirkungen aufweisen, die außerdem spontan nach wenigen Tagen zurückgehen. Eventuell ist eine zusätzliche Gabe von Acetylsalicylsäure je nach Bedarf erlaubt.

   Genügt das zur Schmerzstillung nicht, was besonders nachts der Fall sein kann, werden zusätzlich abends Indometacin (Indocid®) oder Diclofenac-Natrium (Voltaren®) in Form von Suppositorien à 50–100 mg abends verordnet.

   Damit ist bei über 90% der Patienten die entzündliche Phase zum Abklingen zu bringen.
2. In besonders schwierigen Fällen ist es aber notwendig, Depot-ACTH (Synathen®-Depot) einzusetzen. Obwohl anfangs die Wirkung einer Injektion höchstens 36–48 h anhält – worauf der Patient ausdrücklich aufmerksam gemacht wird –, geben wir diese Injektionen nur 1 × wöchentlich. Damit besteht keine Gefahr, daß die Nebennieren bis zur völligen Erschöpfung stimuliert werden, wie dies bei kürzeren Intervallen der Fall ist.

   Nur in Ausnahmsfällen, wie z. B. bei der schon angeführten Endocarditis rheumatica wird auch Cortison eingesetzt, dann aber entsprechend dem Zirkadianrhythmus die gesamte Tagesdosis früh zwischen 6–8 h. Damit kann man die Zahl der resultierenden Herzklappenfehler gering halten.

3. Immunglobuline:
   Besteht ein γ-Globulin-Mangel, der in der Serumelektrophorese ja einfach bestimmt werden kann und soll, bewährt sich – besonders bei den Schüben der Multiplen Sklerose – die Gabe von Human-Gammaglobulin, und zwar 3–4 × je 5 ml i. m. in 3–4tägigen Abständen.

Daneben sind roborierende Maßnahmen wie Vitamingaben durchaus erlaubt, bei der MS sind Gaben von Vitamin B 12 direkt indiziert.

Mit diesen Maßnahmen kann man entzündliche Stadien im allgemeinen innerhalb kurzer Zeit zum Abklingen bringen, wenn es sich um schubweise Verlaufsformen handelt. Aber auch bei Langzeittherapien chronisch-progredienter Prozesse schont man weitgehend die noch vorhandenen Abwehrfunktionen und kann damit den betroffenen Patienten größtenteils eine nebenwirkungsarme Behandlung bieten. Nur Langzeitheilungen darf man bei den chronisch-progredienten Verlaufsformen nicht erwarten. Hat man aber ein entzündungsfreies Intervall erreicht, kann die zweite Phase der Regulationstherapie eingeleitet werden.

3.5 Therapiephase II: die Behandlung konservativ beherrschbarer Belastungen

Die 2. Phase der Regulationsmedizin geht bereits über die üblichen Therapiemaßnahmen hinaus. In der 1. Phase wird ja noch klassische Chemotherapie durchgeführt, wenn auch mit Beschränkung auf Grundsystem-schonende Medikamente. Aber auch die 2. Phase der Regulationstherapie ist für jene, denen die Regulationspathologie noch völlig fremd ist, durchaus verständlich. Denn in dieser Phase werden konservativ beherrschbare Belastungen soweit als möglich abschließend behandelt und Mangelzustände behoben, deren negative Wirkungen auf den Zustand der Patienten auch der traditionellen klinischen Medizin geläufig sind. Nur werden in der Regulationsmedizin die ganzheitlichen Reaktionen, z. B. auf das Grundsystem, berücksichtigt.

3.5.1 Behandlung der Dysbiosen des Darmtrakts

Vordringlich ist die Sanierung des Darmtrakts, da Resorptionsstörungen und Autointoxikationen durch Fäulnis- und Gärungserreger den Allgemeinzustand und speziell auch die Immunreaktionen beträchtlich negativ beeinflussen (s. Kap. „Dysbiosen des Darmtrakts"). So ist, um es zu wiederholen, ein beträchtlicher Teil der Zink-Mangelzustände durch Resorptionsstörungen bedingt und jeder Erfolg der Regulationstherapie kann durch gravierende Keimaberrationen im Darm schon auf diesem Wege zunichte gemacht werden.

3.5.1.1 Fäulnis- und Gärungserreger

Die große Zahl der aeroben und anaeroben Dysbiosekeime, die höchstens fakultativ als Entzündungserreger in Frage kommen und vielmehr durch ihre Stoffwechselprodukte und die durch sie verursachten Fäulnis- und Gärungsstoffe toxisch wirken, sollte nicht antibiotisch behandelt werden.

Dazu ein typisches Fallbeispiel:

Eine 45jährige Telephonistin mit stärkerer Flatulenz und chronischer unspezifischer Urethritis zeigte in der Stuhlkultur eine mäßige Dysbiose durch Klebsiella pneumoniae. Der wohlmeinende Hausarzt behandelte die Patientin so lange mit Tetrazyklinen, bis die Klebsiella maßlos überwucherte, dafür aber die E. coli humana und die Acidophilus- und Bifido-Flora restlos beseitigt war. Die Ursache der chronischen Urethritis war außerdem eine Ureaplasma-urealyticum-Infektion*, die nicht Tetrazyklin- sondern Erythromycin-empfindlich war *(162)*.

Es kostete beträchtliche Zeit und Mühe, die Folgen dieser Fehltherapie wieder zu beheben, abgesehen von den Kosten der Sozialversicherung.

Auch wenn es langwierig ist, ist hier die Symbioselenkung unbedingt vorzuziehen. Nun kann diese nicht schematisch durchgeführt werden. Sie hängt vom Ergebnis der Stuhlkultur ab. Sind trotz bakterieller Dysbiose Escherichia coli, Lactobacillus acidophilus und Bacterium bifidum noch in halbwegs ausreichender Menge vorhan-

* Ureaplasma Urealyticum = eine Abart der Mykoplasmen, die fast ausschließlich nur im Urogenitaltrakt gefunden wird. Erreger der chronischen Urethritis.

den, so sind die bekannten Symbiosetherapeutika durchaus ausreichend, z. B. Stoffwechselprodukte von Milchsäurebildnern und Darmsymbionten, Hylak forte®, oder von E. coli und Streptococcus faecalis, Pro-Symbioflor®. Die Therapie kann bei Bedarf durch Bakterienpräparate (z. B. Symbioflor I® und II®) ergänzt werden. Noch günstiger wirkt sich die Verabreichung rechtsdrehender Milchsäure aus, wie sie für die adjuvante Therapie der Psoriasis verwendet wird (RMS®-Kapseln* und Espritin®-Lösung** 3 × 1 Kps. oder 3 × 20 Tropfen vor den Hauptmahlzeiten).
Fehlen aber Escherichia coli oder Lactobacillus acidophilus und Bacterium bifidum, dann genügt diese einfache Therapie nicht mehr. Ein kompletter Mangel an E. coli ist allerdings selten, wie schon beschrieben ist er nur bei 4,6% der Stuhlkulturen festzustellen gewesen. Häufiger sind zu geringe Mengen unter 10^5 Org/g oder die Kombination mit pathologischen Kolistämmen. Wesentlich häufiger findet sich ein kompletter Mangel an Lactobacillus acidophilus und Bacterium bifidum, der in 41,7% der Kulturen festzustellen war. Ein Mangel an E. coli ist schon aus einem Grunde unerwünscht: Kolibakterien produzieren u. a. auch 3-fach-konjugiert-ungesättigte Fettsäuren (Pischinger 1975) *(186)*, die für die Aktivierung des IgA auf der Darmschleimhaut wichtig sind und damit für die Aufrechterhaltung einer Eubiose Bedeutung haben. Die Milchsäurebildner sind allem Anschein für die Resorption von Vitaminen, Mineralstoffen und Spurenelementen wichtig, da nicht nur Vitamin C, sondern auch rechtsdrehende Milchsäure die Resorption von Spurenelementen nachweisbar verbessert. Ohne Reimplantation dieser normalen Darmsymbionten ist es fast unmöglich, die Dysbiosekeime auf ein unschädliches Maß zu reduzieren oder überhaupt zu eliminieren.

Zur Reimplantation normaler Darmsymbionten eignen sich am besten gefriergetrocknete normale Darmkeime. Flüssigpräparate haben die unangenehme Eigenschaft, daß vor allem Kolibakterien nach kurzer Zeit degenerieren. Uns stehen vor allem zwei Präparate zur Verfügung: Omniflora® mit E. coli, Laktobazillen und Bifidobakterien und die aus Frankreich kommenden Antibiophilus®-Kapseln, die antibiotikaresistente Laktobazillen enthalten.

Die Möglichkeit einer Reimplantation dieser normalen Darmkeime wird aber vielfach bestritten – und tatsächlich mußten auch wir

* RMS-Kapseln (BRD) Reith & Petrasch
** Espritin-Lösung (Österreich) Petrasch

die Erfahrung machen, daß die übliche Form der Verabreichung knapp vor oder während der Mahlzeiten eine Ansiedlung der Symbionten nicht zuläßt. Die Überlegung, warum dies nicht gelingt, führte zu zwei möglichen Erklärungen: zum ersten ist das Darmmilieu so stark verändert, daß sich die zugeführten Symbionten schon deshalb nicht wiedereinpflanzen lassen, zum zweiten sind diese Keime ja durch die Gefriertrocknung inaktiviert und benötigen eine gewisse Zeit zur Revitalisierung. Die Zeit bei Verabreichung knapp vor oder während dem Essen ist dafür einfach zu kurz, so daß die zugeführten Keime gänzlich bzw. zum allergrößten Teil vom Speisebrei mitgerissen und schließlich mit dem Stuhl wieder ausgeschieden werden. Aus diesen Überlegungen wurden die Konsequenzen gezogen. Gefriergetrocknete Keime werden prinzipiell mindestens 1½–2 Stunden vor dem nächsten Essen verabreicht (2 × tgl. je 2 Kapseln), damit ihnen genügend Zeit zur Revitalisierung bleibt. So gewinnen sie die Fähigkeit, sich an der Darmschleimhaut wieder anzusiedeln. Zugleich wird rechtsdrehende Milchsäure verabreicht, um das Milieu für die Reimplantation zu verbessern. Dies hat sich ausgezeichnet bewährt und es ist damit möglich geworden, bei über 98% der Patienten die fehlenden normalen Darmsymbionten innerhalb von 2–3 Monaten in ausreichender Menge wieder anzusiedeln (E. coli ca. 10^6 Org/g, Laktobazillen und Bifidobakterien ca. 10^7–10^9 Org/g). Dazu nehmen die Patienten je 2 Kps. des notwendigen Bakterienpräparates vormittags und nachmittags zur Jausenzeit ein – sollte die Einnahme einmal vergessen werden, ist sie auch kurz vor dem Schlafengehen oder nachts möglich. Dazu raten wir jeweils ein Milchprodukt mit rechtsdrehender Milchsäure (Kefir, Sanogurth oder Acidophilusmilch) oder Sauerkrautsaft. Zusätzlich wird noch rechtsdrehende Milchsäure in Form der *RMS®-Kapseln* oder 20–30 Tropfen *Espritin®* (mit Wasser verdünnt) vor den Hauptmahlzeiten verordnet.

Dabei ist anfangs oft eine erhöhte Flatulenz die Folge. Hält diese nicht länger als 8–14 Tage an, so ist dies als Zeichen einer Auseinandersetzung zwischen den Symbionten und den Dysbiosekeimen zu bewerten. Läßt diese Reaktion aber nach ca. 2 Wochen nicht nach, ist das Anlegen einer neuerlichen Stuhlkultur notwendig. Es besteht ja die Möglichkeit, daß bei einmaliger Bestimmung Protozoen (vor allem Lamblienzysten) nicht erfaßt worden sind oder daß – wie häufig bei Anazidität – zusätzlich obligate Entzündungserreger hinzugekommen sind. Daher ist auch die gleichzeitige HCl-Substitution bei Sub- oder Anazidität ungemein wichtig und darf nicht vergessen werden.

3.5.1.2 Obligate Entzündungserreger

Finden sich obligate Entzündungserreger wie Staphylococcus aureus, α- und β-hämolysierende Streptokokken oder Pseudomonas aeruginosa (Pyocyaneus), ist die reine Symbioselenkung oft nicht ausreichend. Man muß dann die Patienten entsprechend dem Antibiogramm antibiotisch vorbehandeln.

Auch hier wird man nach Möglichkeit die Nebenwirkungen auf die normalen Darmkeime und auf das Grundsystem berücksichtigen. So wird man – soweit möglich – Erythromycin-Präparate bevorzugen, da diese E. coli nicht angreifen. Auch ist ihre inhibitorische Wirkung auf die Grundregulationen verhältnismäßig gering. Selbstverständlich werden die notwendigen Antibiotika peroral verabreicht, da ja eine lokale Wirkung im Darm angestrebt wird.

Erythromycin wird in einer Dosis von 500 mg alle 8 Stunden über 8 Tage gegeben, Tetrazykline (Doxycyclin) 1 × tgl., am 1. Tag 200 mg, dann je 100 mg über 9 Tage. Penicilline werden wegen der häufigen Allergien gerade bei Patienten mit entzündlichen Systemerkrankungen und wegen ihrer starken Belastung der Grundfunktionen möglichst vermieden.

Nun zeigen die Antibiogramme bei vielen Patienten – vor allem bei Pseudomonas aeruginosa – nur mehr eine Empfindlichkeit gegen Rifampicin. Als beste Dosierung hat sich dann Rifampicin 3 × tgl. 450 mg über 10 Tage bewährt.

Mit wenigen Ausnahmen (< 5%) ist damit die Eliminierung der obligaten Entzündungserreger möglich. Aber sofort nach Abschluß dieser Antibiotikatherapien muß eine Symbioselenkung (wie sie zuvor unter „Fäulnis- und Gärungserreger" angegeben ist) durchgeführt werden. Man darf nicht vergessen, daß durch Antibiotika auch die normalen Darmsymbionten vernichtet werden und das Milieu im Darm pilzanfällig wird. Darüberhinaus wird – unter Verlust der Symbionten – Pilzbefall und Befall mit Fäulnis- und Gärungserregern begünstigt. Vergißt man die nachfolgende Symbioselenkung, sind zwar andere Keime vorherrschend, aber mit den gleichen negativen Folgen. Es fragt sich dann, wozu man vorher die pathogenen Erreger eliminiert hat, wenn man den nächsten Dysbiosekeimen und Pilzen den Weg bereitet.

3.5.1.3 Mykosen des Darmtrakts

Sproßpilz-Mykosen des Darmtrakts haben – wie schon im Kapitel „Dysbiosen des Darmtrakts" geschildert – klinische Bedeutung ab einer Menge von 10^3 Org/g bzw. knapp darunter. Deshalb ist eine Therapie erst ab dieser Menge nötig. Sind die Pilzmengen aber noch gering – 10^3 bis 10^4 Org/g –, dann genügt die gleiche Symbioselenkung, wie sie für die bakteriellen Dysbiosen geschildert wurde. Schwieriger wird es, wenn die Pilzmengen die Zahl von 10^5 Org/g Stuhl überschreiten. Besonders Pilzzahlen über 10^6 Org/g sind ein Zeichen dafür, daß eine Symbioselenkung allein nicht für die Eliminierung dieser Pilze ausreicht. Außerdem ist differentialdiagnostisch zu klären, ob eine allgemeine Immunstörung (T-Lymphozyten-Störungen) vorliegt. Dies ist nun selten der Fall, verlangt aber eine entsprechende Immuntherapie gleichzeitig mit der Symbioselenkung. Ist dies – wie meistens – nicht der Fall, versuchen wir zunächst, die Pilzmengen im Darm soweit wie möglich zu minimieren und setzen erst dann mit der Symbioselenkung ein. Die Auswahl der Antimykotika erfolgt wie bei den Bakterien nach dem Ergebnis der Empfindlichkeitsbestimmung. Zur Verfügung stehen derzeit vor allem vier Präparategruppen:

Nystatin à 500 000 E (aus Streptomyces noursei), Amphotericin B à 100 mg, Ketoconazol à 200 mg und Miconazol-Nitrat à 20 mg/1 g, beides Imidazolderivate. Die Verabreichung erfolgt über 10 Tage, nur bei Ketoconazol über 30 Tage; Nystatin 4 × 1 Tabl. tgl./10 d, Amphotericin B 4 × 1 Tabl. tgl./10 d und auch Miconazol 4 × 1 Teelöffel über 10 Tage. Ketoconazol wird 1 × tgl. über 30 Tage verabreicht. Das Miconazol ist als orales Gel im Handel und empfiehlt sich besonders, wenn eine Mykose der Mundhöhle vorliegt. Dann wird das Gel so lange als möglich im Munde behalten und erst dann geschluckt.

Damit sind die Pilze stark minimiert, aber es muß sofort anschließend die unter „Fäulnis- und Gärungserreger" angegebene Symbioselenkung durchgeführt werden.

Es muß ausdrücklich darauf hingewiesen werden, daß Antimykotika zwar die Pilze minimieren, daß aber die Pilzanfälligkeit des Darmmilieus bestehen bleibt. Die öfter vertretene Meinung, daß sich mit der Eliminierung der Pilze die Keimbesiedlung des Darmtrakts automatisch normalisiert, stimmt nicht. Unterläßt man die nachfolgende Symbioselenkung, so kann man bei solchen Patienten schon nach 6–8 Wochen wieder einen beträchtlichen Pilzbefall der Darmschleimhaut nachweisen. Im eigenen Untersuchungsgut (1957 bis 1972) bekamen rein antimykotisch-chemotherapeutisch behandelte Mykose-Patienten (insgesamt 2646) in 97,8% der Fälle wieder ein Rezidiv (insgesamt 2588 Patienten). Besonders auffällig war, daß in 85,4% der Fälle (2260 Patienten) andere Pilzarten als ursprünglich festgestellt wurden. Das ist auch der Grund für die Überzeugung, daß die Pilzanfälligkeit des Organs und nicht überlebende Pilze die Ursache der Rückfälle waren. Die Chemotherapie eliminiert zwar die vorhandenen Pilze, die Anfälligkeit aber bleibt bestehen und kann erst durch die Milieutherapie (Symbioselenkung) behoben werden.

Dazu kommt, daß die Antimykotika der Imidazol-Reihe auch die normalen anaeroben Darmsymbionten angreifen und deshalb die Dysbiose noch verstärken. Außerdem lehrte uns die Erfahrung, daß eine Dauerverabreichung bzw. sich in kurzen Zeitabständen öfter wiederholende Antimykotikatherapien nicht indiziert sind: Bei Patienten, die anderenorts bereits mit mehreren 100 bis zu 2000 Tabletten der verschiedenen Antimykotika vorbehandelt waren, bestand mit nur wenigen Ausnahmen eine Lebervergrößerung mit mäßig bis mittelgradig erhöhten Transaminasen. Bei 4 dieser insgesamt 15 Patienten fanden sich auch leicht erhöhte Nierenparameter, die als Zeichen einer möglichen nephrotoxischen Folgeerscheinung zu bewerten sind. Bei den Imidazolderivaten Ketoconazol und Miconazol sind überdies die – wenn auch seltenen – Knochenmarkschäden zu bedenken, die eine Dauerbehandlung bedenklich erscheinen lassen. In Summa bedeutet dies, daß die Antimykotika zwar eine wesentliche Hilfe bei besonders hohen Pilzmengen im Darm darstellen, daß ihre Wirkung aber streng spezifisch ist und eine anhaltende Heilung der Mykosen dadurch nicht gelingt und sogar Komplikationen ausgelöst werden können. Erst in Kombination mit der Milieutherapie des Darmtrakts haben sie großen Wert.

3.5.1.4 Protozoonosen

Sollten sich einmal hochpathogene Protozoen, z. B. die Entamoeba histolytica finden, so ist der Patient sofort stationär einzuweisen und die vorgeschriebene Infektionsmeldung an die zuständige Behörde zu erstatten. Damit verhindert man eine Verbreitung dieser Infektion. Das sind aber heute extrem seltene Ereignisse – im eigenen Patientengut war dies in über 20 Jahren nur einmal der Fall.

Normalerweise ist man mit Lamblia intestinalis konfrontiert, selten auch mit der hinsichtlich einer Dysenterie apathogenen Entamoeba coli und noch seltener mit Isospora belli oder Sarcocystis spezies. Diese Infektionen verlaufen größtenteils symptomarm und führen nur selten zu schwereren Komplikationen.

Die Notwendigkeit zu ihrer Therapie ergibt sich aus zwei Folgewirkungen:

1. Protozoen sind noch mehr als die Sproßpilze Nahrungsparasiten, die zu erheblichem Vitamin-, Mineralstoff- und Spurenelementmangel führen (s. a. Kap. „Mangelzustände"). Sie bedingen dann bei Zweiterkrankungen bzw. -belastungen geschwächte Abwehrleistungen.
2. Durch den starken Zwerchfellhochstand, der fast immer besteht, treten oft beträchtliche Herzbeschwerden auf (ROEMHELD-Syndrom) – und oft sind es weniger die Darmbeschwerden als die kardialen Sensationen, die die Patienten überhaupt zum Arzt führen. Aber nur bei rund 4% von 444 Patienten mit Lambliasis intestinalis bestanden direkte Komplikationen (18 Patienten). Die Schwächung der Gesamtabwehrleistungen wird meist erst bei sekundären Erkrankungen offenkundig, so daß mehr die kardialen Sensationen (bei normalem EKG) und eventuell noch die übelriechenden Stühle und Darmwinde die Patienten zum Arzt führen.

Bei der Eliminierung der Protozoen verblüfft immer wieder, daß Patienten mit entzündlichen Rheumaformen nach Eliminierung der Lamblien wesentliche subjektive Besserungen ihrer Beschwerden angeben. Nun darf das nicht als direkter kausaler Effekt zwischen Lamblien und Rheuma gedeutet werden. Es ist nämlich nicht eindeutig zu entscheiden, ob die Lamblien durch ihre Stoffwechselprodukte, durch ihren hohen IgA-Verbrauch bzw. nur durch die von ihnen verursachten Resorptionsstörungen auf die rheumatischen Entzündungen einwirken oder ob der Effekt auf die gleichzeitige Wirkung der Imidazole auf anaerobe Dysbiosen zurückzuführen ist. Jedenfalls ist dies auch einer der Gründe, warum eine oft symptomarme Lambliasis zu Ende behandelt werden muß.

Nachdem die wirksamen Acridinderivate (Atebrin®, Acranil® etc.) und die Chinolinderivate (Mexaform® etc.) wegen ihrer Toxizität verboten wurden, stehen derzeit nur Imidazol-Abkömmlinge zur Behandlung der meisten Protozoen zur Verfügung (Ausnahme: Isospora belli ist gegen Sulfonamide empfindlich).

Unter den Imidazolderivaten sind dies Metronidazol, Tinidazol und Ornidazol. Aber auch diese Stoffe sind nicht mehr so wirksam, wie noch vor 10 Jahren: damals wurde angegeben, daß ein einziger Therapiestoß mit einem dieser Präparate in 80–90% der Fälle zur Eliminerung, z. B. der Lambliasis, ausreichte (Spech 1978) *(215)*. Heute liegt die Erfolgsquote bei nur einem Therapiestoß nur mehr bei 37,4% (166 von 440 Patienten). Auch bei etwas höherer Dosierung ist der Effekt nicht mehr so gut wie damals. Bei den übrigen Patienten muß man die Therapie wiederholen. (Abb. 49a: Tagesdosen und Dauer der Imidazol-Therapie; Effekt der Imidazol-Therapie bei Lambiasis.) Metronidazol und Ornidazol wird in der Dosis von 2 × 500 mg/d über 10 Tage verabreicht. Tinidazol in einer Einzeldosis von 2000 mg nach dem Frühstück an 2 aufeinanderfolgenden Tagen verabreicht und nach 1 Woche Pause wiederholt, hat die gleiche Wirkung. An den Tagen der Imidazol-Einnahme muß dem Patienten jegliche Zufuhr von Alkohol untersagt werden, da sonst schwere Zustände von Übelkeit die Folge sind (dies betrifft auch alkoholhaltige Medikamente, z. B. Baldrian-Tropfen und in Alkohol verdünnte Homöopathika).

Da sehr zu bezweifeln ist, daß bei der Verabreichung intensiv wirksamer allopathischer Chemotherapeutika eine gleichzeitige homöopathische Therapie wirksam sein kann, sollte während der Einnahme von Imidazol-Abkömmlingen eine homöopathische Therapie ausgesetzt werden.

Wiederum ist nach Beendigung der Imidazoltherapie sofort eine Symbioselenkung anzuschließen. Diese Präparate greifen nicht nur die Protozoen an, sondern eliminieren gleichzeitig die Anaerobier und machen das Darmmilieu beträchtlich pilzanfälliger. Wir beobachteten Steigerungen der Pilzzahlen um 2–3 Zehnerpotenzen je g Stuhl und die Entwicklung höhergradiger anaerober Dysbiosen mit komplettem Mangel an Lactobacillus acidophilus und Bifidobakterien, wenn die Nachbehandlung versäumt wurde. Damit entwickeln sich aber neuerliche Dysbiosebeschwerden, nur von anderen Erregern (Sproßpilze, Dysbiosebakterien) ausgelöst – was schließlich nicht der Sinn einer ärztlichen Therapie ist.

14 bis 21 Tage nach Abschluß der Therapie werden dann an 3 aufeinanderfolgenden Tagen Nativuntersuchungen des Stuhles auf Lamblienzysten durchgeführt. Eine Kontrolle sofort nach Beendigung der Therapie verläuft immer negativ, dann erscheinen im Stuhl keine Protozoenzysten. Überleben können Protozoen in tiefen Krypten der Darmschleimhaut und eventuell in der Gallenblase bzw. den Gallengängen. Erst wenn sich diese Überlebenden wieder etwas

vermehrt haben, sind die Protozoen wieder nachweisbar. Eine Heilung ist mit etwa 98%iger Sicherheit erzielt, wenn die Nativuntersuchung 3 mal negativ geblieben war.

Sind dennoch klinische Hinweise vorhanden, daß trotz negativen Kontrollen noch Lamblien bestehen könnten, machten wir früher Duodenalsondierungen, um zu einem eindeutigen Erregernachweis zu gelangen. Eine einfache Beobachtung zeigte aber, daß man den Patienten diese unangenehme Prozedur ersparen kann: Wird vor den Untersuchungen des Stuhles Alkohol getrunken, so scheinen mit Sicherheit noch vorhandene Lamblien im Stuhl auf – offensichtlich verlieren sie unter Alkoholeinfluß den Halt an der Dünndarmschleimhaut. Man darf daher den Patienten den Rat geben, vor einer der 3 Kontrolluntersuchungen des Stuhles Alkohol (Wein, ca. ¼ l) am Abend vor der Untersuchung zu genießen.

Die Imidazol-Präparate haben manchmal beträchtliche Nebenwirkungen. Häufig treten Magenschmerzen, Übelkeit, Mundtrockenheit und Müdigkeit während der Einnahme auf. Wie schon gesagt führt Alkoholeinnahme während der Therapie zu heftigen Übelkeiten und Kopfschmerzen. Die Patienten sind auf diese Nebenwirkungen aufmerksam zu machen. Manchmal sind diese Nebenerscheinungen so stark, daß notwendige Wiederholungskuren von den Patienten verständlicherweise abgelehnt werden. Es besteht dann aber die Möglichkeit, auf die alten Volksheilmittel der Balkan- und Levanteländer gegen die Lambliasis zurückzugreifen: frischer Knoblauch (4–6 Knoblauchzehen tgl.) und Wermuttee (2 Tassen tgl.). Es genügt aber auch Knoblauch allein, wenn zugleich eine Zinksubstitution durchgeführt wird. Natürlich sind nicht alle Patienten dazu bereit. Aber die durch die erste Imidazoltherapie bereits geschwächten Lamblien verschwinden dann auf Dauer innerhalb von 1–3 Monaten aus dem Stuhl. Die gleichzeitige Zinksubstitution unterstützt diesen Vorgang, da damit die Synthese von IgA im Darm beträchtlich angeregt wird und IgA spezifisch gegen Protozoen und Dysbiosekeime wirkt. Wiederholungsbehandlungen mit Imidazol-Präparaten erfolgen frühestens 10–12 Wochen nach Beendigung einer vorangegangenen Therapie. Damit vermeidet man die in der Literatur angegebenen Knochenmarkdepressionen und die ebenfalls beschriebenen neurologischen Komplikationen. Bei bisher rund 500 Patienten mit Lamblieninfektionen konnten so diese ernsten Therapiefolgen völlig vermieden werden.

Auch die seltenere Entamoeba coli (bezüglich einer Dysenterie apathogen, aber ebenfalls Ursache schwerer Resorptionsstörungen) spricht auf Imidazole an und dies sogar besser als die Lamblien. Bisher genügte bei diesen Protozoen immer ein einmaliger Therapiestoß.

Isospora belli und Sarcocystis spezies werden mit Trimethoprim-Sulfonamid-Präparaten eliminiert. Die Dosierung beträgt 2 × 1 Bactrim-Forte-Tablette®, Lidaprim-Forte®, (Trimethoprim 160 mg, Sulfamethoxazol 800 mg). Diese Protozoen werden damit minimiert, die endgültige Eliminierung erfolgt aber erst durch die auch hier wieder unbedingt erforderliche Symbioselenkung, die nach der 5 Tage währenden Chemotherapie anzuschließen ist.

3.5.1.5 Nematoden

Wenn auch Nematoden nur mehr außerordentlich selten gefunden werden, so sind die betroffenen Patienten dadurch stark belastet. Vor allem bei Flüchtlingen, Gastarbeitern und Tropenreisenden sind sie doch in den letzten Jahren ab und zu festzustellen. Die früher – bis kurz nach dem 2. Weltkrieg – häufigen einheimischen Wurminfektionen fehlen seit über 30 Jahren im eigenen Beobachtungsgut. Unter 1700 Stuhlkulturen wurde nur einmal bei einem 9jährigen Knaben ein massiver Befall mit Oxyuren gefunden. Die wieder eingeschleppten Ascariden müssen aber schon deshalb behandelt werden, damit sie hier in Mitteleuropa nicht wieder heimisch werden. Der Autor erinnert sich noch an 2 Kinder mit Ileus durch Ascaridenknäuel als die ekelerregendsten Erlebnisse während seiner Ausbildungszeit, wobei sogar alten Chirurgen übel wurde. Aber ihre Behandlung ist natürlich auch der betroffenen Patienten wegen unbedingt erforderlich. Resorptionsstörungen und Toxine, die durch diese Nematoden bedingt sind, führen zu beträchtlichen körperlichen Allgemeinstörungen.

Ihre Therapie erfolgt in klassischer Weise mit Mebendazol. Wiederum ist sofort eine Symbioselenkung anzuschließen. Der Einzelfall einer Oxyuriasis wurde mit Piperazinhydrat behandelt und wieder eine Symbioselenkung angeschlossen.

Es muß nochmals wiederholt werden, daß die Wiederherstellung einer normalen Darmkeimbesiedlung in der Therapie chronischer Erkrankungen beinahe eine conditio sine qua non ist. Denn die prämorbiden Belastungen durch Resorptionsstörungen und Toxine aus dem Darmtrakt führen bei einem hohen Prozentsatz der chronisch Kranken zu erheblichen Störungen der gesamten Abwehrleistungen. Es ist nur zu hoffen, daß diese Erfahrung bald zum Allgemeinwissen aller Ärzte wird.

3.5.2 Behandlung des Magensäuremangels

Über die Folgen von Sub- und Anazidität wurde schon im Abschnitt II ausführlich berichtet. Hier seien sie kurz wiederholt: Fäulnis- und Gärungsdyspepsien wegen mangelnder Desinfektion der Nahrung, Übelkeit, Roemheld-Syndrom und Resorptionsstörungen durch Dysbiosen. Häufig treten Anämien durch die verminderte Eisenresorption auf, u. a. auch die Anaemia perniciosa. Eine überwundene Spätkomplikation der letzteren Anämieform, die funikuläre Myelose, ist allerdings seit der Einführung der Vitamin B 12-Therapie praktisch bedeutungslos geworden. Darüber hinaus besteht bei Anazidität auch ein erhöhtes Risiko für die Entstehung maligner Magentumoren, die seinerzeit mit rund 7% aller Achylien angegeben wurde.

Hält man sich diese Spätfolgen eines Magensäuremangels vor Augen, dann wundert man sich, warum die Sub- und Anazidität heute so wenig beachtet wird. Nun hat das auch seine Gründe: die Magenausheberung (Probefrühstück, fraktionierte Magensäurebestimmung) ist für die Patienten eine gefürchtete Untersuchungsmethode, die Heidelberger Sonde ein kostspieliges Instrument und Gastrintest und Desmoid-Pillen-Bestimmungen sind Methoden mit beträchtlichen Fehlerquellen. In vitro-Versuche zeigten dann, daß Eiweiß auch allein durch Pankreasfermente abgebaut wird, und Merten (1952) *(119)* berichtete, daß durch HCl-Substitution eine ausreichende Ansäuerung des Magens angeblich nie erreicht werden kann. So setzte sich die Meinung durch, daß man Sub- und Anazidität nicht näher beachten müsse und schob das unangenehme Problem einfach zur Seite. Dabei wurde übersehen, daß die Homogenisierung der Nahrung, vor allem des Eiweißes zum Chymus, durch die HCl-aktivierten Enzyme Pepsin und Kathepsin für den nachfolgenden Abbau durch Pankreasfermente wichtig ist und daß die Magensäure auch andere Aufgaben wie Desinfektion der Nahrung, Eisenresorptionsfunktion etc. hat. Jedenfalls bestehen ausreichende Gründe, sich kontrovers mit dem heutigen allgemeinen Standpunkt bezüglich des Magensäuremangels auseinanderzusetzen.

Es ist dabei zweckmäßig, einige Erfahrungen bei HCl-Substitution zu beachten:

1. Bei langzeitig bestehender Anazidität ist die sofortige Gabe der benötigten HCl-Dosis oft von heftigen gastritischen Reizerscheinungen begleitet. Man muß daher die Dosis eher einschleichend aufbauen, um die Magenschleimhaut wieder an das Säuremilieu zu gewöhnen. Das gelingt innerhalb von 2–3 Wochen.
2. Bei Anazidität muß oft lebenslang HCl substituiert werden. Es ist dann sehr häufig notwendig, die Dosis im Laufe der Zeit anzuheben.
3. Magenoperierte – vor allem nach BILLROTH II – müssen mit Flüssigpräparaten behandelt werden, die schluckweise während des Essens genommen werden sollten. Dragees lösen sich häufig erst unterhalb der Anastomose auf und führen zu Reizerscheinungen im Dünndarm.
4. Personen unter 35 Jahren reagieren bei Subazidität häufig mit einer Wiederingangsetzung der eigenen HCl-Produktion. Auch bei älteren Patienten ist dies gelegentlich noch der Fall.

   Daher wird ausdrücklich angeordnet, daß die entsprechenden Medikamente nur solange eingenommen werden sollen, bis leichte Übersäuerungszeichen auftreten. Tritt keine Übersäuerung ein, so ist das ein Anhalt dafür, daß eine Dauertherapie notwendig ist.
5. Sehr selten tritt besonders bei Frauen unter HCl-Substitution eine Obstipation auf. Bestehen keine besonderen Veränderungen in der Stuhlkultur, die eine andere Medikation zweckmäßig erscheinen lassen (z. B. Symbiosekeime, Milchsäurepräparate etc.), so ist diese Obstipation vorübergehend mit Granulaten oder Lactulose-Konzentraten in Gang zu bringen. Man überprüft dann nach einigen Monaten, ob der Anregungseffekt für die eigene HCl-Produktion anhält.

Trotz ihrer Fehlerquellen wird unsererseits die Magensäurebestimmung mit der Gastrodiagnost®-Methode durchgeführt: sie ist die humanste Form der Säurebestimmung und zugleich wirtschaftlich am wohlfeilsten. Der vegetative Reiz einer Ausheberung ist schließlich auch nicht gering und kann ebenfalls zu Fehlbefunden führen. Subjektive Beschwerden beim Gastrotest treten so selten auf, daß dies nicht gegen die Methode spricht – in über 30 Jahren klagten nur 2 Patienten über krampfartige Beschwerden während der Untersuchung.

Besteht nun Subazidität, so werden zu den Hauptmahlzeiten

(mittags und abends) je 1 Drg. Helo-acid® verordnet, da die darin enthaltenen Säuren (Citronensäure, Weinsäure) imstande sind, die Eigenproduktion an HCl wieder anzuregen. Die Einnahme sollte – wie schon erwähnt – nur bis zum Auftreten der ersten leichten Übersäuerungserscheinungen durchgeführt werden. Eine Kontrolle, ob sich die Stimulation der Eigenproduktion auf Dauer auswirkt, erfolgt 3–4 Monate später. Bei Anazidität ist anzuraten, ihre mögliche Dauer zu eruieren. Etwa 90% aller Patienten werden bei chronischer Cholezystitis, nach Hepatitis, Pankreatitis und nach Cholezystektomien anazid. Man gewinnt aus einer sorgfältigen Anamnese meist einen ziemlich genauen Anhalt, wann sich die Anazidität entwickelt haben dürfte oder ob sie etwa hereditär bedingt ist. Besteht sie schon jahrelang oder ist sie gar als kongenital anzunehmen, so muß der Magen erst an das Säuremilieu gewöhnt werden. Es ist sinnlos, sofort die volle benötigte Dosis zu verabreichen, da – wie schon erwähnt – beträchtliche Reizerscheinungen ausgelöst werden können. Es hat sich folgendes Vorgehen seit vielen Jahren bewährt: der Patient nimmt in der 1. Woche nur zur größten Mahlzeit 1 Drg. Helo-acid® während des Essens ein, in der 2. Woche dann mittags und abends je 1 Drg. und erst ab der 3. Woche zu jeder Hauptmahlzeit je 1 Drg. Nach Aufbrauchen einer Packung à 100 Drg. kann man dann auf eigentliche Magensäure-Magenferment-Präparate (z. B. Enzynorm®) übergehen. Magenoperierte Patienten werden aber grundsätzlich nur mehr mit Flüssigpräparaten (Enzynorm® liquidum®; Oroacid® [Österreich]) behandelt, wobei auch hier wieder der langsame Aufbau eingehalten wird. Wichtig ist die Anweisung, daß gerade der magenresezierte Patient die Säure schluckweise zwischen den einzelnen Bissen zu sich nimmt, um eine gute Durchmischung mit der Nahrung zu erreichen.

Wenn auch der Magensäuremangel die wesentlichste Bedeutung in der Entwicklung der vom Magen bzw. Verdauungstrakt ausgelösten Abwehrstörungen hat, so ist es doch notwendig noch auf 2 weitere Probleme hinzuweisen, die den Patienten oft schwer zu schaffen machen, obwohl sie im Abwehrgeschehen keine oder nur eine marginale Rolle spielen.

1. Das eine Problem ist die Gastroptose, die sehr häufig mit HCl-Mangel einhergeht. Abgesehen von Völlegefühl und Appetitlosigkeit ist zu beachten, daß bei Ptose der Speisebrei viel zu lange im Magen bleibt und – speziell bei Normazidität – beträchtlich an Nährwert verliert. Diesen Patienten hilft dann der Rat, sich

nach jedem Essen ca. 10 Minuten auf die rechte Seite zu legen, um damit dem Großteil der Nahrung das Abfließen in den Dünndarm zu ermöglichen. Vor dem Einschlafen ist auch die Bauchlage zu empfehlen, um den Magen gänzlich zu entleeren.
2. Das zweite Problem sind die gar nicht so seltenen Zwerchfellgleithernien, die bei gefülltem Magen erhebliche, oft als kardial empfundene Beschwerden auslösen. Solch eine Gleithernie kann durch aufrechte Haltung während des Essens vermieden oder durch nachfolgendes Stehen und Gehen beseitigt bzw. durch Zurückgleiten der Speisen beschwerdefrei gemacht werden. Außerdem ist der Rat angebracht, daß sich diese Patienten besser auf 5–6 kleinere statt der üblichen 3 großen Mahlzeiten umstellen – soweit dies den Lebensumständen gemäß möglich ist.

Durch diese Maßnahmen kann man eine häufige Ursache prämorbider Abwehrstörungen beheben, deren Kausalkette schon im 2. Abschnitt dieses Kompendiums geschildert wurde. Obwohl auch von uns die Bedeutung eines Magensäuremangels für die Abwehrvorgänge nicht so einschätzt wurde, gibt eine 30jährige Erfahrung bezüglich seiner Folgen (Dysbiosen, Resorptionsstörungen, Autointoxikation vom Darm her) die Erkenntnis, daß auch dieser Mangel indirekt zu Störungen der Abwehrregelkreise führen kann und behandlungsbedürftig ist.

3.5.3 Behandlung des Mangels an Vitaminen, Mineralstoffen und Spurenelementen

3.5.3.1 Vitaminmangel

Der schon zweimal beschriebene Nachweis eines Vitaminmangels zeigt auch die Art der Therapie an. Es ist nur beschränkt sinnvoll, Vitamine peroral zuzuführen, solange eine hochgradige bakterielle Dysbiose oder gar eine Mykose oder Protozoonose vorliegt. Es konnte mehrfach nachgewiesen werden, daß eine perorale Vitamintherapie die Pilzmengen je g Stuhl um wenigstens eine Zehnerpotenz ansteigen läßt. Die Vitamine kommen daher mehr den Pilzen und Protozoen zugute als dem Wirtsorganismus, dem nur mehr ungenügende Restmengen oder auch nichts mehr übrigbleiben. Solange daher eine hochgradige Dysbiose besteht, ist es zweckmäßiger, die

Vitamine per injectionem zu verabreichen. Die Injektionen werden zweimal wöchentlich gegeben, bis etwa 3–4 mal keine unmittelbare Aktivierung des Patienten mehr erkennbar ist bzw. berichtet wird. Dann ist anzunehmen, daß die Vitamindepots aufgefüllt sind.

Besteht keine gröbere Dysbiose oder ist eine solche zu Ende behandelt, ist die perorale Verabreichung der Vitamine natürlich vorzuziehen.

Die Auswahl der Vitamingaben hängt aber z. T. auch von den spezifischen Diagnosen ab. Normalerweise werden Vitamin B-Komplex und Vitamin C kombiniert verabreicht, bei neurologischen Affektionen (Polyneuropathie, Neuritiden, MS) wird noch eine hochdosierte neurotrope Vitamin B-Mischung (Vitamin B 1, B 6 und B 12) zugesetzt. Die Zufuhr von Vitamin A und Vitamin E erfolgt in Form von Kautabletten perlingual.

Zusätzlich empfiehlt es sich bei Mykosen und bei der Lambliasis intestinalis, die Diät bis zum Abschluß der Behandlung dieser Dysbioseformen zucker- und weißmehlfrei zu gestalten. Die leicht aufschließbaren Kohlenhydrate fördern ebenfalls das Wachstum dieser Erreger. Bei Mykosen ist außerdem zu bedenken, daß die Pilze Kohlenhydrate zu oft hochtoxischen Alkoholen vergären können. Dies ist zwar angesichts des schnellen Durchgangs des Nahrungsbreies nur in geringem Maße der Fall, doch wird dadurch der abwehrgeschwächte Organismus noch zusätzlich belastet (s. a. Kap. „Dysbiosen des Darmtrakts"). Schon bei der einfachen Vitamintherapie zeigt sich, daß nicht nur das Medikament an sich, sondern auch seine den Umständen angemessene Darreichungsform für den anstrebten Effekt von Bedeutung ist.

3.5.3.2 Mineralstoffmangel

Im Rahmen chronischer Erkrankungen besteht auch häufig ein Mineralstoffmangel, der vor allem Calcium, Kalium und Magnesium betrifft.

Nun ist ein Mineralstoffmangel nicht nur von Resorptionsstörungen bei Dysbiosen abhängig – dies ist vielleicht nur von geringerer Bedeutung. Mehr Einfluß haben da Ernährungsgewohnheiten, die aber z. T. wieder von den Magensäureverhältnissen mitbestimmt werden. Und besondere Bedeutung hat in diesem Zusammenhang der Funktionszustand der Zwischenzellsubstanz, das Grundregulationssystem nach PISCHINGER.

Bei den humoral-vegetativen unspezifischen Abwehrfunktionen

schwanken die Elektrolyte im Serum beträchtlich, aber meist zwischen oberem und unterem Normwert. Bei Vergleichsuntersuchungen zwischen Serum- und Vollblutgehalt an Mineralstoffen zeigte sich überraschenderweise, daß zwar die Serumwerte überwiegend noch im Rahmen der Norm (nahe der unteren Grenzwerte) liegen, die Vollblutwerte aber sehr oft schon unter den WHO-Grenzwerten liegen. Dies ist besonders häufig bei Calcium und oft bei Magnesium, seltener bei Kalium nachzuweisen. Nun sind entweder die von der WHO angegebenen Normwerte zu hoch angesetzt oder es besteht tatsächlich in den Blutzellen (Erythrozyten und vor allem Leukozyten) bereits ein Mangel, der im Serum natürlich nicht nachweisbar ist. Auf Grund der klinischen Beobachtung glauben wir eher an den Mangelzustand in den Blutzellen, denn diese – meist nur geringen – Mangelzustände decken sich weitgehend mit dem klinischen Verlaufsbild.

Der vielfach beschriebene Mg-Mangel ist im engeren Bereich Ostösterreichs noch verhältnismäßig selten festzustellen. Er tritt gegenüber dem viel häufigeren Ca-Mangel stark in den Hintergrund. Dieser Ca-Mangel ist nicht sehr hochgradig, erreicht durchschnittlich (vom unteren Normwert aus berechnet) nicht ganz 7%. Die Defizite korrelieren vor allem mit den aktiven Stadien (Schüben) entzündlicher Systemerkrankungen (Perger 1987) *(170)* aber auch bei malignen Prozessen ist mit wenigen Ausnahmen ein Ca-Defizit im Vollblut festzustellen. Die Schwankungen und zeitweisen Defizite hängen daher weitgehend von der Funktion des Grundregulationssystems nach Pischinger ab (s. a. Kap. „Das System der Grundregulation nach Pischinger"). Es hängt daher wesentlich vom Verlauf der spezifischen Krankheit ab, ob eine Ca-Substitution notwendig ist oder nicht. Die Ca-Therapie gehört unsererseits zum Repertoire der Therapie entzündlicher Stadien des Gelenkrheumatismus und der Schübe der Multiplen Sklerose. Auf Grund 40jähriger Erfahrung ist eine Calciumtherapie per injectionem und peroral geeignet, Remissionen zu beschleunigen und Gewebszerfall zu minimieren. Anläßlich einer Diskussion wurde von neurologischer Seite der Einwand vorgebracht, daß die durch die Demyelinisierung der Nervenfasern bereits bestehende Reizleitungsverzögerung durch Calcium noch weiter gehemmt wird und daher unterbleiben sollte. Nun werden starke Spasmen und Automatosen der quergestreiften Muskulatur durch Calcium-Injektionen tatsächlich beträchtlich gemindert, die vorübergehende zusätzliche Reizleitungsverzögerung ist daher für den MS-Patienten sogar eine Erleichterung. Bedeutsamer ist aber der Abbau von Histamin. MS-Patienten klagen bei Calcium-Injektionen über besonders starke Hitzereaktionen im ganzen Körper, weshalb auch Calcium sehr langsam injiziert werden muß. Diese Reaktion zeigt einen übergroßen Histamingehalt des Organismus an. Seine Verminderung durch die Calciumtherapie ist daher im Interesse der Unterbindung der allergiformen Reaktionen bei Schüben rheumatischer Prozesse und der MS, da dadurch Gewebsschädigungen und -zerfall zumindest wesentlich verringert werden. Calcium wirkt dabei nicht so intensiv wie Corticoide und Immunsuppressiva, hat aber den Vorteil, die Abwehrfunktionen nicht zusätzlich zu lähmen wie die beiden letztgenannten Mittel. Die Wirkung kann bei der Injektionstherapie durch Antihistamin-Zusatz noch verbessert werden.

Je nach dem klinischen Verlauf wird in den ersten 2–3 Wochen eines Schubes Calcium 10% mit Antihistamin kombiniert 3–4 × wöchentlich i. v. verabreicht, dann kann meist peroral weiterbehandelt werden; die perorale Therapie wird unter Zusatz von Vitamin C fortgeführt. Die Dosierung beträgt dann 2 × tgl. je 500–600 mg Calcium-Verbindungen mit je 500 mg Vitamin C, d. h. 2 × ½ Brausetablette der gängigen Calcium-Vitamin C-Präparate (z. B. Macalvit® (Sandoz); Ce-Limo-Calcium® [Österreich] etc.). Dabei achtet man darauf, daß die Patienten ausreichend Flüssigkeit zu sich nehmen (mindestens 2 l/d), um bei der erhöhten Ausscheidung von Calcium über die Nieren keine Gefahr der Konkrementbildung einzugehen.

Im entzündungsfreien Intervall ist eine Ca-Medikation nur bei deutlichem Defizit angezeigt, etwa ab < 53 mg/l (unterer Normwert 58 mg/l). Geringere Defizite lassen sich im Intervall meist durch reichliche Zufuhr von Milchprodukten gut beeinflussen – außer bei schweren Darmdysbiosen bis zu deren erfolgreichen Behandlung.

Eine Ausnahme bilden die isolierten Belastungen durch Blei. Unter Calcium-Vitamin C-Therapie wird Pb auch aus seinen organischen Verbindungen in etwa 10–14 Tagen ausgeschwemmt (Dosierung: 2 × tgl. je ½ Brausetbl. der gängigen Ca-Vitamin C-Brausetabletten mit reichlich Flüssigkeit). Nur bei Bestehen einer koronaren Herzkrankheit (KHK) wird auf eine Calciumtherapie verzichtet und durch eine organische Zinkverbindung (Zinkorotat) ersetzt. Dies ist sowieso notwendig, wenn neben dem Pb noch andere Belastungen durch toxische Schwermetalle (Cd, Hg, Ni) bestehen. Der Nachweis solcher Belastungen erfolgt im Harn und in den Haaren (s. Kap. „Subsymptomatische Toxikosen“). Denn mit Ausnahme des Cadmiums, das zu einem geringen Prozentsatz – aber eben nur ungenügend – auf Calciumtherapie anspricht, sind die anderen toxischen Schwermetalle (vor allem Hg) keinesfalls zur Ausscheidung zu bringen.

Ein therapeutisches Dilemma ergibt sich bei gleichzeitigem Bestehen einer koronaren Herzerkrankung und einem aus anderen Gründen bestehenden Calciumbedarf (z. B. Osteoporose, aktive Schübe einer Systementzündung etc.). Eine Osteoporose kann dann mit anabolen Hormonen beeinflußt werden, bei den aktiv-entzündlichen Schüben ist allerdings genau zu überlegen, welches Problem vordringlicher ist. Eine gewisse Entscheidungshilfe bietet des öfteren die schlechte Verträglichkeit von Calciumantagonisten, die bei Calciumdefiziten immer wieder von den Patienten berichtet wird. Man darf aber nicht glauben, daß eine Calciumsubstitution langfristig zur Normalisierung der Werte i. S. und im Vollblut führt. Da Calcium besonders streßreagibel ist, sinkt ein normalisierter Blutspiegel unter Streßsituationen oft sehr schnell ab.

So fand sich bei einer Patientin mit Multipler Sklerose, einer bekannt Streß-sensiblen Erkrankung, vor einer 12stündigen Bahnreise ein Ca-Wert von 60,2 mg/l (im Normbereich), sofort danach aber war er mit 51,8 mg/l (– 10,7%) deutlich defizitär (PERGER 1987) *(170)*.

Auch die Elektrolyte Kalium und Magnesium sind deutlich streßreagibel, wenn auch nicht in dem starken Ausmaß wie Calcium.

Am geringsten sind die Probleme bisher mit Kalium. Ein Mangel im Serum oder im Vollblut ist nur bei wenigen Patienten festzustellen. Geringe Unterschreitungen der Normwerte i. S. und/oder im Vollblut können durch eine kaliumreiche Kost leicht in kurzer Zeit behoben werden. Die kaliumreichsten Lebensmittel sind Sellerie, Bananen und Birnen, deren Verzehr von den Patienten auch problemlos akzeptiert wird.

Bei Extrasystolie und bei etwas stärkeren Defiziten im Serum ist eine medikamentöse Verabreichung indiziert. Dabei hängt es von den Laborbestimmungen ab, ob K allein oder in Kombination mit Mg verabreicht wird. Die Dosierung richtet sich wieder nach dem Grad des Mangels und dem verordneten Präparat.

Ein Kalium-Mangel bei chronischen Diarrhöen ist nicht isoliert zu behandeln. Da dabei auch andere Elektrolyte – vor allem und überwiegend NaCl – verlorengehen, ist vor Substitution die Bestimmung der Elektrolytwerte von Na, Cl und K indiziert, bei Nachweis von weiteren Mineralstoffdefiziten sind auch diese zu substituieren. Das gilt besonders bei längerdauernden Diarrhöen während einer Hitzeperiode und nach Tropenaufenthalten. Denn neben dem Verlust über den Darm besteht dann auch jener über die Haut durch den Schweiß. Da auch – gerade beim Schwitzen – häufig ein beträchtlicher Verlust an Vitamin B-Komplex besteht, sollte an die Verabreichung von Vitaminen gedacht werden. Der Patient ist für die schnelle Erholung dankbar und die Kosten für das Gesundheitswesen werden durch die weitaus schnellere Wiederherstellung der Arbeitsfähigkeit deutlich verringert. Extrasystolie, Stenokardien und chronische Diarrhöen sind nun Erkrankungen, bei denen die traditionelle Schulmedizin und die Regulationpathologie deckungsgleich therapieren. Von dieser Situation ausgehend kann man vielleicht verstehen, daß Mangelzustände (aber auch andere Belastungen) auch bei anderen Erkrankungen große immunologische Bedeutung haben können – hier ist eine der Brücken zum gegenseitigen Verstehen gegeben. Aber wie schon erwähnt ist ein Magnesium-Mangel im engeren Arbeitsbereich des Autors (in Ostösterreich) noch (?) relativ selten.

Auch bei Magnesium machten wir wie beim Calcium die überraschende Beobachtung, daß die Serumwerte oft noch im unteren Normbereich liegen, die Vollblutwerte aber schon darunter. Im Rahmen der unspezifischen Abwehrleistungen des Grundsystems waren diese Veränderungen jedoch nie so ausgeprägt, daß die Symptome des extremen Mg-Mangels auftraten wie Tremor, tetanische Krämpfe, Bewußtseinsstörungen etc. Lediglich im kardialen Bereich findet man öfter Extrasystolien und Stenokardien als Ausdruck eines Mangels, meist in Kombination mit Kalium-Defiziten.

Auch Magnesium ist vom Funktionszustand der Grundsubstanz weitgehend mitbestimmt und wirkt in diesem Bereich der unspezifischen Abwehrregulationen konträr zum Calcium, wie dies auch für andere physiologische Funktionen beschrieben wird (Simon 1967) *(211)*. Man stellt daher beim klinischen Ablauf von Entzündungen im Regulationstest und bei experimenteller Reizsetzung immer einen gegensätzlichen Verlauf von Ca und Mg sowohl im Serum als auch im Vollblut fest. Das Ausbleiben dieser gegenläufigen Reaktion ist als prämortales Phänomen anzusehen, da dies bisher nur in den Endstadien konsumierender Krankheiten gefunden wurde.

Ein geringer Mg-Mangel bei noch normalen Serumwerten kann leicht durch Zufuhr von Haferprodukten, die viel Mg enthalten

(Haferflocken, Hafermehlprodukte) ausgeglichen werden. Höhere Defizite im Vollblut (NW 33–37 mg/l) von mehr als 10–15% und vor allem erniedrigte Serumwerte (NW 1,6–22,2 mval/l) bedürfen aber einer medikamentösen Therapie. Dazu eignen sich weniger die anorganischen Mg-Verbindungen, unter denen das Mg-Sulfat durch seine abführende Wirkung den Mangelzustand noch verschärfen kann. Es wird zwar berichtet (PRITCHARD 1955) *(188)*, daß ca. 5% der zugeführten Magnesiumsulfat-Menge resorbiert wird, doch scheint der Verlust über den Stuhl höher zu sein als die Zufuhr, da die Mg-Werte i. S. unter Magnesiumsulfat-Gabe meist noch absinken.

Als peroral bestwirksame Verbindungen haben sich Magnesiumaspartat, -laevulinat, -gluconat und -citrat erwiesen. Im Rahmen der Regulationsmedizin war bisher eine Verabreichung per injectionem noch nie erforderlich.

Die Dosierung richtet sich nach dem Grad des Mangels, nach einer eventuell bestehenden Nephropathie und nach der Auswahl des Präparates. Bei laufender Digitalisierung ist von einer Mg-Therapie möglichst abzusehen. Ist die Indikation als zwingend anzusehen – was bisher im Rahmen der Abwehrleistungen noch nie der Fall war – wäre die Digitalistherapie während der Mg-Zufuhr vorübergehend zu unterbrechen.

Ein psychologisches Hindernis für eine Mg-Therapie ist allerdings noch anzuführen. In der Laienpropaganda wird Magnesium immer wieder als sexuelles Stimulans angepriesen. Das führt gelegentlich zu mißbräuchlich hohen Einnahmen solcher Mittel, wie wir einige Male erleben mußten. Dadurch bestehen wiederum öfter Bedenken bei manchen Krankenversicherungsanstalten, Mg-Präparate allgemein verschreibbar zu machen. So ist derzeit in Österreich kein perorales Mg-Präparat frei auf Kassenkosten zu verschreiben, sondern muß unter Vorlage des Laborbefundes extra vom Chefarzt bewilligt werden. Ferner ist zu bedenken, daß Granulat-Präparate, die wegen ihrer besseren Verträglichkeit gerne verordnet werden, für Diabetiker auf Grund ihres Zuckergehaltes nicht geeignet sind.

3.5.3.3 Spurenelementmangel

Unter den Mangelzuständen ist der Spurenelementmangel für die Abwehrfunktionen wohl am gravierendsten. Eisen, Kupfer und Zink, deren Gehalt im menschlichen Organismus unter den Spurenelementen am größten ist, haben dabei neben vielen anderen Funktionen für die Immunvorgänge eine außerordentlich große, ja oft entscheidende Bedeutung. Hingegen sind die Immunwirkungen anderer Spurenelemente wie Selen, Mangan, Molybdän etc. noch nicht so präzise abgeklärt wie die der erstgenannten Kofaktor-Schwermetalle, so daß derzeit ein gezielter therapeutischer Einsatz in größerem Umfang noch nicht möglich ist. Ob z. B. Selen tatsächlich eine antitumoröse Wirkung hat, wird sich erst in Zukunft erweisen, obwohl manches bereits jetzt dafür spricht.

Unsererseits wurden Eisen, Kupfer und Zink, die auch sonst am intensivsten untersuchten Spurenelemente, vor allem im Hinblick auf ihre Funktion innerhalb der verschiedenen Regelkreise der Abwehr untersucht. Wie schon im Kapitel „Mangelzustände" näher beschrieben wurde, hat dabei Zink eine zentrale Bedeutung, vor allem in den eigentlichen spezifischen Immunvorgängen, und zwar sowohl für die Aktivität der zellulären und humoralen Immunreaktionen als auch für die Entgiftungsfunktionen. Darüber hinaus machten wir die Beobachtung, daß der Zink-Spiegel im Blut auch wesentlich denjenigen des Kupfers und z. T. auch den des Eisens mitbestimmt.

Die Beobachtung des Zusammenhanges zwischen Zink und Kupfer ergab sich sozusagen zwangsläufig, da es in Österreich derzeit kein registriertes Kupferpräparat gibt. Nun wird die Einfuhr nicht registrierter Medikamente auf begründeten Antrag hin bewilligt, doch benötigt dieser Vorgang eine gewisse Zeit. Bei Blutspiegelkontrollen während dieser Wartezeit zeigte sich nun unter reiner Zinktherapie stets eine Normalisierungstendenz auch für Kupfer, sei es nun, daß überhöhte Werte abnahmen (was für den Wiedereinbau von Cu in die Gewebe spricht) oder erniedrigte Werte angehoben wurden (was vielleicht auf die Zink-begleitende Vitamin C-Zufuhr zurückzuführen ist). So erübrigte sich größtenteils eine medikamentöse Cu-Substitution. Bei den wenigen Fällen mit beträchtlichem Cu-Mangel ($< 0{,}6$ mg/l im Vollblut) genügte dann die übliche Dosierung von 2–3 × 1 Drg. Kupferorotat.

Auch ein Fe-Mangel wird durch Zn-Therapie günstig beeinflußt, doch nicht in einem so ausreichenden Maß wie dies bei Cu meist der Fall ist. Der Eisen-Mangel muß daher gleichzeitig mit dem Zink-Mangel behandelt werden. Im Zirkadianrhythmus wird Zn am besten in der zweiten Tageshälfte resorbiert, Fe dagegen am Morgen. Die allgemein übliche Verordnung ist daher, das Fe-Präparat 10–15 Minuten vor dem Frühstück einzunehmen. Aber viele Patienten vertragen die Einnahme auf leeren Magen nicht. Auch auf die Gefahr hin, daß weniger resorbiert wird, sollte man in diesem Fall einer

Einnahme während oder nach dem Frühstück zustimmen – weniger ist immer noch besser als gar nichts. Um die Resorption noch zu verbessern, werden unsererseits Kombinationspräparate mit Vitamin C und/oder Folsäure bevorzugt. Bei nur geringen Eisendefiziten kann man sogar auf Eisentherapien verzichten und die Wirkung der Zn-Vitamin C-Therapie in Betracht ziehen und abwarten. Parenterale Verabreichungen (i. m. oder i. v.) sind nur unter zwei Bedingungen notwendig: bei extremen Mangelzuständen, wie sie gelegentlich bei der PCP auftreten, oder bei Auftreten einer hartnäckigen Obstipation, die vor allem bei Frauen gelegentlich zum Problem werden kann.

Aus dem bisher Geschilderten ergibt sich, daß dem Zink auch in der Therapie von Eisen-Mangelzuständen eine zentrale Bedeutung zugesprochen werden muß. Seine Substitution ist deshalb vorrangig durchzuführen. Dabei stellen sich noch folgende Fragen: Welche Zink-Verbindungen sind am günstigsten und welche Dosierungen sind notwendig?

In der zugänglichen Literatur wird überwiegend über die Behandlung mit Zinksulfat berichtet. Dies ist genau jene Zinkverbindung, die in der Therapie Schwierigkeiten macht. Besonders Patienten mit Hyperazidität klagen schon nach kurzer Zeit über gastritische Beschwerden (Übelkeit und krampfartige Beschwerden), aber auch Normazide vertragen die Zinksulfate nicht sehr lange Zeit. Man darf vermuten, daß die Magensäure Zn aus der Bindung mit Schwefelsäure löst und die dann freie Schwefelsäure (H_2SO_4) diese Reizwirkung verursacht. Andererseits ist aber auch bekannt, daß Zinksulfat die Mundschleimhaut stark reizt und deshalb nicht perlingual verabreicht werden kann. Eine Dauertherapie mit dieser Zinkverbindung ist daher nur bei wenigen Patienten möglich. Im übrigen ist Zinksulfat für den Gesamtorganismus genausowenig toxisch wie andere Zinkderivate. Nur in extremen Mengen von 3–5 g (bzw. bei Zinkchlorid 6–10 g) sind letale Wirkungen möglich (Holtmeier et al. 1976) *(63)*. Es ist aber auch noch zu bemerken, daß die Einzeldosis bei 200 mg liegt und dabei weitaus höher ist als bei organischen Zn-Verbindungen, z. B. 5 × so hoch wie bei therapeutischen Dosen von Zinkorotat. Das deutet darauf hin, daß die Resorptionsrate ziemlich gering ist.

Aus diesen Gründen sind organische Zinkverbindungen in der Therapie zu bevorzugen. Uns standen Zinkorotat-Tabletten à 50 mg zur Verfügung, mit denen wir ausgezeichnete Erfahrungen gemacht haben. Sie sind gut verträglich und können im Bedarfsfall auch perlingual verabreicht werden, ohne die Mundschleimhaut zu reizen. Noch mehr als bei den Vitaminen hängt die Dosierung vom Grad des Mangels und die Verabreichungsart von den Darmkeimverhältnissen ab.

Der Normwert für Zn i. S. liegt zwischen 90–130 μg/dl, im Vollblut zwischen 7,1–7,9 mg/l. Liegt der festgestellte Zinkwert suboptimal, d. h. i. S. nicht unter 70 μg/dl und im Vollblut nicht unter 6,5 mg/l, so genügt die Einnahme von 1 Tbl. Zinkorotat à 40–50 mg täglich. Die Einnahme erfolgt mit Rücksicht auf den Zirkadianrhythmus kurz vor dem Abendessen und wird mit ca. 500 mg Ascorbinsäure in Wasser gelöst, eingenommen. Bei einem Zn-Spiegel i. S. zwischen 40–70 μg/dl bzw. im Vollblut zwischen 4,0–6,5 mg/l ist die doppelte Dosis erforderlich: die Tabletten werden vor dem Mittag- und Abendessen wieder mit ca. 500 mg Ascorbinsäure eingenommen. Bei niedrigeren Zn-Werten (i. S. $<$ 40 μg/dl, im Vollblut $<$ 4,0 mg/l) empfiehlt sich die Gabe von 3 × 40–50 mg Zinkorotat über etwa 4–5 Wochen. Danach wird die Dosierung nach Kontrolle des Zink-Spiegels entsprechend den gefundenen Werten auf 2 × 1 bzw. 1 × 1 Tbl. reduziert.

Die Kontrollen des Zn-Spiegels werden dann etwa alle 6 Wochen durchgeführt, und zwar nicht wegen eventueller toxischer Folgen, sondern zur Vermeidung einer kostspieligen überflüssigen Zinkmedikation. Seit dem Beginn der Zinktherapien ab 1980 wurde bei weit über 1000 Patienten nie eine toxische Wirkung beobachtet, auch wenn die oberen Normwerte gelegentlich überschritten wurden (Zn i. S. bis 160 μg/dl, im Vollblut bis 9,0 mg/l). Die überaus breite Toleranzgrenze von Zink ist allerdings schon lange bekannt und wird z. T. auf die Aktivierung des *Metallothioneins* zurückgeführt, das überschüssiges Zink bindet (Mills und Lindeman 1983) *(122)*. Doch sollte beachtet werden, daß eine erhöhte Zufuhr von Zink die Kupferresorption hemmt. Deshalb sollte bei Zn-Spiegelkontrollen auch jeweils der Cu-Gehalt i. S. oder im Vollblut mitbestimmt werden (Bayer 1982) *(3)*.

Es muß nochmals angeführt werden, daß der Zn-Spiegel i. S. in den ersten Wochen der Zn-Substitution öfter noch absinkt. Dies wird als Zeichen eines erhöhten Gewebsbedarfes interpretiert, da umgekehrt bei operativer Entfernung entzündlicher Organe und von Tumoren der Serum-Zn-Spiegel vorübergehend stark ansteigt – ein Rückfluß nicht mehr benötigten Zinks aus dem Gewebe um den

Krankheitsprozeß. Im Vollblut ist aber stets ein sofortiger Anstieg des Zink-Gehalts gefunden worden. Der Zn-Gehalt im strömenden Blut ist zwar ein Parameter für den Versorgungsgrad des Organismus, sagt aber eigentlich nur wenig über den Bedarf des Gewebes aus. Hier sind sicherlich noch ausführliche Untersuchungen notwendig, um den Gewebsbedarf im Bereich von Entzündungen und Tumoren einwandfrei abschätzen zu können.

Zur besseren Resorption kombiniert man die Zn-Gaben mit Vitamin C (0,5 g Ascorbinsäure in Wasser gelöst). Normalerweise werden die Tabletten geschluckt. Aber bei gröberen Dysbiosen des Darmtrakts hat sich gezeigt, daß dann die Resorption nicht nur von Vitaminen, sondern auch von Zink erheblich gestört ist. Vor allem höhergradige Darmmykosen und die Lambliasis intestinalis führen zur weitgehenden Unwirksamkeit einer Zn-Substitution. Sei es nun, daß die Dysbioseerreger das Zink für sich beanspruchen (was bei Lamblien der Fall sein dürfte, denn sie vermehren sich dann ziemlich schnell), oder auch nur, daß die Resorption durch die Dysbiose behindert wird, der Wirtsorganismus erhält jedenfalls nur ungenügende Mengen. Deshalb verordnet man das Zink-Präparat perlingual, wenn die Stuhlkultur hochgradige Dysbiosen anzeigt. Das Lutschen der Tabletten führt zu einer schnellen massiven Zn-Resorption über die Mundschleimhaut, wodurch eine ausreichende Versorgung gesichert ist, die sich auch günstig für die Behebung der Dysbiose auswirkt.

Dazu ist aber Zinksulfat völlig ungeeignet, da es die Mundschleimhaut beträchtlich reizt, während Zinkorotat anstandslos vertragen wird.

Dabei spielt neben der guten perlingualen Resorption sicherlich auch die Aktivierung der IgA-Synthese in der Parotis eine Rolle. Man kann – und dies sei nebenbei angeführt – durch perlinguale Verabreichung von Zn auch frische Erkältungsinfekte kupieren. Darauf wurden wir durch eine Publikation eines New Yorker Arztes aufmerksam, doch ist es wegen Verlust des Separatums leider nicht mehr möglich, den Autor namentlich zu zitieren. 2–3 Tbl. Zinkorotat in kurzen Abständen im Mund zergehen lassen und der banale Infekt ist innerhalb von 8–12 Stunden abgeklungen. In den ersten 2–3 Stunden ist dabei eine kurzzeitige Zunahme der Allgemeinbeschwerden zu beobachten, wenn nicht bei den ersten Symptomen mit der Therapie begonnen wird. Leider sind die derzeit am Markt befindlichen Zinkorotat-Präparate für die perlinguale Therapie nicht sehr geeignet und lösen sich nur sehr langsam im Mund auf. Deshalb ist den Patienten zu raten, die Tabletten zu zerbeißen und dann im Munde zu belassen.

Sind aber Pilze oder Protozoen durch geeignete Behandlung schon minimiert und geschwächt, ist die normale Einnahme der Mittel sogar wieder erwünscht. Denn Zink regt dann auch im Darm die Synthese von IgA an und beschleunigt die Wiederherstellung normaler Darmkeimverhältnisse. Direkte Untersuchungen des IgA-Gehaltes auf der Darmschleimhaut wurden unsererseits allerdings nicht durchgeführt, aber die Zunahme des IgA i. S. bei noch nicht ganz fertig behandelter Lambliasis spricht sehr für diese Annahme.

Auch eine weitere positive Wirkung der Zink-Therapie soll hier nochmals erwähnt werden: bei etwa 90% der Diabetiker bessert sich die Stoffwechsellage deutlich, die Nüchternblutzuckerwerte sinken unter der Zn-Zufuhr ab. Man erreicht zwar keine Heilung eines Typ-II-Diabetes, kann aber den Patienten durch Lockerung der Diät mittels höherer Broteinheiten die Erkrankung bedeutend erleichtern. Der Effekt dürfte davon abhängen, daß Diabetiker Zn verstärkt über den Harn verlieren und daher – bisher bei allen diesen Patienten ohne Ausnahme – stets ein beträchtlicher Zink-Mangel besteht. Ein positiver Effekt tritt ein, wenn noch Reste von aktivierbaren Inselzellen im Pankreas vorhanden sind. Zerstörtes Gewebe des Inselapparates wird damit natürlich nicht wiederhergestellt.

Zuletzt sei noch angeführt, daß bei bisher 3 Patienten Schwierigkeiten während der Zn-Therapie auftraten, ohne daß das Zink selbst die Ursache war. Dazu ein Fallbeispiel:

Eine 66-jährige Patientin wurde wegen einer breitgestreuten Lebensmittelallergie zur Durchuntersuchung zugewiesen, da die bis dahin erfolgten Therapien ohne jede Wirkung geblieben waren. Rund 90 Nahrungsmittel führten kurz nach dem Verzehr zu Übelkeiten, Herzjagen, Hautjucken, Darmkrämpfen und Durchfällen. Die Nahrungsbasis der Patientin war so eingeengt, daß man sich nur wundern konnte, wie die Patientin die fast 20-jährigen Beschwerden überstanden hatte – und dies ohne Hungerödeme. Als Hauptursache konnte eine anamnestisch mehr als 20 Jahre bestehende Lambliasis intestinalis nachgewiesen werden. Als Zeichen der Irritation von Leber und Pankreas waren die Transaminasen und die alpha-Amylasen mäßig, aber deutlich erhöht. Zugleich bestand auch ein beträchtlicher Fe- und Zn-Mangel (Fe i. S. 39 µg/dl und Zn i. S. 35 µg/dl). Neben der Imidazol-Therapie der Lambliasis und der nachfolgenden Symbioselenkung wurde auch Zn-Orotat 3 × 40 mg/d verordnet. Nach einigen Tagen rief die Patientin aus ihrem Heimatort an: sie habe zuerst mit der Zink-Medikation begonnen, um vor der Imidazol-Therapie schon etwas gekräftigt zu sein, doch reagiere sie auf das Zn-Orotat genauso „allergisch" wie auf die unverträglichen Speisen. Eine Allergie gegen einen lebenswichtigen Stoff bei einer hochgradigen Mangelsituation schien doch sehr unwahrscheinlich, doch schien eine Unverträglichkeit gegen die Beistoffe durchaus möglich. Die bereitwillig gegebene Auskunft der

Herstellerfirma besagte, daß in den Tabletten u. a. reichlich Milchzucker enthalten war. Damit wurde die gesamte Diagnostik der vergangenen 20 Jahre umgeworfen: es bestanden keine Allergien, sondern ein schwerer Verdauungsfermentmangel – erstmals erkennbar an der Unverträglichkeit von Milchzucker. Nach dem klinischen Nachweis dieser Diagnose wurde Zink in Form von Aspartat-Trinkampullen und eine ausreichende Versorgung mit Verdauungsfermenten eingeleitet. Schon nach kurzer Zeit konnte die Patientin 35 der bisher unverträglichen Speisen anstandslos vertragen und kann seither von Monat zu Monat ihre Kost mehr normalisieren. Die Lambliasis wurde inzwischen mit Metronidazol anhaltend beseitigt.

Patienten mit so extremen Fermentinsuffizienzen sind natürlich nur selten, doch auch sie haben das Recht auf eine richtige Diagnose und eine adäquate Therapie. Es ist lehrreich, mit solchen Fällen konfrontiert zu werden, da sie aus dem Rahmen fallen und dadurch zu neuem Überdenken zwingen.

3.5.4 Behandlung der subsymptomatischen Toxikosen

Wie die Mangelzustände nicht nur isoliert betrachtet werden dürfen – weder in ihren Ursachen noch in ihrer Wirkung, so trifft dies auch für die subsymptomatischen Toxikosen zu. Kumulationen toxischer Stoffe bei langfristiger Zufuhr oft nur geringster Mengen hängen vom Versagen der Entgiftungsfunktionen ab. In diesem Zusammenhang hat der Zink-Mangel ursächlich eine herausragende Bedeutung, das muß immer wieder betont werden. Auch die Zufuhr jeweils kleinster Mengen von Toxinen führt bei mangelnder Entgiftung und Ausscheidung im Laufe längerer Zeit doch zu Belastungen, die zwar im überwiegenden Teil der Fälle nicht die Grenze der typischen chronischen Vergiftung erreichen, sondern in der „Grauzone" zwischen „völlig unbelastet" und der Grenze typischer chronischer Intoxikationssymptome liegen. Wie am Beispiel der toxischen Schwermetalle erkenntlich wurde, führen diese an sich geringen Mengen an den Orten ihrer Deponierung dann oft zu Fehlreaktionen im biochemischen Ablauf von Körperfunktionen (s. Kap. „Subsymptomatische Toxikosen"). Das Versagen der Entgiftungsfunktionen geht größtenteils mit einem Zink-Mangel Hand in Hand, nur bei Pb-Belastungen spielt auch ein Calcium-Defizit eine wesentliche Rolle.

Unsererseits wurde hauptsächlich die Belastung durch Pb, Cd und Hg und teilweise auch durch Ni untersucht. Wegen der nahen Stellung dieser Elemente im periodischen System zu den metallischen Kofermenten sind hier direkte Wechselwirkungen anzunehmen. Die allgemeine Störung der Entgiftungsvorgänge, wie sie sich bei Zn-Mangel u. a. auch in der Verminderung der β-Globulin-Fraktion des Blutplasmas ausdrückt, deutet aber mit allergrößter Wahrscheinlichkeit darauf hin, daß für andere Toxine zumindest ähnliche Vorbedingungen bestehen. Auch sie werden bei ständiger Zufuhr von Kleinstmengen erst durch das Versagen der Entgiftung zu wirksamen Mengen kumuliert. Die Rehabilitation der Entgiftungsfunktionen ist deshalb ein wichtiger Teilaspekt der Regulationsmedizin.

Bleibelastungen können schnell und linear bei rund 90% der Belasteten durch die Verabreichung von Calcium und Vitamin C innerhalb von 2–3 Wochen ausgeschwemmt werden. Dazu wird 2 × tgl. je ½ Brausetablette eines der bekannten Präparate eingenommen, wobei auf eine reichliche Flüssigkeitszufuhr geachtet werden muß (Minimum 2 l über den Tag verteilt). Finden sich dann im Harn noch erhöhte Werte an Delta-Aminolävulinsäure, wird die gleiche Therapie nach ca. 4 Wochen nochmals durchgeführt.

Nur bei Hyperkalziämien und vor allem bei der koronaren Herzkrankheit wird auf Calcium-Gaben verzichtet und statt dessen 2 × Zinkorotat à 40 mg + 500 mg Ascorbinsäure gegeben. Dann dauert die Ausschwemmung zwar etwas länger, aber diese Medikation ist bzgl. des Herzens risikolos.

Auch ein Teil der Cadmiumdepots kann durch Calcium-Vitamin C-Medikation zur Ausscheidung gebracht werden – wir vermuten, daß dies die Knochendepots sind. Es hat sich aber gezeigt, daß man damit allein nicht auskommt. Im Harn und in den Haaren lassen sich dann immer noch Cd-Ionen nachweisen. Hingegen ist die Zinksubstitution in Kombination mit Vitamin C geeignet, die Cd-Depots eines Organismus gänzlich auszuschwemmen. Nach anfänglich starkem Anstieg der Cd-Mengen im Harn kommt es innerhalb von 10–14 Wochen zu negativen Harnbefunden. Der Dauereffekt kann im nachwachsenden Haar nachgewiesen werden: es enthält kein Cadmium mehr. Auch Nickel wird auf diese Weise zur Ausscheidung gebracht.

Die Zinkdosierung richtet sich dabei nach dem Grade des Zink-Mangels, wie dies unter „Behandlung des Mangels an Vitaminen, Mineralstoffen und Spurenelementen" für den isolierten Zink-Mangel beschrieben wurde. Nun werden Pb, Cd und Ni nach aller bisherigen Erfahrung an über 1000 Patienten linear ausgeschieden, bei Quecksilber ist dies aber nicht der Fall. Die Hg-Ausschwemmung ist deutlich problematischer. Zuerst schien das Gegenteil der Fall zu sein. 2 × 500 mg Ascorbinsäure führen zu einer starken Erhöhung der Hg-Mengen im Harn, nach 5–6 Wochen kann dann kein Hg i. H. mehr nachgewiesen werden. Erst relativ spät erkannten wir, daß damit eine völlige Ausschwemmung der Hg-Depots nicht erreicht wird. Harnkontrollen bei längerer Zn-Therapie wegen Zink-Mangels zeigten plötzlich nach einigen weiteren Wochen wieder beträchtlichen Hg-Gehalt, der bei einem der Patienten sogar die erstaunliche Höhe von 908 µg/l aufwies. Erst dann zeigte sich bei diesem Patienten mit allergischem Asthma eine tiefgreifende Besserung seines Gesamtzustandes. Gleiches war auch bei anderen Patienten mit Allergien vom Soforttyp und ebenso bei Patienten mit Multipler Sklerose zu beobachten – wobei auffallend ist, daß gerade MS-Patienten oft eine hohe Hg-Belastung aufweisen. Bei jugendlichen Asthmatikern tritt sogar eine anhaltende Anfallsfreiheit auf. Da bekannt ist, daß Merkuroverbindungen allergisierend wirken, ist die Theorie vertretbar, daß die toxischen Merkuroverbindungen durch Ascorbinsäure allein, die Merkuriverbindungen aber nur langsam und in Kombination mit Zinksubstitution ausgeschwemmt werden können und daß diese 1wertigen Hg-Verbindungen ein Allergie-prädisponierender Faktor sind, ohne in allen Fällen ein direktes Allergen zu sein. An diese Möglichkeit wurde in Anlehnung an Urbach (1935) *(223)* gedacht, der die Wirkung stummer chronischer Entzündungen (Fokalinfektionen) schon vor 50 Jahren in dieser Form erklärte.

Hg-Belastungen müssen daher langfristig behandelt und der Effekt in regelmäßigen Abständen überprüft werden. Das Abklingen der ersten Welle der erhöhten Ausscheidung und das Negativwerden des Hg i. H. sagt nichts über noch vorhandene Hg-Depots im Organismus aus! Man muß die Geduld zu einer Langzeittherapie aufbringen und auch mäßige Überschreitungen der oberen Normwerte für Zink in Kauf nehmen, das sind Steigerungen bis maximal 9,0 mg/l im Vollblut bzw. 150–160 µg/dl im Serum.

Die für die ausgeprägten akuten und chronischen Vergiftungen unbedingt indizierten Chelatbildner wie Ca-Na-EDTA, D-Penicillamin etc. eignen sich für die Regulationstherapie subsymptomatischer Toxikosen nicht. Was bei einer hochgradigen Gefährdung durch massive Intoxikationen unumgänglich ist, führt bei den chronischen Belastungen zu einer weiteren Verschlechterung der Abwehrlage, die wegen des Verlustes der sowieso meist auch verminderten Kofaktor-

Schwermetalle zur Aktivierung der chronischen Erkrankungen führen kann. Jedenfalls wird durch diese einschneidenden Chemotherapien die allgemeine Abwehrlage noch beträchtlich gestört und die Grundregulationen zur Blockierung gebracht. Da die Zeit nicht drängt, ist deshalb die schonende Ausschwemmung vorzuziehen.

Die übliche Dosierung von Zinkorotat zur Entgiftung beträgt 2 × tgl. je 1 Tbl. Zinkorotat mit je 500 mg Ascorbinsäure, mittags und abends eingenommen.

Die gesamte konservative Regulationstherapie wird dadurch wesentlich vereinfacht, daß die Behandlung von Mangelzuständen und Toxikosen weitgehend kongruent ist. Die Sanierung der Darmkeimverhältnisse führt dann zu einer ausreichenden Versorgung der Patienten über die Nahrung, wenn die Resorptionsverhältnisse wieder normalisiert sind. Der Tagesbedarf, z. B. von Zink, wird mit rund 15 mg/d angegeben, bei Schwangeren und Stillenden mit 20–25 mg/d (Kirchgessner und Reichlmayr-Lais 1983, Mills und Lindeman 1983) *(99, 122)*. Ein genügendes Zinkangebot in der Nahrung ist dann aber durch folgende Ratschläge zu gewährleisten: Zink wird am besten aus Fleisch resorbiert (Wiegand 1983) *(228)*, doch schwankt der Zn-Gehalt der einzelnen Fleischsorten beträchtlich. Normalerweise enthält Schaffleisch die größten Mengen an Zn, ca. 40 mg/kg, gefolgt von Rindfleisch mit ca. 20 mg/kg, Schweinefleisch 10–15 mg/kg und Geflügel mit weniger als 10 mg/kg. Der Zn-Gehalt von Fischen wird sehr verschieden angegeben, außerdem sind die Fanggebiete wegen möglicher Verseuchung mit Hg zu beachten. Vegetabilien allein sind wegen der schlechteren Resorptionsbedingungen für eine ausreichende Zn-Versorgung nicht geeignet – so wurden bei streng vegetarisch lebenden Patienten mit ganz wenigen Ausnahme extreme Zn-Mangelzustände gefunden. Aber – wie schon geschildert – kann der Zn-Gehalt bei Schlachttieren aus Massenzuchtanstalten und bei zinkarmen Weideböden beträchtlich geringer sein (z. B. sei an die Akrodermatitis enteropathica bei Kälbern an den Nordseeküsten erinnert).

3.5.5 Behandlung der abakteriellen Störfelder

Schon im Kapitel „Abakterielle Störfelder" wurde das Wesentliche über ihre Wirkung bereits geschildert. Es sei hier kurz wiederholt. Jede Narbe kann zum Störfeld werden, muß es aber nicht. Besteht eine gestörte Wundheilung (KELLNER 1971) *(81)*, so sind Fernwirkungen durchaus möglich. Der Nachweis eines Störfeldcharakters gelingt aber nur durch Narbeninfiltrationen mit Procain bzw. Lidocain – letzteres wird bevorzugt, da bisher keine allergischen Reaktionen auf Lidocain bekannt geworden sind, auf Procain zwar selten, aber doch gelegentlich.

Die Infiltrationen erfolgen mit 1%igen Lidocain-Lösungen, wobei in einer Sitzung nicht mehr als 20 ml verabreicht werden sollen (HOPFER und HOPFER 1987) *(64)*, um dann gelegentlich auftretende Erscheinungen von Schwindel und Benommenheit zu vermeiden.

Nun hat ROSENOW (1930) *(196)* schon über die selektive Lokalisation der Fernwirkungen von Herden aus berichtet, VOLL (1987) *(225)* berichtet über Beobachtungen, die auf Zusammenhänge mit dem Verlauf der Akupunktur-Meridiane hindeuten. Falls sich das bestätigt, wären Auswahlkriterien für die Infiltrationen mit Lokalanästhetika gegeben. Der Gedanke ist unserer Meinung nach daher aufzugreifen und zu überprüfen.

Jene Narben, von denen aus ein klassisches Sekundenphänomen auszulösen ist, müssen dann mehrmals abgespritzt werden (wie es in der Sprache der Neuraltherapeuten heißt), um ihre störende Wirkung abzubauen. Die Wirkung der Lokalanästhetika ist am besten über die Normalisierung der Gewebspotentiale zu verstehen: durch die Lösung der lokalen Gewebsfunktionsblockade wird eine granulozytäre Reaktion in Gang gesetzt und damit ein normaler Abwehrvorgang eingeleitet (KELLNER 1973) *(83)*.

Diese Wirkung kann aber auch nur vorübergehend sein. Das ist dann der Fall, wenn gröbere Fremdkörpereinschlüsse in den Narben vorhanden sind (siehe die Schilderung im Kap. „Abakterielle Störfelder") und ist mit nur ganz wenigen Ausnahmen der Fall, wenn es sich um bakterielle Gewebsdesintegrationen, also um stumme chronische Entzündungen sive Herde, handelt.

Die Auslösung von Sekundenphänomen auch von solchen Belastungen ist aber ungemein wichtig, da sie Diagnose und Therapieplanung maßgeblich verbessert. Sie hat auch den unschätzbaren Wert, den betroffenen Patienten von der Notwendigkeit der Herdsanierung zu überzeugen. Denn vielfach werden die Patienten dann durch kontroverse Auskünfte von Stomatologen und HNO-Fachärzten in einen Entscheidungszwiespalt gebracht, wenn man diese Möglichkeit der neuraltherapeutischen Diagnostik unterläßt.

Schon mit diesen konservativen Maßnahmen wird bei der überwiegenden Zahl der Patienten eine deutliche subjektive und objektive Besserung der chronischen Leiden erreicht. Die allgemeine Abwehrlage wird soweit angehoben, daß notwendige operative Sanierungsmaßnahmen risikoarm durchgeführt werden können und auch ohne Restprozesse ausheilen.

3.6 Therapiephase III: die operative Sanierung stummer chronischer Entzündungen

Durch die Beseitigung der konservativ beherrschbaren Belastungen hat man die Abwehrlage der Patienten mit entzündlichen Systemerkrankungen meist schon deutlich verbessert. So ist das Risiko operativer Eingriffe gegenüber früher, als diese Belastungen noch nicht in ihrer Bedeutung bekannt waren, beträchtlich verringert. Vor allem konnten seitdem Narbenrestherde weitgehend vermieden werden. Auch Komplikationen wie die Auslösung von Schüben traten seit der geschilderten Vorbehandlung nicht mehr auf. Die Ablehnung von Herdsanierungen durch viele Ärzte beruht ja größtenteils auf der Befürchtung, daß man durch operative Eingriffe eine Aktivierung der bestehenden Systementzündung auslöst. Diesem Einwand ist jetzt die Grundlage entzogen. Nach dem heutigen Wissensstand ist ein Großteil der mißglückten Herdsanierungen – darunter vor allem die Narbenabszesse nach Tonsillektomien und die restostitischen Herde im Leerkieferbereich – auf die Abwehrstörung und das Versagen der Reparationsvorgänge zurückzuführen. Noch vor 30–40 Jahren vermuteten wir, daß die Ursache dafür in der nachlässigen Arbeit der Konsiliarkollegen zu suchen sei – dies soll hier aber ausdrücklich widerrufen werden.

Lediglich zwei Fehlermöglichkeiten, die Riccabona (1955) *(190)* immer wieder hervorhob, sind zu erwähnen. Eine chronisch-atrophierende Tonsillitis kann oft in das Tonsillenbett einwuchern und dort neben Abszessen auch Tonsillengewebe etablieren. Wird dann scharf mit dem Skalpell operiert, bleiben diese Gewebsteile als Reste bestehen. Wird, wie Riccabona *(190)* betonte, stumpf präpariert, werden diese mitherausgelöst, so daß kein Rest zurückbleibt. Auch legte Riccabona bei jeder Caldwell-Luc-Operation mit kompletter Ausräumung der Kieferhöhlenschleimhaut stets einen gestielten

Lappen aus der Nasenschleimhaut in die Kieferhöhle. Dadurch kann sich wieder eine weitgehend normale Schleimhaut entwickeln und es entsteht kein Narbenstörfeld.

Abgesehen von den schon erwähnten Voraussetzungen sind in der Phase der operativen Sanierung gewisse Grundsätze zu beachten, um Mißerfolge zu vermeiden. Der wichtigste Grundsatz ist, niemals in einem aktiven Stadium schubweiser Erkrankungen operative Eingriffe vorzunehmen – es sei denn, es handle sich um lebensrettende Operationen. Und dazu gehören Sanierungseingriffe sicherlich nicht. Die Untersuchungen über die Reizschwellen für Ganzheitsreaktionen wurden aus ebendiesem Grunde nie in einem aktiven Stadium solcher Entzündungen durchgeführt, da schon auf Grund der klinischen Erfahrung die ausgeprägte Erniedrigung dieser Reizschwellen bekannt war (s. Kap. „Reizschwellen für Ganzheitsreaktionen bei Gesunden und Kranken"). Operative Eingriffe, die eine noch größere Belastung als Testreize darstellen, sind in dieser Zeit einfach nicht zumutbar, weil das Risiko einer Verschlechterung zwischen 80–90% liegt. Auch eine immunsuppressive Schutztherapie hat wenig Sinn, wie noch näher zu erläutern ist: sie kann zwar negative Reaktionen unterbinden, führt aber später zu beträchtlichen Schwierigkeiten bei der Rehabilitationstherapie.

Die Beachtung der pathophysiologischen Gegebenheiten macht sich auch in dieser Behandlungsphase bezahlt. Dazu gehört auch eine genaue Indikationsstellung, ob eine Eliminierung der stummen chronischen Entzündung noch sinnvoll ist und ob man damit u. U. mehr Schaden als Nutzen erzielt. Wie schon im Kapitel „Testungen zur Erfassung der individuellen Abwehrlage" ausführlich beschrieben wurde, ist eine Kontraindikation dann gegeben, wenn Grund- und Immunfunktion dissoziieren, d. h. wenn das Grundsystem in seinen Abwehrleistungen erstarrt bzw. gelähmt ist, während das Immunsystem noch überstark reagiert. Die Labilität der Spurenelemente Fe, Cu und vor allem Zn im Regulationstest ist ein untrügliches Zeichen, daß mit unseren derzeitigen Möglichkeiten die Wiederherstellung einer normalen Abwehrlage nicht mehr gelingt.

Diese Konstellation besteht bei einem großen Teil aller chronisch-progredient verlaufenden Systementzündungen, vor allem bei der primär chronischen Polyarthritis, aber auch beim sekundär chronischen Gelenkrheumatismus und bei den chronisch-progredient verlaufenden Formen der Multiplen Sklerose. Operative Eingriffe sind bei diesen Verlaufsformen sehr riskant, denn das Immunsystem reagiert überschießend mit einem hohen Anteil pathologischer Immunglobuline und ist therapeutisch nicht immer beherrschbar (Perger 1984) *(156)*. Daher ist die Indikation zur Herdeliminierung bei solchen Verlaufsformen mit großer Zurückhaltung zu stellen bzw. ist sie wegen des hohen Risikos an Komplikationen meist nicht gegeben.

Neben der strikten Vermeidung operativer Sanierungseingriffe in den aktiv-entzündlichen Phasen der Systemerkrankungen sind für eine erfolgreiche Rehabilitation der Abwehrleistungen noch folgende Punkte zu beachten: die Reihenfolge der einzelnen Eingriffe, die notwendigen Erholungsphasen und die Art der begleitenden Schutztherapie.

3.6.1 Reihenfolge der Eingriffe

Während abakterielle Narbenstörfelder am Stamm und an den Extremitäten viel häufiger als im Kopfbereich gefunden werden, betreffen die stummen chronischen Entzündungen viel häufiger den Kopfbereich und haben für Fernwirkungen größere Bedeutung als diejenigen im übrigen Körperbereich. Dies wurde schon im Kapitel „Sogenannte Herde" beschrieben. Wie bereits erwähnt, erklärt sich dieser Befund dadurch, daß Mund und Nase die Haupteintrittspforten für alle Arten von Umwelteinflüssen sind und die Abwehreinrichtungen dieser Region daher am ehesten überfordert werden können (Waldeyer'scher Rachenring, Nasennebenhöhlenschleimhaut). Ferner kommen noch die Zivilisationsschäden am Gebiß hinzu, die oft massive zahnärztliche Eingriffe zur Erhaltung der Kaufähigkeit notwendig machen. Durch die enge Nachbarschaft zum ZNS ist auch wahrscheinlich, daß „Hof"-Reaktionen eine Rolle spielen, da Toxine (z. B. Hg aus Amalgamen) über die Lymphwege verhältnismäßig leicht ins ZNS gelangen können. In diesem Zusammenhang hat eine Mitteilung von Heine (1987) *(53, 54)* eine in ihren theoretischen und praktischen Konsequenzen noch nicht ganz abschätzbare Bedeutung: die Zahnpulpa entspricht histologisch der Neuroglia und nicht dem weichen Bindegewebe des übrigen Organismus. Sie enthält wie die Neuroglia weder eosinophile Granulozyten noch Mastzellen. Dies ist ein unserer Meinung nach besonders wichtiger Hinweis darauf, daß zwischen Zahnpulpa und Neuroglia viel engere Beziehungen bestehen, als bisher angenommen wurde. Zudem verlaufen Lymphstrom und venöser Blutstrom vom Kieferbereich in Richtung Waldeyer-

'scher Rachenring und der venöse Blutstrom teilweise (Oberkiefer) zur Vena basalis. Dies ist der Grund, warum mit Sanierungen primär stets am Gebiß begonnen werden sollte.

1. Sanierung des Zahn-Kiefer-Bereiches

Einer exakten Sanierung des Kauorgans stehen oft psychologische Schwierigkeiten entgegen. Zunächst muß der Patient dazu motiviert werden. Kompromisse lohnen nicht. In Frühfällen ist es zwar durchaus möglich, daß der Patient in der schnell vorübergehenden Phase der „humoral-vegetativen Ataxie" die Chance hat, Störfelder noch vorübergehend ausregulieren zu können. Diese Zeit beläuft sich aber schätzungsweise auf maximal 2–3 Jahre. Das gilt sowohl für Wurzelfüllungen als auch für die Narben nach Wurzelspitzenresektionen. Doch bleibt stets ein Belastungsrisiko für diese Kompromiß-Patienten bestehen, was man ihnen auch klarmachen muß. Bei vollentwikkelten Systemerkrankungen ist diese Chance noch mehr eingeschränkt und liegt vermutlich unter 1%. Die Aufklärung kann durchaus auch in drastischer Form erfolgen. Man muß sich nur hüten, dabei die Persönlichkeit des Patienten zu verletzen. So ist der Hinweis oft wirksam: „Ich verstehe Ihr Zögern völlig, doch verdienen entweder ich oder andere Kollegen nach 2–3 Jahren wieder gut an Ihnen." Auch die Angst vor Zahnprothesen ist zu berücksichtigen. Die nicht immer positiven Erfahrungen älterer Familienmitglieder mit Prothesen und das Fehlverhalten vieler Prothesenträger spielen dabei eine beträchtliche Rolle. Tatsächlich ist ja eine Zahnprothese im Wasserglas auf dem Nachtkästchen ein echtes Schreckbild. Es zeigt sich auch ein Fehlverhalten, das meist auf fehlender Aufklärung beruht. Das Herausnehmen der Prothese über Nacht leistet dem Kieferknochenschwund Vorschub. Lockere Prothesen mit Kau- und Sprachschwierigkeiten sind dann die Folge. Es muß dem Patienten klargemacht werden, daß jede Zahnprothese exakt nachjustiert werden muß, bis sie sicher und ohne Druckstellen sitzt, daß sie nachts im Munde belassen werden muß und sie rechtzeitig schon bei geringen Lockerungszeichen nachgefüttert werden soll. Auch hier ist eine psychologische Führung notwendig und die pointierte Aufforderung: „Denken Sie einmal darüber nach, was Ihnen lieber ist, eine schöne Prothese oder ein schöner Rheumatismus" bringt die Patienten oft zur Vernunft, was das kleinere Übel angeht. Es ist daher sinnvoll, die betroffenen Patienten durch eine sachliche Aufklärung – am besten an Hand eines Panorama-Röntgenbildes – und durch die

Auslösung von Sekundenphänomenen schon vor dem Gang zum Zahnarzt zu motivieren.

Ungut wird die Situation dann, wenn der Zahnarzt sich dezidiert gegen eine Sanierung ausspricht und seine Stellung als Experte gegenüber dem angeblich inkompetenten Internisten bzw. Praktiker hervorhebt. Der angeborene Instinkt, auch des Menschen, für eine hierarchische Gliederung der Gesellschaft, die sich auch in der Expertengläubigkeit der heutigen Zeit ausdrückt, bringt den Patienten häufig in einen inneren Konflikt. Er ist ja von vornherein nicht glücklich, daß er Zähne opfern soll, und neigt dazu, allen Gegenargumenten Gehör zu schenken. Dieser Konflikt ist oft nur mit Mühe zu lösen. Er führt meist zu kostenintensiven Konsiliaruntersuchungen bei anderen Stomatologen.

Ein weiterer möglicher Konfliktstoff ist dann das Ausmaß der Sanierungsmaßnahmen. Der Zahnarzt ist von seiner Ausbildung her darauf ausgerichtet, jeden Zahn nach Möglichkeit zu erhalten. Daher ist für ihn ein exakt wurzelgefüllter Zahn ohne periapikale Aufhellung oder deutlicher Verbreiterung des Periodontalspaltes kein Herd oder Störfeld. Die wohlbegründete Feststellung KELLNER's (1969) *(80)*, daß ein wurzelgefüllter Zahn schon wegen des Füllungsmaterials stets ein Bereich gestörter Wundheilung ist, nimmt er nicht zur Kenntnis. Oft fühlt er sich in seiner Berufsehre angegriffen, wenn er auf diese Tatsache hingewiesen wird. Und häufig versucht er in seinem Bestreben, ja nur jeden Zahn zu erhalten, auch bei eindeutigen periapikalen Prozessen mit einer Wurzelspitzenresektion auszukommen – ein übles Erbe der falschen bakteriell ausgerichteten alten Herdtheorie. Er ersetzt damit nur den bakteriellen Herd durch ein ebenso wirksames Störfeld.

Deshalb ist die Aufklärung und die Motivation der Patienten schon vor dem Gang zum Zahnarzt ungemein wichtig – oder man weist sie grundsätzlich nur mehr jenen Zahnärzten zu, die einem Team von Regulationsmedizinern aus Überzeugung und mit entsprechendem Wissen angehören. Das „Einigeln“ auf eine kleine Gruppe kann aber die Gegensätze zwischen den Ärzten verschiedener theoretischer Ansichten emotional noch mehr aufladen. Emotionelle Auseinandersetzungen sind dem ärztlichen Ansehen nicht förderlich und auch wegen der sachlichen Diskussion über neue Erkenntnisse alles andere als wünschenswert.

Der Umfang der Sanierungsmaßnahmen im Zahn-Kiefer-Bereich muß mit dem Zahnarzt exakt abgesprochen werden. Weder ein

Zuwenig noch ein Zuviel ist sinnvoll. Auch ein Gegner der Herdlehre wird periapikale Aufhellungen und Zysten nicht einfach abtun, ebenso nicht deutliche Verbreiterungen des Periodontalspaltes und sie als entzündliche Vorgänge anerkennen. Genausowenig wird er ostitische Prozesse in Leerkieferabschnitten, die sich im Röntgenbild deutlich abzeichnen, sowie abgebrochene Wurzelreste in diesen Bereichen negieren. Auch die potentielle Herdwirkung von Metallsplittern (Amalgamsplitter, Überfüllungsdepots von Wurzelfüllungen) wurde bisher nie bestritten.

Schwieriger ist eine Übereinstimmung bei röntgenologisch unauffälligen wurzelgefüllten Zähnen zu erreichen. Das gelingt nur dann, wenn in einer überzeugenden Art der Belastungscharakter nachgewiesen wird: dieser kann durch verschiedene Methoden erfolgen. Entweder gelingt es, von diesen Zähnen ein Sekundenphänomen auszulösen oder der Elektrohauttest und/oder die Thermographie weisen diese Zähne eindeutig als Herd aus. Es gibt Bakterien, die die Struktur des Knochens röntgenologisch nicht verändern und gesundes Knochengewebe vortäuschen, z. B. der Streptococcus longissimus.

Ein besonderes Kapitel ist ferner die Sinusitis maxillaris comitans mit basaler Schwellung oder Polypenbildung in den Kieferhöhlen. Da bei den dentogenen Sinusitiden die Kieferhöhlenschleimhaut nur begrenzt verändert ist, was durch eine Kieferhöhlenendoskopie überprüft werden kann, ist eine GAUSS-GROSS'sche Operation (Eröffnung der Kieferhöhle vom Kiefer her und Ausräumung nur des erkrankten Teiles der Schleimhaut) die günstigste Lösung. Der verursachende Zahn, der entzündete Knochenanteil und die veränderte Schleimhaut können so in einem Eingriff beseitigt werden. Auch tiefe Taschenbildungen sind Belastungsfaktoren und enthalten – wie schon erwähnt – oft völlig andere Keime und auch Pilze, die im übrigen Mundbereich sonst nicht nachgewiesen werden können.

Zuletzt ist noch anzuführen, daß bei beträchtlicher Hg-Belastung des Organismus und zugleich stark korrodierten Amalgam-Füllungen (sowie besonders bei gleichzeitigem Bestehen von anderen Legierungen im Zahnbereich) an die Entfernung der Amalgame und deren Ersatz durch andere Füllungsmaterialien gedacht werden muß. Wenn auch, wie schon im Kapitel „Subsymptomatische Toxikosen" ausgeführt wurde, die Amalgamfüllungen allein nur äußerst selten zu relevanten Belastungen führen, so ist die prädisponierende allergisierende Wirkung von Quecksilber bei langandauernder Minimalbelastung und die Summierung von Hg-Belastungen aus den vielen Kleinquellen der Umwelt in die therapeutischen Überlegungen miteinzubeziehen.

Neben all diesen Veränderungen muß man auch die Belastbarkeit der Patienten berücksichtigen. Sind in allen vier Kiefer-Quadranten Herde und Störfelder zu finden, so ist die Herdeliminierung nicht in einer Sitzung durchführbar. Für einen Patienten mit Abwehrstörungen wäre dies eine viel zu große Belastung – während das Ziel der Regulationsmedizin die Entlastung ist, die aber nicht durch extreme Eingriffe gefährdet werden darf.

Warum diese Eingriffe nur in größeren Abständen von etwa 4 Wochen durchgeführt werden sollen, wird unter „Zeitplanung der einzelnen Sanierungsoperationen" in diesem Kapitel näher erläutert. Der Umfang der Sanierungseingriffe hängt z. T. von der spezifischen klinischen Diagnose ab. Bei Frühfällen entzündlicher Gelenkerkrankungen kann man auf die Extraktion von einwandfrei wurzelgefüllten Zähnen verzichten, wenn sie weder neuraltherapeutisch noch im Elektrohauttest (EHT) oder der Thermographie Störfeldcharakter aufweisen. Die noch nicht so heikle Störung der Abwehrleistungen läßt annehmen, daß der mögliche Störfeldreiz nach Rehabilitation der Abwehr noch jahrelang ausreguliert werden kann. Das mögliche Risiko muß dem Patienten aber mitgeteilt werden.

Anders ist dies bei fortgeschrittenen entzündlichen Rheumaformen und vor allem bei Patienten mit Asthma bronchiale und mit Multipler Sklerose. Bei diesen Patienten ist die Eliminierung der Belastungen konsequent bis auf den letzten, noch so exakt abgefüllten Zahn durchzuführen. Die Abwehrlage dieser Patienten ist im allgemeinen so stark reduziert und die Reizschwellen für Ganzheitsreaktionen so stark herabgesetzt, daß jedes noch so unbedeutend erscheinende Störfeld die Rehabilitation der körpereigenen Abwehr verhindern kann. Solche Versäumnisse sind oft nur schwer nachzuholen, teils weil der Patient dann oft schon resigniert hat, teils weil die Gesamtabwehrleistungen noch mehr als bei Beginn der Therapie herabgesetzt sind.

2. Sanierung der Tonsillenregion

Nach angemessener Pause, die der Erholung nach den zahnärztlichen Eingriffen dient und auch Gelegenheit zur eventuell notwendigen Gewöhnung an herausnehmbaren Zahnersatz gibt, ist der nächste Schritt die Sanierung der Tonsillenregion. Wie schon im Kapitel

„Status präsens" angeführt wurde, sind hypertrophe Tonsillen mit Eiterpfröpfchen sicher auch als Belastung einzustufen. Dies ist besonders bei Kindern der Fall. Wie man aber aus zahlreichen histologischen Untersuchungen erkennen konnte, die RICCABONA (persönliche Mitteilungen) durchführen ließ, ist in diesem Stadium der chronischen Tonsillitis meist noch reichlich intaktes lymphatisches Gewebe vorhanden. Die Abwehrfunktion solcher Tonsillen ist daher weitgehendst erhalten, so daß die Indikation zur Tonsillektomie – vor allem bei Erwachsenen – genau zu überdenken ist, da im Rahmen der sonstigen Rehabilitationsmaßnahmen für die Abwehrfunktionen noch eine Normalisierung der Tonsillenfunktion erwogen werden muß.

Wesentlich belastender ist eine Tonsillitis chronica atrophicans: die Tonsillen bestehen fast nur mehr aus Granulationsgewebe und sind daher immunologisch wertlos geworden. Was bei der hypertrophen Tonsille noch gelegentlich möglich ist, ist bei der Atrophie des entzündeten Gewebes nie mehr zu erreichen. Gleichermaßen sind Tonsillenreste nach TE, Narbenabszesse post TE und Retrotonsillarabszesse Veränderungen, die nur mehr operativ bereinigt werden können. Sie sind nur mehr irreversible Belastungen der betroffenen Patienten. Der Nachweis ihres Bestehens ergibt sich durch die Inspektion der Tonsillennischen, die schon erwähnte Palpation der Tonsillenbetten vom Kieferwinkel aus sowie durch regionale Lymphknotenveränderungen. Die operative Sanierung erfolgt am besten in Vollnarkose. Das ist besonders bei Retrotonsillar- und Narbenabszessen anzuraten, da diese manchmal sehr tief reichen. Narbenabszesse erkennt man manchmal erst bei einer frischen Erkältung an einer umschriebenen Rötung im Narbenbereich.

Vor der Tonsillektomie im frühkindlichen Alter muß auf Grund langjähriger Erfahrungen aber gewarnt werden. Sie ist nur bei lebensbedrohenden Zuständen indiziert. Offensichtlich haben gerade die Tonsillen in der Entwicklung der spezifischen Immunfunktionen eine hervorragende Bedeutung. Patienten, denen schon mit 2 oder 3 Jahren die Tonsillen entfernt wurden, leiden größtenteils an Immunschwächen, die kaum mehr zu reparieren sind. Man kann die Auffassung vertreten, daß diese Immuninsuffizienzen bereits angeboren sind. Aber es spricht mehr dafür, daß die Immunfunktionen in diesem Alter funktionell noch nicht so entwickelt sind, als daß die Tonsillen ohne Nachteile entbehrt werden können. Es hat den Anschein, daß die funktionelle Entwicklung des spezifischen Immunsystems erst im 5. oder 6. Lebensjahr soweit fortgeschritten ist, daß die Tonsillen entbehrlich werden.

Chronische Seitenstranganginen, die post tonsillectomiam vor allem bei Luftverschmutzung häufig entstehen, können lokal mit Penicillin in Lidocainlösung erfolgreich behandelt werden. Einzelne Abszesse kann man operativ ausschälen lassen, was aber nur sehr selten notwendig ist.

3. Sanierung der Nasennebenhöhlen

Die dentogene Sinusitis maxillaris ist mit der GAUSS-GROSS'schen Operation zu beherrschen. Dabei wird die Kieferostitis und nur der erkrankte Teil der Kieferhöhlenschleimhaut mit dem beherdeten Zahn entfernt. Durch das Belassen der gesunden Schleimhaut ist eine störfeldfreie Ausheilung gewährleistet.

Weniger erfreulich sind manchmal die Ergebnisse bei rhinogener Sinusitis, da die gesamte Kieferhöhlenschleimhaut erkrankt ist und ausgeräumt werden muß. Das führt zu massiver Narbenbildung in den Nebenhöhlen, die dann als Störfelder wirken. Die Methode der Einlegung eines Nasenschleimhautlappens, die RICCABONA durchführte, ist allgemein unbekannt und unüblich, so daß sich seit dem Tod dieses Freundes die Enttäuschungen häuften. Es ist sinnlos, durch eine doch sehr unangenehme Operation nur den Charakter der Belastung zu verändern, ohne eine echte Sanierung zu erreichen. Erfreulicherweise fand sich ein erfolgreicher Ausweg: die Behandlung chronischer Sinusitiden mit Nadel- bzw. Laser-Akupunktur. Sind die stummen chronischen Entzündungen im Zahn-Kiefer-Bereich bzw. in der Tonsillenregion exakt saniert, ist die Behandlung rhinogener Nasennebenhöhlenprozesse mit Akupunktur in über 95% erfolgreich. Dies ist zugleich ein Beweis für die sogenannten „Hof"-Reaktionen in der nächsten Umgebung herdmäßiger Entzündungen und der großen Regenerationsfähigkeit der NNH-Schleimhaut und zugleich für die objektive Wirkung der Akupunktur, die von einigen Autoren als eine Art mystische Psychotherapie abqualifiziert wurde (z. B. KOBLER 1979) *(101)*.

Deshalb konnte die Zahl der Nasennebenhöhlenoperationen im eigenen Bereich in den letzten 10 Jahren auf ein Minimum reduziert werden. Das gilt nicht nur für die Kiefer- sondern auch für die Stirnhöhlen und die Siebbeinzellen: sie reagieren nach Entlastung der umgebenden Organe (Tonsillen, Gebiß) genauso günstig auf die Akupunkturtherapie. Voraussetzung ist allerdings, daß man die

Akupunktur selbst gut beherrscht oder einen erstklassigen Fachmann dieser Methode mit der Durchführung betrauen kann.

4. Mittelohr und Mastoid

Der Bereich des Gehörs war noch vor etwa 35 Jahren durch die chronische Otitis media und die chronische Mastoiditis ein Gebiet häufiger massiver Herdbelastung. Das hat sich seither beträchtlich zum Besseren entwickelt. Wenn man auch die kritiklose Anwendung der Antibiotika und die Nichtbeachtung ihrer Nebenwirkungen auf die Darmkeimbesiedlung kritisch beurteilt, so darf man doch den unschätzbaren Wert dieser Mittel nicht übersehen, wenn sie indiziert sind. Und gerade die Antibiotikatherapie der akuten Otitis media ist ein Beweis dafür, welch hoher Wert diesen Medikamenten zukommt. Seit mindestens 12–15 Jahren hat der Autor im Rahmen der Herddiagnostik und -therapie keinen Fall einer chronischen Mastoiditis mehr gesehen. Die Antibiotikatherapie der akuten Mittelohrentzündung hat diese Komplikation zum Verschwinden gebracht, denn rund 10% der Patienten berichten in der Anamnese von solchen akuten Affektionen des Mittelohres.

Trotzdem wird dieser Bereich auch heute noch in die Untersuchungen miteinbezogen, da – wie bei der Tuberkulose, die schon ausgestorben schien – doch wieder Einzelfälle auftreten können. Dann wäre das Übersehen solcher Prozesse ein Versäumnis. Eine Mastoiditis mit Fernwirkungen muß operativ saniert werden.

5. Stumme chronische Entzündungen außerhalb des Kopfbereiches

In der 1978 veröffentlichten Übersicht über Herdtherapie (PERGER 1978) *(146)* waren nur 4% der Fälle, die herdwirksame Prozesse außerhalb des Kopfbereiches aufwiesen. Dieser Prozentsatz hat sich auch in den letzten 10 Jahren nicht verändert.

Die wichtigsten Lokalisationen sind alte osteomyelitische Prozesse und die abdominellen chronischen Entzündungen der Appendix, der Gallenblase und der Genitalregion. Dazu darf man mit Vorbehalt noch die chronische Pyelitis bzw. Pyelonephritis zählen, die zwar bisher keine isolierten Fernwirkungen erkennen ließ, die Abwehrlage der Betroffenen aber doch beträchtlich herabsetzt.

Die chronische Osteomyelitis ist therapeutisch ein Problem, da man nicht einfach die betroffene Extremität amputieren kann. Handelt es sich um einen abakteriell gewordenen Prozeß mit Störfeldwirkung, so ist dieser durch Lidocain-Infiltrationen gut zu beherrschen. Es sei daran erinnert, daß HUNEKE sein erstes Sekundenphänomen gerade von einer solchen, allerdings entzündlich aktiven Osteomyelitis auslöste. Besteht aber noch ein bakterieller Prozeß, so ist er meist so schleichend geworden, daß eine chirurgische Intervention nicht sinnvoll ist und auch vom Chirurgen und vom Patienten abgelehnt wird. Die neuraltherapeutischen Infiltrationen, die aber dann in Abständen wiederholt werden müssen, sind somit die einzige Möglichkeit, dem Betroffenen zu helfen.

Die symptomarme chronische Appendizitis belastet auch Erwachsene beträchtlich, doch sind es vor allem Jugendliche in oder kurz nach der Pubertät, die am meisten unter diesen Prozessen zu leiden haben. Die Beeinträchtigung zeigt sich vor allem in einer vegetativen und psychischen Symptomatik.

Dazu zwei typische Beispiele:

Fall 1: C. P., 16jährige AHS-Schülerin. Nach dem Übertritt von der Unter- in die Oberstufe des Gymnasiums mit neuen Professoren und neuem Lehrplan begann die Patientin plötzlich zu versagen. Die frühere Vorzugsschülerin schaffte gerade noch den Aufstieg in die 6. Klasse, aber schon im 1. Quartal waren ihre Leistungen so schlecht, daß eine Wiederholung dieser Klasse unausweichlich schien. Sie litt unter starken vegetativen Dysfunktionen (Zittern, Schwitzen, Übelkeit, Angstzustände), die bei jeder größeren Belastung wie Prüfungen und Schularbeiten zu heftigem Erbrechen führten. Unter der Annahme einer psychosomatischen Erkrankung (Umstellungsschwierigkeiten) wurde das Mädchen mit Psychopharmaka behandelt – womit man noch eine weitere Verschlechterung der Lernfähigkeit bewirkte. Erst eine genaue interne Durchuntersuchung klärte die Ursache: eine fast symptomlose chronische Appendizitis. Die Appendektomie brachte die Wendung: die vegetativen Störungen schwanden völlig, ebenso die gar nicht darauf bezogenen Menstruationsbeschwerden, die Patientin holte den Lernstoff spielend auf und hat inzwischen längst die Matura erfolgreich absolviert.

Fall 2: A. P., 12jährige Schülerin. Das Kind litt an einer angstbetonten Depression und schweren vegetativen Allgemeinstörungen wie Nachtschweiß, Appetitlosigkeit, Antriebsarmut und an chronischer Obstipation. Es machte einen erbarmungswürdigen Eindruck. Die Diagnose einer chronischen Appendizitis führte zur Appendektomie. Das Kind war innerhalb von 5 Wochen von allen Beschwerden und von der Depression befreit.

Es fanden sich aber auch noch andere, z. T. überraschende Zusammenhänge zwischen chronischen symptomarmen Entzündungen im Abdominalbereich und Allgemeinerkrankungen. Bei einer 40jährigen Patientin bestand eine aplastische Anämie, von der sich die Patientin nach Hysterektomie wegen schwerer chronisch entzündlicher Veränderungen der Adnexe vollständig erholte. Der gleiche

Eingriff bei einer 35jährigen Bäuerin, ebenfalls wegen chronischer Adnexitis und Endometritis führte zur Behebung ihrer Leukopenie, die jahrelang um 2600 LZ/mm^3 geschwankt hatte.

Ein besonderer Fall, der nicht nur medizinisch bemerkenswert war, sondern auch von einem besonderen stillen Heldentum zeugte, sei noch angeführt.

Fall 3: K. F. 65 Jahre, Strickwarenerzeuger. Der Patient, der schon wegen eines Asthma bronchiale in Behandlung stand, erlitt eine hochakute Exazerbation einer alten, bis dahin stummen Cholezystitis mit gleichzeitig auftretender Symptomatik eines floriden Ulcus duodeni. Der Zustand erschien so bedrohlich, daß noch am gleichen Tag die Operation veranlaßt wurde. Dabei stellte sich heraus, daß eine alte gedeckte Perforation der Gallenblase in das Duodenum bestand. Anamnestisch konnte erhoben werden, daß der Patient in den Jahren 1939–1942 schwerste Gallenkoliken hatte, die nach einem besonders schweren Anfall 1942 sistierten. Er erholte sich nur langsam und kurz danach traten die ersten Asthmaanfälle auf. Das Besondere war, daß der Patient mit einer Jüdin verheiratet war und treu zu ihr hielt – er hatte es abgelehnt, sich in ein Krankenhaus zu begeben, weil er befürchtete, seine Gattin bei der Heimkehr nicht mehr vorzufinden, was bei den damaligen Verhältnissen nicht unwahrscheinlich war. Nun wäre das auch auftretende Asthma durchaus psychosomatisch erklärbar gewesen, da der Patient damals unter großem Druck stand. Aber post operationem (1962) schwanden die Asthmaanfälle spontan und traten nie mehr auf. Durch sein Verhalten hatte er seine Gattin gerettet. Sein Asthma war hingegen – trotz aller Wahrscheinlichkeit einer psychosomatischen Auslösung – durch die Fernwirkung der Gewebsdesintegration bei der Perforation der Gallensteine in das Duodenum ausgelöst worden.

Diese Beispiele zeigen, daß zwar selten, aber doch hin und wieder stumme chronische Entzündungen auch außerhalb des Kopfbereiches schwerwiegende Fernwirkungen auslösen können. Die Diagnose kann wie bei Kopfherden und Narbenstörfeldern neuraltherapeutisch abgeklärt werden. Eine operative Sanierung ist allerdings kaum je zu umgehen.

3.6.2 Zeitplanung der einzelnen Sanierungsoperationen

Da die meisten Patienten mit Abwehrstörungen mehrere chronisch entzündliche Belastungen haben, ist ein Sanierungsprogramm notwendig, das auf die verminderte Belastbarkeit dieser Patienten Rücksicht nimmt.

Es wurde schon darauf hingewiesen, daß operative Eingriffe einen massiven vegetativen und immunologischen Reiz bedeuten und man deshalb der herabgesetzten Belastbarkeit dieser Patienten Rechnung tragen muß. Man befreit zwar den Patienten von einer schädlichen Belastung, setzt ihn aber einer anderen beträchtlichen akuten Belastung aus: diese darf aber das zumutbare Maß nicht übersteigen und benötigt nachher auch eine gewisse Zeit zu ihrem Abklingen.

Die von AIGINGER (1950) *(1)* erhobene Forderung, in der Behandlung der Multiplen Sklerose die Gesetze der Allergielehre zu beachten, wurde schon im ersten Abschnitt ausführlich besprochen. Sie hat sich nicht nur bei der Therapie der MS, sondern auch bei allen anderen Erkrankungen vom Typ der verzögerten Allergie als richtig erwiesen. Wenn auch der Ausgangspunkt seiner Überlegungen, ein direkt allergener Einfluß der Herdbakterien auf das ZNS, nicht zutraf und die Grundsystemforschung später andere Wirkungsmechanismen aufdeckte, so war er durch sein Eingehen auf die außerordentlich große Streßempfindlichkeit seiner MS-Patienten bahnbrechend und erzielte deren Einbezug in das Therapiekonzept für entzündliche Systemerkrankungen. Er beobachtete, daß Belastungen wie etwa Operationen bis zu drei Wochen danach zu Schüben führen können und zog daraus einen Analogieschluß zur Serumkrankheit. Wie nach einer Fremdserum-Injektion – bis zu 3 Wochen danach – eine allergische Reaktion (Serumkrankheit) auftreten kann, so kann eine höhergradige Belastung wie eine Operation oder ein Unfall etc. in der gleichen Zeit einen Schub eines Gelenkrheumatismus bzw. einer MS auslösen. Bei 75 MS-Patienten konnte durch Längsschnitt-Hämogramme die postoperative humoralvegetative Schockreaktion verfolgt und damit die Richtigkeit der Auffassung AIGINGER's bestätigt werden. Der humorale Schockzustand löste sich erst nach 18–21 Tagen. Dies traf aber nicht nur für die MS zu: die gleichen Reaktionen konnten nach 1954 auch bei operativen Eingriffen von Rheuma-Patienten nachgewiesen werden. Die postoperative Schockphase löste sich je nach Schwere des Einzelfalles erst nach 10–21 Tagen.

Auf diesen Beobachtungen basiert die Forderung, zwischen zwei operativen Eingriffen mindestens 4 Wochen Abstand einzuhalten. Dies gilt auch für zahnärztliche Eingriffe. Auf diese Weise erreicht man, daß sich der Patient ausreichend erholt und reduziert das Risiko unerwünschter Reaktionen noch zusätzlich zu der im vorangegangenen Kapitel ausführlich beschriebenen Vorbehandlung. Theoretisch besteht noch eine zweite Möglichkeit. Man könnte nach dem Beispiel der Serumkrankheit Sanierungseingriffe innerhalb eines Abstandes von 48–72 h durchführen. Bei Fremdserum-Verabreichung treten dann bekanntlich noch keine allergischen Reaktionen auf. Trotz der sonstigen Parallelen zur Serumkrankheit wurde das im eigenen Bereich nie gewagt – es blieb nur eine rein theoretische Überlegung. Bei fortgeschrittenem Krankheitsverlauf wurden sogar aus Sicherheitsgründen oft größere Zeitabstände zwischen den einzelnen Eingriffen eingehalten. Nur bei 3 Patienten mit schwerster Herdbelastung ausschließlich im Zahn-Kiefer-Bereich wurde die Sanierung in einer Sitzung unter Vollnarkose durchgeführt. Es handelte sich um Patienten, die wegen Mitral- bzw. Aortenklappenstenose knapp vor einer Herzoperation standen und bei denen vom Chirurgen die vorherige Eliminierung bakterieller Prozesse verlangt worden war. In allen 3 Fällen traten trotz vieler Bedenken keine Komplikationen auf.

3.6.3 Notwendige Schutztherapie

Bis 1958 war es üblich, einen Antibiotikaschutz durchzuführen. Damit sollte die mit größter Wahrscheinlichkeit auftretende Keimstreuung während des Eingriffs abgefangen werden. Aber schon 1955 berichtete RICCABONA *(190)*, der schon in der Vorantibiotika-Ära Sanierungsoperationen (Tonsillektomien, Nasennebenhöhlenoperationen) durchgeführt hatte, daß sich unter Abschirmung mit Antibiotika kardiale Komplikationen häufen (Myocarditis und Endocarditis rheumatica). Er schlug vor, wegen dieses Risikos die Antibiotikatherapie wegzulassen. Es hat fast 3 Jahre gedauert, bis diesem Rat Folge geleistet wurde. Eine Serie von Untersuchungen ergab aber eindeutig, daß Antibiotika wie alle anderen Chemotherapeutika neben ihrer postitiven spezifischen Wirkung – wie jeder körperfremde Stoff – humoral-vegetative Schockreaktionen auslösen. Sogar bei sonst gesunden Patienten lösen Antibiotika bei grippalen Infekten eine 2–3monatige Hemmung der Immunglobulin-Freisetzung aus. Bei schon gestörter Abwehrlage war diese Nebenwirkung noch wesentlich ausgeprägter, die Möglichkeit allergiformer Reaktionen am Herzen oder einem anderen Organ daher nicht abzuleugnen.

Zugleich gewann die Überlegung an Gewicht, durch das Setzen einer Wunde bei diesen Eingriffen einen Reiz für die Aktivierung der Abwehrfunktionen zu schaffen. Ihre völlige Unterdrückung durch immunsuppressiv wirkende Schutzmaßnahmen liegt daher nicht im Interesse einer Rehabilitation der Abwehrleistungen. Aus diesem Grunde war die Anwendung von Corticoiden als Schutztherapie schon immer abgelehnt worden. Da die Antibiotika – wenn auch längst nicht so ausgeprägt – ähnliche immunsuppressive Wirkungen beinhalten, war der Verzicht auf einen fragwürdig gewordenen Schutz tatsächlich angezeigt (s. a. Kap. „Spätfolgen von Chemotherapien"). Die Praxis bewies, daß RICCABONA mit seinen Bedenken richtig gelegen hatte. Die kardialen Komplikationen schwanden nach Verzicht auf Antibiotika-Verabreichungen völlig, und bei keinem der Sanierungs-Patienten trat eine septische Reaktion auf. Auch das Problem der Restherde unter suppressiver Medikation verringerte sich schon damals auffallend – bei einer noch ausreichenden Zinkversorgung der Bevölkerung.

Diese Art von Schutztherapie bewährte sich trotz aller theoretischer Überlegungen bei Sanierungsoperationen nicht und hat daher in diesem Rahmen keinen Sinn. Unter anderen Voraussetzungen ist sie aber nach wie vor oft notwendig.

Im Gegensatz dazu ist die Vermeidung überschießender Reaktionen nach wie vor ein echter Schutz. Der Reiz durch eine normale Wundheilung auf die Abwehrlage ist etwas anderes als das Auftreten allergiformer Überreaktionen. Diese kann man durch antiallergische Therapiemaßnahmen abfangen, wodurch ein normaler Heilungsverlauf gefördert wird. Der Heilvorgang wird zugleich zum immunstimulierenden Reiz, wenn es gelingt, eine überschießende Beantwortung mit möglicher Schädigung im Bereich der Fernerkrankung abzufangen.

Auch hier hat AIGINGER die Richtung der Therapie angegeben. Üblicherweise wurde von ihm von dem Tag vor einem Eingriff bis 5 Tage danach Calcium in Kombination mit einem Antihistamin i. v. verabreicht. Dabei können zugleich auch wasserlösliche Vitamine (B-Komplex, Vitamin C) zur allgemeinen Roborierung zugesetzt werden. Man kann auch Infusionen verabreichen, was z. B. nach Tonsillektomie vorteilhaft ist. Der Laevulose (250–500 ml) werden Calcium, Antihistamine, Vitamin B und C zugesetzt. Es bewährt sich auch – vor allem bei Cephalaea post operationem – etwas Procain oder Lidocain zuzugeben. Tritt doch eine leichte Reaktion im Hauptleiden auf, so kann auch ACTH (Synacthen®) zugesetzt werden.

Besteht ein γ-Globulin-Mangel, der in der Vorbehandlung nicht behoben werden konnte, bewährt sich die Injektion von 2× je 5 mal Human-γ-Globulin im Abstand von 48 Stunden. Nach Tonsillektomien hat sich eine Akupunkturtherapie zur Verminderung der subjektiven Beschwerden und zur Beschleunigung des Heilvorganges ausgezeichnet bewährt (Bucek, persönliche Mitteilung). Vom Wert dieser Zusatztherapie konnte sich der Autor selbst bei einer Reihe von Tonsillektomien überzeugen.

Eine sinnvolle Schutztherapie besteht daher darin, daß nicht jede Reaktion unterdrückt wird, sondern nur überschießende allergiforme Reaktionen. Der normale Vorgang der Wundheilung ist ein immunstimulierender Reiz, der nicht wenig zum angestrebten Ziel einer Normalisierung der Abwehrfunktionen beiträgt.

3.7 Therapiephase IV: die rehabilitierende Nachbehandlung

Mit der Eliminierung der konservativ und operativ entfernbaren Belastungen allein ist eine Wiederherstellung normaler Abwehrleistungen nur in Frühfällen mit entsprechender Regenerationsfähigkeit gewährleistet. Derzeit setzt sich der Großteil der Patienten, die sich zu dieser Therapie entschließen, aus einer Gruppe von chronisch Kranken zusammen, die schon jahrelang an den entzündlichen Systemkrankheiten leiden und in der üblichen Chemotherapie – vor allem wegen unerwünschter Nebenwirkungen – keine Chance mehr für eine Heilung oder auch nur für eine angemessene Beschwerdefreiheit sieht. Häufig sind auch die prämorbiden Belastungen (Zahnherde, atrophierende Tonsillitis, chronische polypöse Nasennebenhöhlenprozesse etc.) Jahre, ja sogar Jahrzehnte vor dem Auftreten der Haupterkrankung vorhanden gewesen, bis eine letztlich auslösende Noxe bzw. Agens die Systemerkrankung (oder auch einen malignen Prozeß) in Gang setzte. Diese besteht dann auch schon mehrere Jahre. Die Dysharmonie der Abwehrregelkreise und die pathologischen Abwehrreaktionen sind schon so stark, daß eine spontane Erholung dieser Funktionen nur sehr langsam oder auch nicht mehr erfolgen kann.

Dafür sind die hereditär bedingten Systemerkrankungen vielleicht der beste Beweis. Die Anlage für eine PCP ist – wie die Rheumatikerfamilien beweisen – meist vererbt und kommt doch erst in der Pubertät, spätestens aber im Klimakterium zum Ausbruch. Allem Anschein nach bedarf es einer zusätzlichen Belastung – wie die hormonellen Umstellungsphasen –, um die anlagebedingten Erkrankungen dann zum Ausbruch zu bringen. Auch bei Ausbruch der PCP außerhalb der Hormonumstellungszeiten lassen sich fast immer besondere Belastungen eruieren – und wenn es auch nur einmal ein kräftiger Sonnenbrand war.

Wenn auch nicht in diesem Ausmaß, trifft dies auch für die erworbenen chronisch-entzündlichen Affektionen zu. Zuerst verursachen die bestehenden asymptomatischen Belastungen die prämorbide Abwehrfunktionsentgleisung, erst dann kann eine letztlich auslösende Noxe die Krankheit zum Ausbruch bringen. Nur besteht bei den erworbenen Abwehrdysfunktionen eine wesentlich größere Chance einer Abwehrrehabilitation gegenüber den hereditären Veranlagungen.

Es besteht auch die Möglichkeit, daß sich die Abwehr nach der Eliminierung der Belastungen spontan normalisiert. Das ist – wie schon gesagt – vor allem bei Frühfällen innerhalb weniger Wochen bis Monate der Fall. Bei Spätfällen mit jahrelangem Verlauf und irreversiblen Defekten benötigt diese Spontanerholung aber mindestens 2–3 Jahre. Dies konnte zwischen 1949–1954 an 12 Multiple Sklerose-Patienten in einer Krankenanstalt für chronisch Kranke beobachtet werden. Es handelte sich um Pflegefälle mit weit fortgeschrittenen Lähmungen ohne Remissionstendenz. Diese Patienten waren fast völlig von Belastungen und Infektionen abgeschirmt. Erst 2 Jahre später reagierten diese Patienten nach Abschluß der Herdsanierungen auf immunstimulierende Testreize normal, wenn sie keiner Nachbehandlung unterzogen worden waren.

Das Abwarten dieser Spontanrehabilitation der Abwehrleistungen ist bei Patienten, die noch arbeitsfähig sind oder wenigstens noch im eigenen Heim leben können, unmöglich. Denn inzwischen wird jede neue Infektion bzw. toxische Belastung noch mit der bestehenden Abwehrentgleisung beantwortet. Die Chronifizierung neuer Infekte wird dann zu einer neuen negativ-immunmodulierenden Belastung. Es ist mit allem Nachdruck darauf hinzuweisen, daß auch später, nach Ausbruch der Systemerkrankung hinzugekommene Belastungen über den Weg der Schwächung der Abwehrlage zum Neuausbruch der entzündlichen Reaktionen führen können. Auch das ist einer der Gründe, warum man die alten direkt kausalen Herdtheorien als falsch bezeichnen muß, denn diese Reaktionen wären bei Monokausalität nicht möglich. Diese Entzündungen enthalten nach hunderten bakteriologischen Untersuchungen meist völlig verschiedene Keime.

Die entscheidende Frage ist, an welchem Regelkreis der Abwehr die

Rehabilitationstherapie anzusetzen hat. Nach allen Untersuchungen, die unter Mitbeachtung der Grundregulationen durchgeführt wurden, zeigt sich, daß die spezifischen Immunfunktionen fast nie primär gestört sind. Ausnahmen sind z. B. kongenitale Immunglobulinmangelzustände. Die Störungen in Hemmung oder Überreaktion entstehen überwiegend über die gestörte Informatik und den Mangel an Energiefreisetzung. Die grundlegenden Störungen sind nicht die Fehlreaktionen im zellulären und humoralen immunologischen Bereich zu suchen. Sie sind daher auch nicht mit direkt auf das Immunsystem wirkenden Mitteln zu beheben.

Solche direkten Methoden wirken substituierend oder palliativ: substituierend sind z. B. Human-γ-Globulin, Tetanus- und Diphtherie-Antitoxine etc. und palliativ alle Formen der Immunsuppression. Die substituierenden Methoden sind außerordentlich hilfreich und wirken oft lebensrettend, führen aber nicht zur Rehabilitation von Abwehrfunktionen, Immunsuppression verhindert diese völlig. Die Rehabilitationstherapie der Abwehr muß dort ansetzen, wo Informatik und Energie herkommen, nämlich am System der Grundregulationen. Da dieses System, wie immer wieder betont werden muß, völlig unspezifisch reagiert, ist jede bewährte unspezifische Methode anwendbar. Dazu stehen mehrere Möglichkeiten zur Verfügung. Welche dieser Methoden zur Anwendung kommt, hängt oft von äußeren Umständen ab: so von den sozialen Umständen des Patienten (berufliche Situation, Sozialversicherungsbestimmungen bzw. Fähigkeit zu Eigenleistungen etc.), aber auch die speziellen Fähigkeiten des Therapeuten bezüglich unspezifischer Therapien sind für die Auswahl der Nachbehandlung von Bedeutung.

Folgende Methoden haben sich im eigenen Bereich bewährt:

1. Bäderkuren und physikalische Therapie
2. Reizkörpertherapien, u. a. Eigenblut- und Fiebertherapien
3. Desensibilisierung mit Auto- und Fremdvakzinen
4. Neuraltherapie
5. Akupunktur und Laserakupunktur
6. Homoöpathie und Nosodentherapie
7. Körpereigene Stoffe aus dem Grundsystem

Die Anführung dieser Methoden besagt nicht, daß der Autor selbst immer diese Therapieformen durchgeführt hat. Weder Bäderkuren noch Akupunktur oder Homöopathie sind Behandlungen, die der Autor selbst durchführen kann bzw. ausreichend beherrscht – aber die Wirkungen dieser Methoden konnten durch Regulationstestungen vielfach bestätigt werden.

Zwei dieser Methoden – die Bädertherapie und die Akupunktur – haben eine mehrtausendjährige Tradition. Sie haben sich wegen ihrer positiven Wirkungen über alle theoretischen Strömungen und Paradigmenwechsel in der Geschichte der Medizin erhalten, obwohl ihr Hauptangriffspunkt im unspezifischen System bis vor wenigen Jahrzehnten unbekannt war. Dies ist nur erfolgreichen Behandlungsformen möglich, denn umgekehrt verschwinden auch noch so sensationell präsentierte Therapien und Medikamente innerhalb weniger Jahre, wenn sie versagen.

Dabei ist wesentlich, daß eine Umstimmungstherapie individuell eingesetzt wird, d. h. sie muß der Belastbarkeit des einzelnen Patienten angepaßt werden. Denn obwohl die naturgesetzlichen Voraussetzungen bei den Menschen im großen und ganzen gleich sind, gibt es immer individuelle Unterschiede: z. B. Konstitution, Alter, Dauer der Vorbelastungen und der Haupterkrankungen; exsudativer oder degenerativer Verlauf führen zu erheblichen Unterschieden in der Reizbeantwortung. Schon heute werden selbstverständlich Alter, Herz-Kreislauf-Situation, Ernährungs- und Allgemeinzustand bei der Intensität der Behandlung berücksichtigt. Dazu gehört auch die Beachtung der Reizschwellen für Ganzheitsreaktionen. Doch ist diese bei einiger Erfahrung abschätzbar und muß nicht unbedingt testmäßig erfaßt werden. Wegen dieser individuellen Unterschiede in der Reizbeantwortung ist es nicht sehr sinnvoll, jeweils zu den einzelnen Umstimmungstherapien genaue Dosierungsanweisungen zu geben. Dazu ist die Variationsbreite der möglichen Reaktionen viel zu groß.

3.7.1 Bäderkuren und physikalische Therapien

Über Balneotherapie und physikalische Behandlung besteht bereits eine nicht mehr überblickbare Zahl von Publikationen. Als Effekte wurden hauptsächlich thermische Reize mit Hyperämie und kutiviszeralen Wirkungen auf innere Organe und Gelenke beschrieben. Aber auch aktivierende Einflüsse auf Hypophyse und Nebennieren konnten einwandfrei belegt werden, ebenso auf das vegetative Nervensystem und auf das Blutbild.

Schon 1955 hat Inama *(72)* darauf hingewiesen, daß der Erfolg einer Balneotherapie (Badgastein: Radiumemanation) sehr weitgehend davon abhängt, ob bei Kurbeginn fokale Belastungen bestehen. Die Mißerfolge einer Kur lagen um fast 50% höher, wenn solche Prozesse bestanden.

Über die Wirkungen der Kurbäder auf das Grundsystem haben erstmals 1978 KELLNER, KRAMMER und SEIDL *(93)* berichtet, und zwar an Hand der Serumjodometrie nach PISCHINGER. Sie konnten an Hand der verschiedenen Reaktionsformen verschiedene Kureffekte entsprechend der Ausgangslage objektivieren. Auch bei diesen Untersuchungen zeigte sich, daß nicht entfernte stumme chronische Entzündungen und aktiv-entzündliche Phasen chronischer Entzündung größtenteils mit Aktivierung (Verschlechterung) antworten, daß der von Belastungen befreite Patient aber überwiegend günstige Sofort- und Spätreaktionen aufweist.

Das ist ein eindeutiger Hinweis, daß Bäderkuren neben direkten Wirkungen, z. B. auf eingeschränkt bewegliche Gelenke, ein Reiztraining sind. Wiederholte Reize in angemessener Reizgröße sind in der Lage, die Funktionen der Abwehrregelkreise insgesamt in Richtung normaler Funktionen anzuheben. Die Reizgrößen, die im einzelnen zur Anwendung kommen, hängen von der Art der Heilwässer (Schwefel-, Jod-Schwefel-, Radiumemanations-Therme, Thalassotherapie etc.) ab und zusätzlich auch vom örtlichen Klima, einer entsprechenden Diät und ausreichenden Erholungsphasen zwischen den Kuranwendungen. Letzteres zeigte sich bei ambulanter Kuranwendung deutlich. Hier fällt die Klimawirkung weg, doch ist die berufliche Belastung als negativer Faktor einzukalkulieren. Die Intensität eines Badereizes zeigte sich bei solchen ambulanten Kuren dergestalt, daß die Patienten nach morgendlichen Bädern dann am Schreibtisch oder einer Produktionsmaschine einschliefen. Deshalb wurden Bäderanwendungen nur mehr ab mittag durchgeführt und den Patienten über die Kurdauer nur eine halbe Dienstverpflichtung zugestanden. Dies war bei den Rehabilitationstherapien nach Unfällen erfolgreich, aber nur ausnahmsweise bei den Patienten mit entzündlichen und degenerativen rheumatischen Prozessen. Positive Effekte sind bei letzteren Patienten nur bei Vollkuren zu erwarten, die ambulante Kur ist nur selten wirklich erfolgreich.

Anders ist dies bei physikalischer Therapie, die außerdem je nach ihrer Art unterschiedlich zu bewerten sind. Magnetfeldtherapien wirken sichtlich auf die Potentiale der Zellmembranen im Sinne einer Repolarisierung, ebenso alle anderen Elektrotherapien, wenn sie auch aus spezifischen Gründen gewählt wurden und auch in diesem Sinne wirken. Andere Formen wie Kurzwellen und Diathermie wirken hyperämisierend und damit auch auf die Abwehrregelkreise – hier vor allem auf das Grund- und das Gefäßnervensystem. So hat jene physikalische Therapie neben ihrer spezifischen Wirkung auch Einfluß auf die Gesamtabwehr. Physikalische Therapien wirken nicht so stark wie Bäderkuren und benötigen daher zum Erfolg auch meist mehr Zeit. Ein Nachteil, vor allem bei Wärmeanwendungen, ist anzuführen: die Nachruhe zum Abklingen der oberflächlichen Hyperämisierung ist in den meisten Instituten nicht gewährleistet und so kommt es in der kalten Jahreszeit oft zu konträren Reaktionen, wenn die Patienten mit überhitzten Körperteilen in die Kälte hinausgehen. In Großambulatorien können auch – unbewußt – groteske Fehler passieren. So wurden an einer Wiener Klinik Patienten nach stationärer Behandlung zu ambulanter Physikotherapie ins Krankenhaus bestellt, wobei sie 50–60 km anreisen mußten. Der positive Therapieeffekt wird durch die Belastung der Hin- und Rückreise aber mehr als aufgehoben. Man darf aber feststellen, daß dies immer aus Unkenntnis des Patienten-Wohnortes geschah. Die Intervention gegen solche Bestellungen stieß bei allen Verantwortlichen stets auf volles Verständnis. Nicht nur die Bäderkuren, auch bei der Physikotherapie zeigt sich eindeutig, daß die individuelle Reizschwelle und auch äußere Umstände zur Erreichung eines Dauererfolges beachtet werden müssen.

3.7.2 Reizkörpertherapien

In der Zwischenkriegszeit und bis kurz nach dem 2. Weltkrieg waren Reizkörpertherapien zur Anhebung der Abwehrlage sehr gebräuchlich, verloren aber mit der Entwicklung der modernen Chemotherapien inzwischen ihre Bedeutung. Im Frühjahr 1946 promoviert lernte der Autor noch einige dieser Methoden während der Ausbildungszeit kennen. Darunter waren Mittel, die heute längst nicht mehr erhältlich sind: z. B. Omnadin®* (ein Lysat aus apathogenen Bakterien) zur i. m.- und i. v.-Injektion und Urticaria (ein Brennesselextrakt) zur Quaddelung mit Hinterlassung deutlicher Narben. Pyrifer (eine Kolivakzine) zur Fiebertherapie, Eigenblutinjektionen und die Injektion frisch abgekochter Milch i. m. oder als Quaddeln waren gerade

* ersatzweise: Stormin® (Österreich), Echinacin

wegen des großen Medikamentenmangels der ersten Nachkriegszeit stark im Gebrauch. Aber auch die Schaukeldiät (3 Tage azidotische abwechselnd mit alkalisierender Kost über mehrere Wochen) war damals zur Behandlung chronischer Harnweginfekte vielfach üblich. All diese Methoden waren darauf ausgerichtet, die Abwehrleistungen anzuregen und auf diese Weise Heilungen zu erzielen. Mit Ausnahme des Omnadin's waren diese Therapien für die Patienten unangenehm und bargen das Risiko einer Überlastung der Abwehr mit erheblichen Komplikationen, wenn man zu hoch dosierte. Da man damals auch kein Maß kannte, die Reizschwellen exakt zu bestimmen, verzichtete man gern auf diese Methoden, sobald andere risikoärmere und weniger belastende Möglichkeiten für die Patienten zur Verfügung standen. Nur die Eigenbluttherapie wird von wenigen Ärzten noch gelegentlich angewendet.

Reizkörpertherapien sind durchaus wirksam, wenn man die individuelle Belastungsfähigkeit der Patienten berücksichtigt. So wirken Eigenblutinjektionen ausgezeichnet, wenn man in etwa 1wöchigen Abständen mit kleinen Dosen von 0,5–1,0 ml beginnt und je nach individueller Reaktion langsam auf 5,0–10,0 ml steigert. Die Wirkung ist als komplex zu bezeichnen, da sowohl Stichreiz und Hämatomsetzung unspezifisch und möglicherweise vorhandene Toxine und geschwächte oder abgetötete Erreger spezifisch immunstimulierend wirken. Wieder ist hier das Augenmaß des Therapeuten für den angestrebten Erfolg von wesentlicher Bedeutung – ein zu starker Reiz führt auch hier zu Kippreaktionen. Eine zweite unspezifische Reizkörpertherapie ist die Behandlung mit *Cutivaccine* PAUL NOVUM (Schweiz), einem Extrakt aus Bacillus subtilis und modifizierten Tbc-Bakterien in 0,5% Phenolsäure konserviert. Die Anwendung erfolgt durch unblutige Skarifizierung der Haut an den Oberarmen (ca. 10 : 10 cm) und Einreiben des Mittels auf diesem Bereich.

Die umstimmende immunstimulierende Wirkung auf die Grundfunktionen konnte schon vor 30 Jahren beschrieben werden (PERGER 1957) *(136)*. Bemerkenswert für die Bedeutung unspezifischer Abwehrvorgänge ist die völlige Andersartigkeit der beiden erwähnten Methoden, die dennoch im Endeffekt die gleiche Wirkung haben.

Dies wird noch deutlicher bei der Fiebertherapie. Fieber ist ein natürlicher Heilfaktor und sollte eher als positiv begrüßt als mit Angst beantwortet werden. Die Wirkung von Fieber ist sehr verschieden interpretiert worden. Am interessantesten und den biologischen Vorgängen am meisten entsprechend sind die Untersuchungen, die TRINCHER (1981) *(221)* am Biophysikalischen Institut der Akademie der Wissenschaften in Moskau darüber angestellt hat und die Einblick in die extranervale Informatik geben. Wasser hat gegenüber anderen Stoffen einige physikalische „Anomalien". Es ist bis 60 °C kein homogener Stoff, sondern weist bis zu dieser Temperatur quasikristalline Strukturen auf, die von den in ihm gelösten Stoffen bestimmt werden. Beim Warmblüter mit seiner Temperatur um 37 °C machen diese Quasiflüssigkeitskristalle ca. 50% der Gesamtmenge aus. Ihre Struktur wird von den im extrazellulären Raum vorhandenen Stoffen bestimmt, normalerweise also von Mineralstoffen, Proteoglykanen, ungesättigten Lipiden etc. Bei Krankheiten kommen verschiedene Toxine hinzu und verändern diese Strukturen beträchtlich und können diese Veränderungen über lange Zeit aufrechterhalten. Nun dienen diese Quasiflüssigkeitskristalle der extranervalen Informatik, d. h. Toxine können diese Informatik pathologisch verändern und zu Fehlreaktionen im Zellenmilieu führen. Diese erworbenen Quasikristallstrukturen können aber bei höherer Körpertemperatur zwischen 39–42 °C wieder gelöscht werden. Das ist eine einleuchtende Erklärung für die Tatsache, daß die Fähigkeit zum Fiebern angelegt und ein wesentlicher Selbstheilungsfaktor des Warmblüterorganismus ist. Sein Fehlen, z. B. bei banalen Erkältungsinfekten, ist ein Zeichen gestörter und geminderter Abwehrkraft. Fieber ist deshalb primär als positiv zu bewerten, verlangt aber selbstverständlich eine genaue Beobachtung wegen eventueller Herz-Kreislauf-Komplikationen und der allgemeinen Gefahren der zugrundeliegenden Infektion. Es ist eine Fehlmeinung, die sich aus einer Zeit erhalten hat, da man Infektionen therapeutisch noch hilflos gegenüberstand, nämlich daß Fieber in allen Fällen sofort unterdrückt werden muß. Gerade banale Erkältungskrankheiten sind eher als Immunstimulierung aufzufassen, wenn nicht Komplikationen, vor allem bei älteren Personen und bei Herz-Kreislauf-Erkrankungen, eine Gefährdung befürchten lassen. Die zahlreichen Beobachtungen, daß nach einer fieberhaften Erkältung, die man unbehandelt ließ, etwa 2–3 Jahre keine neuen grippalen Infekte mehr auftreten, spricht für diese Annahme.

Unter Beachtung möglicher Komplikationen ist eine Fiebertherapie auch heute in Einzelfällen indiziert.

Dazu ein Fallbeispiel:

A. P., 48 Jahre, Angestellter, gelernter Drucker und Setzer. Während seiner Lehrzeit hatte er eine chronische Pb-Vergiftung. Jahre später entwickelte sich eine chronischrezidivierende Urtikaria, deren letztauslösende Ursachen sich trotz mehrfacher Allergentestungen nicht eruieren ließ. Sie trat stets nach erhöhter körperlicher Anstrengung auf und war für den Patienten quälend. Auch ein Berufswechsel brachte keine Besserung – dies war nicht überraschend, denn es ließen sich keine restlichen Pb-Depots im Organismus mehr nachweisen (Haare, Harn mehrfach geprüft unter Ausschwemmungstherapie, biochemische Untersuchungen von zwei Hautstanzen). Bei guten Herz-Kreislauf-Verhältnissen wurden in wöchentlichen Abständen 7 Pyrifer-Injektionen in steigender Dosis verabreicht. Über 8 Jahre traten keine urtikariellen Erscheinungen mehr auf. Dann aber kamen neuerliche leichte Urtikaria-Erscheinungen hervor. Inzwischen war die Frage eines Zink-Mangels aktuell geworden. Tatsächlich fand sich ein Zn-Defizit von 4,9 mg/l Vollblut (NW 7,1–7,9 mg/l) und die neuerlichen urtikariellen Erscheinungen konnten durch Zn-Substitution beherrscht werden.

Man wählt selbstverständlich – wie in dem geschilderten Fall – jene Therapie aus, die den Patienten am wenigsten belastet. Trotzdem kann eine Fiebertherapie eine Art ultima ratio sein, wenn man keine andere Möglichkeit zu einer erfolgreichen Behandlung mehr sieht. Die Fieberauslösung durch Injektion frisch abgekochter Milch ist aber auch unsererseits längst verlassen. Die Möglichkeit, Glutealabszesse auszulösen, ist heute bei der allgemeinen Schwächung der Abwehrlage doch zu groß. In Notzeiten ist aber ein Rückgriff auf die Quaddelung mit Milch möglicherweise wieder aktuell: 1946/47 wurden vor allem Ulcera ventriculi et duodeni damit ausgezeichnet beeinflußt.

Wieder anders ist der Angriffspunkt der Schaukeldiät bei chronischen Harnwegsinfektionen. Sie läßt sich heute noch erfolgreich anwenden – vorausgesetzt die Patienten besitzen genügend Intelligenz und Disziplin, um sie konsequent durchzuführen. Der Wechsel zwischen azidotischer und alkalisierender Kost im Rhythmus von 3 Tagen ist eine alte Heilmethode, die sich in der vorantibiotischen Ära sogar sehr bewährt hat. Sie ging von der Beobachtung aus, daß die Erreger in den Harnwegen den kurzfristigen krassen Wechsel zwischen sauerem und alkalischem Milieu nicht vertragen und innerhalb von 4–6 Wochen daran zugrunde gehen. Der Versuch, die Schaukeldiät bei Patienten mit chronischer Zystopyelitis und Pyelonephritis einzusetzen, wenn mehrjährige Therapien mit Antibiotika und Sulfonamiden versagt hatten, war bei 26 Patienten erfolgreich. Nur bei 2 Patienten versagte sie, wobei wahrscheinlich die Nichteinhaltung einer konsequenten Diät die Ursache war. Kontrollen der unspezifischen Regulationen bewiesen, daß nicht nur die Erreger direkt davon betroffen waren, sondern daß auch die unspezifischen Regulationen durch den kurzfristigen Wechsel der Nahrung wieder aktiviert werden können. Folglich wurden nicht nur die Harne steril, sondern diese Patienten konnten auch abwehrmäßig deutlich gebessert werden. Schwierig ist für die Patienten das Durchhalten solcher Diäten, wenn sie in Familien mit Kindern leben – das bedeutet für die Hausfrau (die außerdem meist selbst die Patientin ist) eine Doppelbelastung beim Kochen, da dann meist zwei Menüs hergestellt werden müssen.

Es gibt noch weitere Möglichkeiten der Reiztherapien. Eine davon ist z. B. die Molekulartherapie nach Koch. Dem Autor fehlen aber jede näheren Kenntnisse, da er sie nie angewandt hat. Das heißt aber nicht, daß sie nicht anwendbar wären. Es wäre anmaßend, über Dinge zu sprechen, bei denen jede eigene Erfahrung und Kontrolle fehlt. Leichtfertige Urteile im negativen und positiven Sinn über Methoden, von denen man selbst keine näheren Kenntnisse hat, sind gerade in der medizinischen Wissenschaft besonders zu verurteilen (aber nicht nur da). Manch wertvoller Fortschritt, der dem Wohle der uns anvertrauten Menschen dienen kann, wird dadurch blockiert. Andererseits werden unlautere oder auch nur unbrauchbare Methoden zu deren Schaden über lange Zeit aufrechterhalten.

Hier muß nochmals auf das Beispiel Pischinger's hingewiesen werden: er hielt anfangs die Seitendifferenzen in den Blutparametern bei einseitigen entzündlichen Prozessen (Bergsmann 1965) *(4)* nicht für möglich, machte sich aber dennoch die Mühe, die Ergebnisse Bergsmann's zu überprüfen und anerkannte dann vorbehaltlos die Richtigkeit dieses Phänomens. Das war eine echte beispielgebende wissenschaftliche Haltung, die nachahmenswert ist.

3.7.3 Desensibilisierung mit Auto- und Fremdvakzinen

In enger gedanklicher Verbindung zur Desensibilisierungstherapie bei Allergosen hat Aiginger Autovakzinetherapien aus körpereigenen Prozessen mit erstaunlichem Erfolg durchgeführt. Wie schon mehrfach erwähnt, ging er von der Ansicht aus, daß dies eine spezifische Therapie sei, d. h. daß damit spezifische bakterielle Allergene im Gesamtorganismus und insbesondere im ZNS abgebaut werden. So sehr sich der Autor als einer seiner Schüler seinem ganzen Wesen und seinem Streben weit über seinen Tod hinaus verbunden fühlt, so war – wie die späteren Forschungen ergaben – seine Theorie der spezifischen Fokalallergie nicht den Tatsachen entsprechend. Trotzdem hatte die Sanierung der stummen chronischen Entzündungen und die Nachbehandlung mit Autovakzinen bei MS-Patienten langfristige Remissionen und das Ausbleiben neuer Schübe zur Folge. Wie ist dies zu erklären und weshalb war die gleiche Behandlung auch bei anderen entzündlichen Systemerkrankungen, wie z. B. beim Gelenkrheumatismus, ähnlich erfolgreich?

Das große Verdienst AIGINGER's war es, die therapeutischen Konsequenzen daraus zu ziehen, daß bei der MS als Erkrankung vom Typ der verzögerten Allergie auch deren Gesetze für die Therapie beachtet werden müssen. Er war es auch, der den Autor zur Untersuchung vieler möglicher Allergene bei dieser Krankheit anregte. Das wurde später auch auf andere chronische Erkrankungen übertragen. Dabei stellte sich heraus, daß sich die Zahl der Stoffe, gegen die die Testpersonen allergiform reagierten, im Laufe der Krankheitsdauer ständig vermehrte (PERGER 1956) *(134)*. Gerade die Anregungen AIGINGER's waren es, die schließlich zur Erkenntnis führten, daß eine allergische Diathese nicht ein spezifisch bedingter monokausaler Faktor ist, sondern eine prämorbid erworbene (oder auch angeborene) Gesamtabwehrentgleisung, die dann je nach Kontakt mit einzelnen verschiedenen Stoffen zum Ausbruch allergischer bzw. allergiformer, spezifisch ausgelöster Symptome führt. Damit wird es auch verständlich, daß sich solche Reaktionen auf chemisch und biologisch völlig verschiedene Stoffe ausweiten können.

Daraus erklärt sich aber auch die positive Wirkung von Autovakzinetherapien. Es erfolgt dabei nicht nur ein Abbau spezifischer (allergener?) Substanzen. Vielmehr wird durch die langsam gesteigerten Autovakzinedosen eine Umstimmung im Grundsystem in Richtung der Abwehrnorm erreicht (s. Abb. 18). Die Autovakzinetherapie ist deshalb keine streng spezifische Behandlung, sie ist sozusagen als semispezifisch zu bewerten. Diese Erkenntnis ermöglichte auch den Ersatz dieser Autovakzinen durch Fremdvakzinen und Nosoden, die gleiche Effekte in spezifischer und unspezifischer Wirkungen erkennen lassen. Die Auswahl der Fremdvakzinen und Nosoden erfolgt auf der Basis der in den stummen chronischen Entzündungen gefundenen Keime. Die Möglichkeit ihrer Verwendung ist aus wirtschaftlichen Gründen ein erheblicher Vorteil

Die Anfangsdosis jeder Vakzinetherapie muß sehr niedrig angesetzt werden. Entsprechend den Reizschwellen für Ganzheitsreaktionen (s. Abb. 4 und 17) muß eine Dosis gewählt werden, die noch unter den Grenzwerten zur Auslösung von Ganzheitsreaktionen liegt. Die seinerzeit übliche Anfangsdosis von 500 000 Keimen der Vakzinen ist bei den entzündlichen Systemerkrankungen weitaus zu hoch, je nach Dauer und Verlaufscharakter der vorliegenden Erkrankungen begannen wir mit 1000 bis maximal 10 000 Keimen. Dazu wurden die Stammlösungen in 100 ml physiologischer NaCl-Lösung verdünnt, so daß eine weitgehend genaue Dosierung (bei Kleinstmengen mit Insulin-Injektionsspritzen) möglich ist.

In einwöchigen Intervallen verabreicht steigert man langsam die Dosierung, bis man eine Dosis von 400 000–500 000 Vakzinekeimen ohne Reaktionen erreicht hat. Tritt eventuell einmal eine leichte Reaktion auf, wird die entsprechende Dosis beibehalten und erst dann wieder gesteigert, bis keine Reaktion mehr auftritt. Nun wird die Dosis in etwas geringeren Steigerungen erhöht.

Dazu ist von Seite des Therapeuten viel Fingerspitzengefühl notwendig. Ein genaues Schema der Dosierungen von Vakzinen, das für alle Patienten unterschiedslos angewandt werden kann, ist bei der verschiedenartigen Empfindlichkeit dieser Patienten nicht zu geben. Auch und gerade hier muß die medizinische Wissenschaft durch die ars medici sinnvoll ergänzt werden.

3.7.4 Akupunktur

Wie sehr eine Rehabilitation der Abwehrleistungen von den unspezifischen Grundregulationen und wesentlich weniger von den spezifischen Immunleistungen abhängt, zeigt die Akupunktur, die im Gegensatz zu den Vakzinetherapien keinerlei Einfluß auf spezifische Vorgänge – zumindestens nicht direkt – hat. Gerade diese Methode beweist, daß die derzeitige Grundtheorie der westlichen Medizin, die Zellularpathologie nach Virchow, ein zwar wichtiger, aber dennoch nur ein Teilaspekt zur Erklärung von Krankheitsvorgängen ist. Denn das überwiegend statische Bild der Zellveränderungen ist für die Erfassung funktioneller Vorgänge ungeeignet. Die Zellularpathologie hat – und das darf nicht geleugnet werden – in der Aufklärung monokausaler Krankheiten ohne Zweifel Hervorragendes geleistet, erweist sich aber – nachdem sie ihre Grenzen weitgehend erreicht hat – nun eher als Hemmschuh für den weiteren Fortschritt der Medizin, vor allem was die multifaktoriellen und durch Abwehrfunktionsstörungen bedingten Erkrankungen angeht. Das heißt, sie ist für die

Abklärung und für die Therapie von chronischen Systemerkrankungen bedauerlicherweise ungeeignet.

Das Wirkungsspektrum der Akupunktur ist einer der Beweise für diese Meinung. Sie löst biophysikalische Reaktionen aus, die dann zu biochemischen Reaktionen führen. Ohne selbst die Akupunktur so ausreichend zu beherrschen, daß sie im eigenen Rahmen durchgeführt wurde, wurde in Zusammenarbeit mit dem Ludwig-Boltzmann-Institut in Wien (Leiter: Prof. Dr. J. Bischko) ihre Wirkung auf die Abwehrvorgänge untersucht. Dabei wurden vier Hauptwirkungen festgestellt bzw. auch die Ergebnisse anderer Untersucher bestätigt.

1. Es wird eine Kleinstverletzung gesetzt, die zunächst eine starke Photonenabstrahlung aus den sterbenden Zellen auslöst. Danach bleibt die Photonenabstrahlung bei der Zellteilung zum Ersatz der verlorenen Zellen in geringerem Ausmaß erhöht. Die Photonen erreichen in 10^{-7} sec* die Nachbarzellen und breiten sich etwa in Schallgeschwindigkeit über den Gesamtorganismus aus (Popp 1976) *(187)*. Kellner und Feucht (1969) *(91)* konnten die Dauer dieser Vorgänge mit 5 Tagen bemessen.
2. Zwischen Nadel und Gewebe besteht eine Differentialdifferenz, die meßbar ist (Pischinger 1975, dort weitere Literatur) *(186)*. Dieser Potentialsprung breitet sich ebenfalls rapid über das gesamte Grundgewebe aus, wobei eine schnellere und/oder intensivere Beeinflussung der Erfolgsorgane über die Meridiane in Betracht gezogen werden muß. Diese Potentialsprünge mit Reizen geringster Intensität beeinflussen auch die extranervale Informatik über die quasikristalline Flüssigkeitsstruktur des extrazellulären Gewebswassers, die Trincher (1981) *(221, 222)* beschrieben hat. Informatik benötigt ja nur minimalste Energien.
3. Die Temperaturdifferenz zwischen Nadel und Gewebe (Nadel: Zimmertemperatur um ca. 22 °C, Gewebe um 36,5 °C) erzwingt eine thermoregulatorische Reaktion, die über das Zwischenhirn gesteuert wird, um die Nadelungspunkte auftritt und oft weit darüber hinausreicht. Dies konnte Kellner (1976) *(86)* mit der Infrarotkamera und Bergsmann (1969, 1976, 1977) *(5, 9, 10)* rheographisch beweisen.

* = Geschwindigkeit der Reizausbreitung im Gesamtorganismus

4. Reizung sensorischer Nervenfasern, was zur Ausschüttung von Endorphinen im Zentralnervensystem führt.

Hierbei ist die analgesierende Wirkung über die sensorischen Nervenbahnen und die regionale Gefäßerweiterung für den westlichen Mediziner am leichtesten zu verstehen. Doch klingen gerade diese Effekte am schnellsten wieder ab und tragen deshalb nur kurzfristig zur Dauerwirkung bei. Immerhin aber beweist die mehrfach nachgewiesene Endorphinausschüttung, daß durch den physikalischen Reiz auch biochemische Reaktionen ausgelöst werden.
Die Dauerwirkung ist sichtlich mehr vom Potentialsprung und der Photonenwirkung abhängig. Letztere hält – wie die bereits ausgeführten Untersuchungen von Kellner und Feucht (1969) *(91)* beweisen – mindestens 5 Tage an. Damit ist eine mehrtägige Beeinflussung der Grundregulationen gewährleistet, die zwar gering ist, aber nicht wie beim Stichphänomen bei Injektionen durch den Medikamenteneinfluß paralysiert wird.

Die Endorphinausschüttung beweist, daß dieser Reiz auch biochemische Reaktionen auslöst. Das beschränkt sich nicht nur auf das Endorphin. Weitere Reaktionen konnten nachgewiesen werden, und zwar auf die Mineralstoffe Ca, K, Mg und die ungesättigten Lipide, der Faktor „M" nach Pischinger. Nicht zuletzt sind auch Wirkungen auf die O_2-Utilisation nachzuweisen, die ebenfalls in Richtung normaler Verhältnisse verlaufen (Abb. 50a, b, c). Es konnte so ein breites Wirkungsspektrum der Akupunktur nachgewiesen werden, das von mehreren Untersuchungen übereinstimmend bestätigt werden konnte. Diese Methode als eine Art erweiterte Psychotherapie schamanistischer Art abtun zu wollen, ist seit dem Nachweis dieser Wirkungen nicht mehr möglich. Dabei soll nicht geleugnet werden, daß eine positive psychische Einstellung der Patienten zu dieser Therapie die Wirkung günstig beeinflußt – aber das trifft schließlich für jede andere Behandlungsmethode auch zu und ist kein Spezifikum der Akupunktur.

Warum die Nadelung aber nur von gewissen Punkten und nicht von überall auf der Haut auslösbar ist, hängt von der histologischen Struktur der Akupunkturpunkte ab. Dies konnte Heine (1987) *(52)* elektronenoptisch eindeutig beweisen. Die Besonderheiten der Akupunkturpunkte machen ihre Ansprechbarkeit für geringste Reize verständlich.

Gerade die Akupunktur beweist, daß die wesentlichsten Lebensvorgänge, die energetischen Funktionen, im Grenzbereich zwischen Biophysik und Biochemie ablaufen. Diese können auch ohne chemisches Substrat beeinflußt werden. Die Übereinstimmung mit der Balneo- und Physikotherapie bezüglich ihrer Wirkungen ist zusätzlich ein Beweis für die Richtigkeit der Konzeption PISCHINGER's, daß dem Grundregulationssystem die lebensentscheidende Bedeutung zukommt. Das Versagen einer Akupunkturtherapie ist, wenn sie von einem Könner durchgeführt wird, immer ein Beweis dafür, daß entweder noch höhergradige Belastungen vorliegen oder die Regelsysteme der Abwehr schon so weit dissoziiert sind, daß eine Rehabilitation der Abwehrfunktion nicht zustande kommen kann.

Der entscheidende funktionelle Effekt der Akupunktur ist darin gelegen, daß durch die multiplen Reaktionen Blockierungen der Grundfunktionen gelöst werden, so daß dann die letzten Wirkungen verschiedenster Noxen überwunden werden können, d. h. daß Immunfunktionen wieder in Gang gesetzt werden.

3.7.5 Neuraltherapie

Die Bedeutung der Neuraltherapie in Diagnostik und Vorbehandlung wurde an Hand des Sekundenphänomens schon ausführlich besprochen. Aber Neuraltherapie ist nicht allein die Auslösung von Sekundenphänomenen, sie umfaßt auch die Segment- und Grenzstrangbehandlungen. Über den Wirkungsmechanismus wird viel gerätselt – und das häufig von völlig falschen Prämissen aus. Die Wirkungen sind nicht durch eine direktkausale Bekämpfung von Erregern, Toxinen und anderen spezifischen Substanzen zu erklären, sondern durch eine Veränderung und Lösung der lokalen Abwehrstörungen.

Auch die Neuraltherapie greift wie alle anderen unspezifischen Methoden an den Abwehrregelkreisen an und hat keinen spezifischen Effekt. Dieser liegt in der Lösung von Abwehrblockierungen und der Aktivierung der körpereigenen Funktionen – wenn also spezifische Reaktionen nachgewiesen werden, so sind diese nicht primär auf das Lokalanästhetikum zu beziehen, sondern kommen indirekt über die Ingangsetzung der Immunreaktionen (z. B. AK-Titererhöhungen) zustande.

Unter den Methoden, welche die körpereigenen Abwehrvorgänge aktivieren, ist die Neuraltherapie gerade jene Möglichkeit, die die narbenbedingten Funktionsstörungen am besten und nachhaltigsten beeinflussen kann. Dies kann lokal geschehen, kann aber z. T. auch über Grenzstrangblockaden unterstützt werden. Warum man aber die Infiltrationen des Grenzstranges noch immer „Blockaden" nennt, ist sachlich eigentlich nicht gerechtfertigt. Denn in Wirklichkeit löst man funktionelle Blockaden der Abwehrfunktionen, genauer die Funktionsblockaden dieser vegetativen Nervenbahnen. Nun hat sich dieser Terminus eingebürgert – das wäre von zweitrangiger Bedeutung, wenn es nicht zu Mißverständnissen bezüglich der Wirkung käme. Aber eingefahrene Bezeichnungen haben in der Medizin ein langes Leben: die Hüftgelenkspfanne heißt auch heute noch Acetabulum, obwohl es diese Form eines Essignäpfchens als Tafelgeschirr seit den Zeiten der alten Römer nicht mehr gibt. Man darf sich von solchen eingebürgerten Namen nur nicht verwirren lassen.

Die Infiltration von Lokalanästhetika löst keinen bzw. nur einen sehr kurz dauernden pharmakologischen Effekt aus – damit ist aber die langanhaltende Wirkung nicht erklärbar (F. und G. Hopfer 1986) *(64)*. Sie kommt durch die Repolarisierung der Zellmembranen an chronisch depolarisierten Gewebsbezirken zustande. Dies hat schon Fleckenstein 1955 *(33)* als Effekt des Procains an den Nerven- und Muskelzellmembranen beschrieben und als „paradoxen Lokalanästhetikum-Effekt" bezeichnet, als „Wiederherstellung der durch einen Schmerzstoff unterbrochenen Nervenleitfähigkeit mit Hilfe eines Lokalanästhetikums". Die plausibelste Erklärung für die Wirkung von Lokalanästhetika hat Kellner (1976) *(85)* gegeben. Er beschreibt die Wirkung als Starterfunktion, mit dem ein (pathologischer) Istwert-Geber lokal ausgeschaltet wird, und zwar durch die Anhebung der abgesenkten Reizschwelle. Die Auslösungsursache ist die lokale Oberflächenaktivität des Procains bzw. Lidocains. 2–20 ml einer 2%igen Procain-Lösung enthalten eine Menge von 10^{19}–10^{20} Molekülen, die für eine Oberfläche zwischen 100–1000 cm^2 ausreichend aktivierend wirkt.

Die innere Oberfläche, z. B. von 1 cm^3 Kollagen, beträgt etwa 37 m^2 – die Gesamtheit der inneren Oberfläche eines Organismus beträgt aber mehrere 10 000 m^2. Die Wirkung des Lokalanästhetikums bleibt daher direkt auf das Störfeld beschränkt, die mit den oberflächenaktiven Molekülen der Lokalanästhetikum-Injektion niemals abgedeckt werden könnte. Aber durch das Lokalanästhetikum erfolgt reaktiv eine Freisetzung körpereigener Oberflächenaktivatoren, durch die die Entzündungsreaktion der Nadelstichwunde intensiviert und sichtlich auch verlängert wird.

Daß hier die pharmakologische Substanz überwiegend nur regulatorisch wirkt, ist durch die vergleichenden Untersuchungen von W. Scheidt (zit. nach Kellner 1976) *(84)* glaubhaft gemacht: die Infiltration von Luft führt – wenn auch weniger intensiv – zu gleichen Effekten, d. h. zu regulatorischem Einfluß. Wesentlich ist, daß es sich um einen Stoß ins Regulationsgeschehen handelt. Die Substratwirkung tritt dabei weit in den Hintergrund, doch soll diese nicht gänzlich übersehen werden – die Reparationsvorgänge um den Nadelstich laufen innerhalb von 10 Minuten an und gehen daher noch unter der analgesierenden Wirkung des Lokalanästhetikums für den Patienten schmerzlos vor sich.

Kellner erinnerte dabei an das bekannte, aber in den Überlegungen vernachlässigte Prinzip, daß ein chronischer Krankheitszustand nur über eine akute Reaktion lösbar ist. Verständlich sei dieser Vorgang nur, wenn man über das Prinzip der Flüssigkeitskristalle und ihrer Variabilität Bescheid weiß. Solche Vorgänge hat später Trincher (1981) *(221)* in der extrazellulären Gewebsflüssigkeit näher beschrieben. Das Sekundenphänomen, das bekannteste Ereignis in der Neuraltherapie, ist daher nichts anderes als eine kurzfristige Wiederherstellung der Reaktionsautonomie im Bereich der Störstelle.

Auch Heine (1987) *(52)* findet gleiche Voraussetzungen für die Wirkungsweise der Neuraltherapie – er zieht Parallelen zur Akupunktur. Die Abklärung der Histologie der Akupunkturpunkte als ein die Fascia superficialis senkrecht perforierendes Gefäß-Nerven-Bündel mit einem Durchmesser von 5–7 mm mit paraneuronalen Gewebszylindern, die lockeres weiches Bindegewebe enthalten, läßt sowohl die Wirkung der Akupunktur (bei strenger Beachtung der entsprechenden Punkte) als auch die Beeinflussung durch die diffuse Verbreitung des Lokalanästhetikums verstehen. Alle bisher untersuchten Akupunkturpunkte zeigten dieses morphologische Muster, aber es gibt wesentlich mehr solcher Stellen, als bisher Akupunkturpunkte beschrieben wurden (Heine 1987) *(52)*. Jedenfalls ist die Wirkung der Neuraltherapie nur über die Einflußnahme auf Regulationen erklärbar. In ihrer Gesamtheit – und nicht nur durch das Sekundenphänomen – bietet sie deshalb wie alle anderen unspezifischen Methoden die Möglichkeit, Störungen der Abwehrregulationen zu lösen und über eine Phase der Aktualisierung einer geringeren Entzündungsreaktion (Stich der Injektionsnadel) und deren Intensivierung die Regelsysteme der Abwehr zu normalisieren.

In letzter Zeit wird die Neuraltherapie wieder einmal vehement angegriffen und als gefährlich apostrophiert. Von einer angeblich hohen Rate allergischer und anaphylaktischer Reaktionen und einer Reihe tödlicher Zwischenfälle wird berichtet. Nun sollen mögliche Nebenwirkungen nicht bagatellisiert werden – aber ihre Häufigkeit wird sichtlich übertrieben.

Im Rahmen der eigenen Untersuchungen wurde seit 1954 u. a. auch die Neuraltherapie laufend angewandt, besonders oft auch zur Diagnostik von Herden und Störfeldern. Die genaue Zahl der Injektionen und Infiltrationen ist nicht mehr zu eruieren, da sie an verschiedenen Arbeitsplätzen durchgeführt wurden. In den vergangenen 34 Jahren war nur bei 2 Patienten eine Allergie gegen Procain zu beobachten, die übrigens mit Calcium und Antihistamin i. v. abgefangen werden konnte. Und nur ein einziger schwerer Zwischenfall außerhalb des eigenen Untersuchungsbereiches wurde uns bekannt: die Auslösung eines Pneumothorax durch eine Stellatuminfiltration bei einer Emphysematikerin. Dabei wurden auch unsererseits eine Reihe von Stellatuminfiltrationen durchgeführt (hauptsächlich nach der Methode von de Séze), insgesamt waren dies etwa 650 Eingriffe dieser Art – dabei wurde kein einziger Zwischenfall ausgelöst.

Über Stellatuminfiltrationen bei 70 Patienten mit postapoplektischen Lähmungen wurde bereits 1956 berichtet (Birkmayer und Perger 1956) *(17)* (Abb. 51). Die Stellatumanästhesie brachte die schon früher von Autoren beschriebenen Bewegungsverbesserungen gelähmter Gelenke. Der „Beinahe"-Ausgleich der Hauttemperaturen tritt unter Wirkung von Largactil (nicht mehr im Handel) und Evipan® nicht ein, da deren Wirkung in der Substantia reticularis liegt, wo die Vasomotorenzentren liegen und durch den Medikamenteinfluß nicht regulativ beeinflußt werden können. Die verbesserte Beweglichkeit wird aber mehr durch die Reduktion des spastischen Tonus ausgelöst (Tab. 41). Solchen Effekten, die für die betroffenen Menschen von großer Bedeutung sind, steht eine minimale Zwischenfallsrate gegenüber. Aber so selten die Nebenwirkungen sind, so dürfen sie nicht bagatellisiert werden, wie dies etwa bei den rund 25% allergischer Folgeerscheinungen unter Goldtherapie heute tatsächlich geschieht. Die Frage ist: warum wird darüber geschwiegen, während die Neuraltherapie mit ihrer minimalen Risikobelastung von < 1 Promille als bedrohlich hingestellt wird. Trotzdem ist selbstverständlich zu fordern, daß alle Ärzte, die die Neuraltherapie in ihre Therapiemethoden aufnehmen wollen, sich einer gründlichen Ausbildung unterziehen, die auch die möglichen Gefahren ausführlich erläutert und vermeiden hilft.

Hinsichtlich der Wirkung der Neuraltherapie ist aber noch eine neu aufgetretene Frage zu diskutieren. Untersuchungen in den Niederlanden haben ergeben, daß die Lokalanästhesie die Prostaglandine inhibieren. Die holländischen Kollegen betrachten dies als einen negativen Effekt (WEYNANTS, persönliche Mitteilung). Danach hätten die Lokalanästhetika einen gleichartigen Einfluß wie Antiphlogistika und Analgetika.

Die Frage ist, ob dieser Effekt tatsächlich nur negativ zu bewerten ist. Man kennt den primären Prostaglandinismus (BARTTER-Syndrom), einen schädlichen Überschuß an PGE_2. Es ist unserer Meinung nach logisch, auch weitere pathogen wirkende Überschüsse an anderen Prostaglandinen, Prostazyklinen, Thromboxan und Leukotrienen in Betracht zu ziehen – und dies nicht nur kongenital wie beim BARTTER-Syndrom, sondern auch durch erworbene Störungen im Grundsystem. Ihre Inhibition könnte daher auch positiv bewertet werden – die Hemmung ihrer Synthese wäre dann sogar wünschenswert. Die Klärung dieser Frage ist auch deshalb wichtig, da das ein Wirkungsnachweis im pharmakologischen Sinne ist und daher zur allgemeinen Anerkennung der heute noch als Außenseitermethode geltenden Neuraltherapie führen würde. Eindeutig positiv ist hingegen die lokalanästhetische Wirkung zu werten. Denn die Lösung der humoral-vegetativen Blockierung führt zur Aktivierung bzw. Neuingangsetzung der Abwehrvorgänge, die Anästhesiewirkung läßt diese Aktivierung aber schmerzlos ablaufen. Die Anästhesie erklärt zwar nicht den lange über ihre Wirkdauer anhaltenden klinischen Effekt, ist aber als zusätzlicher Faktor hochwillkommen: die Schockwirkung eines sonst wahrscheinlich auftretenden Schmerzes wird damit verhindert, so daß der „entblockierende" Effekt der Lokalanästhetika voll zum Tragen kommt. Auch hinsichtlich der Lokalanästhetika zeigt sich wieder, daß jeder Reiz in mehreren Regelsystemen beantwortet wird und sich diese Wirkungen summieren.

3.7.6 Homöopathie und Nosodentherapie

Dieser Aspekt der rehabilitierenden Nachbehandlung kann nur kurz gestreift werden, da der Autor keine eigenen Erfahrungen mit homöopathischer Therapie hat. Die Teilnahme an einem Homöopathie-Kurs 1955 führte sogar zunächst zu einer Aversion gegen diese Methode, da der Kursleiter die denkbar schlechtesten didaktischen Fähigkeiten besaß. Fanatismus und Intoleranz hat unsere Generation ja vorher schon im politischen Bereich in verschiedenen Schattierungen ausgiebig miterlebt, um nicht anders als allergisch dagegen zu reagieren. Erst als Kontakte zu seriösen Homöopathen bestanden und diese auch gute Therapieergebnisse vorweisen konnten, wurde diese Aversion überwunden. Das Beispiel der vorbildlichen Haltung PISCHINGER's gegenüber objektiven wissenschaftlichen Fragen war dabei sicher mitbestimmend, sich von emotioneller Haltung wieder zu lösen – das Beispiel seiner Einstellung gegenüber der stark angezweifelten Tatsache bei den Seitendifferenzen der Reizbeantwortung wurde schon angeführt. Dann aber fand der Autor keine Zeit und Möglichkeit mehr, das Versäumte nachzuholen.

Theoretisch ist die Homöopathie als Informationstherapie zu klassifizieren. Denn Information benötigt nur ein Minimum an Energie, um wirksam zu werden. Daß zu einem Effekt nicht einmal mehr Substanz nötig ist, ist das Erstaunlichste an dieser Methode. Ab etwa einer Dezimalpotenz von D 12 aufwärts ist kein Molekül der ursprünglichen Substanz mehr vorhanden. Daraus schließt man von allopathischer Seite, daß dann keine echte Wirkung mehr möglich sein kann. Wie aber selbst mehrfach bestätigt werden mußte, sind auch hohe und höchste Potenzen oft verblüffend wirksam.

Die Erklärung dafür findet sich in der Flüssigkristallstruktur des Wassers, die auch in den Hochpotenzen erhalten bleibt und die Information des ursprünglich vorhandenen Stoffes weitergibt. Auf diese Flüssigkeitskristalle hat schon KELLNER (1976) *(84)* im Zusammenhang mit der regulatorischen Wirkung der Lokalanästhetika hingewiesen (s. unter „Neuraltherapie"). TRINCHER (1981) *(221, 222)* hat – auf die einfachste Formel gebracht – beschrieben, daß auch Zelle und Zwischenzellgewebe strukturiertes Wasser enthalten. In den Zellen ist diese kristalline Struktur außerordentlich stabil und dient der Erhaltung der Zelldifferenzierung – bei maligne entarteten Zellen sei ein viel höherer Anteil an homogenem Wasser nachzuweisen. In der extrazellulären Gewebsflüssigkeit sind aber die Kristallisationsformen stark variabel, hängen von den dort vorhandenen Stoffen ab und dienen als extranervale Informationsträger. Dies steht mit der Transmitterfunktion der Grundsubstanz in Einklang. Am Beispiel der einfachsten Zelle eines Organismus, dem kernlosen

Erythrozyten, beschreibt TRINCHER dabei die Bedeutung der Zellmembran als einen „Arbeitskörper", der die biologische Energie (aus der chemischen Energie des Nahrungsstoffes) in Strukturarbeit umwandelt. Damit kommt es von biophysikalischer Seite zu einer Übereinstimmung hinsichtlich der Bedeutung der Zellmembranen und ihrer Glykokalix in elektronenmikroskopischer und vor allem biochemischer Sicht, wie dies HEINE und SCHAEG (1979) *(55)* beschrieben haben. Diese Funktionen und deren Fehler hängen vom Zustand der Zwischenzellsubstanz ab, die auf Grund der verschiedenen in ihr gelösten Substanzen eben auch eine starke Variabilität der Flüssigkeitsstrukturen aufweist. Und diese werden nun von den Flüssigkeitskristallen der homöopathischen Präparate beeinflußt, da deren Information fast ohne Energieaufwand in die Zwischenzellflüssigkeit eingespeist wird. Das ist eine Erklärung für die Wirkungsweise der Homöopathie, die immerhin auf realen Forschungsergebnissen beruht und daher akzeptabel ist.

Eigene Erfahrungen bestehen nur auf dem Gebiet der Nosodentherapie, die in mehreren Fällen von „Kinder"-Krankheiten (Masern, Röteln, Feuchtblattern) bei Erwachsenen mit schweren Spätfolgen durchgeführt wurde, nachdem alle anderen Methoden versagt hatten.

Dazu ein Fallbeispiel:

1980 wurde eine damals 40jährige Patientin (E. B.) wegen eines Kollapses im Warteraum der benachbarten Akupunktur-Ambulanz in die Ambulanz für Herd- und Regulationsforschung der Wiener Städtischen Poliklinik gebracht. Ursache des Kollapses war ein spontan hypoglykämischer Zustand. Anamnestisch war 1976 eine heftige Rubeola-Infektion vorausgegangen, von der sich die Patientin nicht mehr erholt hatte. Bei genauer Exploration ergab sich, daß dabei auch eine Meningo-Enzephalitis abgelaufen sein mußte und – unbeachtet – auch eine Pankreatitis. Der Antikörpertiter gegen Rötelnvirus betrug 1 : 512, der Nüchternblutzucker lag bei 54 mg/dl, die Alpha-Amylase im Serum und Harn war erhöht (174 U/l i. S., 788 U/l i. H.). Versuche, die Immunfunktionen mit Akupunktur, Immunstimulation etc. wiederherzustellen brachten kein Ergebnis. Erst die Therapie mit den Nosoden Rubeola und Rubeola forte führte über einen AK-Titeranstieg von 1 : 1024 mit nachfolgendem Abfall auf 1 : 32 zum Abklingen der Pankreopathie mit Normalisierung der Alpha-Amylasen und zum Sistieren der Spontanhypoglykämien. Abgesehen von vegetativer Übererregbarkeit, z. B. bei Wetterwechsel, und Neigung zu Angstzuständen bei psychischen Belastungen konnte die Patientin wiederhergestellt werden.

Die Nosodentherapie wurde dabei primär eigentlich als Desensibilisierungsbehandlung eingeschätzt. Wie der AK-Titeranstieg – der nicht nur bei der geschilderten Patientin zu erfassen war – zeigt, entspricht die Wirkung aber mehr einer Aktivierung der spezifischen Immunfunktionen.

Homöopathie und Nosodentherapie können in der Hand eines erfahrenen Therapeuten absolut Positives leisten, um blockierte Abwehrfunktionen wieder in Gang zu bringen – sowohl im unspezifischen wie auch im spezifischen Regelsystem. Aber auch hier ist eine gründliche Ausbildung die Voraussetzung für den Erfolg.

3.7.7 Rehabilitation der Abwehr mit körpereigenen Stoffen

Im Sinne der Immunstimulation bzw. Rehabilitation der Abwehrvorgänge fallen unter die Therapie mit körpereigenen Stoffen nur drei Substanzen:

1. Eigenblut
2. Die 3fach-konjugiert-ungesättigten Fettsäuren (Elpimed®)
3. Der Faktor „L" (Lymphomed) zur Auslösung der Lymphozytenphase (Pischinger 1979) *(185)*

Die Eigenbluttherapie ist eine Reizkörpertherapie und wurde deshalb schon unter „Reizkörpertherapien" angeführt. Typisch für Reizkörper ist, daß sie im unspezifischen Wirkungsspektrum stets eine Alarmreaktion bzw. bei zu hoher Dosierung eine Schockreaktion auslösen.

Das ist aber bei den von Pischinger isolierten Wirkstoffen des Grundsystems nicht der Fall. Beide Stoffe, der Monozyten- und der Lymphozytenfaktor, sind Starter für jeweils eine ganz bestimmte Phase der zellulären Abwehrvorgänge. Nur die anderen Eigenschaften – die Wirkung auf die O_2-Utilisation und die Aktivität der ungesättigten Lipide sowie das Verhalten der Mineralstoffe sind weitgehend kongruent. Lediglich die Eigenschaft, humoral-vegetative Schockzustände zu lösen, ist beim Monozytenfaktor bei weitem ausgeprägter als beim Lymphozytenfaktor.

Die im folgenden beschriebene Wirkung des Lymphozytenfaktors ist derzeit aber nur theoretisch, denn dieser Stoff ist derzeit noch nicht allgemein verfügbar. Wenn auch Pischinger den Lymphozytenfaktor als Nukleotid beschrieben hat, so ist derzeit eine exakte chemische Definition dieser Nukleotide nicht vorhanden, weshalb auch nicht so bald an eine Zulassung als allgemein anwendbares Medikament zu denken ist. Dies ist bedauerlich, denn der Einsatz dieser Stoffe ermöglicht eine phasengerechte Immunstimulation.

Man kann mit den beiden Faktoren nämlich genau jene Phase der zellulären Abwehrvorgänge in Gang setzen, die gerade durch eine Regulationsblockade nicht eintreten konnte.

Es ist bezeichnend für das energetisch offene, dicht vernetzte Regelsystem eines Organismus, daß die Fähigkeit zur Schockreaktion nach allem bisherigen Wissen bis zuletzt erhalten bleibt. Dies deutet – wie schon beschrieben – darauf hin, daß es sich dabei um biophysikalische Vorgänge handelt. Ein primärer Schock wird durch PH-Wert und Polarisationsveränderungen ausgelöst. Dafür existiert kein humoraler Stoff, da dessen plötzlich benötigte Konzentration an der Körperstelle der Noxeninvasion nicht gewährleistet ist – dies ist jedenfalls der heutige Stand unseres Wissens. Erst die nachfolgenden zellulären Phasen (Makrophagen- und Lymphozytenphase) hängen von humoralen Reaktionen ab.

Reize mit exogenen Faktoren zur Immunstimulation (Balneologie, Reizkörpertherapie, Vakzinen etc.) führen aber stets zu einer Auslösung der gesamten Alarmreaktion und damit zu einer verwirrenden Überlagerung der primär bestehenden Abwehrlage und den experimentell oder therapeutisch ausgelösten Alarmreaktionen (Kellner, persönliche Mitteilung). Dies fanden wir immer wieder bestätigt, wenn wir im Regulationstest (ELPIMED-Test) neben der Jodometrie und der Oxymetrie noch die Blutbildveränderungen, die der Mineralstoffe, der Immunglobuline und der Spurenelemente miterfaßten. Die phasengerechte Lösung von Funktionsstörungen ergab hingegen stets eine geradlinige Fortsetzung der physiologischen Abwehrvorgänge.

Mit dem Monozytenfaktor (Elpimed®) kann man – wie schon ausführlich erörtert – die humorale Schockphase lösen und die Makrophagenphase einleiten. Pischinger hat mehrfach beschrieben, daß man damit eine signifikante Erhöhung der Monozyten und eine ebenso signifikante Verminderung der Lymphozyten im strömenden Blut auslöst. Dies wurde zuerst an Meerschweinchen und Hunden, später auch am Menschen einwandfrei nachgewiesen und ist jederzeit reproduzierbar.

Diese einmal angeregte Funktion setzt sich bei noch weitgehend normal reagierenden Abwehrfunktionen (z. B. nach banalen Erkältungskrankheiten) weiter fort und geht automatisch in die Lymphozytenphase über.

Das gelingt aber einem Organismus mit einer höhergradigen Abwehrstörung und mit der Belastung von unüberwindbaren Noxen

(z. B. stummen chronischen Entzündungen, Fremdkörpereinschlüssen etc.) nicht mehr. Dies gelingt ebenfalls nicht mehr, wenn toxische Belastungen oder Mangelzustände (besonders an Spurenelementen und an Mineralstoffen) bestehen. Solche herdmäßigen und toxischen Belastungen und die Mangelzustände verhindern die Wiederherstellung normaler Abwehrfunktionen und müssen daher entsprechend therapiert werden.

Therapeutisch von Wichtigkeit ist auch, daß der Monozytenfaktor nicht nur die Makrophagenphase in Gang setzt, sondern auch humorale Schocks zu lösen imstande ist. Persistierende Schocks bei an sich morphologisch abgeschlossenen Prozessen sind daher eine dankbare Indikation für eine Elpimed®-Therapie. Die Patienten erholen sich schneller und die Restitutionsvorgänge werden sichtlich beschleunigt. Schockzustände nach Commotio und Contusio cerebri und nach apoplektischen Insulten werden schnell gelöst. Natürlich werden dadurch die Funktionen zerstörter zerebraler Areale nicht wiederhergestellt, wohl aber diejenigen in den ödematösen oder ischämischen Randzonen. Der Grad der Remission hängt davon ab, wie groß das zerstörte Areal und wie breit die funktionell gestörte Randzone ist – so ist manchmal eine erstaunlich große, manchmal nur eine geringe Remission zu erreichen. Auch Schocks nach Frakturen, anderen Verletzungen und Verbrennungen sowie nach akuten Intoxikationen sind – nach spezifischer Versorgung – durch den Monozytenfaktor anhaltend zu lösen. Die Verabreichung im Ablauf akuter Infektionen, d. h. bei aktiver Noxenwirkung, ist aber abzulehnen: die Immunstimulation mit dem Monozytenfaktor allein führt zu einer Intensivierung der Entzündungsreaktion und damit zu einer erhöhten Gewebszerstörung im Krankheitsgeschehen.

Die schockartige Wirkung auf das Grundsystem durch spezifische hochwirksame Chemotherapeutika kann jedoch durch die Beigabe des Monozytenfaktors aufgehoben werden. Das war besonders wertvoll bei den Phenylbutazonen, die vor 20–30 Jahren in der Rheumatherapie vorherrschend waren: durch die Zugabe von 1 Amp. Elpimed® wurde die Nebenwirkungsrate praktisch auf Null gesenkt. Auch die spezifische Wirkung der Antibiotika wird beträchtlich intensiviert und Allergisierungen der so behandelten Patienten seit Jahren nicht mehr beobachtet (s. a. Abb. 48).

Allergische und anaphylaktische Reaktionen entstehen ausschließlich auf der Basis humoraler Schockphasen – jeder exogene Reiz wird mit der Alarmreaktion nach Selye bzw. einer Entgleisungsform dieser unspezifischen Reaktion beantwortet. Da das Grundsystem und seine Fibroblasten aber nicht zwischen Gut und Böse (HEINE 1987) *(53)* bzw. zwischen nützlich und schädlich unterscheiden kann, wird auch die Zufuhr medikamentöser Stoffe gleichartig beantwortet. Das Prinzip der Schockverhinderung, wie es z. B. durch den Zusatz von Elpimed® zu wichtigen Medikationen praktiziert wird, sollte daher noch weiter pharmakologisch erforscht werden. Die Bestrebungen, die Nebenwirkungsraten ständig zu vermindern, laufen in der Pharmakologie bereits von Anfang an intensiv – die Richtung geht aber ziemlich ausschließlich zu immer besser verträglichen Derivaten bereits als wirksam bekannter medikamentöser Stoffe, wie dies die Entwicklung von den Phenylbutazonen bis zu den Ibuprofenen zeigt. Ein zweiter Weg ist aber die Entdeckung und Erforschung von Zusatzstoffen wie der Monozytenfaktor, die solche Nebenwirkungen von vornherein verhindern können.

Die gleichzeitige Schocklösung und die Einleitung der Makrophagenphase mobilisieren sekundär auch das Immunsystem, da mit der Lösung des humoralen Schocks der Calcium-Spiegel in der extrazellulären Flüssigkeit wieder ansteigt und damit die lokalen ATPasen aktiviert werden, was zu einer verbesserten Energiefreisetzung aus dem Abbau von ATP führt.

Ein weiterer Faktor im Wirkungsspektrum ist die Verbesserung der O_2-Utilisation. Sogar beim ruhenden gesunden Probanden wird diese über 2–3 Stunden intensiviert. Der Ruhe- bzw. Ausgangswert liegt bei 40 ± 3% Oxy-Hämoglobin und sinkt nach Injektion des Monozytenfaktors auf rund 25% ab. Nach 3 Stunden ist dieser Effekt beim Gesunden wieder ausreguliert, d. h. der Ausgangswert ist wieder erreicht. Bei chronischen Kranken führt die Injektion aber zu einer Störung entsprechend der pathologischen Reaktionslage (s. Kap. „Besonderheiten der unspezifischen Parameter"). Aber auch bei pathologischer Abwehrfunktion ist anfänglich immer ein Trend zur Normalisierung festzustellen, d. h. auch in der O_2-Utilisation zur Homöostase zurückzugelangen. Das alles zeigt, daß die ungesättigten Lipide wesentlichen Anteil an den homöostatischen Funktionen haben.

Die Therapie mit dem Monozytenfaktor ist individuell zu entscheiden. Sie hängt von der spezifischen Diagnose ebenso ab wie vom Grad der Abwehrstörung. Die Injektionen werden je nach Fall zwischen 1× wöchentlich und 2× täglich verordnet. Wie schon angeführt genügt oft eine einzige Injektion, um eine verzögerte Rekonvaleszenz nach einem grippalen Infekt oder einer ähnlichen banalen Erkrankung abzukürzen. Bei den „sanierten" Patienten, bei denen die stummen chronischen Entzündungen, die toxischen Belastungen und die Mangelzustände behoben sind, zeigt eine zunächst sanfte Therapie von 1× wöchentlich 1 Injektion eine Besserung der Grundfunktionen. Bei gutem Effekt kann der Abstand zwischen den Injektionen aber auch kürzer sein. Beim hochgradigen Emphysem verbessert diese Therapie die O_2-Utilisation beträchtlich: 2–3× wöchentlich oder aber auch täglich 1 Amp. hilft diesen Patienten meist ausgezeichnet. Aber es gibt auch schwierigere Fälle: so steht ein derzeit 62jähriger Patient in Dauerkontrolle, bei dem eine jahrelang nicht erkannte chronische Hg-Vergiftung zu einer scheinbar nicht mehr behebbaren O_2-Utilisationsstörung geführt hat. Dieser Patient benötigt täglich 2 Amp. Elpimed®, dann ist er voll arbeitsfähig. Bei Absetzen der Therapie kommt es aber zu Atembeschwerden, die zwar äußerlich asthmoid wirken, bei denen aber kein Bronchospasmus besteht. Auch eine kardiale Komponente ist bei normalem Ruhe- und Belastungs-EKG nur höchst bedingt wahrscheinlich. Er atmet dann hastig und tief, wird dabei zyanotisch und ist zu keiner körperlichen Tätigkeit fähig. Da dies bisher der einzige Patient mit einer solch eigentümlichen Störung ist, ist die Annahme eines Mangels bzw. einer Störung der O_2-Verwertung hypothetisch.

Neben der systemischen Anwendung von Elpimed® besteht eine weitere Möglichkeit zur Therapie in der lokalen intrakutanen Quaddelung, wie sie Busch und Busch (1978) *(23)* angegeben haben. Dabei tritt die systemische Wirkung stark zurück, die lokale Wirkung ist aber sehr gut. Man kann den nachfolgenden Effekt schon dadurch abschätzen, daß man die hyperämische Reaktion um die Quaddeln nach ca. 30 Sekunden begutachtet: je stärker diese ausfällt, desto wirksamer ist der Effekt. Die lokale Anwendung ist besonders erfolgreich bei degenerativen Prozessen (Arthrosen, segmentale Verspannungen nicht-entzündlicher Natur wie Osteochondrosen etc.). Sie wird mit 10–12 Quaddeln von je 0,1 ml 1× wöchentlich 5–10mal durchgeführt. Dies sind wichtige Zusatzindikationen, die sich in fast 40jähriger Arbeit auf dem Gebiet der Regulationsstörungen ergaben. Immunologisch am interessantesten ist die Auslösung der Gegenschockphase und die Einleitung der Makrophagenphase, die Überwindung des lokalen und ganzheitlichen humoralen Schocks und die Aktivierung der Gesamtabwehr des Organismus.

Die zweite Substanz, der vermutete Lymphozytenfaktor, fand

Pischinger erst nach langem Suchen von mindestens 15 Jahren – soweit die Erinnerung nicht trügt. Schließlich entdeckte er eine Substanz in den venösen Sinus der Lymphknoten, wo sie sich im Laufe der Makrophagenphase immer mehr anreichert. Ist eine ausreichende Konzentration erreicht, kommt es zum Unschlag in die Lymphzytenphase. Der eiweiß- und triglyzeridfreie Lymphextrakt besitzt in der UV-Spektrographie ein Absorptionsmaximum bei 2600 Å, bei Beimengung anderer Stoffe (nach einer persönlichen Mitteilung von Kellner handelt es sich wahrscheinlich um ATP) liegt das Maximum bei 2750 Å. Auf Grund dieser Absorptionsbande ist die Annahme berechtigt, daß es sich um Nukleotide handelt (Pischinger 1979) *(185)*. Im Vollserum entspricht dieses Absorptionsmaximum ungefähr der Harnsäure (2900 Å).

Die Wirkung des Lymphozytenfaktors ist für jeden schulmäßig ausgebildeten Arzt leicht verständlich. Pischinger fand nach Injektion dieses Faktors eine signifikante Zunahme der Lymphozyten und eine Abnahme der Monozyten. Spätere Untersuchungen des Autors ergaben auch eine beträchtliche Zunahme an Immunglobulin G, die auch beim gesunden Probanden innerhalb von 3 Stunden um und über 200 mg% beträgt.

Im Tierversuch (Meerschweinchen) konnte Pischinger mit hohen Konzentrationen des Faktors „L“ eine fast völlige Entleerung aller Zonen der Lymphknoten feststellen. Das ist ein untrügliches Zeichen dafür, daß sowohl T- als auch B-Lymphozyten über die Lymphbahnen ins Blut abgegeben werden. Dieser Effekt auf die Gesamtpopulation der Lymphozyten ist aber nicht selbstverständlich. Es könnte z. B. das Thymusorgan nicht nur für die Prägung, sondern auch für die Aktivierung der T-Lymphozyten zuständig sein bzw. wäre auch ein weiterer humoraler Stoff dafür denkbar.

Injiziert man aber einem Meerschweinchen physiologisch angepaßte geringe Mengen des Extrakts, erhöht sich der Lymphozytenanteil im Blut innerhalb von 24 h von 30–50% auf 65–70%, der Monozytenanteil sinkt von 2,4 auf 1,1% (Pischinger 1979) *(185)*. Nach den eigenen Untersuchungen läuft die lymphozytäre Reaktion beim Menschen wesentlich schneller ab. Bei 54 Differentialblutbildern vor Injektion sowie 1,3 und 24 h nach Injektion dieses Faktors (Trockensubstanzgehalt 0,5%), zeigte sich das Maximum des Anstieges der Lymphozyten bereits nach 3 h. Nach 24 h war die Lymphozytenvermehrung bereits wieder im Abklingen. Außerdem war die Reaktion je nach bestehender Ausgangslage stark unterschiedlich.

Bei 4 gesunden Probanden stieg die Lymphozytenzahl von 22–34% auf 48–64% an, bei pathologischer Ausgangslage von chronisch Kranken nur um 9–21% und blieb bei 2 Patienten mit einem Serum-Zink-Gehalt von < 30 µg/dl gänzlich aus.

Veränderungen im γ-Globulin-Gehalt i. S. konnten nur im 3-Stunden-Test erfaßt werden. Diese Schwankungen sind nur im Zusammenhang mit der spezifischen Krankheit und mit dem Zink-Spiegel beurteilbar. Sie zeigen je nach Krankheit starke Differenzen. Bei 24 Patienten mit entzündlichem Gelenkrheumatismus fällt das γ-Globulin in 3 Stunden um rund 33% ab, bei 22 MS-Patienten stieg er hingegen in der gleichen Zeit um rund 25% an. Bei 55 Tumor-Patienten – alle bereits post operationem – ging der γ-Globulin-Anteil um 5–10% zurück. Es steht dabei nicht fest, ob dies durch Verschiebungen zum Gewebe oder durch Abbau bzw. Zunahme im Blut geschieht. Auch die Leukolyserate im Blut wurde bei Injektion des Lymphozytenfaktors noch nicht untersucht. Hier wird nur das Phänomen an sich geschildert. Die Bestimmung der Serumeiweißfraktionen wurde mit der Stärkegel-Dünnschicht-Elektrophorese nach MARUNA und GRÜNDIG durchgeführt, die auch eine Differenzierung in IgA, IgM und IgG ermöglicht. Bei den Rheuma-Patienten sinkt in den ersten 3 Stunden IgA und IgM deutlich, IgG nur gering ab. Bei den MS-Patienten war eine deutliche Steigerung des IgM bis zu 13% vom Ausgangswert und ein Anstieg des IgG um ca. 5% zu beobachten (diese 5% liegen noch an der Grenze der Fehlerquelle der Methode). Bei den Patienten mit operierten soliden Malignomen fällt der IgM-Anteil innerhalb von 3 h um rund 13% ab, IgG steigt um ca. 5% an.

Die unterschiedlichen Reaktionen bei diesen 3 verschiedenen Krankheitsbildern sind in ihrer Ursache noch abzuklären. Bei Kontrollen nach 10 Injektionen des Lymphextraktes zeigen sie dann aber einen deutlichen Trend zur Normalisierung der Immunglobulinverhältnisse: überhöhte Werte von IgA und IgM werden abgebaut, die IgG-Werte nähern sich der Norm an.

Die Begriffsbestimmung IgA und IgM ist in der Stärkegel-Dünnschicht-Elektrophorese – wie schon im Kapitel „Funktionsteilung zwischen Grund- und Immunsystem" ausführlich besprochen – etwas problematisch, da mit großer Wahrscheinlichkeit ein Steckenbleiben von IgG in der elektrophoretischen Bande des IgM bei der Wanderung der Moleküle im elektrischen Feld anzunehmen ist. Jedenfalls ist die Aussage berechtigt, daß die Normalisierung der IgG-

Fraktion funktionsfähige IgG hervorbringt und pathologisches IgG abbaut. Dabei muß noch die Frage des höheren Molekulargewichts von pathologischem IgG und – was schwieriger zu erfassen und zu verstehen ist – auch eine veränderte elektrische Ladung dieser Moleküle diskutiert werden.

So gibt es eine Reihe von Fragen im Zusammenhang mit dem Lymphozytenfaktor, die noch offen sind und einer Klärung bedürfen. Deshalb wurden auch die bisherigen Untersuchungen nur andeutungsweise dargestellt. 101 Testungen bei so verschiedenen Ausgangslagen und so verschiedenen spezifischen Krankheiten (verschiedene Formen des entzündlichen Gelenkrheumatismus, schubweise und chronisch-progrediente Verlaufsformen der Multiplen Sklerose und verschiedene Malignome) sind einfach nicht ausreichend, um sichere und abschließende Aussagen zu erlauben. Wir kennen ja nicht einmal die Normwerte dieser Stoffe im Blut in Ruhe und im normalen Abwehrgeschehen, wie dies durch die Jodometrie hinsichtlich des Monozytenfaktors bereits möglich ist. Aber die bisher durchgeführten Untersuchungen geben immerhin die Richtung an, wie sich der Lymphozytenfaktor auf die Immunglobuline auswirkt. Weiter ist zu bemerken, daß diese Testungen nicht phasengerecht durchgeführt wurden, sondern im Rahmen einer ersten Durchuntersuchung – ein weiterer Grund, mit der Beurteilung der ausgelösten Vorgänge noch zurückhaltend zu sein.

Doch gibt es noch weitere Hinweise auf die Wirkung des Faktors „L" auf die B-Lymphozytenpopulation: die Erhöhung spezifischer AK-Titer. So fand sich bei nicht sanierten Polyarthritikern ein Anstieg des ASLO-Titers von 300 IE auf bis zu 2000 IE. Auch bei grenzwertigen AK-Titern gegen Röteln, Masern, EPSTEIN-BARR-Virus und Toxoplasmose von 1 : 64 fanden wir vereinzelt auch bei jahrelang zurückliegender Infektion noch Anstiege bis zu 1 : 512 – also eine Aktivierung der humoralen Abwehr gegen nicht-überwundene Reste dieser Infektionen.

Ein Hinweis auf die Wirkung des Lymphozytenfaktors auf die T-Lymphozyten konnten wir erstmals bei einer Patientin nach Mammakarzinom-Operation beobachten. Bei dieser Patientin war anderenorts schon kurz nach der Operation eine komplette Inaktivität der T-Lymphozyten festgestellt worden. Nach 10 Injektionen mit steigenden Dosen dieses Faktors (0,3–1,2 ml einer Lösung mit 0,1% Trockengehalt) ergab die Kontrolle an der gleichen Untersuchungsstelle eine deutliche, wenn auch nicht völlig normale Funktion der zellvermittelten Immunität. Auch bei 2 weiteren Tumor-Patienten konnten gleichartige Wirkungen nachgewiesen werden.

Der Lymphozytenfaktor ist aber keineswegs für eine rein konservative Therapie maligner Tumoren geeignet. Bei 2 Patientinnen mit Lokalrezidiven eines Mammakarzinoms gingen zwar die lokalen Tumoren meßbar etwas zurück, aber schwanden keineswegs völlig. Bei einem Patienten mit einem operierten metastasierenden Seminom mit abdominellen Lymphknotenmetastasen, und einer großen Metastase in der linken Niere gingen die Lymphknotenmetastasen so stark zurück, daß der Chirurg bei der Nephrektomie keinen Anhalt für deren Befall mehr fand, die große Nierenmetastase war aber von der Therapie völlig unbeeinflußt. Nach wie vor ist deshalb die Entlastung von Tumoren notwendig, der Lymphozytenfaktor hat erst in der immunstimulierenden Nachbehandlung seine wahrscheinlich große Bedeutung.

Im Sinne der T-Lymphozyten-Aktivierung ist auch der Effekt auf die häufigen Darmmykosen bei Tumor-Patienten zu werten. Über die Hälfte dieser Patienten leiden unter klinisch relevanten Sproßpilzmykosen bis zu $> 10^6$ Org/g. Bei Patienten mit malignen Tumoren und in Spätstadien konsumierender Entzündungen sind die hochgradigen Darmmykosen nicht durch lokale intestinale Prozesse bedingt, sondern entstehen sekundär durch die extraintestinal induzierte Störung der zellvermittelten Immunität. Es gilt als gesichert, daß die Pilzabwehr von der zellvermittelten Immunität abhängt. Erst eine erfolgreiche Immunstimulation bringt auch diese wieder zur Wirkung – und hier war der Effekt des Lymphozytenfaktors besonders deutlich. Ab Frühsommer 1986 mußten aber diese Untersuchungen eingestellt werden. Abgesehen von dem fast völligen Verbrauch der noch von Pischinger († 1983) hergestellten Mengen zeigte sich ein Unwirksamwerden der vorhandenen Reste. Und eine neue Herstellung auch nur geringer Mengen zu Forschungszwecken ist bisher nicht möglich gewesen.

Bei den höchsten Konzentrationen (Trockensubstanzgehalt 1,0–1,2%) löste man bei vielen Patienten Fieber aus. Bei Verdünnungen auf 0,5% tritt Fieber schon viel seltener auf und bei Verdünnungen auf 0,1–0,2% kann man diese Reaktion völlig vermeiden. Man beginnt mit 0,2 ml einer 0,2%igen Lösung und kann mit steigenden Dosen auch ohne Fieberreaktion einen positiven klinischen Effekt erreichen. Wichtig ist wieder die Beachtung der Interaktionen und Vernetzungen der Abwehrvorgänge. Deshalb soll hier nochmals auf die Wirkungslosigkeit der Anwendung des Lymphozytenfaktors bei hochgradigem Zink-Mangel (< 30 µg/ml Serum) hingewiesen werden. Bei der humoralen Immunreaktion ist – um auch dies zu wiederholen – Zink für die Funktion der RNS-Polymerasen unverzichtbar, so daß dieser Mangel zumindest gleichzeitig behandelt werden muß.

Völlig unklar ist eine weitere Beobachtung: bei 4 Patienten mit Schizophrenie konnte eine so weitgehende Remission erreicht werden, daß diese Patienten wieder normal arbeitsfähig wurden und sozial eingeordnet blieben. Dieser Aspekt dieses Lymphextraktes verdient eine genauere Untersuchung, da hier eine neue Chance bestehen könnte, diesen Menschen besser als bisher helfen zu können. Es sei auch daran erinnert, daß sich gerade beim schizophrenen Formenkreis stets besonders hohe Jodverbrauchswerte i. S. (über 1000 µg JVW/ml Serum) fanden, die sich zugleich im Stimulationstest als starr erwiesen.

Obwohl die Untersuchungen über den Lymphextrakt seit 2 Jahren unterbrochen werden mußten, da derzeit nicht einmal für Forschungszwecke ausreichend kleine Mengen zur Verfügung stehen, wurden die bisherigen Ergebnisse hier geschildert. Es gibt die Möglichkeit einer phasengerechten Immunstimulation zur Anregung der Monozyten- und der Lymphozytenphase. Während der Monozytenfaktor zur Verfügung steht, sollen die bisherigen Ergebnisse mit dem Lymphextrakt spätere Untersuchungen erleichtern helfen und die Grenzen der Anwendbarkeit der Regulationsmedizin auch auf derzeit noch nicht beeinflußbare Abwehrstörungen ausdehnen helfen.

Zusammenfassend darf die rehabilitierende Nachbehandlung folgendermaßen definiert werden. Sie beruht im wesentlichen auf der Wiederingangsetzung der unspezifischen Grundfunktionen. Diese Normalisierung wirkt sich kybernetisch aus, denn das Grundsystem ist für die Startenergie der Abwehrleistungen und für die Kybernetik der vernetzten Abwehrfunktionen (Funktion als Ordnungsprinzip) nach allem bisherigen Wissen entscheidend. Denn die anderen Regelsysteme können nur über das Grundsystem miteinander in Kontakt und gegenseitige Beeinflussung gelangen – allein ohne Transmitterfunktion der Zwischenzellsubstanz geschieht gar nichts. Dazu kommt noch die Funktion der Energievermittlung und die Aufrechterhaltung des Biopotentials und des Gewebe-pH's.

An Hand der geschilderten Vorgänge ergibt sich, daß der Schlüssel zur Dauerheilung chronischer Erkrankungen in der Grundregulation und deren Funktionsrehabilitation liegt. Der Ansatz zur Immunstimulation liegt überwiegend im Bereich der unspezifischen Grundregulationen und diese können durch verschiedene Therapiemethoden wieder in Gang gesetzt werden – Ausnahme sind die Enzymgifte und toxische Belastungen, die direkt in die spezifischeren Immunvorgänge eingreifen. Neben den hier geschilderten Therapiemöglichkeiten, die dem Autor praktisch bzw. z. T. wenigstens theoretisch geläufig sind, gibt es Methoden, die ihm nur vage oder nicht bekannt sind. Auch diese können und sollen noch auf ihre Wirkungen hin überprüft werden.

Die Rehabilitation der vernetzten Abwehrfunktionen bei gleichzeitiger Anwendung bekannter und bewährter spezifischer Therapien ermöglicht eine wesentliche Verbesserung der Dauerheilungschancen und ermöglicht auch eine allgemeine Anhebung der Volksgesundheit, da auch manche prophylaktische Maßnahmen aus den Untersuchungsergebnissen entnommen werden können. Hier sei nur auf die Ausführungen über die subsymptomatischen Schwermetallbelastungen hingewiesen, die vielfach vermieden werden könnten, sowie auf die Bedeutung einer normalen Darmkeimbesiedlung, die ebenfalls durch individuelle Maßnahmen und Vermeidung von Fehlernährung in ihrer Häufigkeit verringert werden kann.

3.8 Ergebnisse der Regulationstherapie

Die Indikationen zur Regulationstherapie ergeben sich aus den geschilderten fast 40jährigen Erfahrungen. Die Indikationsstellung kann unnötig sein, prophylaktisch und therapeutisch gerechtfertigt und schließlich auch aussichtslos und daher unsinnig.

Regulationstherapien sind unnötig, solange ein Organismus und seine Abwehreinrichtungen in der Lage sind, Infekte oder auch Verletzungen und andere Noxen von sich aus zu überwinden. Die Abwehrlage wird dann durch die Überwindung der einwirkenden Noxen bzw. durch die Auseinandersetzung damit gestärkt. Das konnte an 112 Patienten nach unbehandelten „grippalen" Erkältungen beobachtet werden: 2–3 Jahre blieben diese Patienten von weiteren banalen Erkältungsinfekten verschont. Bei allen anderen Patienten, die Antipyretika und Antibiotika erhalten hatten, war eine humorale Schockphase von 3–4 Monaten Dauer zu registrieren, während der Rezidive und Neuinfektionen häufig waren. Bei 17 Patienten ohne und 26 Patienten mit Antibiotikatherapie wurde die Inhibition der γ-Globulinbildung durch Antibiotikatherapien nachgewiesen (Perger 1981) *(151)* (s. a. Kap. „Spätfolgen von Chemotherapien").

Natürlich muß man sich überlegen, welchen Patienten man die Nichtbehandlung eines fieberhaften Infekts zumuten kann – dafür kommen nur sonst gesunde und jüngere Personen in Frage, nicht jene mit Herz-Kreislauf-Erkrankungen und Patienten mit entzündlichen chronischen Prozessen und Tumoren. Doch hat sich bei diesen Personen die für die Grundregulationen schonende Therapie mit Human-γ-Globulin oft besser bewährt als eine gegen Viren sowieso nur sehr fraglich wirksame Antibiotikatherapie. Bei Bestehen einer chronischen Bronchitis sind letztere aber wegen der Aktivierung der bakteriellen Infektion durchaus indiziert. Die humoralen Schocks, die durch die Kombination der Wirkungen von Virus- und Chemotherapie ausgelöst werden, können aber auf einfache Weise – wie schon früher beschrieben – durch eine oder mehrere Injektionen mit dem Monozytenfaktor gelöst werden.

Ebenso einfach ist die Regulationstherapie der Darmkeimverhältnisse nach Antibiotikatherapie: die Zufuhr rechtsdrehender Milchsäure enthaltender Lebensmittel oder Medikamente und bei Notwendigkeit auch gefriergetrockneter Darmsymbionten in der ebenfalls schon beschriebenen Weise sofort nach Abschluß der Antibiotikagaben verhindert die Entwicklung bakterieller und mykotischer Darmdysbiosen mit all ihren direkten und indirekten Folgen auf das Befinden und die Abwehrregelkreise der Patienten.

Auch die Behebung von Mangelzuständen ist – wie ebenfalls schon ausführlich dargestellt – geeignet, die Abwehrfunktionen zu normalisieren. Prophylaktische Maßnahmen durch die Eliminierung stummer chronischer Entzündungen führen zu nachweisbar geringerer Anfälligkeit für alle Krankheiten. Das kann an Hand der Entwicklung der Krankenstände einer gut überblickbaren Betriebskrankenkasse belegt werden (Perger 1977, 1988) *(144)* Als arbeitsmedizinischer Konsulent von 1961–1969 sowie ab März 1969 als Chefarzt der Betriebskrankenkasse der Austria-Tabakwerke AG (des österreichischen Tabakmonopols) konnte der Autor z. T. eine Reihe von Maßnahmen der Regulationstherapie durchsetzen, da der Einfluß des

Leiters des Gesundheitswesens aus verschiedenen dienstrechtlichen Besonderheiten dieses Unternehmens ziemlich groß ist.

Zwischen 1961 und 1967 wurde im Rahmen der Untersuchung von Neuaufnahmen bei 156 Bewerbern eine chronisch-atrophierende Tonsillitis festgestellt und daraufhin die Tonsillektomie vorgeschlagen. Die Operation erfolgte bei 102 Personen größtenteils im vierten Jahr der Betriebszugehörigkeit, 54 Personen verweigerten die Operation. Das Aufnahmealter lag bei rund 25 Jahren. Die Krankenstände lagen in den ersten 4 Jahren im Durchschnitt bei 17,8 d/a. Nach der Tonsillektomie gingen die Krankenstände bei den 102 Betriebsangehörigen auf durchschnittlich 12,86 d/a zurück, bei den 54 Nichtoperierten stiegen sie auf 27,4 d/a an – darunter lagen die Krankenstände wegen rheumatischer Affektionen um über 4× so hoch wie in der Gruppe der Tonsillektomierten (Tab. 42). Im Gesamtvergleich waren die Krankenstände der jungen Neuaufgenommenen um rund 9% geringer als die des Gesamtkollektivs. In den folgenden 10 Jahren fielen sie bei den Tonsillektomierten noch deutlich auf 67% des Gesamtdurchschnitts ab, die der Nichttonsillektomierten stiegen um mehr als ein Drittel auf 139% an. Das war der Effekt einer einzigen prophylaktischen Maßnahme. Dabei wurde außerdem nur Wert auf die Entfernung der atrophischen Formen der chronischen Tonsillitis gelegt, da erfahrungsgemäß bei hypertropher chronischer Tonsillitis noch genügend lymphatisches Gewebe enthalten ist, um die immunologische Funktion der Tonsillen zu gewährleisten.

In einer zweiten Untersuchungsreihe konnte auch der Effekt der Ausschwemmung von Blei in subsymptomatischen Belastungsmengen nachgewiesen werden (Perger 1981). Das Unternehmen beschäftigt 183 Berufskraftfahrer, deren Jahreskilometerleistung weit über der für Pb-Belastungen kritischen Grenze von 30 000 km/a liegt. Diese Kraftfahrer tendieren nicht zu Krankmeldungen, da sie durch den Wegfall der Überstunden und der Reisediäten im Krankenstand beträchtliche finanzielle Verluste erleiden. Trotzdem lagen die Krankenstände bei den 44 Pb-Belasteten um ca. 60% höher als bei den 139 Unbelasteten (s. Tab. 20).

Die Aminolävulinsäure-Werte i. H., die als Parameter herangezogen wurden, erreichten mit durchschnittlich 6,1 mg/l nicht annähernd die Höhe bei eindeutigen chronischen Pb-Vergiftungen, aber sie inhibierten die Abwehrfunktionen. Die einfache Ausschwemmung der Bleidepots führte zur Verminderung der Krankenstände der 44 belasteten Kraftfahrer auf das Niveau ihrer unbelasteten Kollegen.

Insgesamt führten diese Maßnahmen, ergänzt durch Substitution von Spurenelementen, Mineralstoffen und Magensäure sowie die Therapie von Dysbiosen des Darmtrakts und die Sanierung grober Zahnschäden, zu einer beträchtlichen Reduktion der Krankenstände von 7,0–9,0% jährlich auf 4,5–6,0%. Das bedeutet eine wesentliche Anhebung des Gesundheitsniveaus dieses Kollektivs und hatte auch erhebliche Wirkung auf die Liquidität der Betriebskrankenkasse.

Bei einer Patientin mit einem hohen Zinkdefizit von 31 µg/dl Serum (NW 90–130 µg/dl) konnten innerhalb eines Jahres die Medikamentenkosten für die 6–7× jährlich auftretenden diversen Infekte um über 86% verringert werden. Im Durchschnitt führt die Behebung von Zink-Mangelzuständen durch die Anhebung der Immunfunktionen zu einer Halbierung der Behandlungs- und Medikamentenkosten.

Auch die Ausschwemmungstherapie bei toxischen Schwermetallbelastungen – s. Kap. „Subsymptomatische Toxikosen" – führt zu einer nachweisbaren Verbesserung der Immunfunktionen und bringt eine merklich geringere Infektanfälligkeit mit sich, wie an Hand der Pb-Belastungen bei Berufskraftfahrern belegt werden konnte. Umweltverschmutzungen sind in ihren Folgen daher nicht so harmlos, wie es vielen derzeit noch erscheinen mag – allein die Inhibition der zellulären und humoralen Immunvorgänge schon bei subsymptomatischen Belastungen kann zur Entwicklung chronischer Infekte oder zur Störung der Heilvorgänge bei Verletzungen etc. führen. Hier werden die Erfahrungen der Regulationsforschung zur Mahnung für die Durchführung von Umweltschutzmaßnahmen – wobei die geschilderte Kumulation verschiedener Belastungen aus diversen Kleinstquellen erst durch die Regulationsforschung belegt wurde. Auch dies gehört zu den Ergebnissen der Grundsystemforschung.

Am bedeutendsten ist der mögliche Erfolg der Regulationstherapie bei jenen Krankheiten, deren letzte Ursachen man noch nicht einwandfrei kennt und bei deren Entwicklung die Störung der Regelsysteme im Vordergrund steht, noch vor Einfluß der letztlich auslösenden Noxen. Hier ist die Normalisierung der Abwehrleistungen derzeit die einzige Möglichkeit, Heilungen bzw. Defektheilungen bei einem hohen Prozentsatz der betroffenen Patienten zu erreichen.

Die Ergebnisse der Regulationstherapie über lange Zeitabschnitte sind dabei insofern kritisch zu betrachten, als zu Beginn der Forschungen über das Grundsystem viele später hinzugekommene Erkenntnisse noch nicht bekannt waren und daher noch gar nicht berücksichtigt werden konnten. Die gesamte Regulationsforschung entwickelte sich zunächst ab 1949 aus der Herdforschung und war daher anfangs ausschließlich auf die sogenannten Herde konzentriert. Die Aufklärung der Herdwirkungen durch PISCHINGER im Gegensatz zu den alten irreführenden Herdtheorien erfolgte ab 1953. Erst 1957 wurde das Problem der Darmdysbiosen im Rahmen der Grundregulationen erkannt und erst ab 1982 war die exakte Bestimmung der Darmkeimverhältnisse durch Erfassung auch der Anaerobier und der Mengenverhältnisse der einzelnen Keime möglich. Erst ab 1978 konnte die Bedeutung der subsymptomatischen Schwermetallbelastungen untersucht werden und ab 1980 die Wirkungen der Spurenelement- und Mineralstoff-Mangelzustände. Bei letzteren ist aber auch anzumerken, daß z. B. hinsichtlich des Zink-Mangels die Entwicklung zunehmender Defizite erst um diese Zeit erfolgte und vorher eine deutlich geringere Rolle spielte als heute.

In diesen 4 Jahrzehnten wurden auch die Therapiemethoden zunehmend verbessert, so die zeitliche Abstimmung der einzelnen Sanierungsmaßnahmen und deren Vor- und Nachbehandlung (PERGER 1987) *(166)*.

Außerdem haben sich in dieser Zeit noch die Lebens- und Umweltbedingungen beträchtlich verändert. War in den Fünfziger Jahren die Belastung durch den *Fallout* der Atombombenversuche eine – unerkannte – Belastung der Menschheit, so ist es heute die Umweltverschmutzung, die nicht nur zum Waldsterben, sondern auch zur Belastung der Abwehrsysteme des Menschen führt. Erst die Katastrophe von Tschernobyl machte bewußt, wie sehr Radioaktivität das Leben beeinflussen kann. Vor 30–40 Jahren muß aber die atomare Belastung durch die in kurzen Abständen aufeinanderfolgenden Atomexplosionsversuche größer gewesen sein, wenn man die Leukozytenzahlen von damals mit heute vergleicht: der Anteil der Leukopenien war damals viel häufiger als heute.

Auch die psychische Situation hat sich geändert und bleibt nicht ohne Rückwirkungen auf das Abwehrverhalten. Trotz aller Schwierigkeiten war man vor 40–45 Jahren glücklich, die Grausamkeiten und Verbrechen des 2. Weltkrieges überlebt zu haben, und trotz aller Mühen zur Überwindung der Kriegsschäden gab es viel weniger Hektik und wesentlich mehr menschliche Kontakte. Heute lebt man unter dem Druck einer möglichen atomaren Katastrophe und der Hektik des puren Materialismus, zunehmender Korruption und Heuchelei und des Verlustes menschlichen Vertrauens. Dies belastet natürlich auch die Ergebnisse der Regulationstherapie, trifft aber auch sämtliche Langzeitstudien anderer Art und muß als unvermeidlich hingenommen werden.

Vor 10 Jahren (PERGER 1978) *(146)* wurde eine Übersicht über die durchuntersuchten und durchbehandelten Fälle zwischen 1949 und 1970 mit einer Mindest-Nachbeobachtungszeit von 8 Jahren publiziert. Dabei wurden ausschließlich in Eigenverantwortung behandelte Patienten ausgewiesen (Tab. 43a–d).

Aus den wiedergegebenen Tabellen wird neuerlich ersichtlich, daß die stummen chronischen Entzündungen nur sehr selten direktkausalen Konnex zur Haupterkrankung haben, sondern hauptsächlich als negative Immunmodulatoren mit Hauptwirkung auf das Grundsystem und dessen Funktionen sind. Es zeigt sich auch eindeutig, daß Erfolge bei echter Lähmung der Grundfunktionen – klinisch den chronisch-progredienten Verlaufsformen entsprechend – nur mehr selten sind.

Die für die Regulationstherapie geeigneten Krankheiten sind:

1. Vegetative Betriebsstörungen als Vorstufe zu chronischen Systemerkrankungen – Erfolgsquote von 98%
2. Abwehrinsuffizienz bei bekanntem Infektionsmodus – Erfolgsquote von 98%
3. Allergosen vom Soforttyp – Erfolgsquote 84,6%
4. Schubweise Verlaufsformen der Krankheiten vom Typ der verzögerten Allergie – Erfolgsquote bei Rheuma 82%, bei MS 81,8%

Der Erfolg bei chronisch-progredienten Verlaufsformen war gering und betrug damals 1,9% bei der PCP. Gleiche Verlaufsformen und bulbäre Symptome bei MS waren schon damals wegen des zu hohen Risikos von operativen Eingriffen eine Kontraindikation – bei bulbärer Symptomatik wäre z. B. eine Tonsillektomie in der Lage, eine Atemlähmung auszulösen. Auch stellte sich heraus, daß bei einem Mangel an ungesättigten Fettsäuren (Jodverbrauchswerte < 770 µg/ml) eine Rehabilitation der Abwehrfunktionen nur sehr selten erfolgreich und häufig bei operativen Eingriffen ziemlich riskant ist. Die Entwicklung in den folgenden Jahren zeigte ähnliche Erfolge und Mißerfolge. Nur die chronisch-progredienten Entzündungen können durch die Therapie der Mangelzustände (Zn, Se, Mn) und der Darmkeimaberrationen erfolgreicher als früher in den Griff bekommen werden – das Ausbleiben entzündlicher Phasen war in einer

Nachbeobachtungszeit von 5–18 Jahren bei 18% der PCP-Patienten zu erreichen.

Aber auch dort, wo auf die Eliminierung der stummen chronischen Entzündungen verzichtet werden muß, ist die Behebung konservativ behandelbarer Belastungen insoweit erfolgreich, als die Normalisierung der Darmkeimverhältnisse, die Ausschwemmung toxischer Schwermetalle und die Behebung von Mangelzuständen eine merkliche Milderung der entzündlichen Erscheinungen brachte.

Die Ergebnisse der Regulationstherapie bei Krebs-Patienten wurden 1978 bewußt nicht angeführt, da damals weder die Zahl noch die Nachbeobachtungszeit eine allgemein gültige Aussage ermöglichten. Auch heute ist die Zahl von 127 Tumor-Patienten noch zu gering, um mehr als brauchbare Hinweise für weitere Untersuchungen zu geben. Bei 42 dieser Patienten gelang die Rehabilitation der Abwehrfunktionen und bei keinem traten bisher Rezidive oder Metastasierungen auf. Aber es ist auch festzuhalten, daß bei 39 der restlichen 85 Patienten (= 45,8%) keine Rezidive, Metastasen und neue Primärtumoren auftraten. So darf man zwar die Regulationstherapie mit Berechtigung als Hoffnungsgebiet der Tumornachsorge bezeichnen, aber noch nicht als Lösung dieses Problems. Die Erfolge der Immunstimulation, z. B. mit BCG, und die praktischen und theoretischen Ergebnisse, wie sie z. B. von Issels *(73)*, Heine *(48)* und Schlitter *(203)* berichtet wurden, stützen die Annahme, daß Tumoren das Endergebnis langfristiger Störungen der Grundregulationen und Inhibitionen des Immunsystems sind und daß erst eine zielgerichtete Stimulation der Grundfunktionen den Effekt der Nachsorge nach Tumorentlastung beträchtlich verbessern kann.

Darauf weist auch die eigene Beobachtung hin, daß 3 Patienten mit Goldallergie nach Goldtherapie rund 30 Jahre später in 1 Fall an multiplem Myelom und in 2 Fällen an lymphatischer Leukämie erkrankten – bei allen 3 Patienten war die Goldallergie zur Zeit des Auftretens der malignen Erkrankungen noch hochgradig.

Faßt man diese Ergebnisse aus fast 40 Jahren Forschung und Therapie zusammen, so beweist dies, daß die gleichwertige Beachtung der Abwehrstörungen – vor allem im Grundsystem – neben der spezifischen Diagnostik und Therapie zu einer beträchtlichen Besserung der Therapiemöglichkeiten chronischer Erkrankungen führt. Zugleich muß man feststellen, daß noch längst nicht alle Möglichkeiten der Regulationsforschung und -therapie ausgeschöpft sind. Es bestehen begründete Aussichten, durch weitere Forschungen auch heute noch nicht beeinflußbare Krankheitszustände in den therapeutischen Griff zu bekommen. Vor allem kann man die Multikausalität vieler chronischer Krankheiten nachweisen.

Das bedeutet, daß die medizinische Wissenschaft – wie HEINE dies treffend in der neubearbeiteten 6. Auflage von PISCHINGERS „Das System der Grdodregulation" (HAUG Heidelberg 1988) formuliert hat – vom linearen Denken „hie Ursache, da Wirkung" zu einem vernetzten Denken gelangen muß. Die Interaktionen der zahlreichen Regelsysteme, die immer das Ziel haben, die Homöostase wiederherzustellen, sind dabei ebenso zu beachten wie die möglichen Summierungen verschiedenster Reize zu Störungen in den unspezifischen Abwehrfunktionen. Nur bei einem Umdenken von der statischen Zellveränderungen zur Berücksichtigung der Abwehrfunktionen *vor* der irreversiblen Gewebsschädigung gewährleistet eine erfolgreichere Therapie der chronischen Systementzündungen und der Tumorkrankheiten.

Daneben führt schon der heutige Wissensstand zu einer beträchtlichen Verringerung der Kosten des Gesundheitswesens, das ohne grundlegende Verbesserung der allgemeinen Volksgesundheit bereits an der Grenze der Finanzierbarkeit angelangt ist. Außerdem gelingt über die Funktionsstörungen des Grundsystems der objektive Nachweis von Umweltbelastungen, insbesondere in Hinblick auf die Summierung verschiedener Reize in diesem System. Die Objektivierung solcher Belastungen ist bei der heute bestehenden Unsicherheit, was mehr oder weniger schädlich ist, notwendig, um eine Prioritätsliste der notwendigen Schutzmaßnahmen zu erstellen.

Letztlich trägt die Regulationsmedizin auch dazu bei, die bitteren Vorwürfe der Inhumanität und Vergiftung unserer Patienten hinfällig zu machen – die Spätfolgen berechtigter Chemotherapien können behoben werden, womit der Hetze gegen unsere Bemühungen die Basis entzogen ist.

Literaturverzeichnis

1. Aiginger, J., E. Neumayer: Die Beziehungen der Multiplen Sklerose zu anderen medizinischen Disziplinen. Klin. Med. Heft 2 (1951).
2. Aiginger, J., E. Neumayer: Die Erschöpfung des Nervensystems, getestet mit Mg-Spiegel u. Mg-Kurven. Klin. Med. Heft 2 (1953).
3. Bayer, W.: Die Bedeutung des Kupfers für die Abwehrfunktionen. In: Schmidt, K., W. Bayer (Hrsg.): Mineralstoffe und Abwehrsysteme. Fischer, Heidelberg 1982, S. 17–32.
4. Bergsmann, O.: Asymmetrische Leukozytenbefunde bei Lungentuberkulose. Wien. kl. Wschr. 71 (1965), 618.
5. Bergsmann, O.: Thermodiagnostik und Objektivierung des Sekundenphänomens. In: Schwamm, E. (Hrsg.): Bericht über das Infrarot-Symposium, Freudenstadt 1969. Verlag f. Phys. Med., Heidelberg 1969.
6. Bergsmann, O.: Tuberkulöser Lungenprozeß und Makroregulation. Reprint from Pulmonology Vol. 143, Nr. 2–3 (1970), 247–252.
7. Bergsmann, O.: Infrarotdiagnostik in der Tuberkuloseklinik. In: Die mediz. Anwendung der Thermographie (Symposion Baden b. Wien, Mai 1971). Hrsg.: AGA Lidingö (Schweden) 1971.
8. Bergsmann, O.: Durchströmungsasymmetrie des Subclaviabereiches in Abhängigkeit von Lungenprozessen – Subclavia-Rheographie. Wien. Z. f. Inn. Med. u. ihre Grenzgebiete 53 (1972), 152ff.
9. Bergsmann, O.: Das Impulsdermogramm in pulmologischer Sicht. Erf. heilk. 25 (1976), 260ff.
10. Bergsmann, O.: Der Herd als pathogenetischer Faktor. Phys. Med. u. Rehab. 16 (1977), 237–245.
11. Bergsmann, O.: Grundlagen der bioelektrischen Reflexzonen-Diagnostik (Impulsdermografische Studie). Erf. heilk. 27 (1978), 413ff.
12. Bergsmann, O.: Meteorologisch bedingte Regulationsänderungen. Phys. u. Rehab. 20 (1979), 189–192.
13. Bergsmann, O.: Bioelektrische Funktionsdiagnostik. Haug, Heidelberg 1979.
14. Bergsmann, O.: Abkühlungstests in der Thermodiagnostik. Phys. Med. u. Rehab. 21 (1980), 661–666.
15. Bethge, H.: Alternierende Corticoid-Therapie. Dtsch. med. Wschr. 86 (1971), 1254ff.
16. Bieling, R.: Verhandl. Kongreß Inn. Med. 42 (1930), 438ff.
17. Birkmayer, W., F. Perger: Über die zentrale Beeinflussung des Gefäßtonus. Acta neuroveget. Bd. XIV Nr. 1–4 (1956), 296ff.
18. Blohmke, M., G. Heim: Die Thermoregulations-Diagnostik, eine Methode zur Früherkennung chronischer Krankheiten. Erf. heilk. 29 (1980), 553–558.
19. Bordeu, L.: Recherches sur le tissu muqueux ou l'organ cellulaire. Paris 1767, Nr. 1 et 2.
20. Buchheit, H.: Die Bedeutung von Zink in der Gynäkologie. In: Schmidt, K., W. Bayer (Hrsg.): Die Bedeutung des Zinks in der Medizin. Fischer, Heidelberg 1983.
21. Buchheit, H.: Die Abhängigkeit der Akupunktur-Wirkung von Kupfer und Zink. Dtsch. Z. f. Akup. 27 (1984), 122–136.

22. Burch, R. E., H. J. K. Hahn: Kupfer. In: Zumkley, H. (Hrsg.): Spurenelemente. Thieme, Stuttgart 1983, S. 128–139.
23. Busch, H. J., I. Busch: Referat vor dem Kongreß der DAH. Bad Nauheim 1978.
24. Buttersack, F.: Latente Erkrankungen des Grundgewebes, insbesondere der serösen Häute. Stuttgart 1912 (zit. nach Pischinger).
25. Carrel, A., A. H. Ebeling: J. exp. Med. 44 (1926), 261 ff. und J. exp. Med. 44 (1926), 285 ff.
26. Donath, J.: pers. Mitteilung 1948 (Anacidität und Magenkrebs).
27. Doerr, R.: Allgmeine Lehre der Infektionskrankheiten. Lehrbuch d. Inn. Med. Berlin 1936, S. 97 und S. 197.
28. Dosch, P.: Lehrbuch der Neuraltherapie nach Huneke. K. F. Haug-Verlag, Heidelberg 1983.
29. Eisner, R., H. und R. F. L. Maruna: Die Immunglobuline bei Patientinnen mit Carcinoma ovarii. Wien. med. Wschr. 125 (1975), 440 ff.
30. Eppinger, H.: Die Permeabilitätspathologie als die Lehre vom Krankheitsbeginn. Springer, Wien 1949.
31. Ferraro, A.: Zit. nach Pette, H. (Orig.: J. exp. Med. 85 (1947), 117 ff.).
32. Feyrter, F.: Über die Pathologie der vegetativen nervösen Peripherie und ihre ganglionären Regulationsstätten. Verlag W. Maudrich, Wien 1951.
33. Fleckenstein, A.: Bioelektrische und biochemische Primärreaktionen bei der Entzündungsgenese. In: Thielemann, K. und E. (Hrsg.): Herderkrankungen – Grundlagenforschung und Praxis. Verlag C. Hanser, München 1956.
34. Fleischer, N. K. F., W. O. Strick: Lambliasis. Med. Klinik 73 (1978), 415 ff.
35. Frankl, V.: Öst. Ärztez. 36 (1981), 701 ff.
36. Grünberger, V.: Leidensweg einer „5-Jahres-Geheilten". Öst. Ärztez. 32 (1977), 1036.
37. Gurvich, A., S. Grabje, S. Salkind: (zit. nach F. A. Popp und E. Strauss „So könnte Krebs entstehen"). Verlag DVBA Stuttgart 1977 (Orig.: Arch. f. Entw. Mech. 100 (1923), 11 ff.).
38. Gurvich, A. G., L. D. Gurvich: Die mitogenetische Strahlung. VEB, Jena 1959.
39. Haenel, H.: Eubiose und Dysbiose der menschlichen Darmbesiedlung. Ernährg. Forschung 10 (1965), 289 ff.
40. Halberg, L.: Bioavailable nutrient density: a new concept aplied in the interpretation of food iron absorptions date. Amer. J. clin. Nutr. 21 (1981), 2242–2247.
41. Halberg, L.: Bioavailability of dietary iron in man. Amer. Rev. Nutr. 3 (1981), 123–147.
42. Halberg, L.: The role of Vit. C in improving the critical iron balance situation in women. Int. J. Vitamin Nutr. Res., Suppl. No. 27 (1985).
43. Hambach, A., R. Stiller-Winkler, J. Oberbarnscheidt, U. Ewers: Sind die Suppressor-T-Zellen die primären Zielzellen der immuntoxischen Wirkung von Blei? Zbl. Bakt. Hyg., I. Abt. 178 (1983), 316 ff.
44. Hansen, K.: Theorie der Herderkrankungen. Schriftenreihe f. Ganzheitsmedizin Bd. 9, Ärzteverlag Gießen und Hippokrates-Verlag, Stuttgart 1950.
45. Hauss, R.: Über die Pathogenität von Candida albicans für den Menschen und deren therapeutische Konsequenz. Biol. Med. 16 (1987), 601 ff.
46. Hauss, H. W., G. Junge-Hülsing: Die universelle unspezifische Mesenchymreaktion. Dtsch. med. Wschr. 86 (1961), 763–768.
47. Heim, G., M. Blohmke, H. P. Stof, G. A. Bothmann: Messung der Hauttempe-

ratur bei Brustkrebs – eine neue Möglichkeit zur Früherkennung? Med. Klin. 76 (1981), 108–114.
48. Heine, H.: Der Extrazellulärraum – eine vernachlässigte Dimension in der Tumorforschung. Krebsgeschehen 17 (1985), 124–127.
49. Heine, H.: Neue Erkenntnisse zum System der Grundregulation. Vortrag beim 14. Symposium d. Österr. Ges. f. Neuraltherapie, Baden b. Wien Okt. 1985. (als Sonderdruck herausgegeben: Fa. Gebro, Fieberbrunn / Tirol).
50. Heine, H.: Weitreichende Wechselwirkungen als Grundlage der Homöostase. Vortrag beim 37. Jahreskongreß der Dtsch. med. Arb. Gem. f. Herd- und Regulationsforschung, Bad Nauheim 17. 4. 1986.
51. Heine, H.: Regulationsphänomene der Tumorgrundsubstanz. Dtsch. Z. f. Onkologie (Krebsgesch.) 19 (1987), 67–72.
52. Heine, H.: Zur Morphologie der Akupunkturpunkte. Dtsch. Z. f. Akup. 30 (1987), 75–79.
53. Heine, H.: Die Grundregulation aus neuer Sicht. ÄZ f. Nat. Heilv. 28 (1987), 909–914.
54. Heine, H.: Weitreichende Wechselwirkungen als Grundlage der Homöostase – funktionelle Aspekte der Neuraltherapie. ÄZ f. Nat. Heilv. 28 (1987), 915–919.
55. Heine, H., G. Schaeg: Informationssteuerung in der vegetativen Peripherie. Z. Hautkrh. 54 (1979), 590–598.
56. Heinitz, M.: Gibt es definierte Ansätze für eine Zinktherapie in der Medizin? In: Schmidt, K., W. Bayer (Hrsg.): Die Bedeutung des Zinks in der Medizin. Fischer, Heidelberg 1982, S. 72–80.
57. Heinitz, M.: Die Bedeutung des Zink-Aspartat auf die Glukosetoleranz im Alter. Med. Welt 28 (1977), 634–636.
58. Hildebrandt, G.: Wissenschaftliche Grundlagen der modernen Balneologie. Ther. Wo. 25 (1975), 4122.
59. Hitzig, W. H.: Plasmaproteine, Pathophysiologie und Klinik. Springer, Berlin–Heidelberg 1977.
60. Hoff, F.: Klinische Physiologie und Pathologie, 4. Aufl., Thieme, Stuttgart 1950.
61. Hoff, F.: Klinische Physiologie und Pathologie. 4. Aufl., Thieme, Stuttgart 1954.
62. Hoff, H., P. Heiling: (zit. nach V. Frankl). Öst. ÄZ 36 (1981), 701 ff.
63. Holtmeier, H. J., M. Kuhn, C. Rummel: Zink – ein lebenswichtiges Mineral. Wissensch. Verlags-Ges., Stuttgart 1976, S. 50.
64. Hopfer, F., G. Hopfer: Neuraltherapie nach Huneke. In: Schimmel, K.-C. (Hrsg.): Lehrbuch der Naturheilverfahren. Hippokrates-Verlag, Stuttgart 1987.
65. Hopfer, F., G. Hopfer: Neuraltherapie nach Huneke. In: Schimmel, K.-C. (Hrsg.): Lehrbuch der Naturheilverfahren, Bd. II. Hippokrates-Verlag, Stuttgart 1987, S. 129–141.
66. Hoppe, I.: Grundprinzipien der Therapie. In: Vorlaender, K. O. (Hrsg.): Praxis der Immunologie. Thieme, Stuttgart 1976.
67. Hornstein, O. P. et al.: Orale Candida-Besiedlung bei Leukoplakien und Karzinomen der Mundhöhle. Dtsch. med. Wschr. 104 (1979), 1033–1036.
68. Huber, H. Ch., W. Huber: Auswirkungen einer „low-level"-Langzeitbelastung mit Umweltschadstoffen auf das Immunsystem und die Methämoglobinbildung. Z. g. Hyg. 30 (1984), 713 ff.
69. Humphrey, J. H., R. G. Withe: Kurzes Lehrbuch der Immunologie. 2. Aufl., Thieme, Stuttgart 1972.

70. Huneke, F. und W.: Unbekannte Fernwirkungen der Lokalanaesthesie. (1928) Zit. n. P. Dosch, Lehrbuch d. Neutraltherapie nach Huneke. 11. Aufl., Verlag K. F. Haug, Heidelberg 1983.
71. Hunter, W.: An adress on the role of sepsis and antisepsis in medicine. Vortrag am 3. 10. 1910, Mac Gill-University, Montreal.
72. Inama, K.: Ist die Fokalsanierung in der Physikotherapie und Balneologie unerläßlich? Kritische Betrachtungen d. Herdgeschehens. C. Hanser, München 1955.
73. Issels, J.: Die Ganzheits- und Immuntherapie des Krebses. In: Ges. d. Ärzte f. Erf. Heilkunde (Hrsg.): Ganzheitstherapie des Krebses. S. 12–58.
74. Jendrissek, H.: Einführung in die Bioelektronik. Erf. heilk. Bd. 13 (1964) zit. nach O. Bergsmann: Bioelektronische Funktionsdiagnostik. Haug, Heidelberg 1979.
75. Jorde, W., H. F. Linkskens: Allergene in einer sich wandelnden Welt. Allergologie 7 (1984), 123 ff.
76. Kabat, E., A. Wolf: Zit. nach Pette, H.: (Orig.: J. exp. Med. 88 (1948), 417 ff.).
77. Kellner, G.: Die Wirkungen des Herdes auf die Labilität des Grundsystems. Öst. Z. f. Stomatol. 60 (1963), 312–340.
78. Kellner, G.: Nachweismethoden der Herderkrankungen und ihre Grundlagen. Ther. Wo. 15 (1965), 1267 ff.
79. Kellner, G.: Funktionelle Morphologie der Haut und der Narbe. Ärztl. Praxis 18 (1966), 105–109.
80. Kellner, G.: Zur Histopathologie des Störfeldes am Beispiel der Narbe. Phys. Med. u Rehab. 10 (1969), Nr. 4.
81. Kellner, G.: Wundheilung und Wundheilungsstörung. Erf. heilk. 20 (1971), 173–178.
82. Kellner, G.: Voraussetzung für die Funktionsprüfungen mit Infrarotgeräten. In: Die Med. Anwendung der Thermographie (Symposion in Baden b. Wien, Mai 1971). Hrsg. AGA, Lidigö (Schweden), 1971.
83. Kellner, G.: Zum Konnex Wundsetzung, Wundheilungsstörung und chronische Entzündung. Öst. Z. f. Stomatol. 70 (1973), 82–89.
84. Kellner, G.: Die Neuraltherapie im Spiegel der humoralen Regulationspathologie. In: Dosch, P.: Neuraltherapie nach Huneke, Bd. 3, Freudenstädter Vorträge 1975, Verlag K. F. Haug, Heidelberg 1976.
85. Kellner, G.: Zur Wertigkeit der Thermographie in der Regulationspathologie. Phys. Med. u. Rehab. 17 (1976), 71–74.
86. Kellner, G.: Elektrobiologische Grundlagen zur Messung und zum Test. Phys. Med. u. Rehab. 17 (1976), 260 ff.
87. Kellner, G.: Die chronische Entzündung. Wien. med. Wschr. 127 (1977), 301 ff.
88. Kellner, G.: Das Herdgeschehen – Herdproblem – die Regulationspathologie. Dtsch. Z. f. Akup. 27 (1979), 33–37.
89. Kellner, G.: Homöopathie als Arzneireiztherapie. Öst. Apothekerz. 34 (1980), 272 ff.
90. Kellner, G.: Das Grundsystem nach Pischinger und seine Bedeutung im zukünftigen Wandel der Medizin. (Entrettiens de Monaco 1980). In: Bergsmann, O. und R., M. Kellner (Hrsg.): Grundsystem und Regulationsstörungen. Verlag K. F. Haug, Heidelberg 1984.
91. Kellner, G., G. Feucht: Die Mikrowunde – mikroskopische Studie des Nadelstiches. Phys. Med. u. Rehab. 10 (1969), 218–220.

92. Kellner, G., E. Klenkhart: Zur Differenzierung der Serum-Jodometrie nach Pischinger. Öst. Z. f. Erforschg. u. Bekämfg. d. Krebskrh. 25 (1970), 2ff.
93. Kellner, G., H. Krammer, K. Seidl: Objektivierbare Parameter zur vegetativen Ausgangslage. Die Heilkunst 91 (1979), 63ff.
94. Kellner, G., O. Maresch: Die Haut als Objekt elektrischer Messungen. Zahnärztl. Welt 80 (1971), 57–60.
95. Kellner, G., F. Perger, E. Schuh: Die Mundschleimhaut – Spiegel des Organismus. Biomed 2, Nr. 12 (1977), 9ff.
96. Kellner, G., E. Schuh: Ursachen des Verlustes enossaler Tantalimplantate. Quintessenz Nr. 2, Ref. Nr. 5564 (1977), 15–24.
97. Kerl, W.: Zit. nach Urbach, E.: Klinik und Therapie der allergischen Krankheiten. Verlag W. Maudrich, Wien 1935. (Orig.: Wien. Klin. Wschr. (1930), 1253 und Derm. Wiss. 95 (1932), 1253ff.)
98. Kirchgessner, M. et al.: Experimentelle Studien zur Diagnose von Spurenelementmangel. In: Gladtke, E., G. Heimann, I. Eckert (Hrsg.): Spurenelemente (Symposion Bad Kissingen). Thieme, Stuttgart 1979.
99. Kirchgessner, M., A. Reichlmayr-Lais: Bedarf und Verwertung der Spurenelemente. In: Zumkley, H. (Hrsg.): Spurenelemente. Thieme, Stuttgart 1983, S. 25–34.
100. Knobloch, J., R. Bialek, J. Hagemann: Intestinaler Protozoenbefall durch berufsbedingte Abwasserkontakte. Dtsch. med. Wschr. 108 (1983). 57ff.
101. Kobler, E.: Medical Tribune 11, Nr. 30/31 (1979), 9.
102. Künzli v. Fimmelsberg, J.: Grundlagenforschung in der Homöopathie. Med. Klinik 79 (1984), 493ff.
103. McLaughlin, C. P.: Zit. nach Lehmann, F. M.: „Biologik", Bd. 24 /Schriftenreihe der Bez. Ärztekammer Nordwürttemberg. Verlag Gentner, Stuttgart 1976. (Orig.: Symp. Soc. exp. Biology 17, Cambridge 1963)
104. Lawrence, J. S.: Studies with radioactive gold. Amer. rheum. Dis. 20 (1961), 341ff.
105. Leder, D.: Der Blutmonozyt. Springer, Berlin–Heidelberg–New York 1967.
106. Lenhard, V.: Organtransplantation. In: Vorlaender, K. O. (Hrsg.): Praxis der Immunologie. Thieme, Stuttgart 1976.
107. Lennert, H.: Lymphknoten und Diagnostik, Bandteil A: Cytologie und Lymphadenitis. In: Handbuch d. spez. path. Anatomie u. Histologie, Bd. I, Teil 2. Springer 1961.
108. Lutz, F., A. Pischinger: Über einen neuen Faktor im tierischen Blut mit ausgedehnter und neuartiger Heilwirkung. Wien. med. Wschr. 99 (1949), 437–440.
109. Maiwald, L.: Funktionelle Bedeutung der gastralen Proteolyse. Med. Klinik 74 (1979), 1568–1574.
110. Maruna, R. F. L., E. Gründig: Isoenzyme von Phosphormonoesterasen in Körperflüssigkeiten und Geweben: 1. Dünnschicht–Stärkegel-Elektrophorese von Enzymen der sauren und alkalischen Phosphatasen. Wien. med. Wschr. 117 (1967), 903ff.
111. Maruna, R. F. L., E. Gründig: Isoenzyme von Phosphormonoesterasen in Körperflüssigkeiten und Geweben: 2. quantitative Auswertung der Pherogramme nach einer dünnschicht-elektrischen Trennung von Isozymen der alkalischen und sauren Phosphatasen. Wien. med. Wschr. 118 (1968), 724ff.
112. Maruna, R. F. L., W. Michalica, H. Maruna, J. Wernisch: Ergebnisse einer

biochemischen Charakterisierung des Stoffwechsels gynäk. Tumorpat. Forum Dr. med. 6, Nr. 7 (1982).
113. Maruna, R. F. L., W. Michalica, H. Maruna, J. Wernisch: Stoffwechseluntersuchungen an 1495 Patientinnen mit gynäkologischen Malignomen. Forum Dr. med. 7 (1983), 25ff.
114. Maruna, R. F. L., M. Staudacher, W. Michalica: Über die Wirkung der primären Strahlentherapie und einer extrakorporalen Röntgen-Bestrahlung des Blutes auf die Serumeiweißfraktionen von Patienten mit Carzinoma colli uteri. Wien, med. Wschr. 123 (1973), 99ff.
115. Maruna, R. F. L., M. Staudacher, W. Michalica: Phosphat-Gesamt- und Isozym-Aktivitäten sowie Transaminasenaktivität im Serum von Patienten mit Carzinoma colli uteri. Wien, med. Wschr. 123 (1973), 489ff.
116. Maruna, R. F. L., G. Stipinovic: Über den Bleigehalt der Oberschenkelknochen von Unfallpatienten im Raume Wien. Wien, med. Wschr. 124 (1974), 616ff.
116a Maruna, R. F. L., W. Michalica: Über die delta-Aminolävulinsäure-Ausscheidung während einer kombinierten Strahlentherapie von Patienten mit Carzinoma colli uteri. München, Strahlentherapie und Onkologie 150 (1975), 390ff.
117. Maximow, A.: Bindegewebe und blutbildendes Gewebe. In: Handbuch d. mikroskopischen Anatomie des Menschen. Band II/1, Springer, Berlin 1927, 232–583.
118. McMasters, R., G. Hudack: J. exp. Med. 61 (1935), 783ff.
119. Merten, R.: Die Bedeutung des Magen-Kathepsins bei Verdauungsstörungen. Karger, Basel 1952.
120. Mertz, W.: Überlegungen zum Spurenelementbedarf des Menschen. In: Gladtke, E. (Hrsg.) et al.: Spurenelemente. Thieme, Stuttgart 1979, 153ff.
121. Meyer, W.: Nebenwirkungen der Goldtherapie. Acta med. Austr. 2 (1974), 122ff.
122. Mills, B. J., D. Lindeman: Zink (Zn). In: Zumkley, H. (Hrsg.): Spurenelemente. Thieme, Stuttgart 1983, 197–214.
123. Molenaar, H., D. Roller: Die Bestimmung der extrazellulären Flüssigkeit beim Gesunden und Kranken. ZS klin. Med. 136 (1939), 1ff.
124. Möllendorff, W. von: Lehrbuch der Histologie und mikroskopischen Anatomie des Menschen. G. Fischer, Jena 1943.
125. Müller-Ruchholtz, W., U. Matzen: Die Immunologie des sogenannten Herdgeschehens. Dtsch. zahnärztl. Z. 42 (1987), 177–182.
126. Nägeli, O.: Zit. nach: Leder, L. D. Der Blutmonozyt. Springer, Berlin.
127. Neumayer, E., F. Perger, H. Schink, H. Tschabitscher: Das Serumeiweißbild der Multiplen Sklerose. ZS für Nervenheilkunde XIII, Wien (1956), 46–64.
128. Opferkuch, W., U. Schmidt: Das Komplementsystem. In: Vorlaender, K. O. (Hrsg.): Praxis der Immunologie. Thieme, Stuttgart (1976), 14ff.
129. Paessler, H.: Über Beziehungen septischer Krankheitsbilder zur chronischen Infektion der Mundhöhle. Verhdlg. Kongr. Inn. Med. 26 (1909), 321ff.
130. Penn, I.: Malignant tumors in organ transplant recipients. Springer, Berlin–N. Y. (1978).
131. Perger, F.: Zwei Fälle von Überempfindlichkeit gegen Heilbehelfe aus Stahl. Dtsch. med. Wschr. (Allergie-Beilage) 79 (1954), 1418.
132. Perger, F.: Die Bestimmung der vegetativen Reaktionslage und Reaktionsweise bei Multiple Sklerose-Kranken. Dtsch. med. Wschr. 81 (1956), 342–350.
133. Perger, F.: Die Bestimmung der vegetativen Reaktionslage und Reaktionsweise

bei Erkrankungen des rheumatischen Formenkreises. ZS f. Rheumaforschung 15 (1956), 166ff.

134. Perger, F.: Die Testung von Stoffen, die einen fördernden Einfluß auf das Krankheitsgeschehen des rheumatischen Formenkreises und der Multiplen Sklerose ausüben können. Wiener Klin. Wschr. 68 (1956), 304ff.

135. Perger, F.: Untersuchungen über den Wirkungsmechanismus der hochmolekularen ungesättigten Fettsäuren im ELPIMED bei parenteraler Zuführung. Med. Klinik 51 (1956), 1299ff.

136. Perger, F.: Zur Frage der Wiedererstellung normaler unspezifischer Abwehrleistungen bei Erkrankungen des rheumatischen Formenkreises. Ärztl. Forsch. XI (1957), 341–352.

137. Perger, F.: Die Entgleisungstypen der unspezifischen vegetativen Abwehr und ihre therapeutische Beeinflussung. Ther. Wo. 8 (1958), 224ff.

138. Perger, F.: Metallherde und Allergie. Ther. Wo. 9 (1958), 56ff.

139. Perger, F.: Die Entgleisungen der unspezifischen Reaktionen. Ärztl. Praxis 10 (1958), 455ff. u. 475ff.

140. Perger, F.: Die Revision des Herdbegriffes durch die Erforschung der unspezifischen Abwehrsysteme. Wien. klin. Wschr. 70 (1958), 421–429.

141. Perger, F.: Die ELPIMED-Reaktion zur Erfassung der vegetativen Grundsituation mittels der Blutkritierienbestimmung als Ganzheitstest. Öst. Z. f. Stomatol. 60 (1963), 440–456.

142. Perger, F.: Die therapeutischen Konsequenzen der Grundregulation. Erf. heilk. 21 (1972), 261–269 u. 341–350.

143. Perger, F.: Multiple Sklerose und Herdgeschehen. Wien. med. Wschr. 126 (1976), 283–286.

144. Perger, F.: Herdgeschehen und Krankenstände in einem Industriebetrieb. Arb. Soz. u. Prev. Med. 12 (1977), 12 m 264.

145. Perger, F.: Chronische Entzündung und Karzinom aus der Sicht des Grundsystems. Wien. med. Wschr. 128 (1978), 31ff.

146. Perger, F.: Herdtherapie – Erfolg und Mißerfolg. Erf. heilk. 27 (1978), 805ff.

147. Perger, F.: Die Bedeutung der unspezifischen Regulation für die zelluläre Immunleistung. Krebsgesch. 11 (1979), 17–20.

148. Perger, F.: Klinische Diagnostik und Nosodentechnik. Biomed 4, Heft 10 (1979), 8–15.

149. Perger, F.: Das Grundsystem nach Pischinger. Phys. Med. u. Rehab. 20 (1979), 275–287.

150. Perger, F.: Unbekannte Nebenwirkungen von Chemotherapien auf das Grundsystem. Erf. heilk. 28 (1979), 546–553.

151. Perger, F.: Le système de la base de Pischinger, une voie pour sortir de la crise de la médecine moderne. (Les entretiens de Monaco 1981). Clubs médecine et informatique, Denise, France 1981, pg 49–59.

152. Perger, F.: Regulationsstörungen im Vorfeld der Malignom-Entwicklung. Wien. med. Wschr. 131 (1981), 189–196.

153. Perger, F.: Rheumatische Prozesse durch Autoabgase? Ärztl. Praxis 33 (1981), 2046.

154. Perger, F.: Akupunktur und Herdforschung. Dtsch. Z. f. Akup. 26 (1983), 8–16.

155. Perger, F.: Über Zusammenhänge und Übereinstimmungen zwischen Bioimpulsdermographie und humoralen Regulationsbestimmungen. Erf. heilk. 32 (1983), 376ff.

156. Perger, F.: Sinn und Unsinn von Herdsanierungen bei Erkrankungen des rheumatischen Formenkreises. Rheuma 4 (1984), 1–9.
157. Perger, F.: Die Revolution der Ganzheitsmedizin durch Prof. Pischinger und Prof. Kellner. ÄZ f. Nat. Heilv. 25 (1984), 714–728.
158. Perger, F.: Die Grundregulation bei der PCP. ÄZ f. Nat. Heilv. 25 (1984), 41 ff.
159. Perger, F.: Regulationsveränderungen innerhalb von 3 Dezennien. Erf. heilk. 33 (1984), 78–86.
160. Perger, F.: Über die Notwendigkeit einer Teamarbeit bei Herd- und Regulationstherapie. Erf. heilk. 33 (1984), 518–533.
161. Perger, F.: Der Darm als Störfeld – Mykosen, Lamblien, Amöben. ÄZ f. Nat. Heilv. 26 (1985), 343 ff.
162. Perger, F.: Regulationsstörungen und Darmkeimverhältnisse. Erf. heilk. 34 (1985), 812 ff.
163. Perger, F.: Klinische Aspekte des Zinkmangels beim Menschen. Der prakt. Arzt 40 (1986), 1591–1605.
164. Perger, F.: Immunmodulation über das Grundsystem mit körpereigenen Stoffen. Erf. heilk. 34 (1986), 146–157.
165. Perger, F.: Karzinom und Regulationsstarre. In: ÖNR-Symposien 1984 und 1985. Öst. Ges. f. Neuralther. u. Regul. Forschung, Wien 1986, S. 41–56.
166. Perger, F.: Die Vor- und Nachbehandlung von Herdsanierungen. Naturamed 2 (1987), 12–20 u. 68–75.
167. Perger, F.: Möglichkeiten zur Objektivierung der Neuraltherapie. In: Dosch, P. (Hrsg.): Neuraltherapie n. Huneke, Bd. 11. Verlag K. F. Haug, Heidelberg 1987, S. 59–67.
168. Perger, F.: Das Zusammenspiel zwischen den Regulationssystemen der Abwehr und seine Störungen. Erf. heilk. 36 (1987), 566–579.
169. Perger, F.: Unterschiedliche Entwicklungen der Schwermetallbelastungen (Pb, Cd, Hg) und ihre Therapie. ÄZ f. Nat. Heilv. 28 (1987), 774–794.
170. Perger, F.: Ernährungsbedingte Mängel von Calcium und Zink. Vortrag beim Symposion der Ges. f. Mineralstoff- und Spurenelementforschung, Münster 24. 9. 1987.
171. Perger, F.: Fragen der Herderkrankung. Dt. Zahnärztekalender 1988. C. Hanser-Verlag, München 1988, S. 23–38.
172. Perger, F.: Klinik der Lambliasis intestinalis und ihre Verbreitung in Mitteleuropa. Naturamed 10 (1988), 492 ff.
173. Perger, F., R. F. L. Maruna: Cadmium-Belastungen und ihre Folgen für die Immunreaktion. Biomed 8, Heft 7/8 (1983), 22 ff.
174. Perger, F., R. F. L. Maruna: Zur Frage subsymptomatischer Schwermetallbelastungen beim Menschen. Erf. heilk. 35 (1986), 316–330.
175. Pette, H.: Die akut entzündlichen Erkrankungen des Nervensystems. Thieme, Leipzig 1942.
176. Pirquet, Cl. von: Allergie. Münchn. med. Wschr. (1906), 1457.
177. Pischinger, A.: Die Lage des isoelektrischen Punktes histologischer Elemente als Ursache ihrer verschiedenen Färbbarkeit. Z. Zellf. u. mikr. Anatomie Bd. 3 (1926).
178. Pischinger, A.: Diffusibilität und Dispersität von Farbstoffen und ihre Beziehung zur Färbung bei verschiedenen H-Ionenkonzentrationen. Z. Zellf. u. mikr. Anatomie Bd. 5 (1927).
179. Pischinger, A.: Pathophysiologische Grundlagen und Probleme der Herdthera-

pie. In: Thielemann, K. u. E. (Hrsg.): Therapie der Herderkrankungen (DAH-Kongreß 1953). Verlag C. Hanser, München 1954, S. 1–12.
180. Pischinger, A.: Über das Vorkommen und die Bedeutung von Redox-Systemen im Blut. Der Krebsarzt, Bd. 6 (1956).
181. Pischinger, A.: Das System des Unspezifischen und seine Bedeutung beim Herdgeschehen. In: Thielemann, K. u. E. (Hrsg.): Herderkrankungen – Grundlagenforschung und Praxis (DAH-Kongreß 1955). Verlag C. Hanser, München 1956, S. 15–31.
182. Pischinger, A.: Über die Zellen des weichen Bindegewebes (Antrittsvorlesung). Wien. klin. Wschr. 71 (1959), 73–77.
183. Pischinger, A.: Der Monozyt des Blutes (Hämatologenkongreß Budapest 1959). Symp. Biolog. Hung., Vol. 2 (1961), 27–36.
184. Pischinger, A.: Theoretische Grundlagen der Herderkrankung. Ärztl. Praxis 18 (1966), 1242–1246.
185. Pischinger, A.: Die humoral-zelluläre Regulation des lympho-monozytären Systems. Erf. heilk. 28 (1979), 317 ff.
186. Pischinger, A.: Das System der Grundregulation. Verlag K. F. Haug, Heidelberg, 1. Aufl. 1975, 4. Aufl. 1983.
187. Popp, F. A.: Biophotonen. Bd. 6 der Schriftenreihe Krebsgeschehen. Fischer, Heidelberg 1976.
188. Pritchard, J. A.: The use of the Magnesium-Ion in the management eklamptogenic toxemias. Surg. Gynec. Obstet. 100 (1955), 131 ff.
189. Reichert, C. B.: Vergleichende Beobachtungen über das Bindegewebe und die verwandten Gebiete. Dorpat 1845.
190. Riccabona, A.: Kritik der Herderkrankungen vom HNO-Arzt. In: Thielemann, K. u. E. (Hrsg.): Kritische Betrachtungen des Herdgeschehens (DAH-Kongreß 1954). Verlag C. Hanser, München 1955, S. 129.
191. Ricker, G.: Pathologie als Naturwissenschaft. Springer, Heidelberg 1924.
192. Ricker, G.: Das ZNS und die rheumatische genannte akute Polyarthritis. Steinkopf, Dresden–Leipzig 1938.
193. Rindfleisch, E. von: Elemente der Pathologie. Leipzig 1869.
194. Rivers, A. et al.: Zit. nach Pette, H. (Orig.: J. exp. Med. 58 (1933), 39 und 61 (1935), 689.)
195. Roger, H., L. Binet: Bull. de l'academie de médicine (t) 86 (1921), 129.
196. Rosenow, E. C.: Verhdlg. Dt. Ges. f. Inn. Med. 42 (1930), 408.
197. Rost, A.: Was ist Thermographie und welche Möglichkeiten bietet sie? Biol. Med. 8 (1979), 283 ff.
198. Rost, A.: Thermoregulationsdiagnostik. Hippokrates-Verlag, Stuttgart 1983.
199. Rost, A.: Herdgeschehen – chronische Erkrankungen: was lehrt uns die Thermographie. ÄZ f. Nat. Heilv. 26 (1985), 86 ff.
200. Schade, H.: Die physik. Chemie i. d. inn. Med., 3. Aufl. 1912. (Zit. nach Pischinger: „Das System der Grundregulation".)
201. Schauenstein, E., B. Pibus: Nachweis von Lyo-Peroxyden im menschlichen Serum. Wien. klin. Wschr. 68 (1956), 376 ff.
202. Schilling, V.: Prakt. Blutlehre, 8.–9. Aufl., Jena 1938. (Zit. nach Pischinger: „Das System der Grundregulation".)
203. Schlitter, H. E.: Krebswachstum – gestörte Gewebsregeneration durch dysregulierte Mesenchymreaktion. Schr. Reihe Krebsgesch., Bd. 13. Fischer, Heidelberg 1977.

204. SCHMIDT, K., W. BAYER: Die Bedeutung d. Zink i. d. Med., Fischer, Heidelberg 1983.
205. SCHWAMM, E.: Das Störungsfeld im Ultrarotspiegel. In: Krit. Betrachtungen des Herdgeschehens. Verlag C. Hanser, München 1955, S. 266.
206. SCHWAMM, E.: Die Thermographie des Mammakarzinoms. Phys. Med. u. Rehab. 16, Heft 10 (1975).
207. SEELING, W. et al.: Die Funktion des Zink im Organismus – dargestellt am Beispiel der Akrodermatitis enteropathica. Med. Welt 28 (NF 1977), 537–544.
208. SEELING, W., F. W. AHNEFELD: Spurenelemente: Mangelzustände relativ selten. Ärztl. Praxis 32 (1980), 1413–1417.
209. SELYE, H.: Einführung in die Lehre vom Adaptationssyndrom. Thieme, Stuttgart 1953.
210. SIEGMUND, H.: Theorie der Herderkrankung. Schriftenreihe für Ganzheitsmedizin, Bd. 9. Ärzteverlag Gießen u. Hippokrates-Verlag, Stuttgart 1950.
211. SIMON, K. H.: Magnesium. Wiss. Verlagsgesellschaft, Stuttgart 1967.
212. SINGER, G.: Die Pathogenese des akuten Gelenkrheumatismus. Med. Klin. 9 (1934), 701 ff.
213. SLAUCK, A.: Methodik des Herdnachweises. Schriftenreihe für Ganzheitsmedizin, Bd. 11. Ärzteverlag Gießen u. Hippokrates-Verlag, Stuttgart 1950.
214. SLAUCK, A.: Muskelzeichen bei Herderkrankungen. In: THIELEMANN, K. u. E. (Hrsg.): Diagnose der Herderkrankungen. Verlag C. Hanser, München 1953.
215. SPECH, H. J.: Lambliasis, das Profil einer Durchfallerkrankung. Dt. med. Wschr. 103 (1978), 2008–2012.
216. SPRENG, M.: Überallergische Erkrankungen durch Zahnmetallegierungen. Schweiz. med. Wschr. (1944), 443 ff.
217. STACHER, A.: Über das HUNEKE-Phänomen und seine Objektivierung. In: VOSS, H. (Hrsg.): Deshalb Neuraltherapie. Verl. Blume & Co., 1968, S. 138–149.
218. STANDEL, K.: Demonstration des EHT-Gerätes. In: Herderkrankungen – Grundlagenforschung und Praxis (DAH-Kongr. 1955). Verlag C. Hanser, München 1956, S. 280.
219. STEIN, G.: Zit. nach URBACH, E.: Klinik u. Therapie der allergischen Krankheiten. W. Maudrich, Wien 1935.
220. STICKL, M.: Umweltwirkungen auf das Immunsystem. Acta med. austr. 12 (1985), 9 ff.
220a (STOCK), – zit. nach BREENKÖTTER, W.: Hatte Stock recht? Fragen an die Medizingeschichte. Biol. Med. 13 (1984), 194–197.
221. TRINCHER, K.: Die Gesetze der biologischen Thermodynamik. Urban & Schwarzenberg, Wien–München 1981.
222. TRINCHER, K.: Natur und Geist. Herder, Wien–Freiburg–Basel 1981.
223. URBACH, E.: Klinik und Therapie der allergischen Krankheiten. W. Maudrich, Wien 1935.
224. VEIL, H.: Der Rheumatismus und die streptomykotische Symbiose. Enke, Stuttgart 1939.
225. VOLL, R.: Die Anwendung der potenzierten Organpräparate in der EAP-Diagnose und in der Medikamententestung. Eigenverlag der WALA-Heilmittelwerke, 2. Aufl. 1973.
225a VOLL, R.: Ostitis und Wechselbeziehungen. Vortrag am 31. 10. 1987 anläßlich der Med. Woche, Baden-Baden 1987 (im Druck).

226. Wellhöner, H. H.: Allgemeine und systematische Pharmakologie und Toxikologie, 3. Aufl. Springer, Berlin–Heidelberg–New York 1982.
227. Westphal, A., W. Mohr: Erkrankungen durch Protozoen. In: Klinik d. Ggw., Bd. 10. Urban & Schwarzenberg, Wien–München–Baltimore 1961, S. 276.
228. Wiegand, E.: Nutritive Faktoren von Einfluß auf den Zink-Status. In: Schmidt, K., W. Bayer (Hrsg.): Die Bedeutung d. Zn. i. d. Med. Fischer, Heidelberg 1983, S. 24–47.
229. Wirth, W., Chr. Gloxhuber: Toxikologie (Kap. Blei) Thieme, Stuttgart 1981, S. 134.
230. Wittenberg, A. et al.: Alternierende Corticoidtherapie bei Polyarthritis. Dtsch. med. Wschr. 98 (1973), 919ff.
231. Zumkley, H.: Spurenelemente. Thieme, Stuttgart 1983.

ABBILDUNGEN

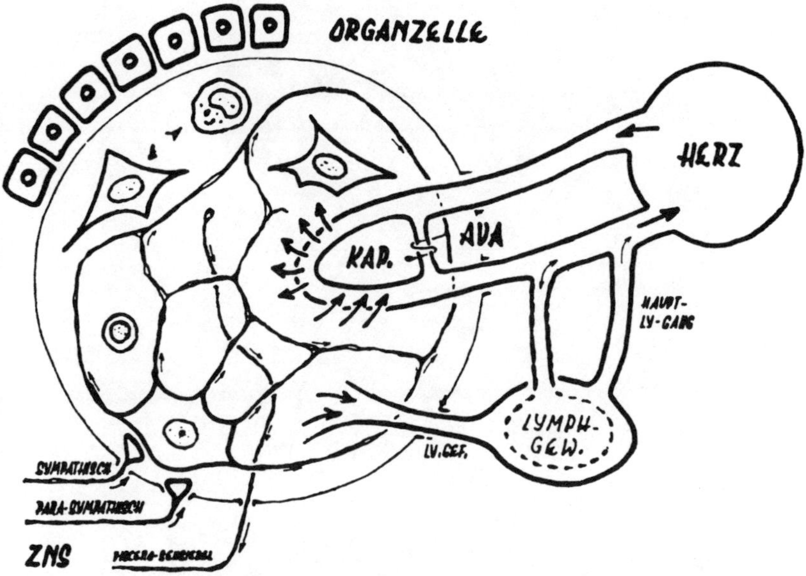

Abb. 1: Schema des Grundsystems nach Pischinger: Zwischenzellsubstanz mit großer und kleiner Retikulumzelle, Nervenendfasernetz, Kapillaren und Lymphspalten im Zusammenhang mit dem Kreislauf. Aus *(186)*.
Kap = Kapillare; Ly. Gef. = Lymphgefäß; AVA = arterio-venöse Anastomose (schließbare Verbindung zwischen Schlagadern und Venen); Viscero-Sensibil. = Empfindlichkeit der Organe; ZNS = Zentralnervensystem.

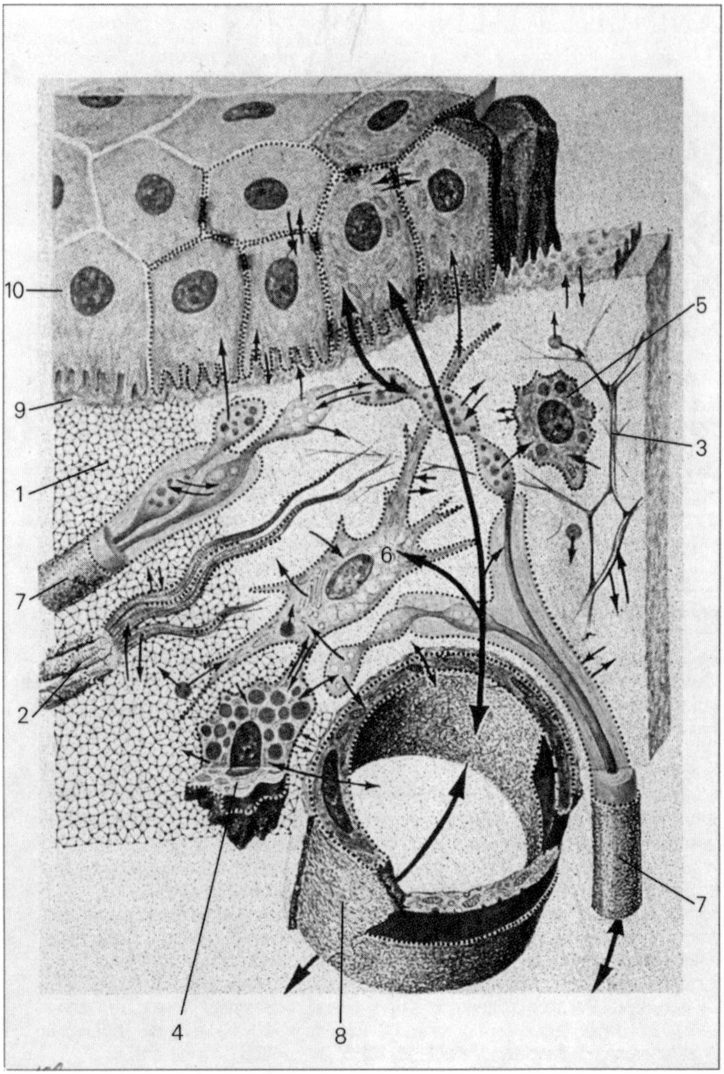

Abb. 2: Wechselseitige Beziehungen (Pfeile) zwischen Kapillare (8), Grundsubstanz (Proteoglykane) und Strukturglykoproteine (1), Kollagen (2), Elastin (3), Bindegewebszellen (Mastzelle 4, Abwehrzellen 5, Fibrozyt 6), vegetativen terminalen Axonen (7) und Organparenchymzellen (10), Basalmenbran (9).

Der Fibrozyt (6) stellt das Regelzentrum der Grundsubstanz dar. Nur dieser Zelltyp ist in der Lage, in Rückkoppelung zu allen zellulären und nervösen Komponenten eine

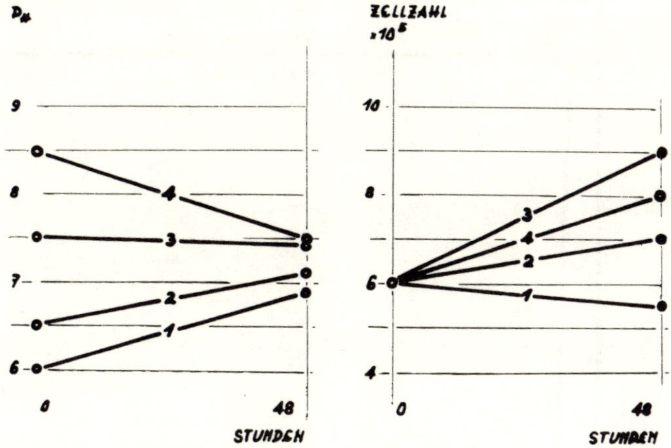

Abb. 3: Fibroblasten-Kulturen: pH-Wert und Zellzahlen. Aus *(77)*.

situationsgerechte Grundsubstanz zu synthetisieren. Wesentliche Informationsvermittler und -filter sind dabei die Proteoglykane, Strukturglykoproteine sowie der Zellzuckeroberflächenfilm (Glykokalyx; punktierte Linie auf allen Zellen, Kollagen und Elastin). Aus *(49)*.

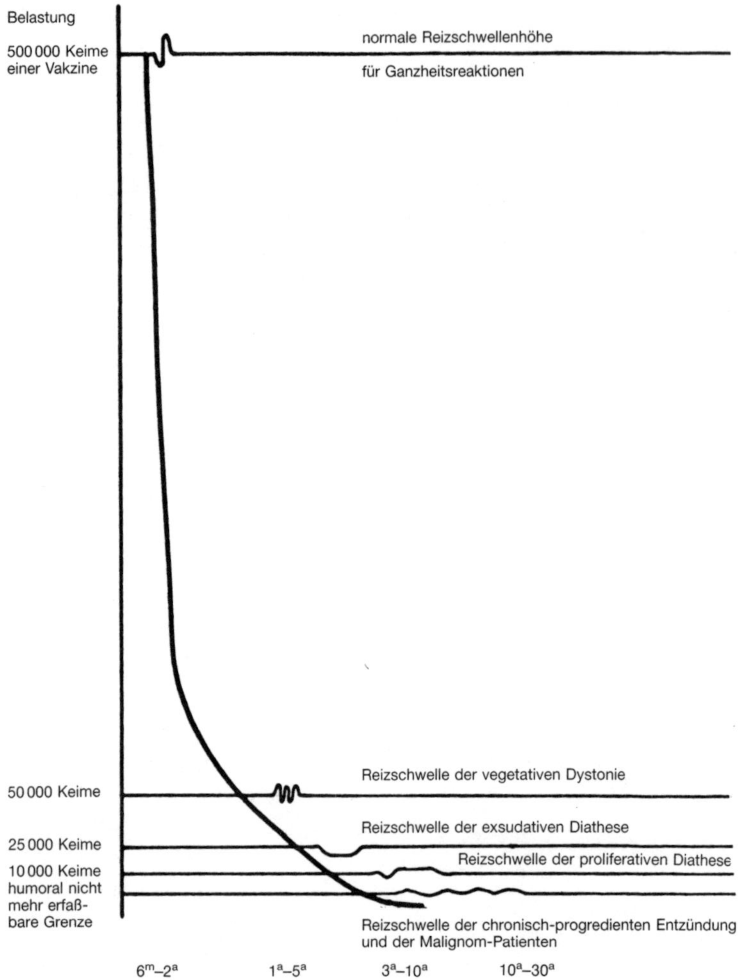

Abb. 4: Versuch einer graphischen Darstellung der Reizschwellen für Ganzheitsreaktionen bei gesunden Probanden und bei Patienten mit chronisch-rezidivierenden und chronisch-progredienten Erkrankungen. Aus *(143)*.

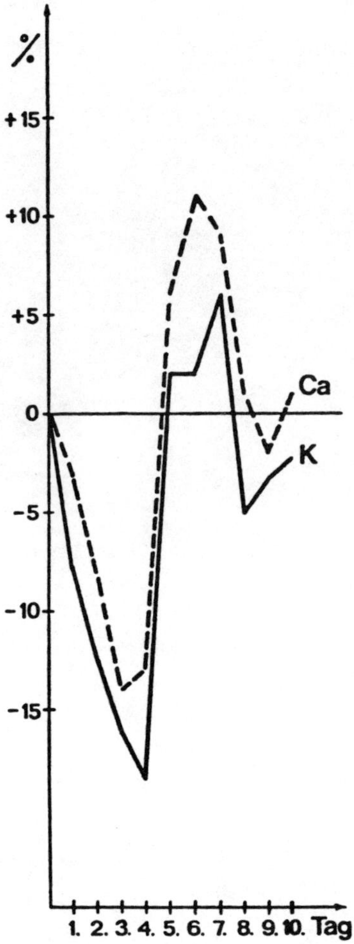

Abb. 5: Elektrolytverhalten bei akuten Entzündungen. Abweichungen der mg% in Prozent des Vorwertes. Aus *(145)*.

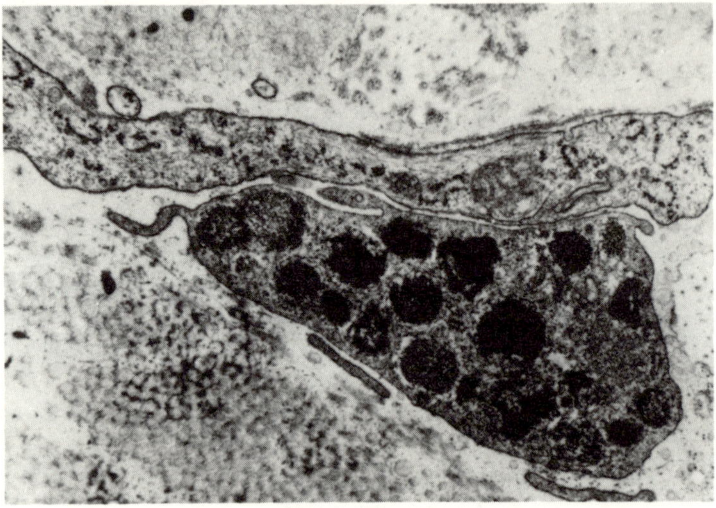

Abb. 6: Kontakt (gap junctions) zwischen Mastzelle und Fibrozyt in der Zwischenzellsubstanz (Vergrößerung: 19000×). Diasammlung Heine, H., Anatom. Institut d. Univ. Witten-Herdecke.

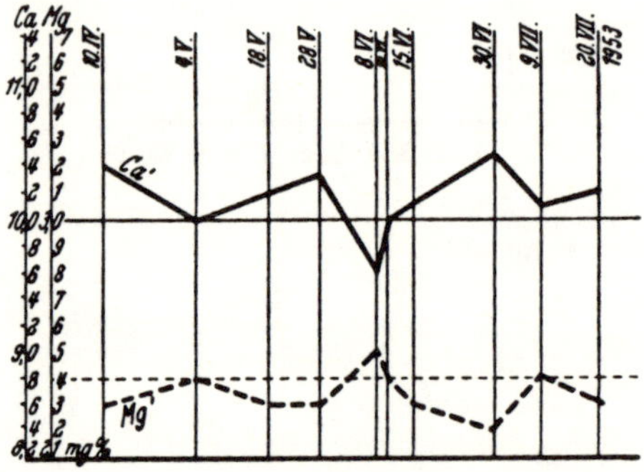

Abb. 7a: Ca-Mg-Kurve eines Falles stationärer MS (normegische Reaktionslage). Ca — — —, MG - - - - - - (die dünnen Linien bei Ca 10,0 mg% und Mg 2,4 mg% geben die kritische Höhe der Ionenwerte an. Aus *(132)*.

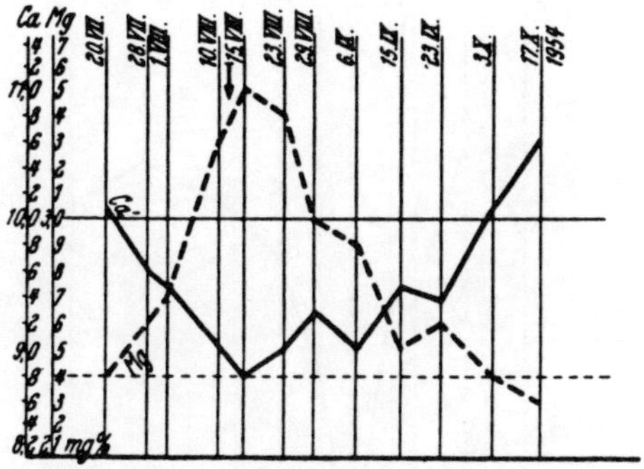

Abb. 7b: Eine besonders typische Ca-Mg-Kurve vor und während eines Schubes. Seit 26. 7. 54 subj. Beschwerden, Mattigkeit, Schlaflosigkeit. Die ersten klinischen Symptome am 13. 8. 54, um den 23. 8. 54 Stillstand des Schubes mit nachfolgender Remission. Aus *(132)*.

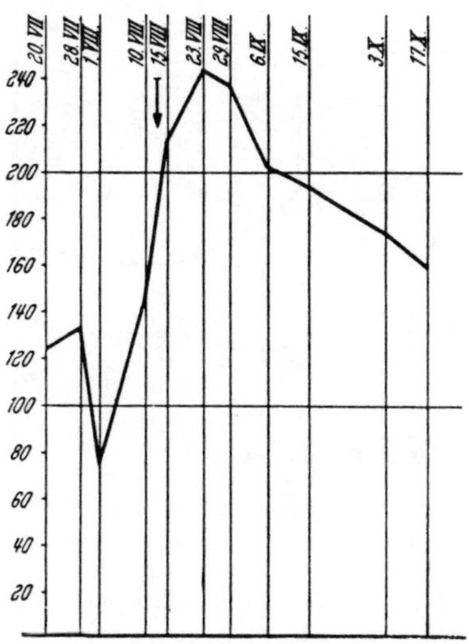

Abb. 8: Eosinophilen-Kurve bei einem frischen Schub einer MS (der gleiche Fall wie Abb. 7b). Hier konnte auch der selten zu beobachtende incipiente Eo-Sturz vor Eintritt der klinischen Erscheinungen miterfaßt werden. Zu beachten ist die Möglichkeit einer Fehldeutung bei alleiniger Bestimmung im Wiederanstieg der Eo-Zahl am 10. 8. 54 (die absol. Eo-Zahl liegt mit 143,8 in der Höhe der normalen Werte, obwohl eine schwere Hyperergie vorliegt). Aus *(132)*.

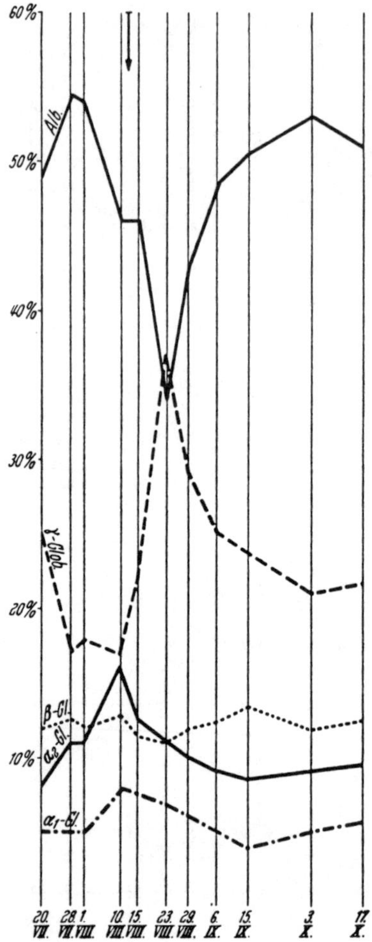

Abb. 9: Besonders eindeutige Veränderungen im elektrophoretischen Bild bei einem frischen Schub (siehe auch Abb. 7b und 8). Der Anstieg der Alpha-2-Globuline und der Abfall der Gamma-Globuline schon vor Eintritt der klinischen Symptome am 13. 8. 1954. Um den 23. 8. Stillstand des Schubes, gleichzeitig mit der stärksten Gamma-Globulin-Erhöhung und Abfall der Alpha-Globuline zur Norm. Die Normalisierung des Eiweißbildes bis 3. 10. 54 geht mit der klinischen Remission parallel. Aus *(132)*.

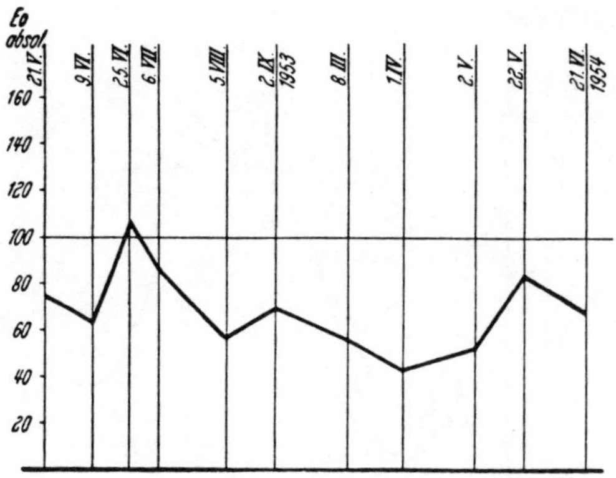

Abb. 10: Eosinophilen-Bestimmung bei einer chronisch-progredienten Verlaufsform einer MS (der gleiche Fall wie Abb. 11): Die Eo sind ständig vermindert, nur der Befund am 25. 6. 53 mit 106 Eo absolut hätte bei alleiniger Bestimmung zu einer Fehldeutung führen können. Aus (*132*).

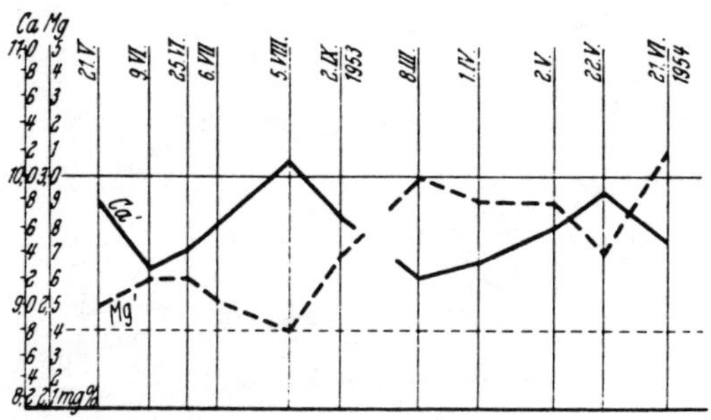

Abb. 11: Längsschnitt der Ca-Mg-Spiegel bei einer chronisch-progredienten Verlaufsform einer MS, 1 Jahr lang beobachtet. Anhaltend das Ca unter 10,0 mg% und das Mg über 2,4%. Aus *(132)*.

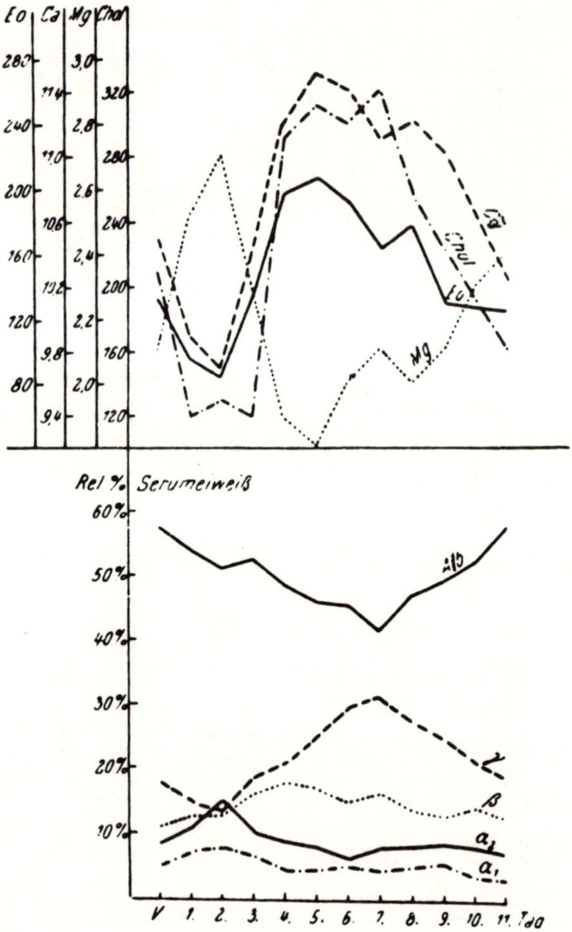

Abb. 12a: Verhalten von Ca, Mg, Cholesterin und absoluter Eosinophilenzahl sowie der Serumelektrophorese bei einem akuten Infekt (grippale Erkältung) bei Mitverfassung des Prodromalstadiums (aus: PERGER, F., Dt. Med. Wschr. 81, (1956), 342). Aus *(140)*.

Die Bestimmung der vegetativen Reaktionslage und Reaktionsweise bei Multiple Sklerose-Kranken.

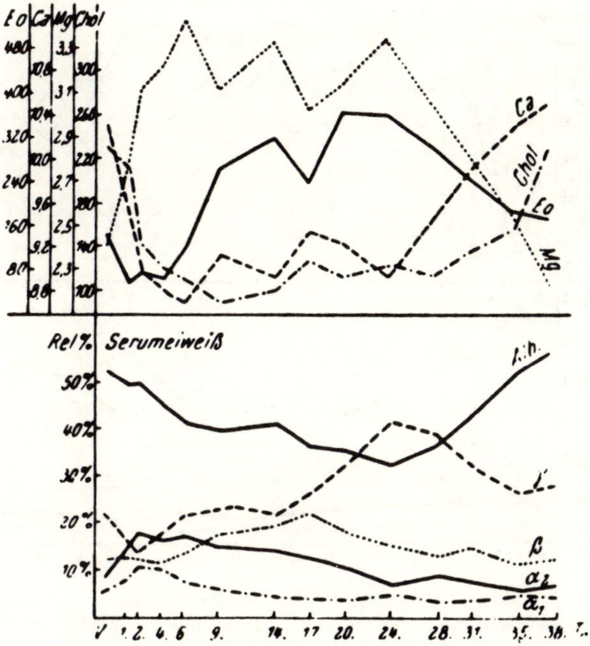

Abb. 12b: Verhalten von Ca, Mg, Cholesterin und absoluter Eosinophilenzahl sowie Serumelektrophorese bei einem fieberhaften Schub einer Polyarthritis – einphasiges Verhalten bei subakut-exsudativem Krankheitsgeschehen (aus: PERGER, E., Wien. klin. Wschr. 70 (1958), 421). Aus *(140)*.

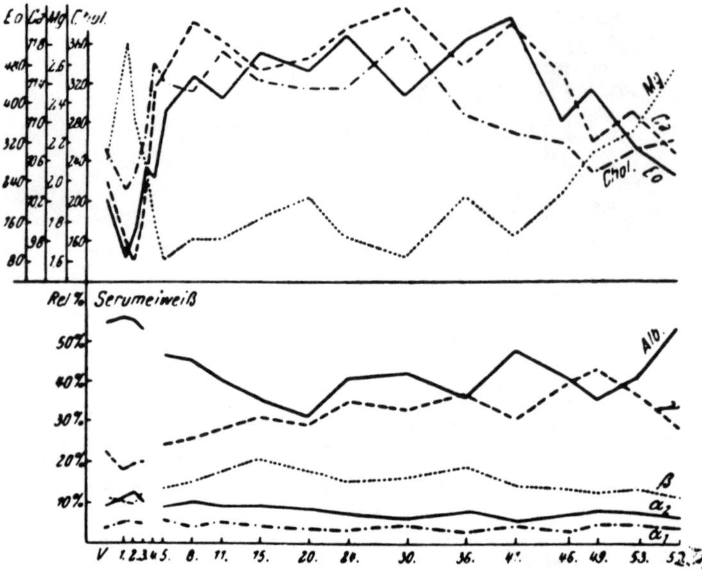

Abb. 13: Verhalten von Ca, Mg, Cholesterin und absoluten Eosinophilenzahlen sowie der Serumelektrophorese bei einer Exazerbation einer deformierenden Polyarthritis – überwiegend einphasiges Verhalten der chronisch proliferierenden Entzündungen (aus: PERGER, F., Wien. klin. Wschr. 70 (1958), 421). Aus *(140)*.

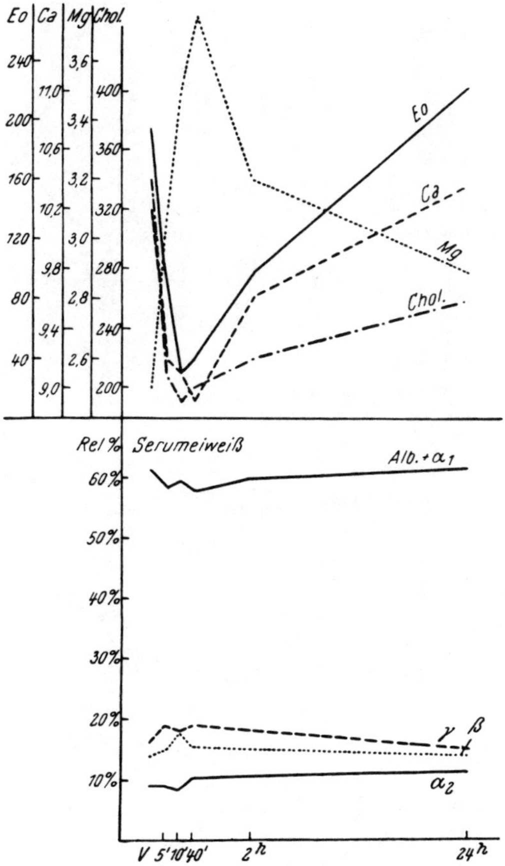

Abb. 14: Anaphylaktische Reaktionen – Ablauf eines humoralen Schocks innerhalb weniger Minuten (aus: Perger, F., Wien. klin. Wschr. 70 (1958), 421–429). Aus *(140)*.

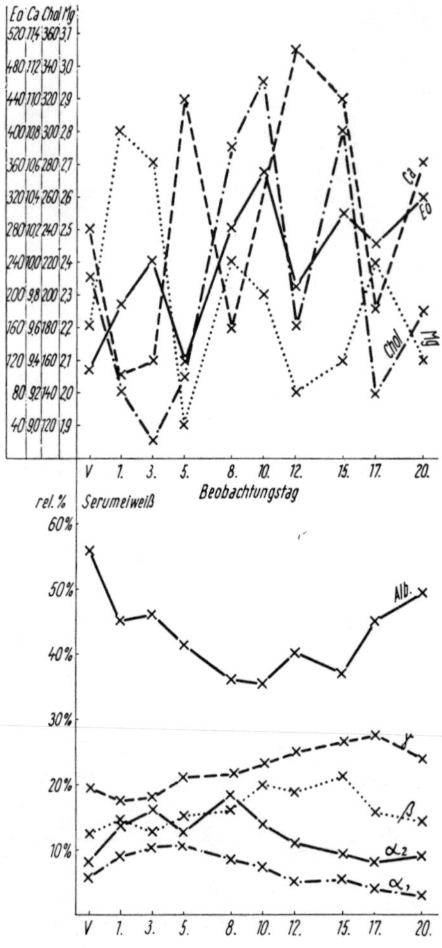

Abb. 15: „Atakische Reaktionsform“ bei vegetativen Störungen und am Beginn allergischer Krankheiten vom Soforttyp und vom verzögerten Typ. Aus *(140)*.

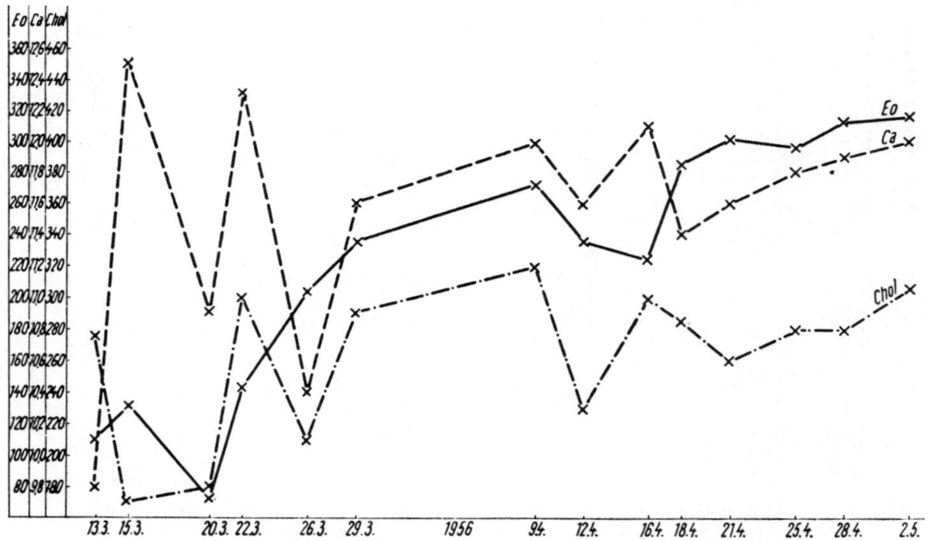

Abb. 16: Übergang von der „ataktischen" in die chronisch-proliferative Gegenschockphase bei einem unbehandelten Fall von Polyarthritis bei einem 20jährigen Mädchen (aus: Perger, F., Ther. Wo. 8 (1958), 224). Aus *(137)*.

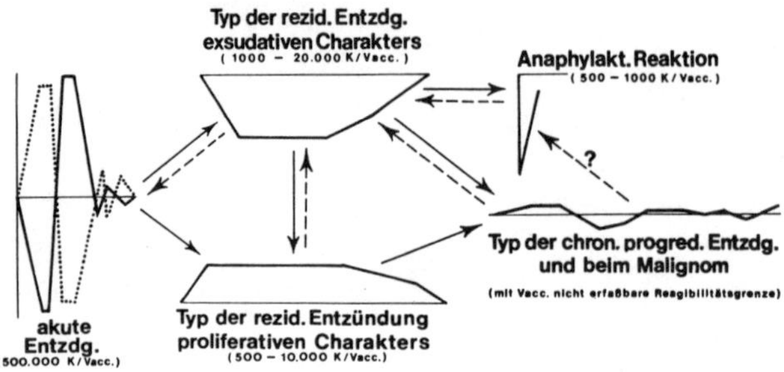

Abb. 17: Schema der unspezifischen Reaktionsweisen nach PERGER, entsprechend den gleichsinnigen Reaktionen von Calcium und Cholesterin und bei Regulationseinschränkungen auch von Kalium. Die Zahlen in Klammern bedeuten die Vakzinemenge, mit der man gerade eben die vorliegende Reaktionsweise auslösen kann (aus: PERGER, F., Phys. Med. u. Rehab. 20 (1979), 585).
„Rehabilitation durch Einregulierung des Grundsystems«

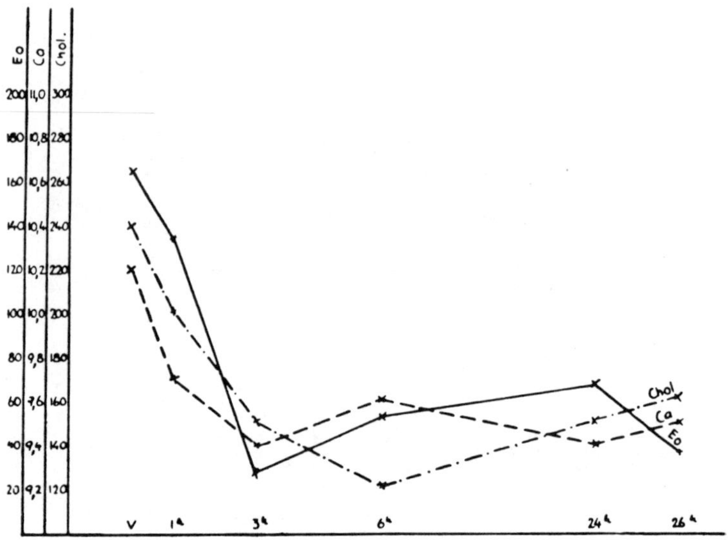

Abb. 18a: Die Injektion von 10 000 Keimen einer Autovakzine aus einem Zahngranulom löst bei einem Polyarthritiker vor Tonsillektomie eine typische Schockphase aus.

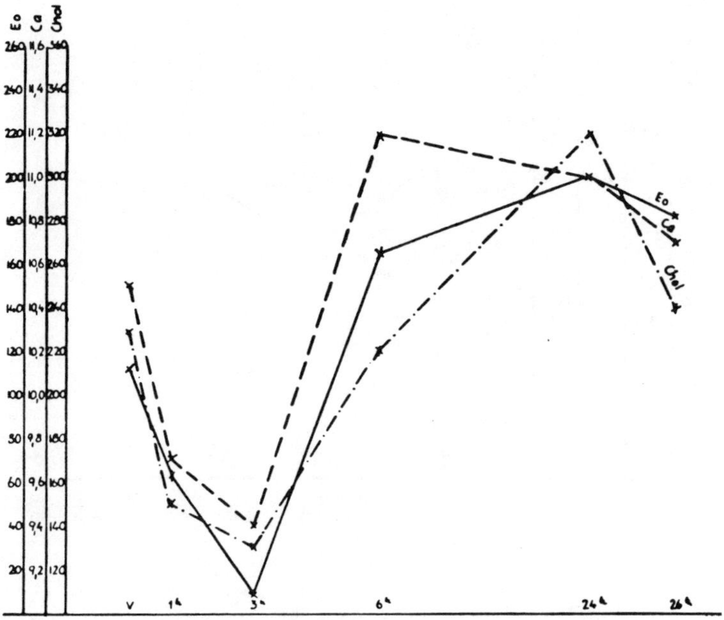

Abb. 18b: Nach Tonsillektomie wird mit der gleichen Dosis der gleichen Autovakzine eine normale zweiphasige Alarmreaktion verursacht. Aus *(142)*.

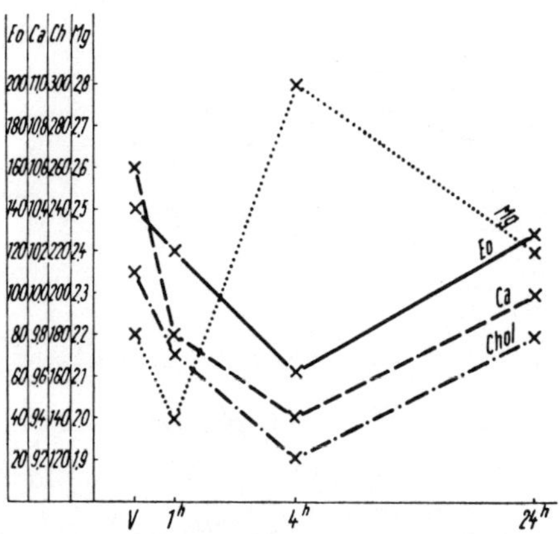

Abb. 19: Die Wirkung von 10 mg Hydrocortison i. m.: Überführung der Abwehrsituation in eine Schock- bzw. Hemmphase. Aus *(136)*.

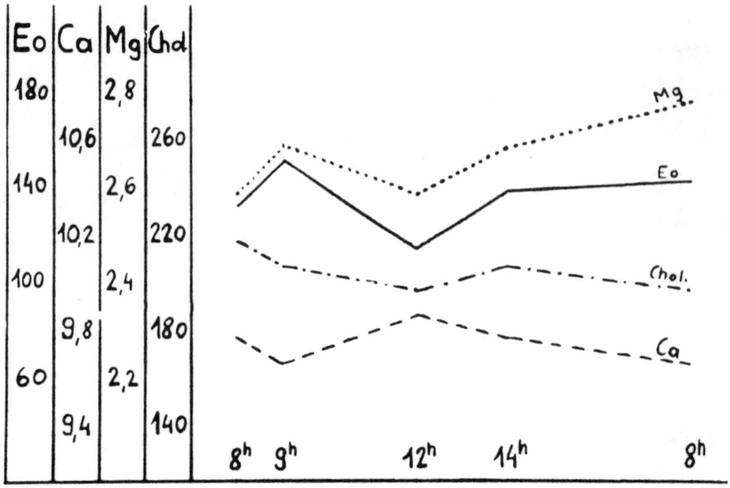

Abb. 20: Tageskurve (Leertest). absolute Eosinophilenzahl, Ca, Mg und Cholesterin zeigen nur geringe Schwankungen. Aus *(141)*.

JVW	960	— 967	— 967	γ
Ca	9,5 —	9,4 —	9,5	mg%
K	18,0 —	18,3 —	18,2	mg%

Abb. 21: Jodverbrauchswerte (JVW), Ca und K im Leertest. Aus *(141)*.

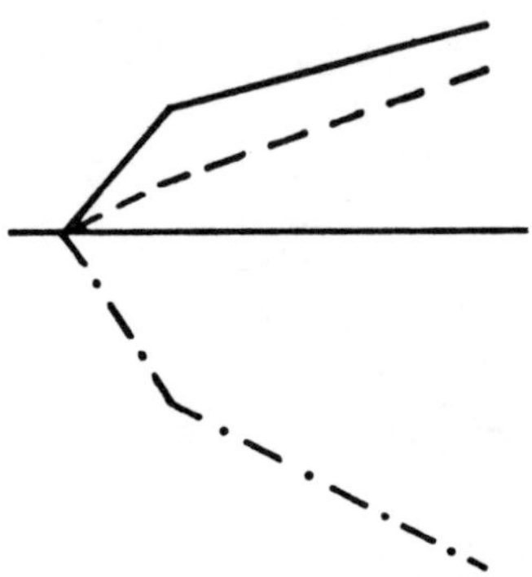

JVW	836	— 859	— 874	γ
Ca	9,4 —	9,6 —	10,0	mg%
K	21,5 —	20,3 —	19,1	mg%

Abb. 22: Elpimed®-Wirkung bei einem klinisch gesunden Probanden. Die Annahme, es handle sich um eine Normalreaktion war falsch: es handelt sich um eine Entschokkungsreaktion 2½ Wochen nach einem fieberhaften grippalen Infekt. Aus *(141)*.

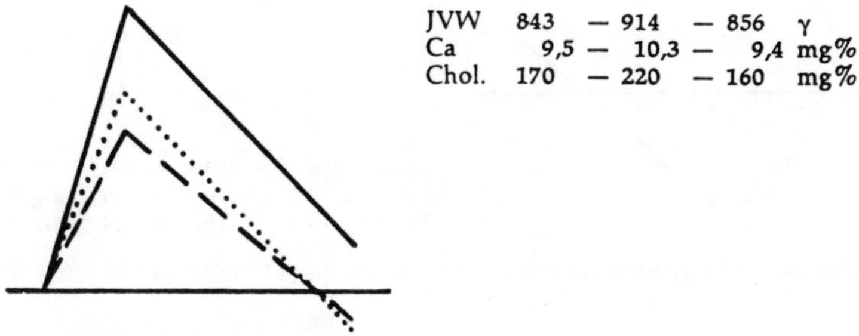

Abb. 23: Heftige überschießende Reaktion bei einem Frühfall einer entzündlichen Systemerkrankung. Aus *(141)*.

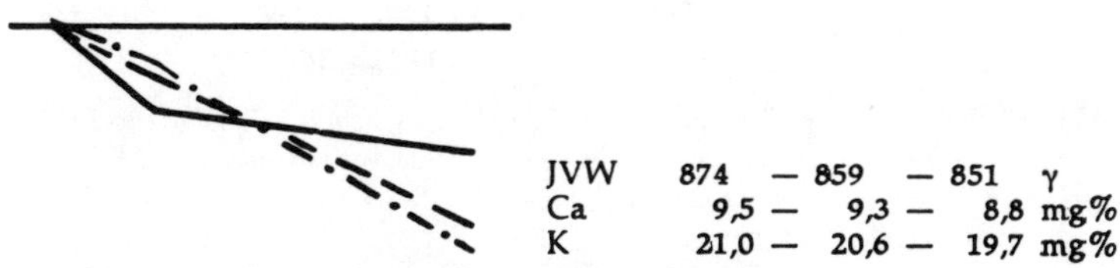

Abb. 24: Humorale Schockreaktion bei einer schubweise verlaufenden Multiplen Sklerose mit beschleunigtem Reaktionsablauf. Aus *(141)*.

Abb. 25: Beschleunigter Reaktionsablauf; durch Blutkontrolle auch nach 30 Minuten kann die primäre Gegenschockreaktion miterfaßt werden. Patientin mit schubweise verlaufender MS. Aus *(141)*.

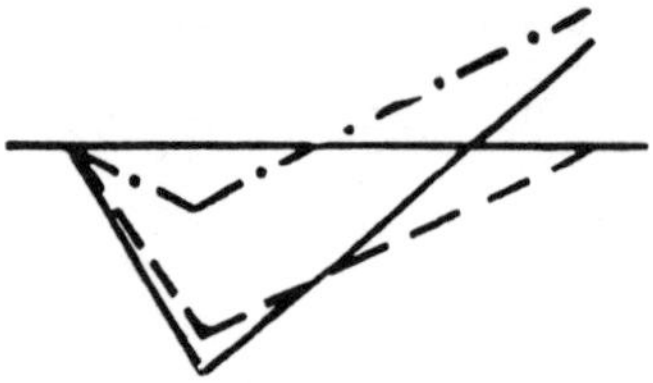

JVW	984	—	953	—	999		
Ca	9,9	—	9,4	—	9,9	mg%
K	19,1	—	18,8	—	19,9	mg%

Abb. 26: Verkürzter fokuspositiver Testverlauf bei einem Patienten mit Polyarthritis nach 18jähriger Krankheitsdauer. Aus *(141)*.

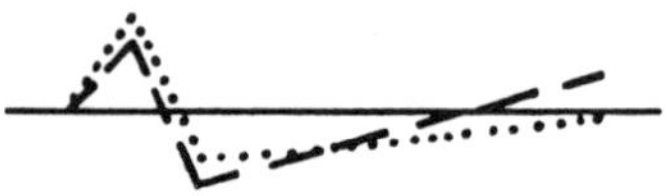

Ca	9,5	—	9,7	—	9,3	—	9,6	mg%
Chol	200	—	220	—	180	—	190	mg%

11. 12. 1956

Abb. 27: Fokuspositiver Test bei einem Spätfall (Patient mit sekundär chronischer Polyarthritis nach 20jähriger Krankheitsdauer). Trotz verminderter Reagibilität ist nach 30 Minuten der primäre Gegenschock, nach 1 Stunde der fokusreaktive Schock noch erkennbar. Aus *(141)*.

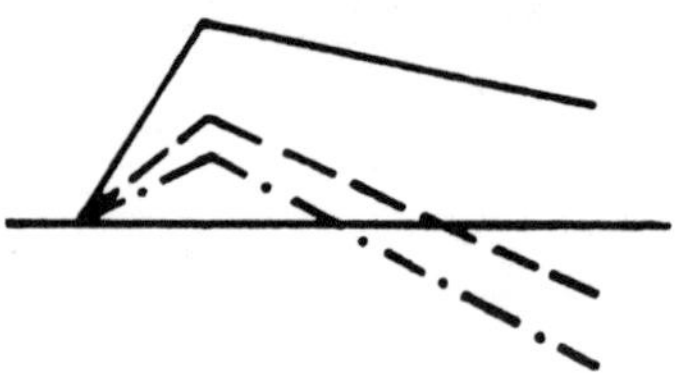

JVW	983	—	~~813~~ 1013	—	~~801~~ 1001	γ
Ca	9,4	—	10,0	—	9,5	mg%
K	17,5	—	18,0	—	17,3	mg%

Abb. 28: Testbild bei Polyarthritis schubweisen Charakters nach 5jähriger Krankheitsdauer; fokuspositive Reaktion. Aus *(141)*.

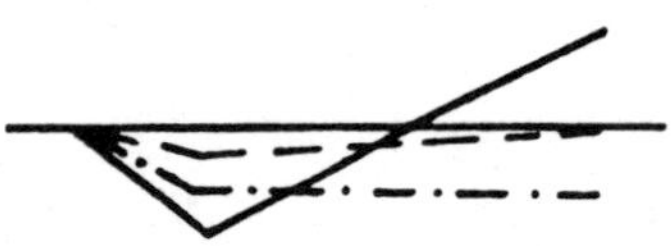

JVW	751	—	736	—	767	γ
Ca	9,9	—	9,8	—	9,9	mg%
K	19,1	—	18,7	—	18,7	mg%

Abb. 29: Der gleiche Patient wie in Abb. 28 zeigt nach dreimonatiger Corticoid-Therapie eine komplette Blockierung der unspezifischen Parameter. Aus *(141)*.

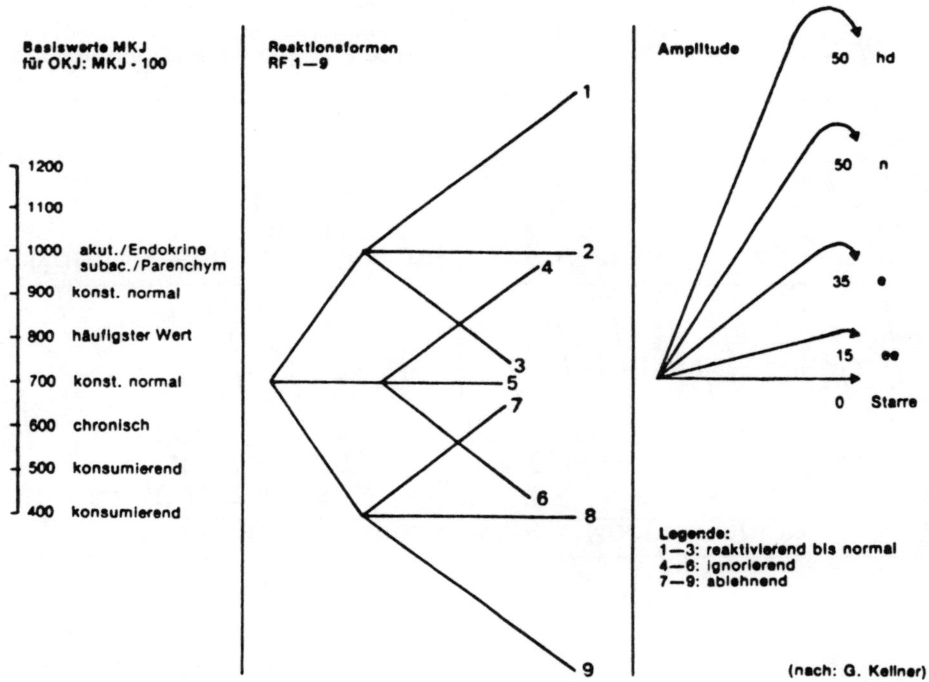

Abb. 30: Schema der möglichen Reaktionen auf Immunstimulation mit Elpimed®
(aus Kellner, Krammer, Seidl: Die Heilkunst 91 (1979) Heft 3). Aus *(93)*.

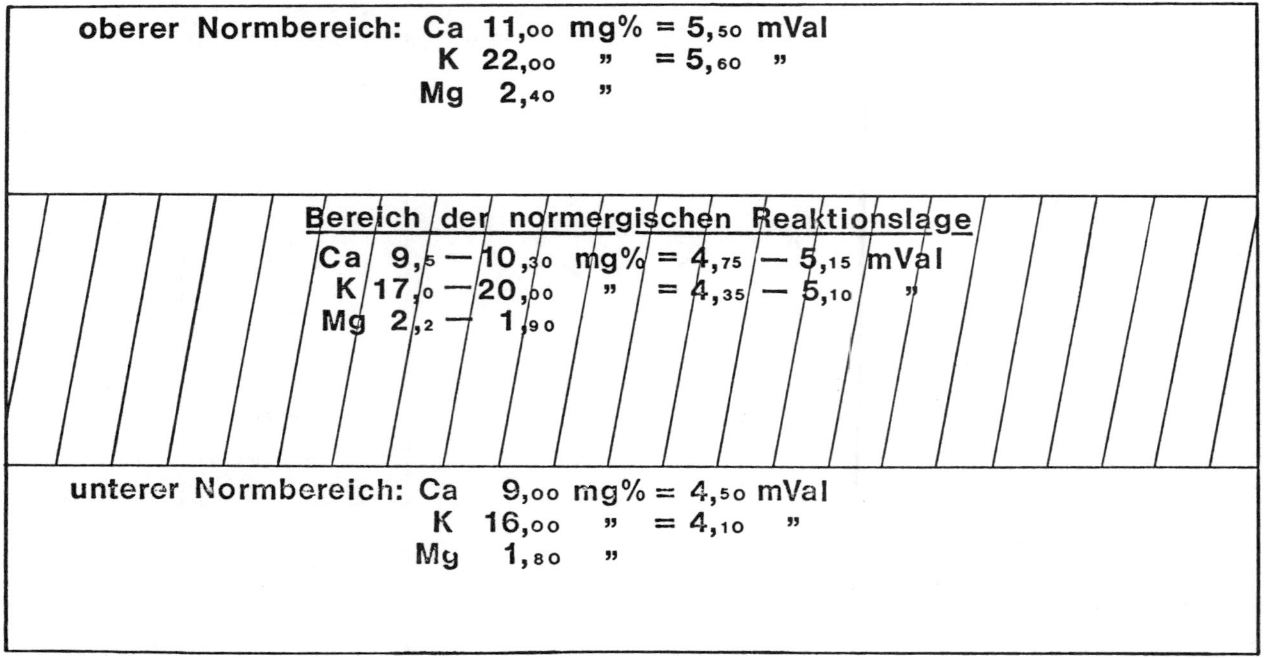

Abb. 31: Klinischer Normbereich und „normergischer" Bereich der Elektrolyte Calcium, Kalium und Magnesium. Tabelle der Amplituden-Beurteilung von Ca, K und Mg im Vergleich zu den von KELLNER fixierten Beurteilungskriterien der JVW-Änderungen.

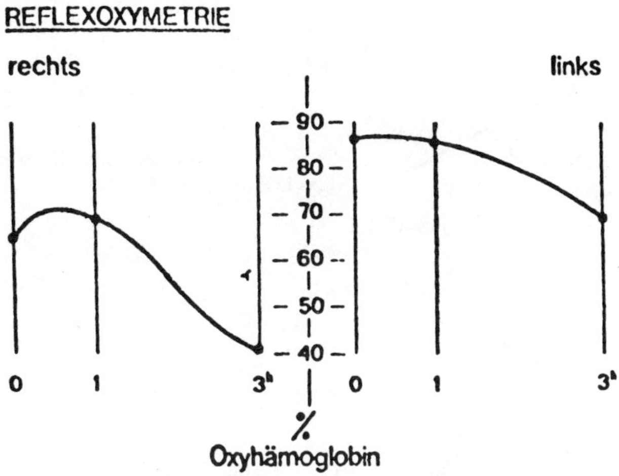

Abb. 32: Reflex-Oxymetrie im Elpimed®-Test. Differenzen im Ausgangswert und Reaktionsweise in der Oxymetrie des Venenblutes (aus der Dia-Sammlung Prof. Dr. G. KELLNER, Histol.-Embryol. Institut der Universität Wien).

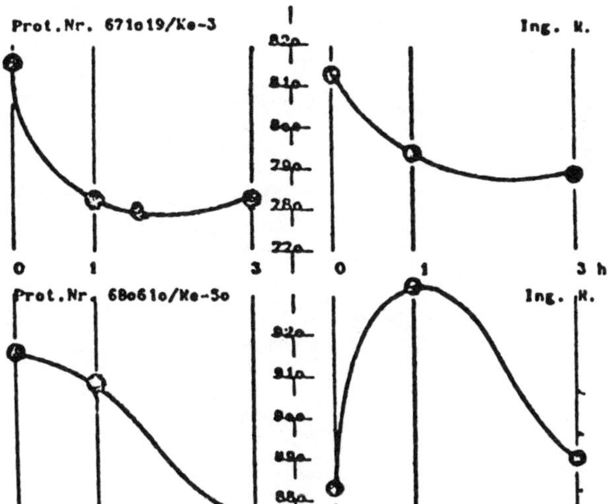

Abb. 33: Jodometrie im Elpimed®-Test. Differenzen im Ausgangswert und Reaktionsweise in der Jodometrie (aus der Dia-Sammlung Prof. Dr. G. KELLNER, Histol.-Embryol. Institut der Universität Wien).

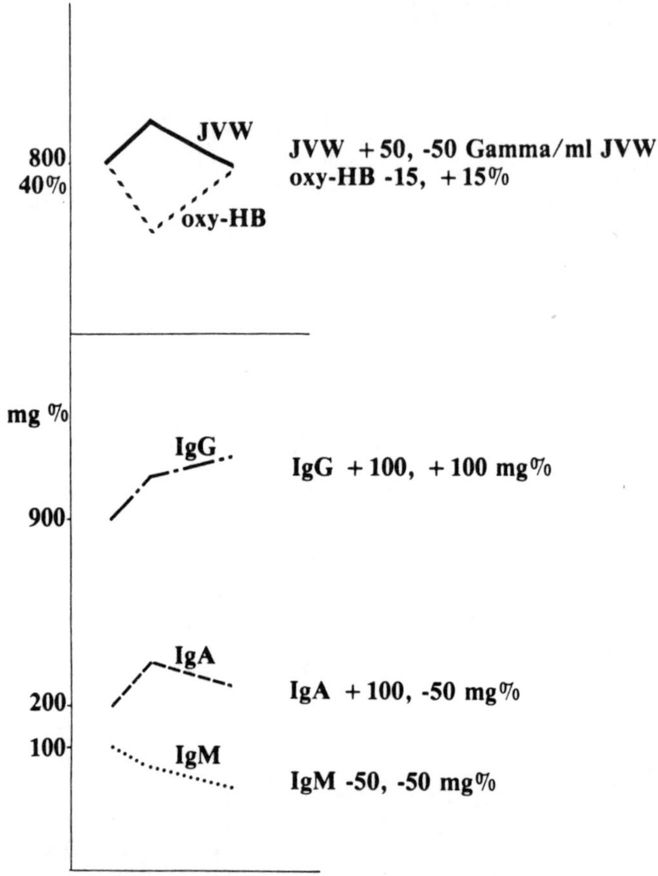

Abb. 34: Das Verhalten von Oxy-Hämoglobin, Jodverbrauchswerten und Immunglobulin bei gesunden Probanden nach Injektion von 3fach-konjugierten ungesättigten Fettsäuren (Elpimed®); n = 5. Aus *(157)*.

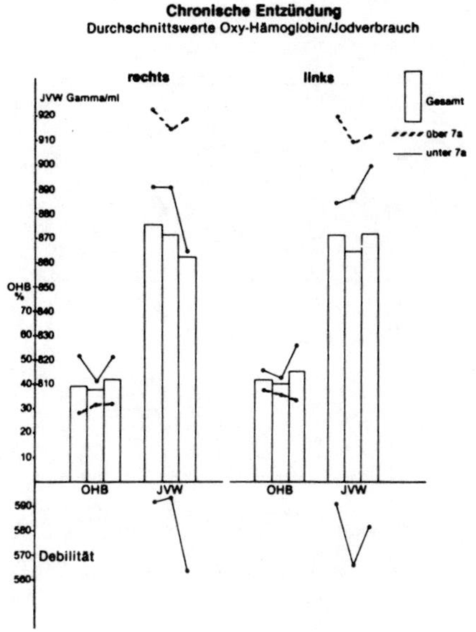

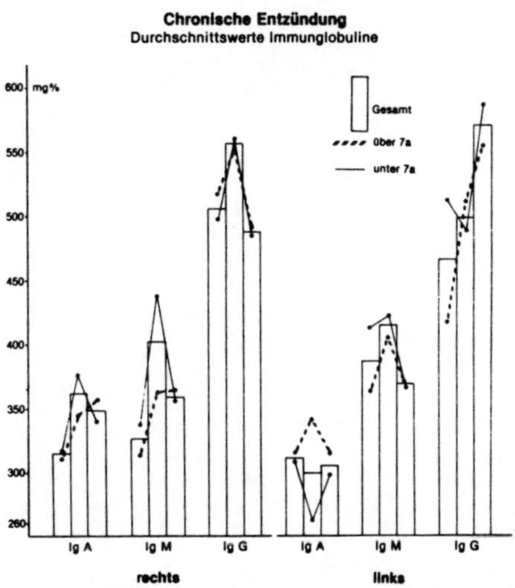

Abb. 35: Durchschnittswerte aller Patienten (n = 30) mit chronischer Entzündung von Einzelorganen sowie getrennt nach Dauer der Erkrankung (<7a: n = 12; >7a: n = 18) s. a. Tab. 4).
a) Durchschnittswerte Oxy-Hämoglobin/Jodverbrauch (OHB/JVW).
b) Durchschnittswerte Immunglobuline.

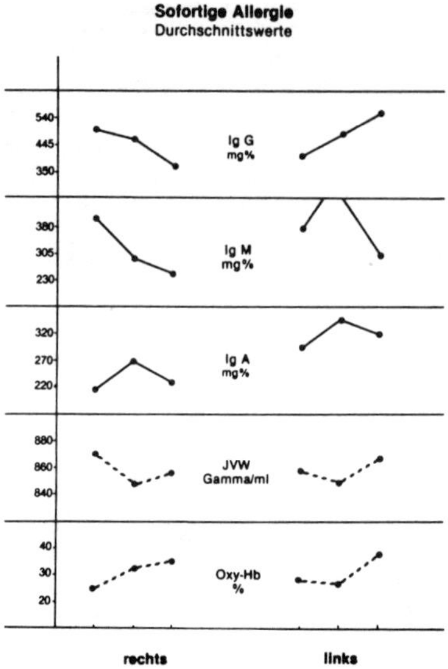

Abb. 36: Durchschnittswerte von IgA, IgM, IgG, Oxy-HB und Jodverbrauchswerten bei 20 Patienten mit Allergosen vom Soforttyp.

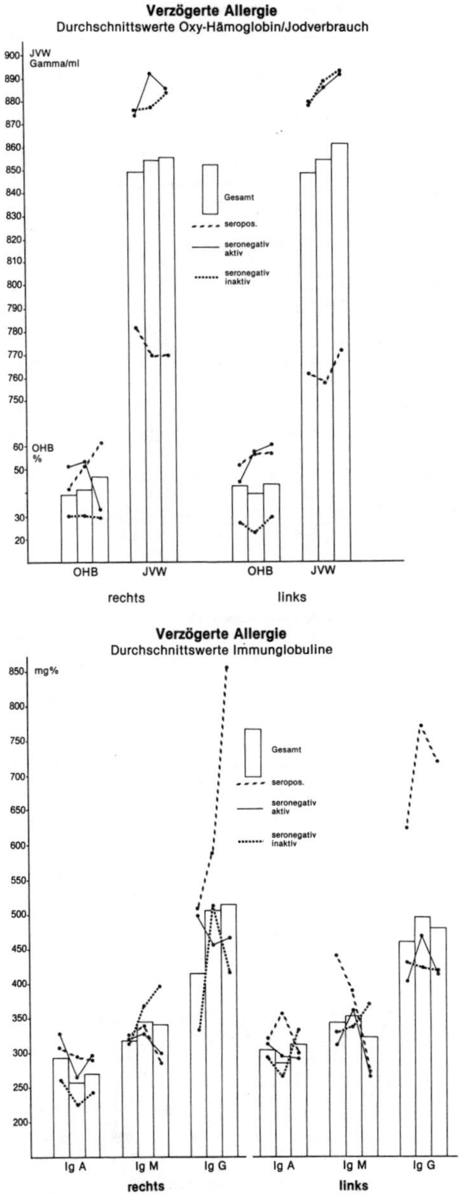

Abb. 37: Durchschnittswerte von IgA, IgM, IgG, Oxy-Hb (OHB) und Jodverbrauchswerten (JVW) bei entzündlichen Gelenkserkrankungen (s. a. Tab. 8).

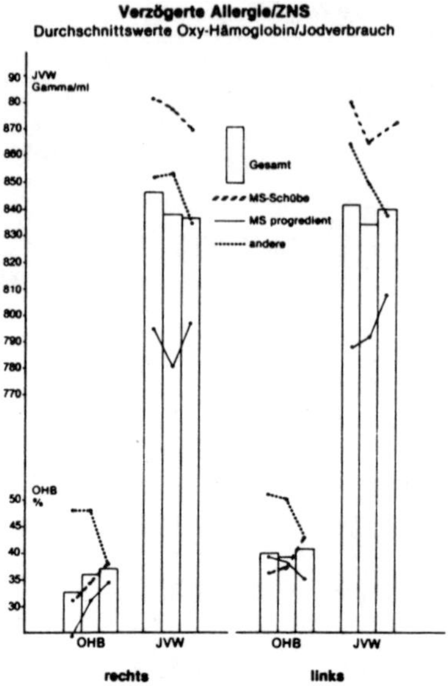

Abb. 38a

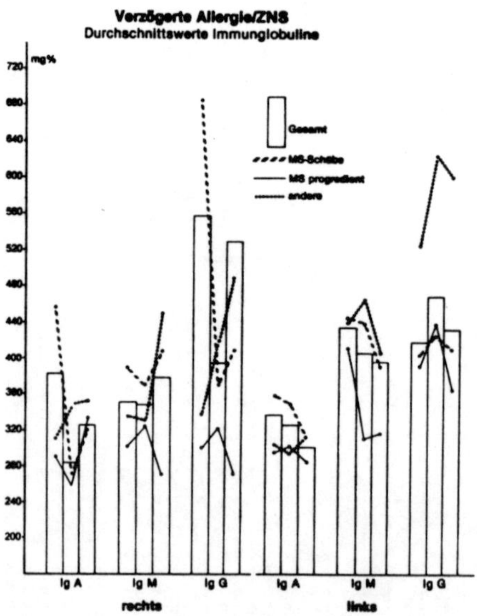

Abb. 38b

Abb. 38: Durchschnittswerte von Oxy-Hb (OHB), Jodverbrauchswerten (JVW) sowie von IgA, IgM und IgG bei 45 MS-Patienten – gesamt und nach Verlaufsstadien (schubweiser Verlauf im Intervall, chronisch-progrediente MS) (s. a. Tab. 12).

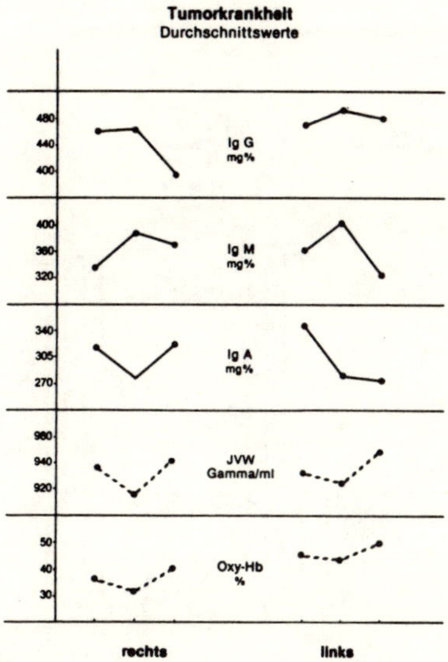

Abb. 39: Tumorkrankheit – Durchschnittswerte von 40 Tumor-Patienten mit verschiedenen soliden Tumoren nach erfolgreicher Tumortherapie. (Überlebenszeit durchschnittlich 7 Jahre).

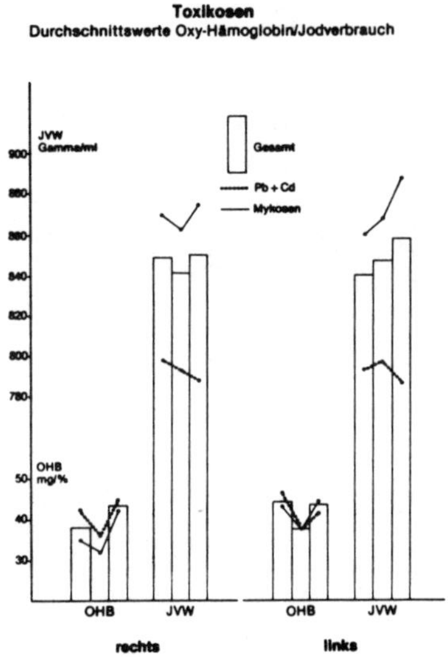

Abb. 40a

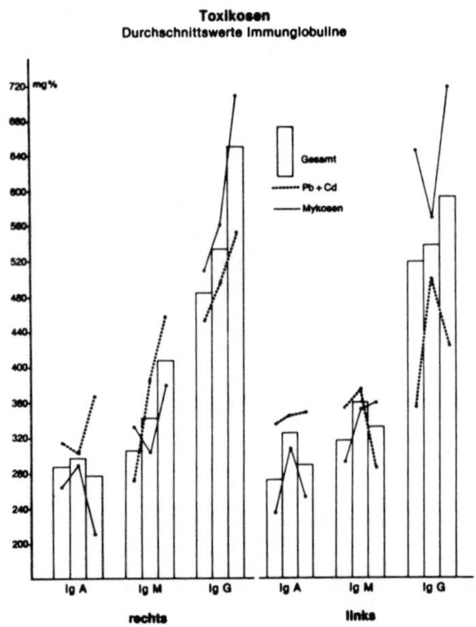

Abb. 40b

Abb. 40: Durchschnittswert von Oxy-Hb (OHB), Jodverbrauchswerten (JVW) sowie bei 17 Patienten mit subklinischen Toxikosen.

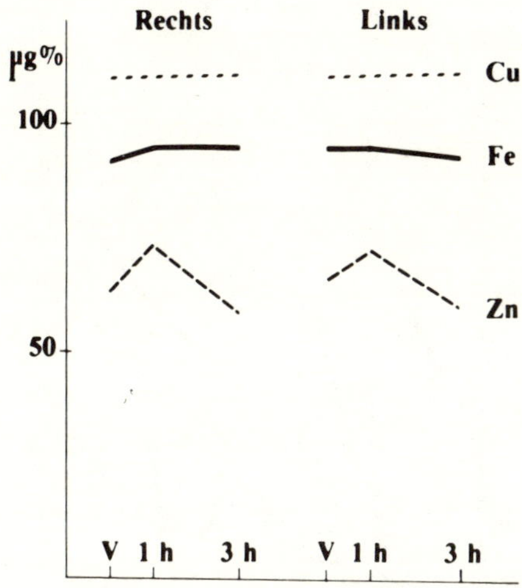

Abb. 41a

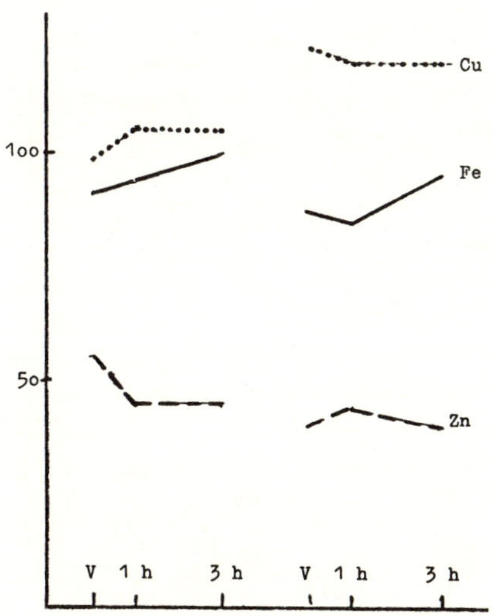

Abb. 41b

Abb. 41: Stabiles Verhalten der Spurenelemente Fe, Cu u. Zn nach Testreiz bei schubweisen entzündlichen Systemerkrankungen (aus: PERGER, F., Öst. Z. f. Stomat. 80 (1983), 289ff.) „Zur Frage der Herdbekämpfung".

a) Seronegative Polyarthritis.

b) Multiple Sklerose (Krankheitsdauer unter 3 Jahre),

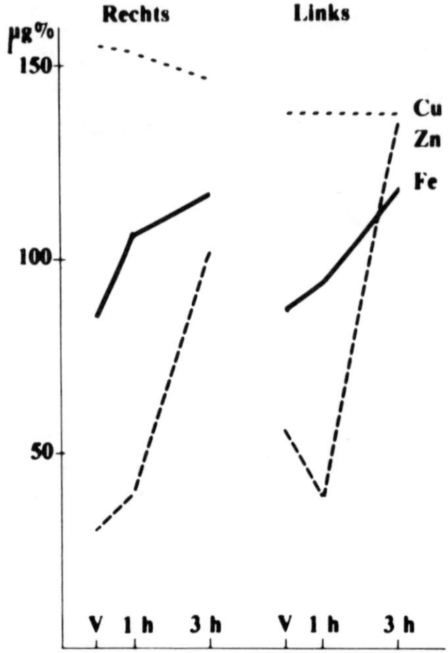

Abb. 42a

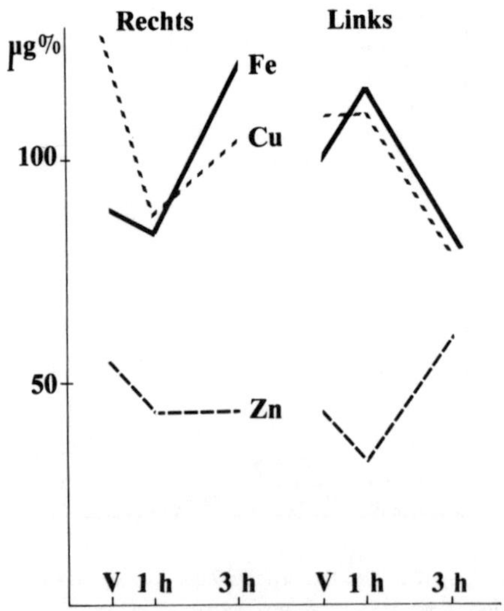

Abb. 42b

Abb. 42: Labiles Verhalten der Spurenelemente Fe, Cu u. Zn nach Testreiz bei chronisch-progredienten Systemerkrankungen (aus: PERGER, F., Öst. Z. f. Stomat. 80 (1983), 289). a) Fortgeschrittene seropositive PCP. b) Chronisch-progrediente MS.

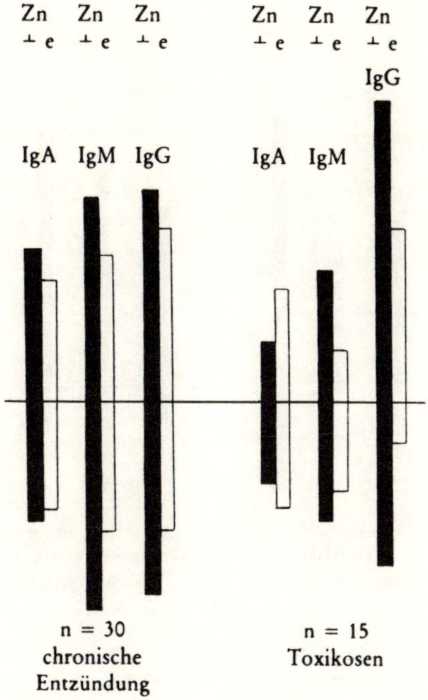

Abb. 43 a: Immunfunktionstestungen: Durchschnittswerte der Schwankungen der Immunglobuline bei normaler und erniedriger Zn-Konzentration i. S. bei chronischen Entzündungen und bei Toxikosen (aus: Perger, F., Öst. Z. f. Stomatologie 80 (1983), 269–292).

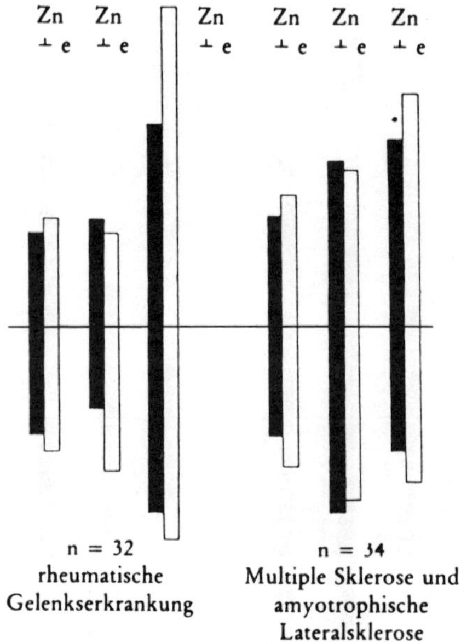

Abb. 43b: Immunfunktionstestungen: Durchschnittswerte der Schwankungen der Immunglobuline bei normaler und erniedriger Zn-Konzentration i. S. bei entzündlichen Systemerkrankungen (rheumatischer Formenkreis und entzündliche Erkrankungen des ZNS) (aus: PERGER, F., Öst. Z. f. Stomatologie 80 (1983), 269–292).

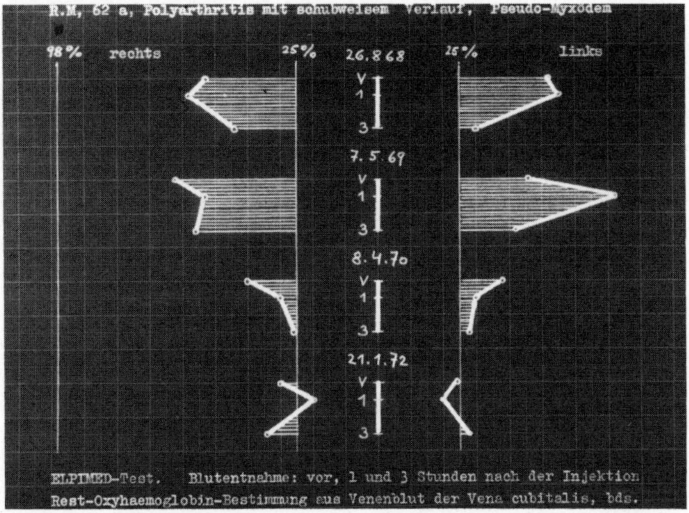

Abb. 44: Oxy-Hb (Ausgangswerte und Testverhalten) bei einer 62jährigen Patientin mit schubweiser Polyarthritis im Verlauf der Herdeliminierungen (Krankheitsdauer 30 Jahre).

Abb. 45: Weltweite Verbreitung der Lambliasis. Aus *(215)*.
◆ = endemisches Auftreten, ⊙ = Epidemien.

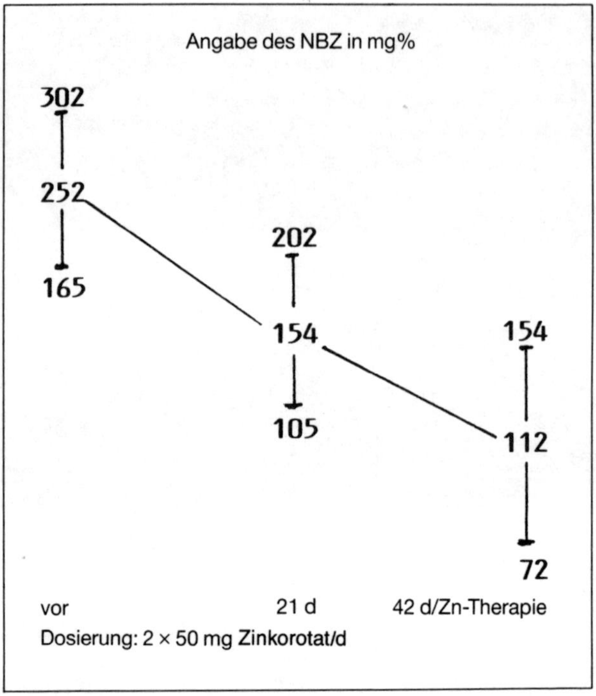

Abb. 46: Zink-Substitution bei Diabetikern unter Beibehaltung des Diabetes-Regimes. Durchschnittswerte des Nüchtern-Blutzuckers (mg%) 3 und 6 Wochen nach Zn-Therapie bei 61 Diabetikern (Typ-II-Diabetes) (aus: PERGER, F., Erf. Heilk. 36 (1987), 285–290).

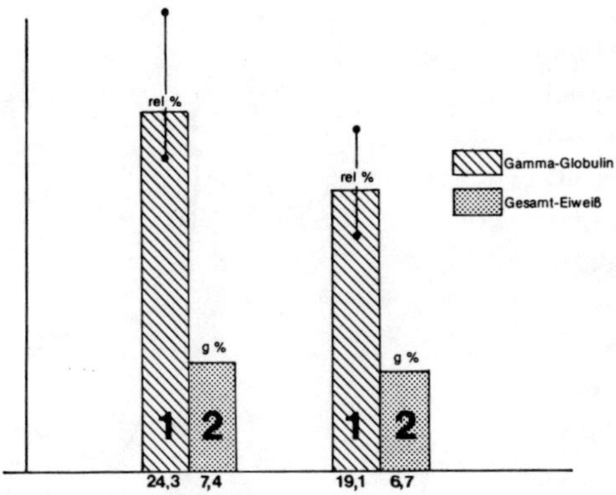

Abb. 47: Vergleich des Gamma-Globlulin-Gehalts des Blutserums bei fieberhaften Infekten: 1. unter Verzicht auf Antibiotika-Therapie (17 Fälle), 2. unter Antibiotika-Therapie (26 Fälle). Die Bestimmungen erfolgten 3 bis 5 Tage nach Abklingen des Infekts. Die absolute Menge an Gammaglobulinen beträgt bei Verzicht auf Antibiotika 1798 mg% (n = 17), bei Anwendung von Antibiotika 1280 mg% (n = 26), das sind 28,8% weniger. Aus *(151)*.

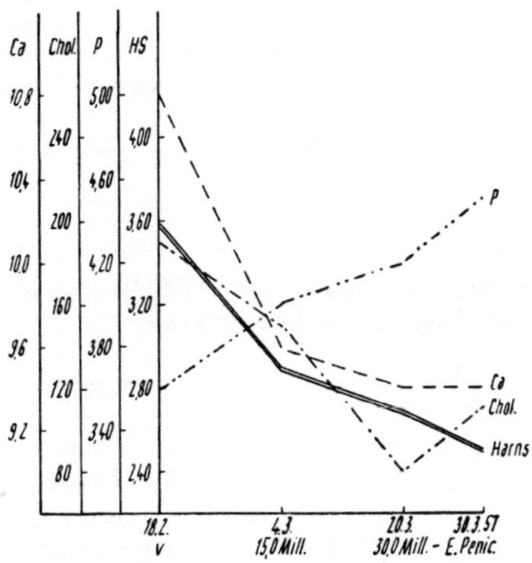

Abb. 48: Entwicklung einer humoral-vegetativen Schockphase unter mehrwöchiger Penicillin-Therapie. Aus *(139)*.

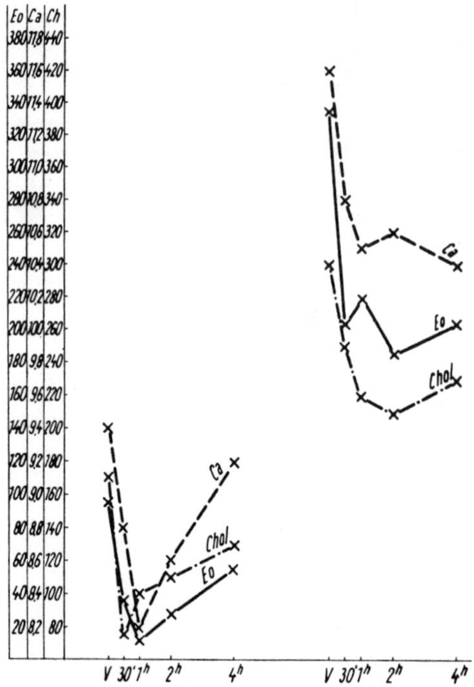

Abb. 49 a: Abhängigkeit der Medikamentenwirkung von der augenblicklichen Reaktionslage des Patienten: Irgapyrin® 5 ccm i. m. bewirkt bei subakuter Reaktionsweise einen anaphylaktischen Schock, in der chronischen Reaktionsweise eine ausreichende Entzündungshemmung und subjektive Erleichterung ohne Nebenerscheinungen (54jährige Patientin mit Coxitis sin.).
Dies war eine der verblüffendsten Beobachtungen über Reaktionsform und allergische Nebenwirkungen von Medikamenten.

[redacted]: Tagesdosen und Dauer der Imidazol-Therapie nach SPECH (1978) und heute. Angaben für Erwachsene

	Metronidazol	Tinidazol	Ornidazol
Tagesdosis 1978	3 × 250 mg	3 × 150 mg	2 × 500 mg
Dauer d. Einnahme	5 – 10 Tage	5 – 10 Tage	5 – 10 Tage
Tagesdosis heute	2 × 500 mg	1 × 2000 mg	2 × 500 mg
Dauer d. Einnahme	10 Tage	2 Tage, nach 1 Woche Pause nochmals 2 Tage	10 Tage

[redacted]: Effekt der Imidazol-Therapien bei Lambliasis (die einzelnen Derivate differieren in ihrer Wirkung nicht merklich)					
Medikationen:	1 Medik. 166 Pat. (37,4%)	2 Medik. 198 Pat. (44,6%)	3 Medik. 47 Pat. (10,6%)	4 – 6 Medik. 9 Pat. (2,0%)	1 Medik. u. dann Zn und Knoblauch 24 Pat. (5,4%)
Infektdauer	bis 6 Monate	bis 2 Jahre	über 2 Jahre	6 – 40 Jahre	mehr als 1 Jahr

natura-med. **10**: 498 (1988)

Abb. 49b

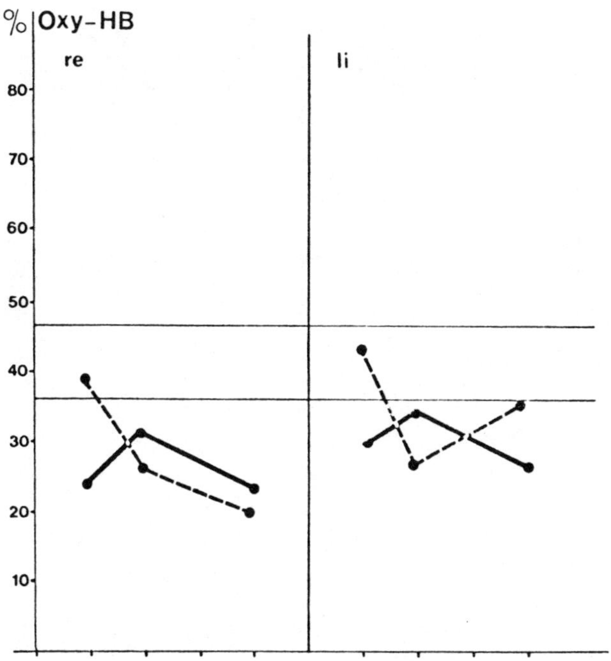

Abb. 50a: Pxy-Hämoglobin-Verhalten vor Beginn und nach der 4. Akupunktur-Sitzung bei einer 68jährigen Patientin mit generalisierter Schleimhautmykose, Osteoporose und Spondylopathie. Noch unausgiebige, aber deutliche Normalisierungstendenz der O_2-Utilisation (Abb. wird erstmals veröffentlicht). Aus *(154)*.
—— vor Akupunktur
– – – nach Akupunktur

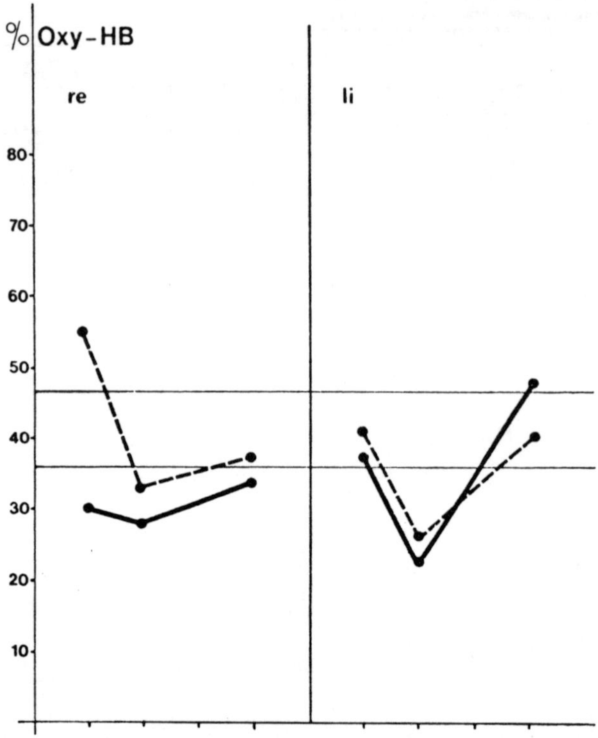

Abb. 50b: Oxy-Hämoglobin-Verhalten vor und nach einer Serie von 10 Akupunktur-Behandlungen bei einer 52-jährigen Patientin mit Lumboischialgie rechts. Vor Therapiebeginn Starre rechts, nach Therapie Normalisierung der O_2-Utilisation (Abb. wird erstmals veröffentlicht). Aus *(154)*.

—— vor Akupunktur

– – – nach Akupunktur

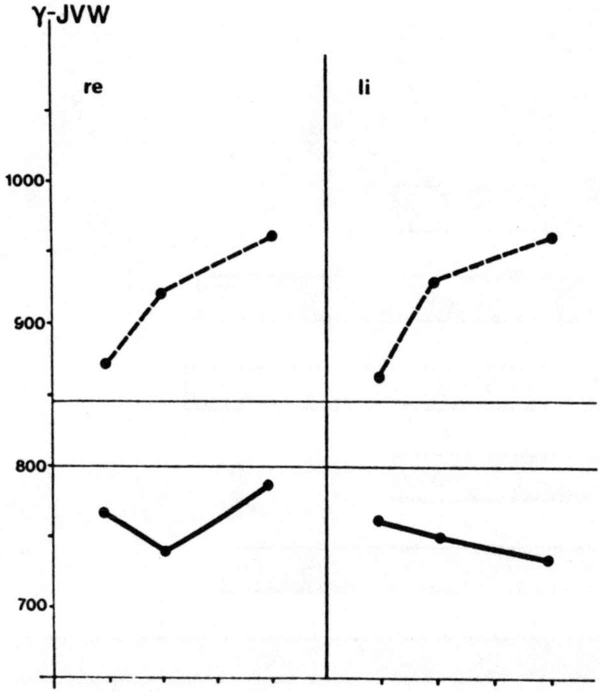

Abb. 50 c: Jodverbrauchskurve vor und nach der Therapie bei der gleichen Patientin: Behebung des Mangels der ungesättigten Doppelbindungen beidseits bis zu einem reaktiven Überschuß (Abb. wird erstmals veröffentlicht).
—— vor Immunstimulation
– – – nach Immunstimulation

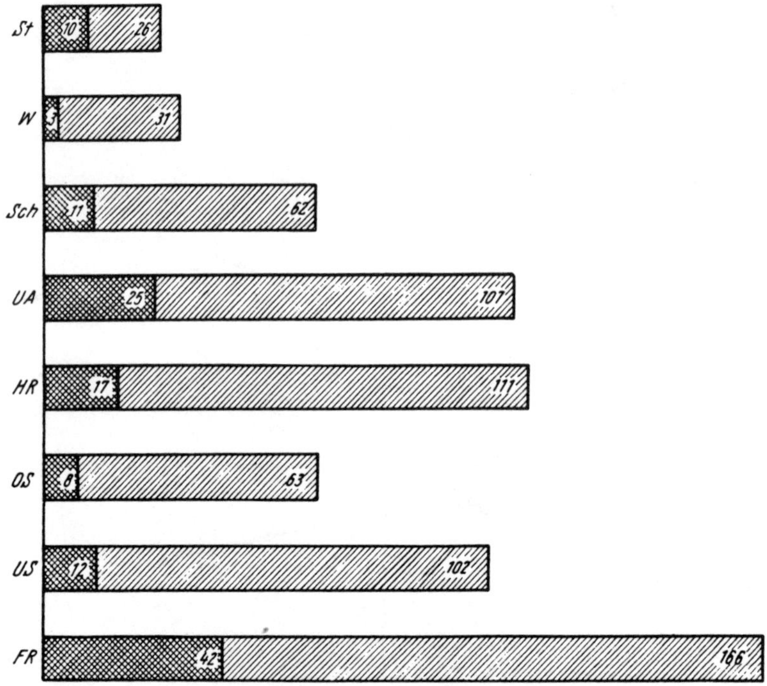

Abb. 51: Differenz der Hauttemperatur an der paretischen und gesunden Seite vor und nach Stellatumanästhesie. (Ziffern = Temperaturdifferenz in Hundertstel Grad. ▨ = Temperaturdifferenz vor Stellatumanästhesie. ×××× = Restdifferenz nach Stellatumanästhesie.) Aus *(17)*.

TABELLEN

Tab. 1: Oxy-Hb- und Jodverbrauchswerte im beidseitigen Elpimed®-Test. Differente Testreaktion bei massiver Herdbelastung rechts durch Sinusitis comitans bei apikalen Prozessen der Zähne (32jährige MS-Patientin mit schubweisem Verlauf).

	rechts			links		
Oxy-Hb (%)	18	54	41	49	48	60
JVW (μg/ml)	791	795	795	803	816	841

Tab. 2: Oxy-Hb- und Jodverbrauchswerte im beidseitigen Elpimed®-Test. Differente Testreaktion bei beträchtlicher Herdbelastung links eines 42jährigen Polyarthritis-Patienten (seroneg.) mit 15jährigem schubweisem Verlauf.

	rechts			links		
Oxy-Hb (%)	25	28	30	42	39	31
JVW (μg/ml)	835	801	766	762	758	766

Tab. 3: Indikationen und Ergebnisse von 283 Elpimed®-Tests mit beidseitiger Parameter-Bestimmung 1965–1979 (aus Perger, F.: Erf. heilk. 30 (1981), 40–49).

1. bei gesicherter klinischer Diagnose, Feststellung der Reagibilität
   62 Tests: 37 Reaktionsweisen des schubweisen Verlaufs
   25 Reaktionsweisen des chronisch-progredienten Stadiums
2. bei chronisch-progredienten Erkrankungen
   74 Tests: 11 ausreichende Reagibilität im Grundsystem zur Rehabilitation seiner Leistungen,
   63 Feststellung der Kontraindikation
3. umstrittene herdmäßige Prozesse
   34 Tests: 25 Herdeliminierung indiziert
   9 herdmäßige Unbedenklichkeit der fraglichen Veränderungen
4. unklare Beschwerdebilder
   113 Tests: 29 frühmorbide Reaktionsformen (herdbedingte funktionelle Störungen)
   84 Fälle von Regulationsstarre
   Ursachen:
   18 Malignome
   14 Medikamentabusus
   13 fortgeschrittene Involution
   12 subklinische Bleibelastungen

7 subklinische Stoffwechselstörungen
7 psychischer Dauer-Distreß
5 nicht erkannte herdmäßige Belastungen (2× durch kolliquierende Myome)
2 durch alte Schädelbasisfraktur
6 ursächlich ungeklärt geblieben

Tab. 4: Chronische Entzündungen von Einzelorganen (Erklärung s. Abb. 35a und b).

	gesamt	Krankheitsdauer unter 7 Jahre	Krankheitsdauer über 7 Jahre	Normwerte
Oxy-Hb (%)	um 40	um 50	um 30	um 40
maximale Schwankung	5	13	4	15–20
JVW (μg/ml)	um 910	um 890	um 920	810
maximale Schwankung	13	26	11	50
IgA (mg/dl)	um 310	um 310	um 310	200
maximale Schwankung	50	60	30	100
IgM (mg/dl)	um 360	um 375	um 340	100
maximale Schwankung	75	100	50	?
IgG (mg/dl)	um 490	um 505	um 470	800–1500
maximale Schwankung	105	100	95	?

Tab. 5: Beidseitiges Testbild bei chronischer Cholezystitis eines 47jährigen Patienten. „Abweisende" Reaktion rechts, Entschockungsreaktion links.

	rechts			links		
Oxy-Hb (%)	35	14	67	37	32	70
JVW (μg/ml)	874	857	820	836	853	903

Tab. 6: Beidseitiges Testbild bei chronischer Pyelonephritis links eines 58jährigen Patienten. „Abweisende" Reaktion links, eingeschränkte Reaktion rechts.

	rechts			links		
Oxy-Hb (%)	25	26	32	29	35	33
JVW (μg/ml)	922	945	948	948	925	914

Tab. 7: Testverlauf bei zwei debilen Jugendlichen mit Pansinusitis. Auffallend niedrige Jodverbrauchswerte! Eingeschränkte Reagibilität auf den Stimulationsreiz mit Elpimed®.

	rechts			links		
Oxy-Hb (%)	60/75	59/58	42/65	65/46	50/31	46/44
JVW (μg/ml)	584/602	559/633	551/602	575/606	547/587	559/606

Tab. 8: Durchschnittswerte bei Erkrankungen des rheumatischen Formenkreises – getrennt nach Verlaufsstadien (chronisch-progrediente Polyarthritis, schubweise Verlaufsformen in aktiven und Intervall-Stadien) (s. a. Abb. 37 a und b).

	gesamt	seropositive PCP	seronegative Arthritis aktiv	seronegative Arthritis inaktiv
Oxy-Hb (%)	um 40	um 55	um 50	um 25
maximale Schwankung	8	19	16	6
JVW (μg/ml)	um 850	um 770	um 885	um 880
maximale Schwankung	13	14	19	11
IgA (mg/dl)	um 290	um 310	um 300	um 270
maximale Schwankung	40	50	70	75
IgM (mg/dl)	um 340	um 340	um 315	um 350
maximale Schwankung	35	180	90	75
IgG (mg/dl)	um 480	um 680	um 450	um 430
maximale Schwankung	90	340	60	180

Tab. 9: Testverlauf bei einer aktiven seronegativen Polyarthritis im Schub (29jährige Patientin). „Abweisende" Reaktionsform.

	rechts			links		
Oxy-Hb (%)	27	44	28	37	22	38
JVW (μg/ml)	881	869	832	892	870	835

Tab. 10: Testverlauf bei einer inaktiven seronegativen Polyarthritis im entzündungsfreien Intervall (51jährige Patientin). Entschockungsreaktion bei erhöhten JV-Werten; erhöhte O_2-Utilisation.

	rechts			links		
Oxy-Hb (%)	17	8	30	18	11	41
JVW (μg/ml)	875	912	892	868	900	872

Tab. 11: Testverlauf bei einer seropositiven primär chronischen Polyarthritis (24jährige Patientin). „Abweisende" Reaktion bei erniedrigten JV-Werten; Ersatzregelkreis: erhöhter peripherer O_2-Verbrauch.

	rechts			links		
Oxy-Hb (%)	17	25	26	24	29	28
JVW (μg/ml)	716	716	746	716	726	723

Tab. 12: Entzündliche Erkrankungen des ZNS. (Erklärung s. Abb. 38a und b).

	gesamt	Multiple Sklerose schubweise	Multiple Sklerose progredient	amyotrophische Lateralsklerose
Oxy-Hb (%)	um 38	um 35	um 30	um 45
maximale Schwankung	4	7	10	10
JVW (μg/ml)	um 840	um 875	um 790	um 850
maximale Schwankung	16	15	16	17
IgA (mg/dl)	um 325	um 340	um 290	um 310
maximale Schwankung	100	190	80	35
IgM (mg/dl)	um 390	um 410	um 320	um 400
maximale Schwankung	40	55	100	120
IgG (mg/dl)	um 470	um 470	um 410	um 540
maximale Schwankung	165	280	150	300

Tab. 13: Elpimed®-Test bei schubweisem Verlauf einer MS ohne bakterielle Herde, aber mit beträchtlicher Cd- und Hg-Belastung und Lambliasis intestinalis (im Harn Cd 28 μg/l und Hg 578 μg/l, Stuhl nativ: mäßig-reichlich Lamblienzysten). Auffallend ist der Mangel an Adenosintriphosphatasen.

	rechts			links		
Oxy-Hb (%)	36	51	39	48	60	58
maximale Schwankung		+15	−12		+12	−02
JVW (μg/ml)	919	895	866	915	911	890
maximale Schwankung		−24	−29		−04	−21
IgA (mg/dl)	540	493	448	365	509	611
maximale Schwankung		−47	−43		+144	+102
IgM (mg/dl)	403	397	307	296	375	286
maximale Schwankung		−06	−90		+79	−10
IgG (mg/dl)	734	563	410	561	422	468
maximale Schwankung		−171	−153		−139	+46

	rechts			links		
Fe (μg/dl)	90	93	91	90	95	90
Cu (μg/dl)	134	134	134	134	134	134
Zn (μg/dl)	75	85	74	140	197	107
ATPase (mU/ml/10′)	70	70	70	79	70	73

Tab. 14: Durchschnittswerte von 40 Tumor-Patienten nach erfolgreicher Therapie (durchschnittlich 7 Jahre rezidivfrei). Die Schwankungsbreite der Parameter ist noch etwas eingeschränkt gegenüber der Normreaktion (s. a. Abb. 39).

	gesamt	max. Schwankung	Normwerte/max. Schwankung
Oxy-Hb	um 40%	8%	40% – 15–20%
JVW	um 930 μg/ml	25 μg/ml	810 μg/ml – 50 μg/ml
IgA	um 300 mg%	70 mg%	200 mg% – 100 mg%
IgM	um 360 mg%	80 mg%	100 mg%
IgG	um 460 mg%	70 mg%	800–1500 mg%

Tab. 15: Testverlauf bei einem metastasierenden Seminom. (28jähriger Patient, Exitus letalis ca. 6 Monate später). Auffallend ist der hochgradige Mangel an ATPasen (NW 107–148 mU/ml/10′).

	rechts			links		
Oxy-Hb (%)	50	40	35	56	47	51
maximale Schwankung		−10	−05		−09	+04
JVW (μg/ml)	907	900	922	888	892	934
maximale Schwankung		−07	+22		+04	+42
IgA (mg/dl)	238	175	337	400	190	129
maximale Schwankung		−63	+162		−240	−61
IgM (mg/dl)	371	490	277	222	327	395
maximale Schwankung		+153	−213		+105	+68
IgG (mg/dl)	336	322	367	185	228	350
maximale Schwankung		−14	+45		+43	+122
Fe (μg/dl)	95	101	115	90	103	119
Cu (μg/dl)	114	131	103	131	131	159
Zn (μg/dl)	55	42	43	50	46	30
ATPase (mU/ml/10′)	55	62	69	66	66	73

Tab. 16: Ersttestung bei einem 68jährigen Patienten mit 3 Primärtumoren ohne Metastasierung. Extreme Jodverbrauchswerte, im Test gut stimulierbar. Rezidivfrei bis 6 Jahre nach Immunstimulation, dann Unfalltod.

	rechts			links		
Oxy-Hb (%)	17	16	23	35	26	29
maximale Schwankung		−01	+07		−09	+03
JVW (μg/dl)	1024	1028	1040	1036	1032	1057
maximale Schwankung		+04	+12		−04	+25
IgA (mg/dl)	336	217	227	305	306	231
maximale Schwankung		−119	+10		+01	−75
IgM (mg/dl)	378	266	227	334	585	343
maximale Schwankung		−112	−39		+251	−242
IgG (mg/dl)	721	602	398	476	306	700
maximale Schwankung		−119	−204		−170	+394
Fe (μg/dl)	95	106	109	104	106	104
Cu (μg/dl)	234	208	208	208	188	227
Zn (μg/dl)	165	66	11	33	66	110
ATPase (mU/ml/10′)	67	69	69	59	67	63

Tab. 17: Testverlauf bei einer Patientin 23 Jahre nach Hysterektomie wegen Kollumkarzinom des Uterus. (Narbenstörfeld links nach ausgedehnter Verbrennung am linken Arm).

	rechts			links		
Oxy-Hb (%)	21	10	22	38	19	22
maximale Schwankung		−11	+12		−19	+03
JVW (μg/ml)	910	914	903	892	888	899
maximale Schwankung		+04	−11		−04	+11
IgA (mg/dl)	550	490	710	550	480	310
maximale Schwankung		−60	+220		−70	−170
IgM (mg/dl)	360	260	200	200	290	280
maximale Schwankung		−100	−60		+90	−10
IgG (mg/dl)	710	1120	370	390	450	500
maximale Schwankung		+410	−750		+60	+50
Fe (μg/dl)	122	129	126	123	127	127
Cu (μg/dl)	170	170	170	170	170	170
Zn (μg/dl)	99	121	99	121	88	99
ATPase (mU/ml/10′)	77	77	77	77	77	77

Tab. 18: Schwankungsbreite der Parameter im Elpimed®-Test bei Toxikosen (getrennt nach Mykosen und Schwermetallbelastungen + Mykosen).

	gesamt	Mykosen	Pb- + Cd-Belastung und Mykosen
Oxy-Hb (%)	um 40	um 40	um 40
maximale Schwankung	10	10	10
JVW (μg/ml)	um 850	um 870	um 790
maximale Schwankung	10	20	10
IgA (mg/dl)	um 290	um 260	um 335
maximale Schwankung	35	80	60
IgM (mg/dl)	um 340	um 335	um 355
maximale Schwankung	100	75	190
IgG (mg/dl)	um 550	um 620	um 460
maximale Schwankung	160	200	150

Tab. 19: Oxy-Hämoglobin-Verhalten im Venenblut nach septischem Abortus bei einer 35jährigen Patientin. Beckenbindegewebsinfiltrationen mit Lidocain. Nachweis der Lidocain-Wirkung auf Narbenstörfeld (Adnexe bds.) nach septischem Abortus (aus: PERGER, F.: Der Monozytenfaktor PISCHINGERS in der Regulationstherapie. ÖNR-Symposium 15. 10. 86 in Baden b. Wien).

1. 20. 7. 80: 1. Lidocain-Inf./Beckenbindegewebe
   Oxy-Hb re. 03 – 12 – 30%
   li. 06 – 16 – 27% – Normalisierungstendenz
2. 03. 8. 80: 2. Lidocain-Inf./Beckenbindegewebe
   Oxy-Hb re. 31 – 45 – 47%
   li. 29 – 46 – 46% – Normalisierung
3. Elpimed®-Test am 24. 9. 1980:
   Oxy-Hb re. 45 – 30 – 42%
   li. 44 – 30 – 47% – Nachweis des Dauereffekts

Tab. 20: Krankenstände bei Berufskraftfahrern (n = 183, davon Pb-belastet: 44; km/a >30 000).

Krankenstände 1978–1980 (Durchschnitt)	
ohne Pb-Belastung	mit Pb-Belastung
9,87 d/a (= 100%)	15,79 d/a (= 159,9%)

Parameter: ALA i. H. – NW bis 4,6 mg/l
durchschnittliche Belastungshöhe: 6,1 mg/l (spez. Pb-Verg. erst ab 15–20 mg/l)

Tab. 21: Entwicklung der Pb-Belastungen 1982 bis 1986 (aus: PERGER, F., R. MARUNA. Biolog. Zahnmedizin 3 (1987), 107).

Verminderung der Bleibelastung zwischen 1982 und 1986 gemessen am Aminolävulinsäure-Gehalt (ALA) i. H.

1. Pb-Tetraäthyl 0,40 mg/l Benzin (bis Okt. 1983) 180 Patienten, 89 mit erhöhter ALA i. H.	= 49,44%
2. Pb-Tetraäthyl 0,15 mg/l Benzin (bis Okt. 1983) 228 Patienten, 75 mit erhöhter ALA i. H.	= 32,89%
3. Einführung bleifreien Benzins (Kurzzeiteffekt April – Juli 1985) 38 Patienten, 11 mit erhöhter ALA i. H.	= 28,95%
4. Bleifreies Benzin (Langzeiteffekt August 1985 – September 1986) 171 Patienten, 38 mit erhöhter ALA i. H.	= 22,22%

Tab. 22: Jahreszeitliche Verteilung der Cd-Ausscheidung im Harn.

März 1982 – Oktober 1982	63 Patienten	DW 17,7 μg Cd/l
November 1982 – März 1983	59 Patienten	DW 14,6 μg Cd/l
April 1983 – Oktober 1983	66 Patienten	DW 11,5 μg Cd/l
November 1983 – März 1984	68 Patienten	DW 15,5 μg Cd/l
April 1984 – Oktober 1984	81 Patienten	DW 6,4 μg Cd/l
November 1984 – März 1985	61 Patienten	DW 14,1 μg Cd/l
April 1985 – Oktober 1985	89 Patienten	DW 19,2 μg Cd/l
November 1985 – März 1986	75 Patienten	DW 10,5 μg Cd/l
April 1986 – Oktober 1986	87 Patienten	DW 4,12 μg Cd/l

Tab. 23: Verhalten der Immunglobuline bei Immunmodulation (3-Stunden-Test, Immunmodulator: 3fach-konjugiert-ungesättigte Fettsäuren). Hemmung der IgG-Freisetzung bei Cd-Belastung. Untersuchungsmethode: Stärkegel-Dünnschicht-Elektrophorese nach MARUNA und GRÜNDIG.

	Gesunde Probanden	Patienten mit Cd-Belastung
IgA (mg %)	200 – 300 – 250	370 – 310 – 280
IgM (mg %)	150 – 100 – 50	330 – 350 – 410
IgG (mg %)	900 – 1000 – 1100	680 – 500 – 480

Tab. 24: Ausschwemmungskurve von Cd und Hg im Harn bei einem 60jährigen Patienten mit lumbalen Osteochondrosen. Jahrelange Therapien (orthopädisch und chiropraktisch), die 4 Monate nach Beginn der Ausschwemmungstherapie mit Zinkorotat und Vitamin C beendet werden konnten. Es besteht keine Pb-Belastung (ALA i. H. zwischen 3,1–3,7 mg/l).

	Cd	Hg
12. 06. 85	43,7 µg/l	297 µg/l
28. 08. 85	58,4 µg/l	467 µg/l
17. 10. 85	12,4 µg/l	784 µg/l: Ende der chiropraktischen Therapie
27. 02. 86	neg.	310 µg/l
11. 06. 86	neg.	neg.

Tab. 25: Jahreszeitliche Verteilung der Hg-Ausscheidung im Harn.

März 1982 – Oktober 1982	17 (2*) Patienten, 12 belastet	DW 179,75 µg/l
November 1982 – März 1983	39 (4*) Patienten, 35 belastet	DW 232,23 µg/l
April 1983 – Oktober 1983	70 (2*) Patienten, 28 belastet	DW 144,48 µg/l
November 1983 – März 1984	82 (3*) Patienten, 70 belastet	DW 100,75 µg/l
April 1984 – Oktober 1984	82 (3*) Patienten, 70 belastet	DW 345,43 µg/l
November 1984 – März 1985	72 (2*) Patienten, 70 belastet	DW 504,19 µg/l
April 1985 – Oktober 1985	81 (1*) Patienten, 80 belastet	DW 449,77 µg/l
November 1985 – März 1986	75 (2*) Patienten, 31 belastet	DW 252,00 µg/l
April 1986 – Oktober 1986	87 (2*) Patienten, 37 belastet	DW 223,13 µg/l

berufliche Kontamination *

Tab. 26: Ein- und Mehrfachbelastungen durch toxische Schwermetalle. Häufigkeit der Pb-, Cd- und Hg-Belastung bei 658 Patienten (1982 bis 1986) (aus: Perger, F., R. Maruna. Biolog. Zahnmed., 3 (1987) 107 ff.

Einzelbelastungen:	
Pb	33 Patienten = 5,0%
Cd	113 Patienten = 17,2%
Hg	49 Patienten = 7,4%
Doppelbelastungen:	
Pb + Cd	80 Patienten = 12,2%
Pb + Hg	35 Patienten = 5,3%
Cd + Hg	194 Patienten = 29,5%
Dreifachbelastung:	
Pb + Cd + Hg	95 Patienten = 14,4%
ohne Schwermetalle i. H.:	
	59 Patienten = 9,0%
(davon falsch neg.)	30 Patienten

Tab. 27a: Cd-Ausscheidung im Harn bei 5 Patienten vor, während und nach einer Zn-Substitution. Aus *(174)*.

1. Cd i. H. 0,08–2,28–0,88 µg/100 ml (Haarausfall)
2. Cd i. H. neg.–2,91–0,42 µg/100 ml (seronegative Polyarthritis)
3. Cd i. H. 1,29–2,18–0,86 µg/100 ml (koronare Herzkrankheit)
4. Cd i. H. neg.–1,92–0,18 µg/100 ml (Polyarthrose)
5. Cd i. H. neg.–3,38–0,12 µg/100 ml (vegetative Störungen, Zn i. S. 98 µg/dl)

Tab. 27b: Hg-Ausscheidung im Harn bei 5 Patienten vor, während und nach einer Zn-Substitution. Aus *(174)*.

1. Hg i. H. 734–982–614 µg/l (Alopecia areata)
2. Hg i. H. 150–264–135 µg/l (Multiple Sklerose)
3. Hg i. H. neg.–238–neg. µg/l (seropositive PCP)
4. Hg i. H. neg.–199–neg. µg/l (Reizzustand bei Polyarthrosis)
5. Hg i. H. 368–640–neg. µg/l (chronische Iridozyklitis)

Tab. 28: Kompletter Mangel an Darmsymbionten bei 2005 Stuhlkulturen.

Mangel an Escherichia coli	92 (= 4,8%)
Mangel an Laktobazillus acidophilus und Bacterium bifidum	592 (= 40,9%)

Tab. 29: Art und Häufigkeit obligat pathogener Keime in 2005 Stuhlkulturen.

pathogene Coli-Stämme	169 (= 9,2%)
Pseudomonas aeruginosa	92 (= 4,8%)
α- und β-hämolysierende Streptokokken	77 (= 4,0%)
Staphylococcus aureus	75 (= 3,9%)

Tab. 30: Art und Häufigkeit von Fäulnis- und Gärungserregern in 2005 Stuhlkulturen.

Enterobacter (agglomerans, Cloacae, gergoviae, aerogenes etc. und Hafnia alvei)	381 (= 23,5%)
Klebsiella pneumoniae, oxytoca und ozaenae	275 (= 15,9%)
Proteus vulgaris, morganii mirabilis und rettgeri	264 (= 15,2%)
Staphylokokkus epidermidis	187 (= 10,3%)

Serratia liquefaciens, rubidiae und marescens	92 (= 4,8%)
Citrobacter freundii und diversus laevinae	88 (= 4,6%)
Corynebakterien	62 (= 3,2%)
vereinzelt vorkommende Keimarten: Sarcina, Arizona, B. subtilis, Moraxella, Salmonella C (1×) und Shigella flexneri 6 (1×)	73 (= 3,8%)

Tab. 31: Art und Häufigkeit anaerober Dysbiosekeime in 2005 Stuhlkulturen.

Clostridien (kein Cl. diffizile)	493 (= 32,6%)
Propionibakterien	452 (= 29,1%)
Peptostreptokokken	337 (= 20,2%)
Fusobakterien	140 (= 4,5%)
Actinomyces-Gruppe	43 (= 2,2%)
vereinzelte Anaerobierarten	10 (= 0,5%)

Tab. 32: Positive Pilzbefunde insgesamt und von klinischer Relevanz.

Insgesamt positive Sproßpilz-Nachweise	1247 (= 60,8%)
davon von klinischer Relevanz $>10^3$ Org/g	712 (= 35,5%)
davon 10^3 bis 10^5 Org/g	650 (= 32,4%)
und $>10^6$ Org/g	62 (= 5,1%)

Tab. 33a: Die Prozentzahlen in der 1. Reihe beziehen sich auf die Gesamtzahl der Untersuchungen, die 2. Reihe auf das Verhältnis innerhalb der 712 klinisch relevanten Befunde. Unter diesen 712 klinisch relevanten Mykosen fanden sich:

Candida albicans	513 (25,6% bzw. 72,1%)
Trichosporum species	91 (4,5% bzw. 12,8%)
Candida species	82 (4,1% bzw. 11,5%)
Rhodotorula species	14 (0,7% bzw. 2,0%)
Torulposis species	8 (0,4% bzw. 1,1%)
Candida parapsilosis	4 (0,2% bzw. 0,5%)

Tab. 33b: Immunglobulin-Reaktionen unter Immunmodulation (3-fach-konjunktiv-ungesättigte Fettsäuren), 3-Std.-Test, bei gesunden Probanden (n = 5) und Patienten mit isolierten Darmmykosen (n = 8). PERGER, F., R. MARUNA. ÄZ f. NHVerf. 26 (1985), 537.

gesunde Probanden	Mykosepatienten
IgA 200– 300– 250 mg%	270–290–220 mg%
IgM 150– 100– 50 mg%	330–300–380 mg%
IgG 900–1000–1100 mg%	560–560–710 mg%

Tab. 34: Häufigkeit des Lamblienzysten-Nachweises im Stuhl 1982–1988 (n = 2005)

	Stuhlkulturen	Lamblienzysten
1982/83	150	22 (= 14,6%)
1983/85	555	182 (= 32,8%)
1985/86	695	194 (= 27,9%)
1987	388	45 (= 13,2%)
1988	217	22 (= 11,2%)

Tab. 35a: Durchschnittswerte des Serum-Zink-Gehaltes (1980–1986) bei allen Patienten und bei Patienten mit Lambliasis. Aus F. PERGER, Naturamed 3 (1988), 492–498

	alle Patienten	Patienten mit Lambliasis
1980	86,5 µg/dl	42,7 µg/dl
1981	79,1 µg/dl	45,4 µg/dl
1982	58,9 µg/dl	37,6 µg/dl
1983	64,0 µg/dl	40,1 µg/dl
1984	58,6 µg/dl	39,2 µg/dl
1985	59,1 µg/dl	33,5 µg/dl
1986	51,1 µg/dl	36,8 µg/dl

Tab. 35b: Effekt der Imidazol-Therapien bei Lymbliasis (die einzelnen Derivate differieren in ihrer Wirkung nicht merklich).

Medikationen:	1 Medik.	2 Medik.	3 Medik.	4–6 Medik.	1 Medik. u. dann Zn und Knoblauch
	166 Pat. (37,4%)	198 Pat. (44,6%)	47 Pat. (10,6%)	9 Pat. (2,0%)	24 Pat. (5,4%)
Infektdauer:	bis 6 Monate	bis 2 Jahre	über 2 Jahre	6–40 Jahre	mehr als 1 Jahr

Tab. 36: Häufigkeit ein- und mehrschichtiger Dysbiosen 1982–1988 (n = 2005).

Eubiosen	50 (= 2,5%)
Dysbiosen	1955 (= 97,5%)
davon:	
einschichtige Dysbiosen	
Aerobier	172 (= 8,6%)
Anaerobier	186 (= 9,3%)
Mykosen	28 (= 1,4%)
Protozoen	90 (= 4,5%)
zweischichtige Dysbiosen:	
Aerobier und Anaerobier	435 (= 21,7%)
Aerobier und Pilze	90 (= 4,5%)
Bakterien und Protozoen	239 (= 11,9%)
Pilze und Protozoen	19 (= 0,9%)
dreischichtige Dysbiosen	391 (= 19,5%)
vierschichtige Dysbiosen	305 (= 15,2%)

Tab. 37: Zink-Spiegel i. S. – Anstieg nach operativen Eingriffen, 2–4 Wochen postoperativ. Die Zn-Werte i. S. sinken nach 6–8 Wochen wieder ab und zeigen erst dann wieder den aktuellen Versorgungszustand. Aus *(163)*.

Krankheit	Patienten	Operation	Zn i. S. (Einzelwerte)
chronische Entzündungen	5	TE, Appendektomie Cholezystektomie	132, 138, 150, 198, 231 μg/dl
seronegative Arthritis	4	TE, Zahnsanierung	140, 143, 154, 187 μg/dl
Multiple Sklerose	8	TE, Zahnsanierung, Caldwell-Luc-Op	138, 139, 154, 160, 187, 189, 207, 295 μg/dl
Neoplasmen	3	Melanom Mammakarzinom Zervixkarzinom	163, 189, 231 μg/dl

Tab. 38: Zink-Spiegel i. S. – Durchschnittswerte bei verschiedenen Erkrankungen. Aus *(163)*.

Krankheit	Patientenzahl	DW Zn i. S.
Diabetes mellitus	20	45,67 μg/dl
Allergosen	40	49,63 μg/dl
chronische Entzündungen	97	57,63 μg/dl
seronegative Arthritis	83	60,12 μg/dl
Multiple Sklerose	53	70,61 μg/dl
seropositive PCP	33	74,36 μg/dl
Neplasmen	50	76,69 μg/dl
nicht-entzündliche Krankheit	24	89,80 μg/dl
gesunde Probanden	20	92,47 μg/dl

Tab. 39: Verhalten des Ca-, K- und Cholesterinspiegels (Längsschnitt-Hämogramme). Bei Therapie mit verschiedenen Antibiotika-Arten mit Nachweis der humoralen Schockreaktion (aus: PERGER, F.: ÖNR-Symposium 15. 10. 86 in Baden b. Wien).

		vor Therapie	2. Tag	4. Tag	7. Tag der Therapie
Penicillin G	Ca	5,5	5,0	4,7	4,4 mVal
4,0 Mill. E/d	K	4,0	3,5	3,5	3,2 mVal
	Chol.	261	227	161	158 mg%
Doxycyclin mVal	Ca	5,1	4,7	4,3	4,3 mVal
100 mg/d	K	3,8	3,3	3,2	3,3 mVal
	Chol.	310	274	211	245 mg%
Erythromycin-	Ca	4,8	4,0	4,3	4,2 mVal
stearat	K	3,7	3,2	3,5	3,1 mVal
1,0 g/d	Chol.	246	205	200	176 mg%

Tab. 40: Immunsuppression bei PCP. Laborbefunde vor, bei laufender Therapie und 1 Jahr nach Beendigung der Behandlung mit Azathioprin und Corticoiden. Aus *(150)*.

	vor	während	nach
Erythrozyten (Mill./mm^3)	4,09	3,64	3,71
Hb (g%)	12,1	9,9	10,1
Fe i. S. (μg%)	62	47	41
Leukozyten/mm^3	6550	3900	4000
Gesamteiweiß (g%)	6,6	6,2	6,3
α_2-Globuline (%)	12,2	13,8	13,7
γ-Globuline (%)	17,3	9,9	10,4

	vor	während	nach
Ca i. S. (mval/l)	4,6	4,3	4,1
K i. S. (mval/l)	3,9	3,3	3,4
Mg i. S. (mg%)	2,5	1,4	1,6
Oxy-Hb i. VBl. (%)	68	19	21

Tab. 41: Bewegungsverbesserung nach Stellatumanästhesie an der paretischen Seite (gemessen in Winkelgraden). Aus *(17)*.

Schultergelenk sagittal	+33,3
Schultergelenk lateral	+17,0
Ellbogengelenk	+23,0
Handgelenk	+13,0
Hüftgelenk sagittal	+24,0
Hüftgelenk lateral	+16,0
Kniegelenk	+17,7
Sprunggelenk	+ 5,0

Tab. 42: Krankenstände bei Tabakarbeitern mit Tonsillitis chronica atrophicans der Gruppen I (102 Versicherte vor und nach TE) und II (ohne TE): Berechnung der durchschnittlichen Krankenstände pro Versichertem und Jahr in Tagen. Aus *(144)*.

	I *vor* TE	I *nach* TE	II *ohne* TE
banale Infekte	9,72	4,64	7,27
entzündliche rheumatische Affektionen	3,02	1,89	9,53
Unfälle	2,44	2,36	2,77
sonstige Erkrankungen	2,62	3,97	7,63
Summe der Krankenstandstage je Versichertem und Jahr	17,80	12,86	27,40

Tab. 43a: Erfolge und Mißerfolge der Herdtherapie. Gesamtüberblick 1949–1970. Aus *(146)*.

durchuntersuchte Fälle	4716 = 100,0%
Herdtherapie durchgeführt	2759 = 58,5%
zur Herdtherapie nicht geeignet	796 = 16,9%
Herdtherapie abgelehnt oder aus nicht-medizinischen Gründen abgebrochen	1161 = 24,6%

Tab. 43b: 1949–1970 einer Herdtherapie unterzogene Fälle: n = 2759. Aus *(146)*.

I. Nicht-infektiöse Erkrankungen		
a) vegetative Dystonien	476	Rezidive: 29
b) Depressionen	23	Rezidive: —
c) normocalcämische Tetanien	18	Rezidive: 1
d) Hypertonien	18	Rezidive: 5
II. Abwehrinsuffizienz bei bekanntem Infektionsmodus		
a) Hepatopathien post Hepatitis	152	Rezidive: 4
b) Pankreopathien	122	Rezidive: 4
c) Herdinfektionen		
chronische Harnwegsinfektionen	57	Rezidive: —
Thrombophlebitis migrans	32	Rezidive: —
Septikämien	12	Rezidive: —
III. Allergosen		
a) Asthma bronchiale	105	Rezidive: 15
b) asthmoide Bronchitis	116	Rezidive: 21
c) allergische Ekzeme	39	Rezidive: 4
IV. Erkrankungen vom Typ der verzögerten Allergie		
a) seronegative Oligo- und Polyarthritis	1136	Rezidive: 204
b) seropositive PCP	105	Rezidive: 103
c) Multiple Sklerose	121	Rezidive: 22
d) rheumatische Herzerkrankungen	156	Rezidive: 34
e) Colitis ulcerosa	14	Rezidive: 2
f) amyotrophische Lateralsklerose	12	Rezidive: 12
Summe	2759	462 (= 16,5%)

Tab. 43c: Ergebnisse der Herdtherapie 1949–1970 (Nachbeobachtungszeit 8–24 Jahre).

seronegative Oligo- und Polyarthritis 1136 Fälle = 100%	
Herdtherapie durchgeführt	1136 Fälle = 100 %
Herdtherapie nicht indiziert	– Fälle = 0 %
völlig beschwerdefrei	656 Fälle = 57,7%
Beschwerden durch irreversible degenerative Veränderungen	480 Fälle = 42,3%
entzündliche Rezidive	204 Fälle = 18,0%
durch übersehene Herde	16 Fälle = 1,4%
durch neue Herde	169 Fälle = 14,9%
andere Ursachen (Toxoplasmose, Tbc, Hepatitis)	19 Fälle = 1,7%
regulatorisch nicht mehr beeinflußbar	19 Fälle = 1,7%

Tab. 43d: Ergebnisse der Herdtherapie 1949–1970 (Nachbeobachtungszeit 8–24 Jahre).

seropositive chronisch-progrediente Polyarthritis 247 Fälle, davon in 142 Fällen Herdtherapie nicht mehr indiziert (= 57,5%)	
Herdtherapie durchgeführt	105 Fälle = 100 %
völlig beschwerdefrei	– Fälle = – %
Beschwerden durch irreversible degenerative Veränderungen	105 Fälle = 100 %
entzündliche Rezidive	103 Fälle = 98,1%
regulatorisch nicht mehr beeinflußbar	56 Fälle = 53,3%
regulatorisch wieder gut beeinflußbar	49 Fälle = 46,7%
durchschnittliche Dauer des rezidivfreien Intervalls: 4 a 4 M (18 M bis 12 a)	

Register

D

E